国家出版基金项目
NATIONAL PUBLICATION FOUNDATION
"十四五"国家重点图书
出版规划项目

中国语言资源保护工程

中国濒危语言志　编委会

总主编

曹志耘

主　编

李大勤

委　员（音序）

丁石庆　刘　宾　冉启斌

❖━━◆━━❖

本书执行编委　冉启斌

中国濒危语言志

少数民族语言系列

总主编 曹志耘

主编 李大勤

四川越西尔苏语

张四红 著

创于1897

The Commercial Press

商务印书馆

The Commercial Press

图书在版编目（CIP）数据

四川越西尔苏语/张四红著.--北京：商务印书
馆，2024.--（中国濒危语言志）.--ISBN 978-7-100
-24483-1

Ⅰ.H214

中国国家版本馆CIP数据核字第2024YJ3131号

四川越西尔苏语

张四红　著

出版发行：商务印书馆
地　　址：北京王府井大街36号
邮政编码：100710

印　　刷：北京雅昌艺术印刷有限公司

开　　本：787×1092　1/16　　　印　　张：18⅓
版　　次：2024年12月第1版　　　印　　次：2024年12月北京第1次印刷
书　　号：ISBN 978-7-100-24483-1

定　　价：228.00元

越西县保安藏族乡梨花村先锋组地形地貌　越西县保安藏族乡 /2016.7.28/ 黄炜 摄

越西县保安藏族乡梨花村先锋组民居风俗　越西县保安藏族乡 /2016.8.5/ 黄炜 摄

调查工作现场　越西县保安藏族乡梨花村先锋组 /2016.7.26/ 黄炜 摄

课题组全体成员与部分先锋组发音人合影　越西县保安藏族乡梨花村先锋组 /2016.7.28/ 黄保康 摄

（发音人前排左起：2.黄阿果子；后排左起：2.黄箭鸣，3.黄志富。课题组成员前排左起：1.汤家慧，3.张雷平，4.王非凡；后排左起：1.黄炜，4.张四红）

语法标注缩略语对照表

缩略语	英文	汉义
*	wrong or unacceptable example	有错或不可接受例句
-	affix boundary	根词与词缀分隔符
=	clitic boundary	主词与附着词分隔符
< >	infix boundary	中缀分隔符
~	reduplication boundary	叠音词或重叠词分隔符
<	1. vowel lengthening 2. lexical meaning that derives from affixation, cliticization or compounding	1. 元音拉长 2. 由缀法、黏着词素法或合成法衍生出的词义
.	multifunctional/multisemantic glossing	一个词素/词多功能或多词义分隔符
:	lexical meaning	词语释义
1sg	1st person singular	第一人称单数
2sg	2nd person singular	第二人称单数
3sg	3rd person singular	第三人称单数
1pl	1st person plural	第一人称复数
2pl	2nd person plural	第二人称复数
3pl	3rd person plural	第三人称复数
ABL	ablative	离格
ADJ	adjective prefix	形容词前缀
AFFM	affirmative	肯定

缩略语	英文	汉义
AGT	agentive	施事
AUX	auxiliary	助动词
CAUS	causative	使役
Ch	Mandarin Chinese loanwords	汉语借词
CL	numeral classifier	数量词
CO	conjunctive	并列连接
COMI	commutative	伴随格
COMP	comparative	比较
CONT	continutative	持续体
COP	copula	系动词
CPZ	complementizer	标句词
CSM	change-of-state	状态变化体
DEM	demonstrative	指示词
DIM	diminutive	小称
DIR	directional	趋向前缀
DIST	distant	远指
DL	dual	双数
EVID	evidential	示证
EXP	experiential	经验体
EXT	existential	存在动词
F	feminine	雌性、阴性
GEN	genitive	领格
IMMI	imminent	即行体
INDF	indefinite	不定指
INST	instrumental	工具格
ITRG	interrogative	疑问
KIN	kinship	亲属称谓前缀

缩略语	英文	汉义
LINK	clause linker	分句连词
LOC	locative	处所
M	masculine	雄性、阳性
MOD	modal verb	情态助动词
NAGT	non-agent	非施事
NCL	noun classifier	名量词
NEG	negative	否定式
NMLZ	nominalizer	名物化
NPRT	non-present speaker	非现存言说者
NPST	non-past	非过去式
OTR	other-speaker	非言说者本人
PART	particle	语气词
PFT	perfect	完成体
PFV	perfective	完整体
PHTV	prohibitive	禁止式
PFX	prefix	前缀
PL	plural	复数
POSSV	possessive	领有动词
PROG	progressive	进行体
PROS	prospective	将行体
PRT	present speaker	现存言说者
PST	past tense	过去式
RDUP	reduplication	叠音或重叠
REFL	reflexive pronoun	反身代词
RPT	repeater	反响词
RQT	requestive	恳求式
SFX	suffix	后缀

缩略语	英文	汉义
SLF	self-speaker	言说者本人
TOP	topic marker	话题标记
VCL	verbal action classifier	动量词

2022年2月16日，智利火地岛上最后一位会说Yagán语的老人，93岁的Cristina Calderón去世了。她的女儿Lidia González Calderón说："随着她的离去，我们民族文化记忆的重要组成部分也消失了。"近几十年来，在全球范围内，语言濒危现象正日趋普遍和严重，语言保护也已成为世界性的课题。

中国是一个语言资源大国，在现代化的进程中，也同样面临少数民族语言和汉语方言逐渐衰亡、传统语言文化快速流失的问题。根据我们对《中国的语言》（孙宏开、胡增益、黄行主编，商务印书馆，2007年）一书的统计，在该书收录的129种语言当中，有64种使用人口在10000人以下，有24种使用人口在1000人以下，有11种使用人口不足百人。而根据"语保工程"的调查，近几年中至少又有3种语言降入使用人口不足百人语言之列。汉语方言尽管使用人数众多，但许多小方言、方言岛也在迅速衰亡。即使是那些还在使用的大方言，其语言结构和表达功能也已大大萎缩，或多或少都变成"残缺"的语言了。

冥冥之中，我们成了见证历史的人。

然而，作为语言学工作者，绝不应该坐观潮起潮落。事实上，联合国教科文组织早在1993年就确定当年为"抢救濒危语言年"，同时启动"世界濒危语言计划"，连续发布"全球濒危语言地图"。联合国则把2019年定为"国际土著语言年"，接着又把2022—2032年确定为"国际土著语言十年"，持续倡导开展语言保护全球行动。三十多年来，国际上先后成立了上百个抢救濒危语言的机构和基金会，各种规模和形式的濒危语言抢救保护项目在世界各地以及网络上展开。我国学者在20世纪90年代已开始关注濒危语言问题，自21世纪初以来，开展了多项濒危语言方言调查研究课题，出版了一系列重要成果，例如孙宏开先生主持的"中国新发现语言研究丛书"、张振兴先生等主持的"汉语濒危方言调查研究丛书"、鲍厚星先生主持的"濒危汉语方言研究丛书（湖南卷）"等。

自2011年以来，党和政府在多个重要文件中先后做出了"科学保护各民族语言文字"、

"保护传承方言文化"、"加强少数民族语言文字和经典文献的保护和传播"、"科学保护方言和少数民族语言文字"等指示。为了全面、及时抢救保存中国语言方言资源，教育部、国家语委于2015年启动了规模宏大的"中国语言资源保护工程"，专门设立了濒危语言方言调查项目，迄今已调查106个濒危语言点和138个濒危汉语方言点。对于濒危语言方言点，除了一般调查点的基本调查内容以外，还要求对该语言或方言进行全面系统的调查，并编写濒危语言志书稿。随着工程的实施，语保工作者奔赴全国各地，帕米尔高原、喜马拉雅山区、藏彝走廊、滇缅边境、黑龙江畔、海南丛林等地都留下了他们的足迹和身影。一批批鲜活的田野调查语料、音视频数据和口头文化资源汇聚到中国语言资源库，一些从未被记录过的语言、方言在即将消亡前留下了它们的声音。

为了更好地利用这些珍贵的语言文化遗产，在教育部语言文字信息管理司的领导下，商务印书馆和中国语言资源保护研究中心组织申报了国家出版基金项目"中国濒危语言志"，并有幸获得批准。该项目计划按统一规格、以EP同步的方式编写出版50卷志书，其中少数民族语言30卷，汉语方言20卷（第一批30卷已于2019年出版，并荣获第五届中国出版政府奖图书奖提名奖）。自项目启动以来，教育部语言文字信息管理司领导高度重视，亲自指导志书的编写出版工作，各位主编、执行编委以及北京语言大学、中国传媒大学的工作人员认真负责，严格把关，付出了大量心血，商务印书馆则配备了精兵强将以确保出版水准。这套丛书可以说是政府、学术界和出版社三方紧密合作的结果。在投入这么多资源、付出这么大努力之后，我们有理由期待一套传世精品的出现。

当然，艰辛和困难一言难尽，不足和遗憾也在所难免。让我们感到欣慰的是，在这些语言方言即将隐入历史深处的时候，我们赶到了它们身边，倾听它们的声音，记录它们的风采。我们已经尽了最大的努力，让时间去检验吧。

曹志耘

2024年3月11日

目录

第一章 导论

第一节

调查点概况

一　基本情况

本书所做调研工作的调查点确定在四川省凉山彝族自治州越西县保安藏族乡平原村沟东组和梨花村先锋组。

越西县古作越嶲，位于四川省西南部，凉山彝族自治州北部，地处东经102°20′～102°54′、北纬28°18′～28°53′之间，东有美姑县，西接冕宁县，南连昭觉县、喜德县，北靠甘洛县、石棉县，是南方丝绸之路"零关古道"的重要节点，文昌文化的发源地。汉武帝元鼎六年（公元前111年）设越嶲郡，后于明朝洪武二十五年（1392年）设越嶲卫，清朝雍正六年（1728年）设越嶲厅，民国二年（1913年）改为越嶲县。1950年解放，1959年经国务院批准撤销普雄县并入越嶲后，更名为越西县。越西县人民政府门户网站2023年7月的数据表明，该县幅员面积2257.61平方公里，辖17镇3乡、289个村及5个社区，全县总人口38.6万。县域内以彝、汉、藏等民族为主，其他少数民族有羌族、苗族、回族、蒙古族、土家族、傈僳族、满族、瑶族、侗族、纳西族、布依族、白族、壮族、傣族等，但人口总数只有912人。

尔苏语是生活在"藏羌彝走廊"（张曦，2012；叶健，2014）四川省境内的一个自称为"尔苏"的藏族支系所说的语言。孙宏开（1982a，1983）、刘辉强（1983）、张四红（Zhang，2016：28-31）等认为尔苏语包括东部方言尔苏语、中部方言多续语和西部方言里汝语。本书所述"尔苏语"指其东部方言，通行于凉山彝族自治州的甘洛县、越西县，以及雅安市的石棉县等地，户籍登记人口大约25000人（王德和，2010a：6），但母语实际使用人口远远低于户籍登记人口（Zhang，2016：5）。尔苏语已经被联合国教科文组织列为严重濒危的语言（Bradley，1997；Moseley，2010）。在越西县，户籍登记为藏族、自称为"尔苏"的人口约有3700人（现有部分人自称"尔苏藏族"），早期主要居住在保安藏族乡（约1700人），其他在梅花乡、西山乡、板桥乡等均有分布。但是，现有近半数人口迁居异地，包括四川省内的西昌、绵阳、乐山，以及越西县城区、郊区和城区附近的青龙乡、新民镇等地，母语使用人口远低于3000人。

二 风俗习惯

尽管有一部分尔苏藏族开始学习并模仿传统藏区藏族的一些生活习惯，譬如尝试喝酥油茶、献哈达等，但是，大部分尔苏藏族依然保留着本支系自身的一些传统和特色。

在着装方面，日常生活中，除大多数老年男女依然常年戴着传统的尔苏黑色头帕外，尔苏藏族基本都身着现代服装；而逢重要活动或节日时，不论男女老少，都着尔苏藏族传统服饰，其中，除老年男女外，其他人都戴白色头帕，但新娘出嫁时则要戴黑色头帕并缠上红头绳。饮食以米饭为主，佐以青菜、豆腐，以及用一种高山野果自制的酸菜，偶尔会吃"坨坨肉"，即切成大块的新鲜或烟熏的肉类。尔苏藏族热情奔放，不论男女，皆善于饮酒。他们以好客著称，如有客人来访，多奉上啤酒或掺有蜂蜜的烈性白酒，而非茶水。常杀鸡或小猪崽招待客人，偶尔也会杀牛羊欢迎尊贵或重要的客人，并以猪、牛、羊首及它们的肝敬献客人以示尊重。

尔苏藏族具有良好的歌舞天赋，是一个被誉为"会说话就会唱歌，会走路就会跳舞"的民族。歌曲曲调基本不变，歌词即兴填充，大致可以分为山歌、情歌、婚嫁歌、丧葬歌、劳动歌和苦歌等。此外，近年来，将一些传统革命歌曲和现代流行歌曲改编为尔苏语进行传唱也是喜闻乐见的形式。舞蹈源于原始宗教的祭祀舞，后来发展为劳动舞（王德和，2010a：177）。歌舞常见于闲暇聚会，喜庆节日尤甚。

甘洛尔苏藏族仍然庆祝的一些尔苏传统节日如射箭节、满月节（正月十五）、还山节等，在越西尔苏藏族中已经式微，春节、藏历新年、火把节等节日逐渐盛行。冬月（农历十一月）十九日被当地尔苏藏族视为太阳出生日，每年的这一天，周边村落的人们都会齐聚先锋组进行祭祀活动，已经逐渐发展为当地特有节日的趋势。

尔苏藏族信奉原始宗教，将自然界的一些物体神灵化以作崇拜对象，如高山、大河、大树、杜鹃鸟等。他们尤其崇拜石神，如每个尔苏藏族家庭都有一块置于门头上或墙上的白石。活跃在尔苏藏区的神职人员有四类，即沙巴（当地民间的原始宗教传播人）、苏瓦（藏传佛教的传播人）、拉莫（既做沙巴又做苏瓦）、哦呜阿姆（自称能通神者）。其中，沙巴最为活跃。但是，尽管很多沙巴能熟练吟诵经文，却很少有人能完全解读其中含义。

尔苏藏族的婚姻习俗保持良好，一般要经过讲亲、定亲、娶亲等程序，定亲和娶亲都伴随很多活动，如泼水、问卦、宴客、祭祖、祈福等（王德和，2010a：88—118），同时也是整个村落乃至周边村落的一件盛事。特别是娶亲，一般欢庆活动持续数日，有些甚至彻夜唱歌、跳舞、斗酒。此外，尔苏藏族的婚姻习俗也融入了一些现代元素，如过聘礼、挂红等。

当地的丧葬习俗讲究诸多，一般有热沾、敛丧、择日、报丧、备柴、守灵、出殡、火化、宴宾、指路等几个环节（王德和，2010a：88—118）。热沾比较独特，指的是老人垂危之际，众亲友集中探视，邻近亲友轮流值守，并为老人准备丧服等。尔苏藏族尚火化，火化时男性铺柴9层，女性7层。

三　经济生活

保安藏族乡全乡总面积34.22平方公里，山多林地广，有丰富的草场资源；全乡现有退耕还林3100亩，耕地4080亩，以农耕为主，主要农作物有荞麦、燕麦、玉米、大豆、黄豆、小麦、土豆等；家养禽类有鸡、鹅、鸭等，畜类有猪、羊、牛、马、骡、驴等，还有部分家庭喂有蜜蜂。经济以自给自足为主，现有少数居民开始成规模种植烟草和放牧牛羊。打猎，采集虫草、贝母等中药材，采摘山梨、野桃等野果，这些也曾是尔苏藏族经济生活的重要组成部分，不过，在当地这些传统现已基本消失。交通曾以马车为主，现在实现了水泥路"村村通"，通往县城还铺有较好的柏油路。

随着经济发展，加之交通便捷、通讯畅通，很多有条件的居民都前往江苏、浙江、福建、广东等沿海省份，以及四川省内成都、眉山、乐山、西昌等城市打工。有相当一部分尔苏藏族甚至举家搬迁，在异地购置或租赁房屋居住。留守本地的主要是老人和暂时不具备条件带到外地求学的少年儿童。这一方面提高了经济生活水平，但另一方面也导致本民族语言文化的濒危状态日趋严重。

第二节

尔苏语的系属

一 调查点概况

越西县保安藏族乡平原村沟东组（尔苏语名 ka⁵⁵fu⁵⁵）和梨花村先锋组（尔苏语名 la⁵⁵tɕi⁵⁵ku³³）是本次调查设定的调查点。保安藏族乡东与白果乡毗邻，东南与乃托镇相接，南面、西面与板桥乡相邻，北接梅花乡。居民以尔苏藏族为主，与彝、汉、回杂居。目前只有先锋组因为地理位置最为偏僻，所有户籍在册居民均为尔苏藏族，其他各村民组均为杂居村落。留守在当地的尔苏藏族居民，无论男女老幼，相互之间的交际语言仍然是本民族语言，在和其他民族居民交流的时候以汉语方言越西话（属于西南官话）为中介语，只有少量居民在和彝族居民交流的时候可能会使用彝语。

二 尔苏语的基本情况

（一）相关名称

尔苏语源于尔苏藏族的自称 ɚ⁵⁵su⁵⁵ "尔苏"。孙宏开（1982a，1983）等认为，ɚ⁵⁵是"白"的意思，su⁵⁵是"人"的意思，故"尔苏"译成汉语有"白人"的意思。对此，当地人并未完全表示认同，但是，对于本民族为什么被称为"尔苏"也无从考证。当地的其他民族如汉、彝居民对"尔苏"的名称并不是特别了解，只是将尔苏藏族统称为藏族。由于早期人口普查和身份登记时，尔苏藏族曾被识别为"西番"，因此也有部分其他民族居民称之为"番族"或"西番"。此外，在一些传统歌曲和民间故事中，尔苏藏族也自称为 pu⁵⁵ɚ⁵⁵tsɿ³³ "布尔兹"，但在日常生活中，他们已经不再使用这样的自称。

（二）尔苏语的基本扩散途径

尔苏藏族一直具有"大杂居，小聚居"的传统。尔苏语的使用人口虽然只有2万多人，却散居于川西南的大渡河、安宁河、雅砻江三江流域的高山峡谷之中，主要分布在甘洛县、越西县，也有部分居住在石棉县和汉源县。汉源县的尔苏藏族由于长期与汉族杂居，操本民族语言的人口已经大大减少，即使是一些70岁以上的老年男女，其母语能力都非常弱，有的听说能力均已丧失。

如前文所述，近年来，有相当一部分尔苏藏族已经迁居到地势相对平坦、经济生活相对富裕的省内区域，稍远的如成都、绵阳、眉山、乐山等地，较近的如越西县城区、郊区以及其他乡镇。还有一些尔苏藏族通过亲友的引荐，举家到外省市谋生，如福建厦门、浙江湖州等地。这些以家庭为单位移居外乡的尔苏藏族，依然保留着"小聚居"的传统，但在同一个地方通常只有三四户尔苏居民，从而形成了新的、较以往规模小得多的尔苏藏族社区或村落。在一定程度上，这种"小聚居"有利于尔苏藏族语言和文化的保存。以在越西县城郊区原酒厂地址上新建的尔苏藏族聚居点为例，在2016年调研时，我们发现有7户尔苏藏族家庭毗邻而居，不论男女老幼，相互之间均用尔苏语进行交流，同时，也将本民族的风俗习惯、生活方式等复制至此。这意味着，即使搬出原来的生活圈子，其语言依然是在使用中的活态语言。

三　尔苏语的系属

（一）尔苏语属于羌语支语言

虽然尔苏藏族被归为藏族的一个支系，但其语言具有羌语支语言的一些共性特征。首先，据音位系统判断，尔苏语的辅音系统比较复杂，复辅音数量众多，但是声调系统尚处于萌芽状态。其次，据词汇形态判断，尔苏语动词均带有趋向前缀，且有发展成熟的格标记和体标记系统。第三，从句法角度判断，尔苏语句子的中心词后置，且为SOV语序。最后，从文化角度判断，部分地区尚有和羌族相似的邛笼遗留，且有崇尚白石等风俗。综上，我们认为孙宏开（2001）将尔苏语归为羌语支语言具有合理性，这一归类也基本可视作学界的共识。尔苏语的系属关系如下图所示：

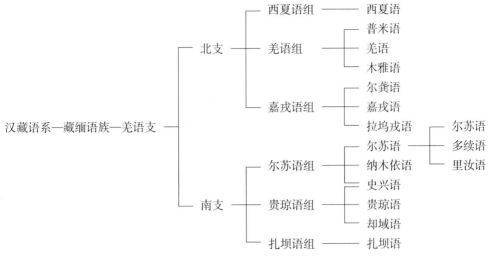

图 1-1 尔苏语的系属示意图［根据孙宏开（2001）改编］

（二）尔苏语及其方言

孙宏开（1982a，1983）、刘辉强（1983）认为尔苏语有三个方言，即东部方言尔苏语、中部方言多续语和西部方言里汝语①。对此，当前学界出现一些不同的看法。余平祥（Dominic，2012）通过对尔苏语的历史比较及原始构拟提出，尔苏语、多续语和里汝语为各自独立但有亲缘关系的语言，可组成"尔苏语支"。齐卡佳（Chirkova，2014）则认为这三种语言联系紧密：如果以同源词作为主要指标来衡量，结论应该与孙宏开（1982a，1983）等的观点一致；但如果以通解度作为主要指标来衡量，它们应该是三种独立的语言。

通过查阅前期文献，并结合实地调查，我们认为，尔苏语、多续语和里汝语极有可能是属于同一种语言的三个方言。理由如下：

首先，从类型学特征上看，它们都是中心词标记（head-marking）、SOV语序、声调处于萌芽状态的黏着语，但有明显的向孤立型语言发展的趋势；重叠、复合、缀合等均为这三种语言的主要构词方式，尤其是都有丰富的趋向前缀；都有丰富的黏着语素，如使役标记、名物化标记、示证标记、体标记、领属标记、施事标记、非施事标记、方位标记等；名词、动词、形容词组成开放性词类，而数词、代词、连接词、拟声词等组成封闭性词类。

其次，通过实地对比调查，我们发现尔苏语和里汝语有相当高的通解度。本课题组自2010年开始对尔苏语进行研究，2016年承担了语保工程尔苏语的调查项目，2017年承担了里汝语的调查项目。在调查里汝语时，一直与课题组合作进行尔苏语研究的王阿木陪同前往。通过观察王阿木和里汝语调查项目发音人唐德付等人的交流，我们发现，尔苏语和里

---

① 其中里汝语又称"栗苏"（孙宏开，1982a）或"吕苏"（如黄布凡、仁增旺姆，1991；林幼菁、尹蔚彬、王志，2014）。

汝语大部分词汇具有相似性，部分词汇甚至没有任何差异，其辅音系统基本相同，发音差异主要表现在元音音位上。一些里汝语的传统长篇语料，王阿木在没有任何提示的情况下，能理解70%以上。尔苏语和里汝语的传统民歌无论在曲调还是内容上都有极大的相似性，课题组的尔苏语发音人和里汝语发音人甚至能对唱。两种语言在日常交际中出现理解困难，其主要原因是言语社团聚居地相距甚远，早期交通不便，加之人员往来较少，长此以往就在音位系统上出现了一些变化，且各自语言中混入了具有自己地方特色的文化、民俗等背景信息。

最后，里汝语课题的主要发音人唐德付是土生土长的里汝人，具有很好的母语能力，是民间非常受欢迎的宗教从业人员。他能熟练口述其父辈传授给他的一首歌诀，其内容很清晰地表明了历史上冕宁多续人是如何繁衍、发展并分化成不同的家族，进而分布于各地，以至于后期形成了尔苏、多续、里汝等多个不同群体的。据此，可以初步判断，尔苏、里汝都是由冕宁的多续人演化而来，他们有共同的先祖。

综上，我们初步认为，尔苏语、多续语和里汝语是属于同一种语言的三个方言。由于课题组缺乏对多续语区域的实地调查，这三个方言的亲缘关系待进一步的深入调查研究后才能最终厘定①。

---

① 由于尔苏语的系属尚未完全确定，本书暂用"尔苏语""多续语""里汝语"分别代指这三个方言。

第三节

尔苏语的濒危状况

自2010年至2016年，课题组先后在当地进行了近两年的"沉浸式田野调查"（immersion fieldwork）（Dixon，2007；Alexandra，2015）；同时，一直利用网络等现代通讯设备与发音人保持密切联系。因此，10余年来，我们对尔苏语的关注从未中断，对该语言的濒危速度日趋加剧有极为深切的感受。本节旨在探讨两方面的问题：尔苏语在结构系统上的一些濒危表现，以及导致该语言濒危的主要因素。

一 尔苏语在结构系统上的濒危表现

（一）音位系统的表现

虽然不能一概而论，但和调查点50岁以上的老派人群相比，50岁以下的尔苏藏族的尔苏语发音已经呈现出一定的差异。这种差异主要体现在如下两个方面：

第一，尔苏语中一些和汉语西南官话越西话发音方法相似、发音部位相近的音素，倾向于被越西话的音素代替，或两者混用，并由此产生了相当多的自由音位变体。例如，尔苏藏族的年轻一代中已有部分人会将卷舌送气塞擦音 tʂʰ 发成舌尖前送气塞擦音 tsʰ，或不再区分二者。这是因为，在越西话中卷舌送气塞擦音 tʂʰ 是一个用得很少的音素。

表1-1 尔苏语中的自由音位变体

自由音位变体	例词	汉义
tʂ = ts	tʂu⁵⁵tʂu⁵⁵ = tsu⁵⁵tsu⁵⁵	耿直
tʂʰ = tsʰ	tʂʰo⁵⁵ = tsʰo⁵⁵	狗

自由音位变体	例词	汉义
dʐ̩ = dz	dʐ̩o⁵⁵ = dzo⁵⁵	水
ʂ̩ = s	ʂ̩o⁵⁵ = so⁵⁵	血
ʐ̩ = z	ʐ̩u³³ = zu³³	鱼

第二，有一些尔苏语音素，因和汉语普通话的发音方式和发音部位相近，到目前为止已经基本被汉语普通话的音素替代了。越西的尔苏藏族居住区域地处"零关古道"，由于自古交通便捷，贸易活跃，汉语对尔苏语的影响由来已久。除了少数年长者，土生土长的越西尔苏藏族发音方式和甘洛的尔苏藏族已经产生一些不影响通话的差异。最为典型的是舌尖中颤音 r 已经完全被舌尖中边音 l 取代，前展次低元音 æ 已经有被后展低元音 ɑ 取代的趋势，包括同组的卷舌元音 æ˞ 和 ɑ˞。如"鸡"在甘洛的发音为 ræ⁵⁵，而在越西的发音为 lɑ⁵⁵。即使有部分发音人还保留着 æ 的发音，但其也已不具备区分词义的功能了。此外，由于受汉语的影响，孙宏开（1982a，1983）和刘辉强（1983）记录的甘洛尔苏语中：tʃ组舌叶塞擦音 tʃ、tʃʰ、dʒ，相应地都被汉语普通话和尔苏语中共有的 tʂ 组卷舌塞擦音 tʂ、tʂʰ、dʐ 取代；ʃ组舌叶擦音 ʃ 和 ʒ，也相应地被汉语普通话和尔苏语共有的卷舌擦音 ʂ 和 ʐ 取代。

（二）词汇系统的表现

20世纪80年代初的实地调查表明，尔苏语中的汉语借词并不是很多（孙宏开，1982a，1983）。我们在田野调查时发现：在神话故事、民间传说等传统尔苏语长篇语料中，汉语借词依然罕见；但与现实生活息息相关的语料，如日常对话、个人经历、讲述事件经过或办事程序等，已出现越来越多的汉语借词。词汇系统的变化主要体现在如下四个方面：

第一，尔苏语复杂句式中的某些连词，以及话语篇章中的关联词，有被汉语中相应词语替代的趋势。这些词包括：dʑi⁵⁵gə⁵⁵"就/就是"、dɑ³³"但是"、lɑ⁵⁵"或者"、tʰə⁵⁵"如果"、buɑ³³nɛ³³"因为"、tə⁵⁵tə⁵⁵i³³"所以"，等等。

第二，尔苏语的数词正在逐渐被汉语数词替代。首先，比较大的，非整百、整千、整万的数字，如"135"（一百三十五），倾向于使用汉语；其次，第一、第二等序数词在日常生活中已经全部被汉语替代；最后，很多发音人在讲述年代时，如"1970年"，其第一反应是使用汉语，当偶尔意识到自己在提供尔苏语语料，在已经说过汉语或准备用汉语表达时，会下意识地纠正自己，转而使用尔苏语来表达。

第三，尔苏语的亲属称谓词有逐渐被汉语替代的趋势。年轻一代的尔苏藏族，在面称一些亲缘关系比较远的亲戚时，更倾向于使用汉语而非母语。如称呼舅舅、表哥等，一般都使用汉语。

第四，与政治、经济、新技术产品、新的社会现象，以及教育相关的词汇，则直接用汉语替代尔苏语。如"共产党""解放""分红""保险""车子""电视机""打工""代课教师""班级""语文"等。

（三）句法结构方面的表现

尽管尔苏语中出现了越来越多的汉语借词，但句法结构方面基本没有发生明显的变化。值得注意的是，在日常交际中，经常会出现将汉语的语序或者词汇的形态结构转化为尔苏语的语序或形态结构加以使用的现象。例如，将汉语的SVO语序改为符合尔苏语表达习惯的SOV语序。例如：

ɳo³³kua³³	bɛ³³,	ta⁵⁵	wa⁵⁵	kʰa⁵⁵-ndza⁵⁵ = i³³,ɕiaŋ⁵⁵pʰiɛn³³	tɛɔ³³
所有	些	一	VCL：起	向内－站 = CSM Ch：相片	**Ch：照**

所有人站在一起照照片。

上例中，"照相片"在被尔苏语借用后，变成"相片照"。

再如，在汉语动词借词的前面加上尔苏语动词的趋向前缀。例如：

vɛ⁵⁵	vɛ⁵⁵ɳo⁵⁵	vɛ⁵⁵	bu⁵⁵pʰa⁵⁵	vɛ³³
猪	肠子	猪	肚子	猪
ndzi³³ = nɛ³³,	tə⁵⁵	sɿ³³	la⁵⁵	tʰa⁵⁵-tʂʰa³³
排骨 = TOP	一	CL：点	都	向他人－Ch：差

ma⁵⁵-pʰa⁵⁵.

NEG－MOD：能

猪肠子、猪肚子、猪排骨一点儿都不能差。

上例就是在汉语动词"差"的前面加上了趋向前缀tʰa⁵⁵-"向他人－"。

综上，除句法结构外，尔苏语在语言结构的各个方面都发生着急剧的变化。尤其在音位系统和词汇层面，该语言正受到汉语的强烈冲击，在一定程度上已经具有"混合语"的特征。

二 导致尔苏语濒危的主要因素

尔苏语在上述各个层面产生的濒危表现，主要是受经济利益驱动、人口迁徙、科技进步、学校教育等因素影响，现扼要概述。

（一）经济利益驱动

20世纪90年代晚期之前，尔苏藏族索居深山峡谷之中，经济生活自给自足。当时，除了到附近集市购买生活必需品或串亲访友外，他们很少走出自己的生活圈子。由于他们是在相对封闭的尔苏语语言社区内活动，日常交际以母语为主，因此母语的语言活力状况良好。然而，进入21世纪后，随着我国经济的快速发展和城市化进程的迅速推动，尔苏藏族青壮年开始到异乡务工。在外务工的过程中，他们的汉语普通话能力得到稳步提高，但其母语运用能力却逐渐变弱，对母语的情感也在逐步变淡。这主要体现在：一些长期在外务工的尔苏藏族居民回乡后，在使用尔苏语时会略感不太适应；其中有些人认为自己的母语是一种落后的语言，主张其后代学习汉语普通话，甚至外语，对保护其母语的观点持反对意见。此外，有越来越多的孩子随父母到异地接受教育，其中一部分已经不再使用尔苏语，即使偶尔使用，其语言能力也明显变弱。由此可见，尔苏语的代际传承状况不容乐观。

（二）人口迁徙

与上述经济利益驱动息息相关的是人口迁徙。如前文所述，当地人为了追求更好的居住环境，为了给孩子创造更好的教育条件，便不断地从山内搬迁到山外，从山上搬迁到山下，甚至从四川省内搬迁到省外。虽然户籍、住房仍然在当地，但实际上他们已经很少在当地长住。以先锋组为例：最初，该村民组登记有77户尔苏藏族家庭；2010年时，已经有6户居民携子女到异地工作、生活和学习；到2016年，有42户举家搬迁至异地，留在户籍地生活的基本都是老人以及不具备随父母赴异地求学的留守儿童。虽然尔苏藏族有"小聚居"的传统习惯，在异地形成了新的尔苏语社区，但是这种语言"孤岛"过于弱小，将会随着成人变老、故去而自然消失。汉源县的尔苏藏族已经基本失去母语使用能力就是很好的例证。

（三）科技进步

现代科技的进步，一方面给尔苏语带去了越来越多的汉语借词；另一方面，也潜移默化地提高了尔苏藏族的汉语水平，改变了其对母语的态度。

随着可以连接互联网的智能手机的普及，尔苏藏族使用汉语、汉字的频次越来越高，时间越来越长，这自然而然地影响着其对母语的使用行为。此外，电视媒体也是重要的媒介。调查中，多位老人表示，在没有广播电视的年代，尔苏藏族的一种重要娱乐方式就是听大人讲述尔苏传统故事。由于现代多媒体娱乐方式的产生，讲述故事的娱乐行为已经消失很久，其年幼时耳熟能详的传统故事，均已无法回忆，难以讲述。我们也在调查过程中注意到，留守在先锋组的儿童都具有很好的汉语普通话、尔苏语双语能力：其汉语普通话主要是通过电视习得，其尔苏语则是通过和留守在当地的老人使用母语交流习得。此外，由于所有现代科技产品的包装、使用说明等均为汉语，尔苏藏族越来越意识到学好汉语的重要性，相应地，他们对其母语的重视程度反而大大降低。甚至有人认为，再让下一代学习母语其实是在增加他们的学业负担。

（四）学校教育

尔苏藏族儿童自接受学校教育开始，就融入汉族、彝族等人口数量较多的民族之中，其日常交际语言便只能是汉语。此外，推广普通话工作一方面进一步强化了汉语普通话的重要性；另一方面，也在一定程度上导致了弱小民族语言的濒危。我们注意到，长期和祖辈留守于先锋组的儿童，其母语能力并不是随着年龄的增长而得到提高；相反，进入学校接受义务教育之后，他们的母语能力正变得越来越差。

（五）族际婚姻

尔苏藏族早期有姑舅表兄妹缔结婚约的传统，族际婚姻非常罕见。随着时代的变化，其婚姻观念也在发生转变，族际婚姻越来越为人们所接受。在族际婚姻家庭中，家庭成员之间交际的中介语通常是汉语普通话。由于国家在升学等方面有少数民族优惠政策，汉－少数民族族际婚姻家庭的子女虽然登记为少数民族，如藏族，但大都已经不具备母语使用能力。王德和（2010b）曾对甘洛县新市坝镇13名族际婚姻家庭的青少年子女进行抽样调查，结果显示只有两名青少年可以用简单的尔苏语进行交流，而这两名孩子在入学前是和其祖辈生活在一起的，从而具备了一定的母语交际能力。

上述因素是导致尔苏语快速濒危的主要原因。其他导致尔苏语快速濒危的因素还包括买卖经营方式的改变、交通的便捷、民族身份的辨别存留等。随着社会的快速转型，尔苏语的濒危速度将和其他少数民族语言一样，会日趋加剧。从这个意义上说，社会各界对尔苏语的抢救和保护力度亟待加强。

第四节

调查说明

一　调查过程

2010年11月至2011年6月，调查人张四红在保安藏族乡梨花村先锋组进行了为期8个月的"沉浸式田野调查"，与村民同吃、同住，参与他们的集体活动，如生产劳动、生火做饭、闲暇聊天和各类民俗文化活动。收集并分析、转写了近5个小时的各类自然语料，包括日常对话、民间传说、神话故事、个人经历陈述、事件流程陈述等；同时，以"参与者观察"（participant observation）（Aikhenvald，2015）的方式观察、感知和学习当地尔苏藏族如何使用其母语。

2012年10月至2013年2月，调查人张四红再次回到先锋组居住，补充相关语料。

2016年，"中国语言资源保护工程·民族语言调查·四川越西尔苏语"获得立项，编号为YB1624A111，课题负责人为合肥工业大学外国语学院/语言学研究中心教师张四红（时任安徽中医药大学人文与国际教育交流学院教师）。在语保工程专家孙宏开、黄行、丁石庆、李大勤、黄成龙等的指导下，张四红依据语保工程的要求，于当年7月至8月率队前往保安藏族乡平原村沟东组、梨花村先锋组完成了音视频摄录工作，当年年底提交了电子材料并通过了验收。

二　发音人简况

本书是众多尔苏藏族集体智慧的结晶。他们之中有很多人虽然没有直接提供语料，但却承担着和语料提供者一样重要的发音人工作。首先，这么多年以来，先锋组王阿木（通用名：王保森）自始至终和课题负责人一起收集、翻译、分析语料。没有他的支持和帮助，以及他对本民族语言和文化的热爱、理解，作者不可能完成本书的撰写任务。其次，西昌学院王德和教授、凉山彝族自治州地税局原党总支书记黄世部、越西县中所镇原党委书记黄箭鸣等，也多次参与语料的翻译和分析工作。最后，在调查点收集、翻译、分析语料期间，还有很多参与讨论的尔苏藏族群众，因篇幅所限、人数众多，无法在此一一列出姓名。

发音人简况如下：

1. 王阿枝，女，尔苏藏族。1935年出生于保安藏族乡保安村大龙塘，1950年与先锋组村民缔结婚姻并移居至此，直至离世，从未离开过尔苏语社区[①]。不识字，农民。

2. 张木基，男，尔苏藏族。1941年出生于保安藏族乡平原村新桥组，早年曾当过兵，任过越西县相关乡镇（原顺河区、保安公社等）镇长、党委书记、法庭庭长等职务。小学文化，已退休。

3. 黄尔哈，男，尔苏藏族。1944年出生于保安藏族乡梨花村先锋组，一生在此居住，2012年因故去世，从未离开过尔苏语社区。小学文化，农民。

4. 黄志富，男，尔苏藏族。1948年出生于保安藏族乡梨花村先锋组，曾到不同的地方工作或参观，但以在先锋组小学担任代课教师为主。小学文化，已退休。

5. 黄阿依，女，尔苏藏族。1957年出生于保安藏族乡梨花村先锋组，提供语料时从未离开过尔苏语社区，后曾在浙江打工。不识字，农民。

6. 王布哈，男，尔苏藏族。1959年出生于保安藏族乡梨花村先锋组，与黄阿依为夫妻关系，提供语料时从未离开过尔苏语社区，后曾在浙江打工。小学文化，农民。

7. 王海牛子，男，尔苏藏族。1963年出生于保安藏族乡平原村沟东组；1971年9月至1976年7月，就读于平原小学；1976年9月至1979年9月，就读于顺河中学；1979年9月至今，在家务农，会说尔苏语、彝语、汉语越西话，曾短暂在厦门打工。初中文化，农民。父亲出生于沟东组，母亲出生于先锋组，父母均以说尔苏语为主，兼通汉语越西话、彝语；配偶出生于沟东组，会说尔苏语、彝语、汉语越西话。

8. 王忠权，男，尔苏藏族。1963年出生于甘洛县则拉乡磨房沟村，后与先锋组村民缔结婚姻并移居至此，直至现在。第一次田野调查时，从未离开过尔苏语社区，后断断续续在成都等地打工，现已返乡牧羊。小学文化，农民。

9. 张保才，男，尔苏藏族。1963年出生于保安藏族乡梨花村先锋组并居住至今，从未离开过尔苏语社区。初中肄业，农民、沙巴从业人员。

10. 黄阿果子，女，尔苏藏族。1966年出生于保安藏族乡梨花村先锋组并居住至今，与王忠权为夫妻关系，从未离开过尔苏语社区。初中肄业，农民，曾任梨花村妇女主任。

[①] 本书所述发音人"从未离开过尔苏语社区"，指的是其单次离开当地不超过10天。偶尔到汉语区、彝语区走访亲友，或到县城、集镇购物，并未计算在内。

11. 王阿衣，男，尔苏藏族。1978年出生于保安藏族乡梨花村先锋组，2010年左右移居越西县新民镇。从未离开过尔苏语社区。小学文化，农民、木工。

12. 杨阿嘎，女，尔苏藏族。1979年出生于甘洛县玉田镇阿寨村，从未离开过尔苏语社区。小学文化，农民。

13. 王阿木（通用名：王保森），男，尔苏藏族。1985年出生于保安藏族乡梨花村先锋组，曾在异地读书数年，在课题负责人进行田野调查期间，一直在先锋组生活并居住。大专文化，现为越西县某彝族乡镇卫生院院长。

14. 王海龙，男，尔苏藏族。1992年出生于保安藏族乡梨花村先锋组，一直在成都等地打工。小学文化，农民。

在上述发音人中，王海牛子于课题立项后担任了项目的主要民语发音人，是语料主要的提供者。其所提供的语料包括1200个通用词、1800个扩展词、100句语法例句和长篇语料等。王忠权、黄阿果子是该项目的口头文化发音人，主要提供歌谣等语料。

第二章 语音

第一节

声韵调

一 声母

（一）单辅音声母

1. 单辅音声母概况

尔苏语的单辅音声母共36个，涉及9个发音部位和7种发音方式。在7种发音方式中，塞音、塞擦音均有清、浊、送气之分，擦音中有清浊之分。尔苏语辅音的发音部位和发音方式列于表2-1：

表2-1　尔苏语的单辅音声母

发音方式	发音部位	双唇	齿唇	舌尖前	舌尖中	卷舌	舌叶	舌面前	舌根	喉
塞音	清不送气	p			t				k	ʔ
	清送气	pʰ			tʰ				kʰ	
	浊	b			d				g	
塞擦音	清不送气			ts		tʂ		tɕ		
	清送气			tsʰ		tʂʰ		tɕʰ		
	浊			dz		dʐ		dʑ		
鼻音	浊	m			n			ȵ	ŋ	
边擦音					ɬ					

发音方式 / 发音部位		双唇	齿唇	舌尖前	舌尖中	卷舌	舌叶	舌面前	舌根	喉
边音	浊				l					
擦音	清		f	s		ʂ		ç	x	
	浊		v	z		ʐ	ʒ	ʑ		
近音	浊	w								

21

2. 单辅音声母特点及说明

（1）如第一章第三节第二部分所述，部分老派发音人在说尔苏语时，他们的 tʃ 组舌叶塞擦音 tʃ、tʃʰ、dʒ 已被 tʂ 组卷舌塞擦音 tʂ、tʂʰ、dʐ 取代；部分新派发音人在发 tʂ 组舌叶塞擦音 tʂ、tʂʰ、dʐ 时，和 ts 组舌尖塞擦音 ts、tsʰ、dz 会出现自由变读的现象；舌尖边音 l 已经完全替代舌尖颤音 r，但在邻近的甘洛县，l 和 r 仍然呈现出最小音位对立。

（2）喉塞音主要用于以元音起首的音节前，在少数词汇前表现得更为明显，如 ʔi⁵⁵za⁵⁵ "儿子"。

（3）tʂ 组卷舌塞擦音 tʂ、tʂʰ、dʐ 塞音成分较重，分别接近于 ʈ、ʈʰ、ɖ。

（4）m、ŋ 可自成音节。

（5）双唇塞音在与单韵母元音 u 相拼时，部分发音人有颤唇现象。

3. 单辅音声母举例

p	pɑ⁵⁵	粒	pʰ	-pʰɑ⁵⁵	SFX–雄性	b	bɑ⁵⁵	背
t	tɑ⁵⁵	一	tʰ	tʰɑ⁵⁵	这个	d	dɑ-⁵⁵	PFX 向上–
k	kɑ⁵⁵	打	kʰ	kʰɑ-⁵⁵	PFX 向内–	g	gɑ³³	喜欢
ʔ	ʔi⁵⁵tsʰu⁵⁵	汤勺	ts	tsɑ⁵⁵	挂	tsʰ	tsʰɑ⁵⁵	叶子
dz	dzɑ⁵⁵	米～饭	tɕ	tɕɑ⁵⁵	点燃	tɕʰ	tɕʰɑ⁵⁵	3sg.GEN
dʐ	dʐɑ⁵⁵dʐɑ⁵⁵	姐姐	tʂ	tʂɑ⁵⁵	找	tʂʰ	tʂʰɑ⁵⁵	城
dʑ	dʑɑ⁵⁵	EXT	f	fɑ⁵⁵	熊	v	＝vɑ³³	＝NAGT
s	sɑ⁵⁵	伞	z	zɑ⁵⁵	百	ç	ço⁵⁵	扫
ʑ	ʑo⁵⁵	下雨	ʂ	ʂɑ⁵⁵	小麦	ʐ	ʐɑ⁵⁵	收集
ʒ	ʒu⁵⁵	提起	x	xɑ⁵⁵	EXT	m	mɑ⁵⁵	箭头
n	nɑ⁵⁵	2sg	ɲ	ɲɑ⁵⁵	孩子	ŋ	ŋɑ-⁵⁵	PFX 向外–
ɬ	ɬɑ⁵⁵	月	l	lɑ⁵⁵	鸡	w	wɑ⁵⁵	满

（二）复合声母

1. 复合声母概况

尔苏语的复合声母共22个。其中，18个复合声母由2个单辅音声母组合而成，另外4个由3个单辅音声母组合而成。根据其组合中后置的单辅音声母的发音部位和发音方式列于表2-2：

表2-2　尔苏语的复合声母

发音方式＼发音部位		双唇	舌尖前	舌尖中	卷舌	舌面前	舌根
塞音	清送气	npʰ		ntʰ			nkʰ
	浊	nb		nd			ng
塞擦音	清送气		ntsʰ		ntʂʰ	ntɕʰ	
	浊		ndz		ndʐ	ndʑ	
擦音	清	ps, pʰs, npʰs			pʂ, pʰʂ, npʰʂ		
	浊	bz, nbz			bʐ, nbʐ		

2. 复合声母特点及说明

（1）尔苏语中的复合声母根据前置单辅音声母可分为两类：第一类，由鼻冠音n作为前置单辅音声母出现；第二类，由双唇塞音p、pʰ、b作为前置单辅音声母出现。前者有16个，而后者有6个。

（2）同部位的鼻冠音n只和清送气音，以及浊塞音、浊塞擦音、浊擦音组合成复辅音声母，不和清不送气音组合。双唇塞音p、pʰ、b只和舌尖前擦音及卷舌擦音组合成复辅音声母，不和其他单辅音组合。

（3）在实际发音中，鼻冠音n通常和前一音节的开音节尾元音韵母连读，听起来似乎是前一音节的尾韵。例如：nɑ⁵⁵-nbo⁵⁵"向下-聋：变聋"的实际读音为nɑn⁵⁵-bo⁵⁵。

（4）复辅音声母ps、pʂ中的s、ʂ在实际发音中有浊化的倾向，实际发音接近于pz、pʐ。

3. 复合声母举例

npʰ	npʰo⁵⁵	偷	ntʰ	ntʰuɑ⁵⁵	锋利	nb	nbo³³	马
nd	ndɑ⁵⁵vɑ⁵⁵	客人	nkʰ	nkʰɑ⁵⁵	卖	ng	ngɑ⁵⁵	门
ntsʰ	ntsʰɑ⁵⁵	肝	ndz	ndzɑ³³	汉人	ntɕʰ	ntɕʰi⁵⁵	咬
ndʑ	ə̱⁵⁵ndʑi⁵⁵	腿	ntʂ	ntʂu⁵⁵	蒸	ndʐ	ndʐɑ⁵⁵	害怕
ps	psɻ̍⁵⁵	扁	pʰs	pʰsɻ̍⁵⁵	扔	npʰs	npʰsɻ̍⁵⁵	吐

bz̩	bz̩ɿ⁵⁵	蜜蜂	nbz̩	nbz̩ɿ⁵⁵	跨	pʂ̩	pʂ̩ʅ⁵⁵	绳子
pʰʂ̩	pʰʂ̩ʅ⁵⁵	藏人	npʰʂ̩	npʰʂ̩ʅ⁵⁵	寡淡	bz̩	bz̩ʅ⁵⁵	发旋
nbz̩	nbz̩ʅ⁵⁵	参观						

二 韵母

（一）单元音韵母

1. 单元音韵母概况

尔苏语的单元音韵母共7个，即ɿ、i、ɛ、ə、ɑ、u、o。各单元音韵母的特征可大致如下表2-3所示：

表2-3 尔苏语的单元音韵母

	舌尖	舌面			
	前	前	央	后	
	不圆唇	不圆唇	不圆唇	不圆唇	圆唇
高	ɿ	i			u
半高					o
中			ə		
半低		ɛ			
低				ɑ	

2. 单元音韵母特点及相关说明

（1）舌面元音韵母i和舌尖元音韵母ɿ形成对立，如dzi⁵⁵"草"≠dzɿ⁵⁵"吃"，故将i、ɿ处理为两个音位。

（2）舌尖元音韵母ɿ有ɿ和ʅ两个变体：与ts组舌尖前塞擦音、擦音相拼时读作ɿ，如sɿ³³"（一）点儿"；与tʂ组卷舌塞擦音、擦音相拼时读作ʅ，如tʂʅ⁵⁵"星星"。因其均为舌尖元音，且没有形成对立，故本书将其作为同一个音位处理，但根据实际发音记录。

（3）ɛ和ə存在互为变体的可能性。部分发音人对其进行区分，形成对立，如nə⁵⁵"二"≠nɛ⁵⁵"你"；部分发音人，特别是新派青年发音人，不对其进行区分，即nə⁵⁵"二"=nɛ⁵⁵"你"。

（4）ɑ在语流中有æ、a、ʌ等多种变体。

（5）ɛ的实际音值接近ᴇ。

（6）o的实际音值接近于ʊ。

（7）u的实际音值接近于ʉ，与塞音相拼，会有颤唇现象发生。

（8）ɔ、ɑ、o均有卷舌现象，主要见于第一、第二、第三人称代词单、复数对立。但由于使用频率极低，故未作为独立音位处理，但根据实际发音记录。

3. 单元音韵母举例

ɿ	zɿ³³	雪	ʅ	ʂʅ³³	肉	i	si⁵⁵	三
ɛ	sɛ³³	还	ə	lə⁵⁵si⁵⁵	柏树	əɹ	nəɹ⁵⁵	2pl
ɑ	ɑ⁵⁵	1sg	ɑɹ	ɑɹ⁵⁵	1pl	u	ntsʰu⁵⁵	冰雹
o	nbo⁵⁵	聋。高	oɹ	zoɹ³³	3pl			

（二）复韵母

1. 复韵母概况

尔苏语的复合韵母共8个。其中7个是二合元音复韵母，分为前响和后响；1个是三合元音复韵母。

前响二合元音复韵母包括：ui、ɛi、ɑi

后响二合元音复韵母包括：iɛ、iɑ、uɑ、io

三合元音复韵母为：uɑo

2. 复韵母举例

ui	gui⁵⁵	很，非常	ɛi	io⁵⁵tsɛi⁵⁵	自己	ɑi	tsɑi⁵⁵	真
iɛ	vu³³liɛ³³	脑壳	iɑ	liɑ⁵⁵	粘	uɑ	luɑ⁵⁵	砍
uɑo	ʐuɑo⁵⁵	碗						

三　声调

尔苏语是一种有声调的语言，每个音节都必须带有声调。声调有区别词义的功能，有时也有一定的语法功能。

（一）调型和调值

尔苏语共四种调型，分别是高平调、中平调、中升调和曲折调。高平调的调值是55，中平调的调值是33，中升调的调值是35，曲折调的调值是324。调值具体可参阅孙宏开文（1982a）。

（二）声调说明

1. 尔苏语的高平调和中平调是其两个最主要的声调，具备区别词义的功能。声韵相同的情况下，两个声调严格对立，如nbo⁵⁵"高"和nbo³³"马"。但高平调的出现频率远远高于中平调。在实际发音中，因受语流影响，高平调常变为高降调，调值接近54；中平调调值接近中降，调值接近32。因此，在具体语境中，"高"和"马"的实际发音分别为nbo⁵⁴"高"和nbo³²"马"。

2. 中升调和曲折调的出现频率非常低。主要出现在少数连接词中，如 mo³⁵ "又"；或体标记、示证标记等一些句末标记及语气词中，如即行体标记 =tsʰua³⁵ " =IMMI"；句末语气词 ma³²⁴ "（亲昵地）请求"等。孙宏开（1982a、1983）调查尔苏语时，尚未见这两个声调，故此，它们可能是受汉语西南官话影响而后起的声调。

（三）声调例词

ȵo⁵⁵	天	ȵo³³	铜
nbo⁵⁵	聋。高	nbo³³	马
ŋua⁵⁵	银	ŋua³³	牛
si⁵⁵	三	si³³	只
sɛ⁵⁵	谁	sɛ³³bɛ³³	李子
io⁵⁵	绵羊	io³³	1sg.OTR
zo⁵⁵	射中	zo³³	四
ʂʅ⁵⁵	品尝	ʂʅ³³	肉
tʂu⁵⁵	豆子	tʂu³³	掏出
da⁵⁵-ba⁵⁵	向上-满	da³³-ba³³	向上-背~东西
ta⁵⁵	关~门	ta³³	绵羊阉割后的
tu⁵⁵	抵住	tu³³	臼
du⁵⁵	野猫	du³³	犁
tsʰɛ⁵⁵	洗	tsʰɛ³³	喝
gu⁵⁵	踢	gu³³	船
tsə⁵⁵	云	tsə³³	大麻
dzo⁵⁵	水	dzo³³	锅
fu⁵⁵	村庄	fu³³	蒜
so⁵⁵	死	ʂo³³	血
ʂə⁵⁵	铁	ʂə³³	虱子
ʂʅ⁵⁵ʂʅ⁵⁵	黄鼠狼	ʂʅ³³ʂʅ³³	走
ma⁵⁵	味美的	ma³³	吹
mo⁵⁵	遗体	mo³³	叫动物~
mɛ⁵⁵	军队	mɛ³³	火
nbu⁵⁵	干草	nbu³³	帽子
ndzo⁵⁵	豹子	ndzo³³	MOD：会
ngə⁵⁵	种子	ngə³³	九
vu⁵⁵	酒	vu³³	头

ȵi⁵⁵	金	ȵi³³	病
lɑ⁵⁵	鸡	lɑ³³	鹿
ntʂʰə⁵⁵	快	ntʂʰə³³	拉
ndzɑ⁵⁵	鼓	ndzɑ³³	汉人
mo³⁵	又，还	ma³²⁴	PART：请求
ɑ³⁵	PFV	dʑɛ³²⁴	EVID
tsʰuɑ³⁵	IMMI	do³²⁴	PART：肯定

四 音节

（一）基本音节结构

尔苏语固有词的基本音节结构为CV^T。其中，C代表声母，可以是单辅音声母，也可以是复合声母；V代表韵母，可以是单元音韵母，也可以是二合、三合元音复韵母；T代表声调，每个音节都必须有声调。音节都是开音节，无辅音韵尾。此外，单元音除ɛ、u不能自成音节以外，其他单元音都可自成音节；辅音除鼻辅音m、ŋ可自成音节以外，其他辅音均不可自成音节。

（二）音节类型

1. 单个元音或辅音带声调自成音节。
2. 辅音、元音和声调必须共现形成的音节。
3. 鼻冠音n与辅音、元音和声调共现形成的音节。

表2-4　尔苏语的音节类型

类型	例词	释义
V_1^T	ɑ⁵⁵	1sg.SLF
C_1^T	ŋ⁵⁵	鸡~叫、鸟~叫
$C_1V_1^T$	mɛ³³	归~你管
$C_1C_2V_1^T$	pʰsɿ⁵⁵	扔
$C_1V_1V_2^T$	luɑ⁵⁵	砍
$C_1V_1V_2V_3^T$	zuɑo⁵⁵	碗
$NC_1V_1^T$	ntʰo⁵⁵	滴
$NC_1C_2V_1^T$	npʰsɿ⁵⁵	吐
$NC_1V_1V_2^T$	ntʰuɑ⁵⁵	锋利

第二节

音变

一 元音和谐

越西尔苏语的元音和谐可在同一个词的内部发生，即前缀最后一个音节的元音与根词、主词和附着词素第一个音节的元音在发音上保持一致；也可在前词与后词之间发生，即前词最后一个音节的元音与后词第一个音节的元音在发音上保持一致。

越西尔苏语的元音和谐主要有两种情况：舌面央元音ə变成舌面后元音ɑ和舌面前元音i。

（一）由ə变成ɑ

这种元音和谐现象触发的诱因通常是后一个音节的元音为ɑ，而和谐的对象是邻近的前一个音节的元音ə。因而，前一个音节中的ə被强制性地变成ɑ。如表2-5所示：

表2-5 由ə变成ɑ的元音和谐

未出现元音和谐		出现元音和谐	
kʰə⁵⁵-mi⁵⁵	向内-抓	kʰɑ⁵⁵-mɑ⁵⁵	向内-睡
ŋə⁵⁵-dzʐ⁵⁵	向外-吃	ŋɑ⁵⁵-tʰɑ⁵⁵-dzʐ⁵⁵	向外-PHTV-吃
tə⁵⁵ wo⁵⁵	一 CL：个	tɑ⁵⁵ kɑ⁵⁵	一 CL：根
tʰə⁵⁵ wo⁵⁵	DEM：这 CL：个	tʰɑ⁵⁵ kɑ⁵⁵	DEM：这 CL：根
nə⁵⁵=i⁵⁵kə⁵⁵	2sg＝AGT	nɑ⁵⁵=vɑ³³	2sg＝NAGT

（二）由ə变成i

与上述强制性的元音和谐不同，这种元音和谐具有相当大的不确定性。部分发音人习惯于选择元音和谐，也有一部分发音人保持原音节元音的发音不变，甚至还有发音人在不同的语境中任意性地使用不同的发音方式。这种元音和谐现象触发的诱因通常是后一个音节的元音为i，而和谐的对象是邻近的前一个音节的元音为ə。这种情形下，前一个音节中的ə根据个人的喜好变成i。具体情况如表2-6所示。另外，这种情况也往往会伴随着合音现象的发生，详见下文，在此不赘述。

表2-6　由ə变成i的元音和谐

未出现元音和谐	出现元音和谐	汉义
tə^{55}　i^{55} 一　家	ti^{55}　i^{55} 一　家	一家
t^{h}ə^{55}＝i^{55} 3sg.PRT＝GEN	t^{h}i^{55}＝i^{55} 3sg.PRT＝GEN	他的
t^{h}ə^{55}＝i^{55}kə^{55} 3sg.PRT＝AGT	t^{h}i^{55}＝i^{55}kə^{55} 3sg.PRT＝AGT	他把

二　元音延长

Haiman（1983：783）曾指出，口语表达上的语言学距离通常与概念上的距离具有相辅相成的关联性。尔苏语中，可以将指示代词和方向名词的前缀ɑ^{55}-发音延长，用于表示指称对象和说话人之间的空间距离较远，或者与说话人之间的心理距离较远，譬如仅存在于说话人的记忆中。例如：

t^{h}ə^{55}　　　　la^{55}　　　wo^{55}　　　　　　　　这只鸡

DEM：这　鸡　　CL：个

ɑ^{55}-t^{h}ə^{55}　　　　la^{55}　　　wo^{55}　　　　　　那只鸡

DIST-DEM：那　鸡　　CL：个

ɑː^{55}-t^{h}ə^{55}　　　la^{55}　　　wo^{55}　　　　　　那只鸡*很远，看不见或仅在记忆中的*

DIST-DEM：那　鸡　　CL：个

kuɑ^{55}　　　　　　　　　　　　　　　　　北方

ɑ^{55}-kuɑ^{55}

PFX-北方　　　　　　　　　　　　　　　　北方*较远的*

ɑː^{55}-kuɑ^{55}

PFX-北方　　　　　　　　　　　　　　　　北方*很远，看不见或仅在记忆中的*

三 脱落与合音

尔苏语中的脱落与合音通常相伴而生，这种音变现象非常普遍。其主要影响因素有三：疑问标记、完整体标记、非施事标记。

（一）疑问标记导致的脱落与合音

如果主词最后一个音节的元音为ə、ɑ、ɛ、ɣ/ɹ，当被成对出现的疑问标记ɑ⁵⁵…ɛ³³依附时，这些元音通常会出现脱落的情况，主词甚至与疑问标记ɛ³³合音，且其原所在音节的最后一个调值也相应地变成33调。如果主词最后一个音节的元音为ə、ɑ，则ə、ɑ脱落，主词与疑问标记的 =ɑ⁵⁵ 形成合音。

主词脱落最后一个音节的元音ə，与疑问标记ɛ³³合音。例如：

nə⁵⁵　　kʰɑ⁵⁵　　　　ʒʅ⁵⁵ = gə⁵⁵ = ɛ³³?　　　（未合音）

2sg　　ITRG：哪儿　去 = PROS = ITRG

你要去哪儿？

nə⁵⁵　　kʰɑ⁵⁵　　　　ʒʅ⁵⁵ = gɛ³³?　　　（合音）

2sg　　ITRG：哪儿　去 = PROS.ITRG

你要去哪儿？

主词脱落最后一个音节的元音ɑ，与疑问标记ɛ³³合音。例如：

ɑ⁵⁵ = kʰɑ⁵⁵tʂɑ⁵⁵ = ɛ³³?　　　　　（未合音）

ITRG = 健康 = ITRG

身体好吗？

ɑ⁵⁵ = kʰɑ⁵⁵tʂɛ³³?　　　　　　（合音）

ITRG = 健康.ITRG

身体好吗？

主词脱落最后一个音节的元音ə、ɛ，分别与疑问标记ɑ⁵⁵、ɛ³³合音。例如：

dzɑ⁵⁵　ŋə⁵⁵-ɑ⁵⁵ = tsʰɛ⁵⁵ = ɛ³³?　　　（未合音）

早饭　向外–ITRG = 喝 = ITRG

吃早饭了吗？（直译：喝早饭了吗？）

dzɑ⁵⁵　ŋɑ⁵⁵ = tsʰɛ³³?　　　　（合音）

早饭　向外.ITRG = 喝.ITRG

吃早饭了吗？（直译：喝早饭了吗？）

主词脱落最后一个音节的元音ɣ，与疑问标记ɛ³³合音。例如：

ɑ⁵⁵ = zʅ⁵⁵ = ɛ³³?　　　　　　（未合音）

ITRG＝是＝ITRG

对不对？（直译：是吗？）

$ɑ^{55}＝zɛ^{33}?$ （合音）

ITRG＝是.ITRG

对不对？（直译：是吗？）

（二）完整体标记导致的脱落与合音

如果主词最后一个音节的元音为 ɑ、ɣ/ɻ，受完整体标记 $ɑ^{35}$ 诱发，则这些主词的末位元音通常脱落，进而与完整体标记 $ɑ^{35}$ 合音，其原有调值也相应变为35调。

主词脱落最后一个音节的元音 ɑ，与完整体标记 $ɑ^{35}$ 合音。例如：

$ɑ^{55}＝zɻ^{55}$		$ŋuɑ^{33}$	$ŋuɑ^{55}$	$iɑ^{55}ṇo^{55}$	$nɑ^{55}-nkʰɑ^{55}＝ɑ^{35}.$	（未合音）
1sg.SLF＝GEN：家	牛	RPT：牛		昨天	向下－卖＝PFV	

我家的牛昨天卖了。

$ɑ^{55}＝zɻ^{55}$		$ŋuɑ^{33}$	$ŋuɑ^{55}$	$iɑ^{55}ṇo^{55}$	$nɑ^{55}-nkʰɑ^{35}.$	（合音）
1sg.SLF＝GEN：家	牛	RPT：牛		昨天	向下－卖.PFV	

我家的牛昨天卖了。

主词脱落最后一个音节的元音 ɣ/ɻ，与完整体标记 $ɑ^{35}$ 合音。例如：

$ɑ^{55}$	$ŋə^{55}-dzɻ^{55}＝ɑ^{35}.$	（未合音）
1sg.SLF	向外－吃＝PFV	

我吃过了。

$ɑ^{55}$	$ŋə^{55}-dzɑ^{35}.$	（合音）
1sg.SLF	向外－吃.PFV	

我吃过了。

（三）非施事标记 ＝vɑ³³ 的音变

如果主词最后一个音节的元音为 ɑ，且带有非施事标记 $＝vɑ^{33}$ 时，非施事标记 $＝vɑ^{33}$ 的辅音通常脱落，主词最后一个音节的元音与 $＝vɑ^{33}$ 中的 ɑ 合音，且音域抬高、延长。例如：

vu^{55}	$tə^{55}$	mi^{55}	$tʰɑ^{55}＝vɑ^{33}$	$tʰə^{55}-ku^{55}.$	（未合音）
酒	一	CL：点	3sg.PRT＝NAGT	向他人－敬	

敬他一点酒。

vu^{55}	$tə^{55}$	mi^{55}	$tʰɑ:^{55}$	$tʰə^{55}-ku^{55}.$	（合音）
酒	一	CL：点	3sg.PRT.NAGT	向他人－敬	

敬他一点酒。

四　屈折变化

如果主词最后一个音节的元音为 o，且带有小称标记、领属标记、状态变化体标记 $=i^{55}$ 或者完整体标记 $=a^{35}$ 时，o 的发音变为 u；如果主词最后一个音节的元音为 a，且带有小称标记、领属标记、状态变化体标记 $=i^{55}$ 时，a 的发音变为 ε。具体如下表 2-7 所示：

表 2-7　o、a 的屈折变化

未发生屈折变化	发生屈折变化	汉义
$k^h\vartheta^{55}$-dzo $=a^{35}$ 向内－煮 $=$ PFV	$k^h\vartheta^{55}$-dzua^{35} 向内－煮.PFV	煮过了
dzo$^{55}=i^{55}$ EXT $=$ CSM	dzui^{55} EXT.CSM	在/有了
$a^{55}=i^{55}$ 1sg.SLF $=$ GEN	εi^{55} 1sg.GEN	我的

五　辅音清化

在尔苏语中，我们发现有这样三对词：当其单辅音声母为浊音的时候，具有施动义；而当其变为对应的清音时，具有致使义。这三对词列举如下：

施动义		致使义	
dzʅ^{55}	吃	tsʅ^{55}	使……吃
zʅ^{55}	穿	ʂʅ^{55}	使……穿
gua^{55}	脱	kua^{55}	使……脱

第三节

尔苏语拼写符号的创制设想

一 拼写符号

（一）创制拼写符号的目的

尔苏语是一种口耳相传无文字记录的语言。为尔苏语创制记录语言的拼写符号，不仅有利于母语者和研究者记录语料，也有利于民族语言文化的传承与发展。随着社会经济的发展和推普工作的深入开展，年轻一代的尔苏藏族都受过一定的教育，学习了汉语拼音，同时，也或多或少学习了一些英语。汉语拼音字母和英文字母使用的都是拉丁化方案，其中很多字母和国际音标（IPA）虽然形似却有着本质的区别。例如，汉语拼音的"b"在国际音标中的实际发音为[p]，而汉语拼音中的"p"在国际音标中的实际发音为[pʰ]。这意味着，如果用IPA符号作为尔苏语的拼写符号，由于受汉语拼音字母和英文字母的影响，会给母语使用者造成极大的困扰。此外，尔苏语的音位系统比汉语和英语都要复杂，因而，学习起来会相对较难。

由此可见，我们有必要为尔苏语制作制作一套拼写符号。这套符号应该具有以下特点：

1. 能比较全面地反映尔苏语基本的语音面貌。

2. 尽量使用中华人民共和国汉语拼音方案的拼音符号，适当引入英语字母符号，便于学习、使用。

表2-8 字母表

尔苏语字母		国际音标	尔苏语字母		国际音标
大写	小写		大写	小写	
A	a	ɑ	N	n	n
B	b	p	O	o	o
C	c	tsʰ	P	p	pʰ
D	d	t	Q	q	tɕʰ
E	e	ə	R	r	ʐ
F	f	f	S	s	s
G	g	k	T	t	tʰ
H	h	x	U	u	u
I	i	i	V	v	v
J	j	tɕ	W	w	w
K	k	kʰ	X	x	ɕ
L	l	l	Y	y	i
M	m	m	Z	z	ts

表2-9 单辅音声母及国际音标

字母	b	p	bb	d	t	dd	g	k	gg	hh
国际音标	p	pʰ	b	t	tʰ	d	k	kʰ	g	ʔ
字母	z	c	zz	j	q	jj	zh	ch	zzh	f
国际音标	ts	tsʰ	dz	tɕ	tɕʰ	dʑ	tʂ	tʂʰ	dʐ	f
字母	v	s	ss	rr	x	zy	sh	r	h	m
国际音标	v	s	z	ʒ	ɕ	ʑ	ʂ	ʐ	x	m
字母	n	ny	nn	ll	l	w	y			
国际音标	n	ȵ	ŋ	ɬ	l	w	i			

表2-10　复合辅音声母及国际音标

字母	np	nbb	nt	ndd	nk	ngg	nc	nzz
国际音标	np^h	nb	nt^h	nd	nk^h	ng	nts^h	ndz
字母	nq	njj	nch	nzzh	bz	ps	nps	bbz
国际音标	ntɕ^h	ndʑ	ntʂ^h	ndʐ	ps	p^{h}s	np^{h}s	bz
字母	nbbz	br	pr	npr	bbr	nbbr		
国际音标	nbz	pʂ	p^{h}ʂ	np^{h}ʂ	bʐ	nbʐ		

表2-11　单元音韵母及国际音标

字母	ii	i	u	o	or	e
国际音标	ɣ/ʅ	i	u	o	ɔɹ	ə
字母	er	ee	a	ar		
国际音标	əɹ	ɛ	ɑ	ɑɹ		

表2-12　复合元音韵母及国际音标

字母	iee	ia	ua	ui	eei	ai
国际音标	iɛ	iɑ	uɑ	ui	ɛi	ɑi

表2-13　声调表及说明

调值	尔苏语	说明
55	1	高平调，调型与汉语普通话阴平相同。
33	2	中平调，汉语普通话没有对应调型。
35	3	中升调，调型与汉语普通话阳平相同。
324	4	高降升调，调型接近汉语普通话上声，但起点、拐点均比汉语普通话高，终点接近。

（二）关于此套拼写符号的说明

1. 音近原则。按汉语拼音方案中各个符号的发音来作为选择的依据。例如，汉语拼音方案中"p"是双唇送气清塞音[p^h]的拼音符号，"t"是舌尖中送气清塞音[t^h]的拼音符号，那么本套规则也使用"p"和"t"表示二者。

2. 重叠法。汉语拼音方案中无表示浊音的符号，本套规则使用重叠法表示浊音，如用"bb"来表示双唇不送气浊塞音[b]等。此外，尔苏语中和汉语拼音不对应的元音也用重叠法来表示，如用"ee"来表示前半低不圆唇元音[ɛ]等。

3. 复合法。汉语拼音方案中无表示复合声母的符号，使用复合法表示复合声母，如使用"ndd"表示"前置鼻冠音＋舌尖中不送气浊塞音"的复合声母[nd]。复合元音韵母或带鼻音韵母亦使用复合法表示。

4. 手写体中，"g"应写为"g"，"a"应写为"ɑ"。

5. 尔苏语拼写符号以词为单位拼写，词与词之间有间隔（空格）。人名、地名、大写、换行等规则，按照《汉语拼音正词法基本规则》执行。

二 拼写符号样本

（一）标注文本样本

a1	yee1hi1so1ha1	de1	dde1-hi1	gge1.	yee4so1ha1	jja1la1nya1npi1
1sg.SLF	过去	一	DIR-说	PROS	以前	嘉拉酿皮

cu1	de1	dde1-hi1	gge1	ddo4.	yee4 so1ha1	de1	ddzo1	jja2nee2,
这样	一	DIR-说	PROS	AFFM	从前	一	EXT	EVID

a1bo1,	dda1-ka1to1	er1	dda1-ba1.
PART：惊讶	DIR-说	笑	DIR-地方：到达

我来说一个故事，就说的是从前，有个叫嘉拉酿皮的这么一个人。哎呀，据说从前有个不知道多好笑的人。

（二）书写文本样本

a1 yee1hi1so1ha1 de1 dde1hi1 gge1. yee4 so1ha1 jja1la1nya1npi1 cu1 de1 dde1hi1 gge1 ddo4. yee4 so1ha1 de1 ddzo1 jja2nee2, a1bo1, dda1ka1to1 er1 dda1ba1.

第三章 词汇

第一节

词汇特点

一 一般特点

（一）音节数量

尔苏语的单纯词以单音节和双音节为主。三音节及以上的单纯词相对较少，主要是一些带前缀或附着词素的形容词、动词等，以及一些表示地名、人名等的专有名词。

1. 单音节词

很多普通名词都是单音节词，如 dzo⁵⁵ "水"、mɛ³³ "火"、su⁵⁵ "人"、si⁵⁵ "木头"、ʂə³³ "铁"、nbi⁵⁵ "山"、vɛ⁵⁵ "猪"、xi⁵⁵ "年"、ła⁵⁵ "月"等。大部分的助动词、存在动词、代词、连词等都是单音节词，如 to⁵⁵ "能"、ndzo⁵⁵ "会"、dzo⁵⁵/dzɑ⁵⁵/xɑ⁵⁵ "有、在"、tʰə⁵⁵ "DEM：这"、ɑ⁵⁵ "1sg.SLF"、nə⁵⁵ "2sg"、tʰə⁵⁵ "如果"等。

2. 双音节词

双音节词分布于各个词类中，尤以动词、形容词见多。这是因为动词、形容词多由单音节前缀同词根组合而成。如 ɑ³³-ntɕo³³ "朋友"、xə⁵⁵mo⁵⁵ "舅舅"、m̩⁵⁵ndʐɿ⁵⁵ "猫"、də⁵⁵-ɲi⁵⁵ "向上-病：生病"、ʂɻ³³ʂɻ³³ "走"、iɑ⁵⁵-ntɕʰo⁵⁵ "ADJ-漂亮：漂亮的"、ɲi⁵⁵ɲi⁵⁵ "矮.RDUP：矮"、ʂɑ⁵⁵ŋɑ⁵⁵ "可怜"等。

3. 三音节及以上的词

三个音节及以上的单纯词数量比较少，主要是一些地名、人名等专有名词，以及少量根词为双音节带前缀的形容词、动词等。如 ŋə⁵⁵-ndzi⁵⁵ndzi⁵⁵ "向外-湿"、kʰə⁵⁵-dzo⁵⁵lo⁵⁵ "向里-看：看"、də³³-fu³³sɛ³³ "向上-说：讲述"、i⁵⁵ʂɑ³³tso⁵⁵ntsʰu⁵⁵iɛ³³ "易沙宗粗耶人名"、lɑ⁵⁵ndʐɿ⁵⁵ɲo³³ "浪子略地名"等。

尔苏语形容词和动词的前缀与根词之间并非必须共现；反之，在特定的上下文中，可以只出现根词。这就意味着上述双音节和三音节的形容词和动词在本质上还是以单音节和双音节为主。

（二）词汇反映着人们的生活状态

尔苏语中的固有词数量非常多，与尔苏藏族生活的环境、文化、风俗、传统等息息相关。它们来源于生活实践，又折射和反映着生活实际。有以地貌特征进行命名的词汇，例如，先锋组有个群众聚会、集会的场所，是一块平整的空地，被命名为 $bo^{55}bo^{55}$ "平的.RDUP：平地"。由此可见，该地名是由形容词 bo^{55} "平的"重叠而成的名词。也有根据事物的功能特征来命名的词汇，如 $z_1^{55}=ta^{55}$ "坐 = NMLZ：板凳、椅子"这个词，就是由 z_1^{55} "坐"和表示从事某项特定活动的地方或场所的名物化标记附着词素 $=ta^{55}$ "= NMLZ"组合而成。

再如，尔苏藏族久居深山，刀具是其日常生产劳动必不可少的工具。因此，在其语言中，针对不同的砍伐对象，就有各种不同的"刀"：

$ba^{55}tʂa^{55}$	刀的统称
$tsʰi^{55}to^{55}$	用于厨房切菜的刀
$ba^{55}tʂa^{55}tʂə^{55}ma^{55}$	用于砍伐中型树的刀
$pa^{55}ɬi^{55}$	用于砍伐草和低矮灌木混生的植物丛的刀
$zɛ^{33}$	用于割庄稼和草的刀
$zɛ^{33}tʂə^{55}ma^{55}$	用于割秆子相对粗的庄稼和草的刀
$vu^{55}tsʰua^{55}$	用于砍比较大的树或将树木劈开成块，类似于斧子的刀
$tsua^{55}$	外形类似于锄头，但比锄头小而窄，用于挖木头猪槽的刀

（三）词汇形态有助于区别词类

尔苏语的名词、动词和形容词在形态上具有较大的差异，可以视为区别词类的一条重要标准。现依据张四红等（2018）的论述，对尔苏语名词、动词和形容词的形态分述如下：

1. 名词的形态特征

如上文所述，尔苏语的名词以单音节和双音节为主；多音节名词非常少，主要是一些人名、地名等专有名词，以及一些源于动词的名物化名词。

此外，尔苏语的名词一般没有前缀；只有亲属称谓词形成了一个相对封闭的名词次类，很多亲属称谓词都带 a^{55}- 前缀，如 a^{55}-ma^{55} "KIN-妈妈"、a^{55}-pu^{55} "KIN-爷爷"等。名词可带有丰富的后置附着词素，如格标记等；但后缀很少，主要是带一些指示性的后缀，如

ȵo⁵⁵-ma⁵⁵"太阳-F：太阳"、ɬa⁵⁵-pʰa⁵⁵"月亮-M：月亮"等。单纯的叠音名词比较少见，如tṣʰa⁵⁵~tṣʰa⁵⁵"喜鹊"、ȵo⁵⁵~ȵo⁵⁵"乳房"等。

相当一部分的名词是合成词，根据其合成方式可进一步分为如下三类：

（1）根词＋附着词素（formative）

以bɛ⁵⁵"昆虫"类为例，如bɛ⁵⁵＋io⁵⁵"苍蝇"、bɛ⁵⁵＋tsʰa⁵⁵"蚊子"等。

（2）附着词素＋根词

以si⁵⁵"树"为例，如ʂa⁵⁵＋si⁵⁵"松树"、nbo⁵⁵＋si⁵⁵"柳树"等。

（3）根词＋根词

尔苏语中，这种构词方式主要是由"名词＋名词"、"名词＋形容词"和"名词＋动词"构成另外一个语义尚有关联的名词，如dzo⁵⁵＋ŋua⁵⁵"水＋牛：水牛"、na⁵⁵＋nbo⁵⁵"耳朵＋聋哑的：聋子"、vu³³＋tɕo³³"头＋缠住：头帕"等。

2. 动词的形态特征

表示存在和领有关系的动词都是单音节词，且不带任何词缀，如ȵo⁵⁵"有"、dzo⁵⁵"有、在"、xa⁵⁵"有、在"、dzʐ⁵⁵"有、在"等。与此相似，大部分情态动词也是单音节词，且不带任何词缀，如ȵo⁵⁵"敢"、pʰa⁵⁵"能"、xo⁵⁵"要"等。其他动词的根词以单音节和双音节为主，并且根据动作趋向和体表达的不同需要（Zhang, 2016：297-304；宋伶俐，2006），带有相应的单音节动词前缀，最终形成以双音节和三音节为主的最典型动词形态。

尔苏语有9个不同的动词前缀，分别是də⁵⁵-"向上-"、no⁵⁵-"向下-"、ŋə⁵⁵-"向外-"、kʰə⁵⁵-"向内-"、tʰə⁵⁵-"向他人-"、kʰua⁵⁵-"向左/向北-"、ŋua⁵⁵-"向右/向南-"、dʑi⁵⁵-"向上（斜上）-"、ȵi⁵⁵-"向下（斜下）-"。例如：

ŋə⁵⁵-i⁵⁵"向外-去：出去"

kʰə⁵⁵-i⁵⁵"向内-去：进去"

də⁵⁵-dʑi⁵⁵ma⁵⁵"向上-害怕：害怕"。

虽然尔苏语的动词前缀很丰富，并且动词还可带各种体貌范畴的附着词素，但和摩梭语相似（Lidz, 2010：343），典型的尔苏语动词不带后缀。

部分动词的词根为叠音式：其中一部分，其词根本身就是叠音式，具有交互语义，如də⁵⁵-dzu⁵⁵~dzu⁵⁵"向上-碰见~RDUP：碰见"；还有一些动词的叠音式词根是由单音节、表示瞬时意义的根词转化而来，如将də⁵⁵-to⁵⁵"向上-跳"中的词根to⁵⁵"跳"重叠，则变成də⁵⁵-to⁵⁵~to⁵⁵"向上-跳~RDUP：跳舞"，这类动词在语义上常表示动作的反复和延续。（张四红、王轩，2017）

少量的动词是合成词，如zi⁵⁵＋nkʰa⁵⁵"买＋卖：做生意"、i⁵⁵＋dzo⁵⁵"孩子＋有：怀孕"等。

3. 形容词的形态特征

大部分原型性的（prototypical）尔苏语形容词都是双音节和三音节的，未发现单音节的原型性形容词。这是因为，尔苏语的形容词要么带前缀 ia^{55}-"ADJ-" 和 $d\vartheta^{55}$-"ADJ-"，要么是双音节词。

前缀 ia^{55}-"ADJ-" 既不可以用于名词，也不可以用于动词，仅可用于形容词。这是尔苏语形容词在形态上区别于名词和动词的最典型特征。如 ia^{55}-$nt\varphi^ho^{55}$"ADJ-漂亮：漂亮的"、ia^{55}-li^{55}"ADJ-好：好的"、ia^{55}-$ts\eta^{55}$"ADJ-疲倦：疲倦的"。

大部分表示颜色、味道、气味的形容词带一个与动词形态、发音均相同，但语义不同的前缀 $d\vartheta^{55}$-。它放在动词前面，可表示向上的动作；放在形容词前，仅是这类形容词的标记，没有实际意义。如 $d\vartheta^{55}$-$\underline{r}a^{55}$"ADJ-白色：白色的"、$d\vartheta^{55}$-$\underline{n}i^{55}$"ADJ-红色：红色的"等。

尔苏语还有很多叠音式的双音节形容词，它们不带前缀 ia^{55}-"ADJ-"。如 $\underline{n}i^{55}$~$\underline{n}i^{55}$"干净~RDUP：干净的"、mo^{55}~mo^{55}"老~RDUP：老的"、za^{55}~za^{55}"幼稚~RDUP：幼稚的"等。还有少数的双音节形容词，既不带前缀 ia^{55}-"ADJ-"，也不是叠音式。如 $k^ha^{55}ts\!a^{55}$"健康的"、$\underline{s}a^{55}\eta a^{55}$"可怜的、同情的"等。

自然语料显示，典型的形容词中很少有合成词。

从上述讨论可以看出，尔苏语的名词、动词和形容词在形态结构上有一些相似性，但更多的是差异性。尤其是形容词和动词在前缀的选择上，具有明显不同的特征：除表示颜色、味道等语义类的形容词和动词在形态上有相似性外，其他的形容词和动词对前缀有迥然不同的要求。

二 借词特点

孙宏开（1982a、1983）认为尔苏语中的借词比较少。在尔苏语词汇中，彝语和藏语的借词各占2%左右，汉语借词占10%左右。然而，随着科学技术、社会经济的发展，以及学校教育的推广，尔苏语的日常交际用语中，汉语借词[①]的比重越来越大。彝语、藏语的借词进入尔苏语后基本保留了它们的初始语音和形态。年轻尔苏藏族在使用汉语借词的时候，更多倾向于不做任何改变，直接借用。与此形成对比，很多50岁以上的尔苏藏族在使用汉语借词时，会对汉语借词进行归化处理。具体而言，他们尽量使汉语借词在发音和形态句法上向其母语尔苏语靠拢。因此，如果对尔苏语不是特别了解，甚至很难辨别出它们是借词。

尔苏语的借词有以下四个方面值得注意：

---

① 本节所述汉语借词主要指来自西南官话的词汇。

1.汉语借词的鼻韵尾脱落，如 iun⁵¹toŋ⁵¹ "运动" 的发音变为 iu³³to³³。

2.汉语借词的复元音韵母一般只保留韵腹，特别是介音 u 不再发音，如 kuo³⁵ "国" 的发音变为 ko³³。

3.汉语借词的元音 ə 和 ɤ 统一归化为 o，如 kə⁵⁵kə⁵⁵ "哥哥" 的发音变为 ko³³ko³³。

4.汉语借词的声调统一归化为中平调33，如上述 "运动" 的实际发音为33调。

需要指出的是，上述汉语借词的四个特点通常是相互作用，相互协同，同时进行归化的，这使得汉语借词在很多方面表现得接近于尔苏语。例如：

tiɛn⁵¹kan⁵⁵	tia³³ka³³	电杆
iaŋ³⁵xuɕ²¹⁴	ia³³xo³³	洋火
kan⁵⁵luo⁵¹	ka³³lo³³	甘洛

此外，汉语借词在形态上也会发生变化。特别是汉语借词的动词，在进入尔苏语后，于实际应用中会带上尔苏语动词的趋向前缀，如第一章第三节的示例 "猪肠子、猪肚子、猪排骨一点儿都不能差"，其中的 "差" 变为 tʰa³³-tʂʰa³³ "向他人–差"。

三 其他特点

（一）部分形容词没有反义词

在尔苏语中，有一些描述指称对象性质和特征的形容词没有反义词。

尔苏语的形容词通常为积极、正面描述指称对象的褒义词；而在表达与其相反的语义内涵时，通常以将原词的前缀 ia⁵⁵- 变成否定标记 ma⁵⁵- 的方式来实现。例如：

ia⁵⁵-ga⁵⁵	ADJ-喜欢：喜欢的	ma⁵⁵-ga⁵⁵	NEG-喜欢：不喜欢的、讨厌的
ia⁵⁵-ndzə⁵⁵	ADJ-舒适：舒适的	ma⁵⁵-ndzə⁵⁵	NEG-舒适：不舒适的、难受的
ia⁵⁵-ntɕʰo⁵⁵	ADJ-漂亮：漂亮的	ma⁵⁵-ntɕʰo⁵⁵	NEG-漂亮：不漂亮的、丑陋的
ia⁵⁵-li⁵⁵	ADJ-好：好的	ma⁵⁵-li⁵⁵	NEG-好：不好的、坏的

（二）表达抽象概念的词汇非常罕见

尔苏语中诸如 "奋斗" "希望" "升华" "理论" "道德" 等可以直接表达抽象概念的词语非常少，在传统故事等长篇语料中几乎没有出现。在表达抽象语义内涵时，通常将有着具体语义内涵的词汇或词组进行转化：如表达具体指称对象的 tsu⁵⁵tsu⁵⁵ "直"，可以引申为表达指称对象性格特征的 "耿直"；表达具体指称对象动作行为的 ia⁵⁵-ntʂʰə⁵⁵ "快"，可以引申为表达指称对象反应能力的 "聪明"；领有动词 bo⁵⁵ 前加上否定标记 ma⁵⁵- "NEG-"，即 ma⁵⁵-bo⁵⁵ "NEG-有：没有"，可以引申为描述指称对象经济状况比较差的 "穷"；主谓结构词组 sɿ³³ ma⁵⁵-ŋo⁵⁵ "事 NEG-EXT：没有事"，可以引申为描述指称对象生活状况比较闲适的"闲"。

（三）一词多义现象比较普遍

在尔苏语中，有部分词汇的多个义项是由本义引申而来的，各义项之间仍有较为明显的演变脉络。如 tʂa⁵⁵ŋa⁵⁵ 本义为表达空间方位的"下面""后面"，引申为表达时间概念的"以后""后来"等语义。又如 dzo⁵⁵ 本义是"水"，由此引申为"汤""河"等；该词在年轻人口中同时还有"住"这样的义项，但却是由于音位系统简化导致。由于 dzo⁵⁵ "住"的单辅音声母存在自由变体 dz 和 dʐ，而在一些年长者的话语中，这两个音位仍然体现出语音、语义的对立，因此他们是严格区分 dzo⁵⁵ "水"和 dʐo⁵⁵ "住"的。

四 几种重要的词汇子系统

（一）单纯词与合成词

按照词汇构成方式进行区分，尔苏语的词汇可以分为单纯词和合成词。单纯词按照成词音节的数量可以分为单音节的单纯词和多音节的单纯词，合成词按照构词法可以进一步分为派生法、合成法、重叠法和拟声法（具体见"构词法"一节）。

1. 单纯词

单纯词只有一个词素，可能是一个音节，也可能是两个或两个以上的音节。多音节的单纯词必须多个音节共现才能具有其所组合的词汇意义；词中的单个音节或没有任何意义，或其意义与其组合的词意义上无任何关联。例如：

tʂɿ⁵⁵	星星	ve⁵⁵	猪
ʂɿ⁵⁵ʂɿ⁵⁵	蜗牛	la⁵⁵la⁵⁵	鬼魂
so³³mo³³	力气	da⁵⁵va⁵⁵	客人
la⁵⁵tɕi⁵⁵ku³³ 拉吉沽_{村落名}		tsʰi⁵⁵ku⁵⁵me⁵⁵ŋo⁵⁵ 茨菇麦略_{村落名}	

在上述多音节单纯词中，单个音节可能有意义，但是语义所指与该词没有任何语义关联。例如，da⁵⁵ "公山羊"和 da⁵⁵va⁵⁵ "客人"在语义上无关联性，da⁵⁵ 和 va⁵⁵ 必须共现才能组合成新词，因此被视为同一个词素。

2. 合成词

合成词是由两个或两个以上词素构成的词。词素与词素之间有语义关联性；或者以其中某一个词素为主，另一个词素为辅，组合成词，如前缀与根词、主词与附着词素构成新词。例如：

dzo⁵⁵＋ŋua⁵⁵	水牛	xa⁵⁵~xa⁵⁵＝su⁵⁵	老师
水＋牛		教~RDUP＝NMLZ	

na⁵⁵ + nbo⁵⁵	聋子	bɛ⁵⁵ + tsʰa⁵⁵	蚊子
耳朵 + 聋		虫子 + 热	
tʂʅ⁵⁵ + tso⁵⁵	流星	ia⁵⁵dzo̝⁵⁵ + dzo⁵⁵	怀孕
星星 + 屎		小孩 + 有	

（二）同音近义词与同音异义词

根据音义结合的关系，可以将尔苏语的一些词汇分为同音近义词和同音异义词两类。

1. 同音近义词

尔苏语中有较为丰富的同音近义词，这类词汇虽然有多个义项，但其他义项一般都是由本义通过引申、转喻等方式扩展而形成。下列例词中，按照由本义扩展到其他义项的顺序进行排列，从中可以探索出其语义变化的轨迹：

si⁵⁵	树→棍子→木头→木材
dzo⁵⁵	水→汤→小溪→河流
la⁵⁵	来→到达→得来→获得
ga⁵⁵ma⁵⁵	身体→背部→身材→个头→（刀）背
a⁵⁵-n̪a⁵⁵	姑姑→舅妈→岳母
dzo̝⁵⁵mo⁵⁵	屁股→底下→以后

2. 同音异义词

如前文所述，由于尔苏语的活力正在衰退，音位系统倾向于简化，如 tʃ 组的舌叶塞擦音全部被 tʂ 组的卷舌塞擦音替代，舌尖中颤音 r 已经完全被舌尖中边音 l 取代等。这类现象的出现导致了很多原本语音对立而语义也相应对立的词汇自动归为一组，于是在此基础上产生了丰富的同音异义现象。如 la⁵⁵ 有多个义项，分别对应汉语的"来""叫""鸡""肥料"等。这些义项之间大部分没有关联性，而是由于音位系统的简化使得语义扩大。以 la⁵⁵ "鸡"为例，甘洛尔苏语仍然读成 ra⁵⁵ "鸡"。又如 tʂa⁵⁵ 可以表达"横""（一）行""找""躺"等。

（三）近义词与反义词

根据词汇语义之间的对比关系，一个语言的词汇通常可以分为同义词和反义词。同义词又可细分为等义词和近义词。我们认为，如果考虑使用语境等因素，语音不同而意义完全一致的等义词，在任何一个语言中都是不存在的。也就是说，任何两个意义相等的词汇，语用上都有些微的差异。据此，本书把这些所谓的"等义词"一律当成近义词处理。因而，本书的近义词有些是脱离语境意义对等的"等义词"，有些是词义相近、语音形式不同的"近义词"。尔苏语中不是每一个词都有这样的语义对比关系。语言事实表明，具有这种对应对比关系的只是少数词汇。

1. 近义词

尔苏语固有词中的近义词比较少。如本书第一章第三节所述，现在尔苏语出现越来越多的近义词是因为汉语借词的涌入，在此不再赘述。现就尔苏语固有词中的近义词举例如下并逐一进行辨析：

（1）　EXT　　　dzo^{55}　　　　xa^{55}　　　　　　ŋo^{55}　　　　　　　dzạ^{55}

（2）　妻子　　ze^{33}　　　　　lə^{55}ma^{55}　　　　a^{55}-tʂʰa^{55}ka^{55}　　i^{55}va^{55}＝su^{33}　　zi^{33}mo^{33}

（3）　师傅　　so^{55}pu^{55}　　　xa^{55}xa^{55}＝su^{33}

（4）　徒弟　　tʂa^{55}pa^{55}　　　so^{55}so^{55}＝su^{33}

（5）　1sg　　　a^{55}　　　　　io^{33}

（6）　3sg　　　tʰə^{55}　　　　zo^{33}

（7）　草　　　ndze^{55}　　　　ȵi^{55}　　　　　　əɻ^{55}

（8）　收拾　　nə^{55}-ʂu^{55}ʂu^{55}　nə^{55}-tsʅ^{55}ka^{55}

（9）　扔　　　ŋə^{55}-pʰsʅ^{55}　　ŋə^{55}-tse^{55}

（10）　放　　　tʰə^{55}-pʰsʅ^{55}　　tʰə^{55}-vu^{55}tsʅ^{55}　na^{55}-kua^{55}　　kʰə^{55}-ndzi^{55}　　kʰa^{55}-sa^{55}

现就上述近义词语义辨析如下：

（1）dzo^{55}、xa^{55}、ŋo^{55}、dzạ^{55}是尔苏语中的存在类/领有类动词，它们的使用受指称对象的属性等因素的制约。例如：dzo^{55}通常表示有生命、可移动物体的"在/有"，xa^{55}通常表示无生命、不可移动物体的"在/有"，ŋo^{55}通常表示无生命、抽象概念的"在/有"，dzạ^{55}通常表示无生命、可移动物体的"在/有"。（张四红、王轩，2017）

（2）ze^{33}、lə^{55}ma^{55}、a^{55}-tʂʰa^{55}ka^{55}、i^{55}va^{55}＝su^{33}、zi^{33}mo^{33}都表示"妻子"，但其使用场景呈现出差异。ze^{33}是通用叙称；lə^{55}ma^{55}本义是"新娘"，转化为"妻子"，是背称，而且一般是青年丈夫对自己妻子的称谓；a^{55}-tʂʰa^{55}ka^{55}本义为"舅舅家的表妹"，由于尔苏藏族有姑舅亲的传统，舅舅家的表妹可以嫁给姑姑家的表兄弟，由此引申为妻子，既可以是背称也可以是面称；i^{55}va^{55}＝su^{33}本义是"家里的（那位）"，是背称，也是丈夫对妻子的最通俗的称谓；zi^{33}mo^{33}是背称，属于比较正式的用词，且多见于年长者。

（3）so^{55}pu^{55}、xa^{55}xa^{55}＝su^{33}都有"师傅"的语义。前者是传统上的师带徒的师承关系的"师傅"；后者本义是"教书的"，是学校教育发展起来之后产生的词语，类似于"教师"。随着社会的发展，这两个词已经基本成为等义词，母语人会根据使用习惯选用。

（4）tʂa^{55}pa^{55}、so^{55}so^{55}＝su^{33}都有"徒弟"的语义，和上述"师傅"相似。前者是传统

上的师带徒的师承关系的"徒弟";后者本义是"读书的",是学校教育发展起来之后产生的词语,类似于"学生"。随着社会的发展,这两个词也已经基本成为等义词,也是根据母语人的使用习惯被选用。

（5）a^{55}、io^{33}均为第一人称单数的人称指示代词。前者的指称对象是说话人自己,而后者是在直接转述他人的话语时使用,指称对象是被转述的说话人。

（6）$t^h\vartheta^{55}$、zo^{33}均为第三人称单数的人称指示代词。前者非常常用,和汉语的第三人称无差别;而后者的指称对象有可能是说话人不喜欢的、仅存在于说话人记忆中的第三人称。

（7）$ndz\varepsilon^{55}$、$\textipa{n}i^{55}$、$\vartheta\textfishhookr^{55}$都有"草"之义。$ndz\varepsilon^{55}$泛指"各种草类",$\textipa{n}i^{55}$指"藤状草类",$\vartheta\textfishhookr^{55}$指经过加工用于喂家畜的"草料"。

（8）$n\vartheta^{55}$-$\textipa{s}u^{55}\textipa{s}u^{55}$、$n\vartheta^{55}$-$ts\textipa{\textrtaill}^{55}ka^{55}$都有"收拾"的语义。前者有收拾以使事物整洁的意义,后者专指收拾行李。

（9）$\eta\vartheta^{55}$-$p^h\textipa{\textrtaill}^{55}$、$\eta\vartheta^{55}$-$ts\varepsilon^{55}$都有"扔"的语义。$\eta\vartheta^{55}$-$p^h\textipa{\textrtaill}^{55}$意指扔掉不能再用或不需要再用的"东西";$\eta\vartheta^{55}$-$ts\varepsilon^{55}$意指扔的"远近",一般用于比赛的场合。

（10）$t^h\vartheta^{55}$-$p^h\textipa{\textrtaill}^{55}$、$t^h\vartheta^{55}$-$vu^{55}ts\textipa{\textrtaill}^{55}$、$na^{55}$-$kua^{55}$、$k^h\vartheta^{55}$-$ndzi^{55}$、$k^ha^{55}$-$sa^{55}$都有"放"的意思,但是它们表示不同的动作方式。$t^h\vartheta^{55}$-$p^h\textipa{\textrtaill}^{55}$表示"（随意地）放",$t^h\vartheta^{55}$-$vu^{55}ts\textipa{\textrtaill}^{55}$表示"放（于高处）",$na^{55}$-$kua^{55}$表示"放（于某容器里面）",$k^h\vartheta^{55}$-$ndzi^{55}$表示"（把东西挤塞）放",$k^ha^{55}$-$sa^{55}$表示"（挂在某地方）放"。

2. 反义词

尔苏语中有些形容词、动词在语义上形成对立,这些成对的词汇即为反义词。其中,形容词的正、反义词的形态值得注意。虽然不能一概而论,但是很多积极、正面描述指称对象的词汇通常带有形容词前缀ia^{55}-"ADJ–",而其对应的反义词大多都是叠音词。例如:

ia^{55}-k^hua^{55}	大	$ma^{55}ma^{55}$	小
ia^{55}-nbo^{55}	高	$\textipa{n}i^{55}\textipa{n}i^{55}$	矮
ia^{55}-$z\textipa{\textrtaill}^{55}$	宽	$\vartheta\textfishhookr^{55}\vartheta\textfishhookr^{55}$	窄
ia^{55}-bi^{55}	粗	$ts^hi^{55}ts^hi^{55}$	细
$d\vartheta^{55}$-$\textfishhookr^{55}$	笑	$n\vartheta^{33}$-$nb\varepsilon^{33}$	哭
da^{55}-ba^{55}	睁	na^{55}-$ma^{55}ma^{55}$	闭
$k^h\vartheta^{55}$-$p\textipa{\textrtaill}^{55}$	拴	$\eta\vartheta^{55}$-$p^h\varepsilon^{55}t\textipa{s}^ha^{55}$	解

第二节

构词法

尔苏语的构词方法比较多样，包括派生法、合成法、重叠法、名物化法和拟声法等。本节对此依次进行探讨。

一　派生法

尔苏语中派生法这一构词方式主要涉及名词、动词和形容词。虽然尔苏语词汇的前、后缀并不是很多，但出现的频率却很高。这是因为原型性的（prototypical）动词和形容词都带有不同的前缀。如本章第一节所述，名词、动词、形容词带有不同形态的前缀，而加前缀是区分这三个词类的重要手段之一。

（一）名词前缀

前缀 a^{55}- 是名词独有的前缀，主要置于部分亲属称谓词和地点、方向名词的前面。例如：

a^{55}-pu^{55}	KIN−爷爷：爷爷、老爷爷	a^{55}-wa^{55}	KIN−奶奶：奶奶、老奶奶
a^{55}-pa^{55}	KIN−爸爸：爸爸	a^{55}-ma^{55}	KIN−妈妈：妈妈
a^{55}-ɳa^{55}	KIN−姑姑：姑姑	a^{55}-tʂʰa^{55}	KIN−表姐：表姐、嫂子
a^{55}-ga^{55}	远指−靠山：靠山向	a^{55}-ɳa^{55}	远指−背山：背山向
a^{55}-kua^{55}	远指−北方：北方、顺流向	a^{55}-ŋua^{55}	远指−南方：南方、逆流向

（二）动词前缀

和其他羌语支语言相似，尔苏语的动词有丰富的趋向前缀，同一个根词带不同的前缀会导致根词的意义发生一些变化。需要指出的是，尔苏语的趋向前缀已经处于语法化的过程中。这表现为：一方面，趋向前缀已经演化为表达动词体貌状态的一个不可分割的组成部分；另一方面，趋向前缀的"趋向"义已经弱化，有些时候，根词与某个具体前缀的共现带有一定的"任意性"（arbitrariness）。

尔苏语有9个趋向前缀，现示例如下：

də⁵⁵-to⁵⁵	向上－跳
nə⁵⁵-to⁵⁵	向下－跳
kʰə⁵⁵-to⁵⁵	向里－跳
ŋə⁵⁵-to⁵⁵	向外－跳
tʰə⁵⁵-to⁵⁵	向他人－跳
kʰuɑ⁵⁵-to⁵⁵	向左－跳
ŋuɑ⁵⁵-to⁵⁵	向右－跳
dʑi⁵⁵-to⁵⁵	向（斜）上－跳
ȵi⁵⁵-to⁵⁵	向（斜）下－跳

由上例可见，当这些趋向前缀和"跳"这类位移根词共现时，其有明显的趋向意义。需要说明的是，前缀 kʰuɑ⁵⁵-、ŋuɑ⁵⁵-、dʑi⁵⁵-、ȵi⁵⁵- 只有趋向义，且只能和表示位移的根词组合成词。在和非位移类词根共现时，却带有一定的任意性，很难发现其趋向意义[①]。例如：

də⁵⁵-xi⁵⁵	向上－讲述
nə⁵⁵-su⁵⁵	向下－（嗓子）变坏
kʰə⁵⁵-ʂʐ̩⁵⁵	向里－打败
ŋə⁵⁵-dʐ̩⁵⁵	向外－吃
tʰə⁵⁵-ʐu⁵⁵	向他人－抓

（三）形容词前缀

前缀 iɑ⁵⁵- 是形容词独有的前缀，大部分积极、正面描述指称对象的形容词都带有 iɑ⁵⁵- 前缀。这是尔苏语形容词区别于名词和动词的最典型特征。例如：

iɑ⁵⁵-kʰuɑ⁵⁵	大	iɑ⁵⁵-li⁵⁵	好用的、可行的
iɑ⁵⁵-ntʂʰə⁵⁵	快速度或反应快	iɑ⁵⁵-ndʐ̩⁵⁵	累
iɑ⁵⁵-ŋɑ⁵⁵	壮	iɑ⁵⁵-tɕo⁵⁵	乖
iɑ⁵⁵-ntɕʰo⁵⁵	漂亮	iɑ⁵⁵-ndə⁵⁵	好结实、肥
iɑ⁵⁵-tsʐ̩⁵⁵	严厉	iɑ⁵⁵-ntsʰu⁵⁵	好善良的

---

① 本书在分析语料时，将这些动词前缀按其表达的"趋向"本义进行标注，但，实际上，它们不一定再表示趋向义。

ia⁵⁵-ʂə⁵⁵	长	ia⁵⁵-bu⁵⁵	厚

ia⁵⁵-ʂə⁵⁵　　长　　　　ia⁵⁵-bu⁵⁵　　厚

ia⁵⁵-bo⁵⁵　　平　　　　ia⁵⁵-nɛ⁵⁵　　深

ia⁵⁵-ndzə⁵⁵ 舒服　　　ia⁵⁵-fi⁵⁵　　宽

ia⁵⁵-mi⁵⁵　　多　　　　ia⁵⁵-ntʰua⁵⁵　快锋利

消极、负面描述指称对象的形容词往往都是叠音词。例如：

n̠i⁵⁵n̠i⁵⁵　　低　　　　psʅ⁵⁵psʅ⁵⁵　　扁

dzo⁵⁵dzo⁵⁵ 短　　　　tsʰi⁵⁵tsʰi⁵⁵　细

ɚ⁵⁵ɹɛ⁵⁵　　窄　　　　n̠i⁵⁵n̠i⁵⁵　　浅

此外，有部分表示颜色、味道和气味的词汇带前缀də⁵⁵-。例如：

də⁵⁵-ɚɛ⁵⁵　　白色　　　də⁵⁵-n̠i⁵⁵　　红色

də⁵⁵-nua⁵⁵　黑色　　　də⁵⁵-tʂʰo⁵⁵　甜

də⁵⁵-tsʰʅ⁵⁵　苦　　　　də⁵⁵-xə⁵⁵　　香

二　合成法

合成法是尔苏语能产的造词方式。尔苏语的合成词大致可以分成两类：第一类是根词与词缀、主词与附着词素之间的组合，根词表述指称对象的类别和属性，而大部分附着词素的语义暂无法考证；第二类是词根与词根的组合，两个词根语义都很明确，组合成新词。根据根词所属词类，可以进一步分为"名词＋名词""名词＋形容词""名词＋动词"等不同的组合方式。

（一）根词与附着词素的组合

根词＋附着词素。例如：

mɛ³³＋tɕo³³ 自然界＋裹：天空　　　　　mɛ⁵⁵＋li⁵⁵　　自然界＋附着词素：大地

mɛ⁵⁵＋ba⁵⁵ 自然界＋燃烧：火苗　　　　mɛ⁵⁵＋tsʰa⁵⁵　自然界＋热：阳光

mɛ⁵⁵＋ɚ⁵⁵ 自然界＋叫：风　　　　　　mɛ⁵⁵＋dzʅ⁵⁵　自然界＋附着词素：雷

mɛ⁵⁵＋ɬi⁵⁵ 自然界＋附着词素：闪电　　mɛ⁵⁵＋nkʰua⁵⁵ 自然界＋附着词素：彩虹

do⁵⁵＋ku⁵⁵ 眼睛＋洞：眼睛　　　　　　do⁵⁵＋pi⁵⁵　　眼睛＋附着词素：眼皮

do⁵⁵＋sɛ⁵⁵ 眼睛＋核：眼珠　　　　　　do⁵⁵＋ɚ⁵⁵　　眼睛＋白：眼白

do⁵⁵＋ntɕʰi⁵⁵眼睛＋角：眼角　　　　　do⁵⁵＋ma⁵⁵ndzi⁵⁵眼睛＋附着词素：睫毛

附着词素＋根词。例如：

ta⁵⁵＋n̠o⁵⁵　附着词素＋天：今天　　　ia⁵⁵＋n̠o⁵⁵　　附着词素＋天：昨天

su⁵⁵＋n̠o⁵⁵　附着词素＋天：前天

ʂa⁵⁵＋si⁵⁵　附着词素＋树：松树　　　lə⁵⁵＋si⁵⁵　　附着词素＋树：柏树

nbo⁵⁵ + si⁵⁵ 附着词素 + 树：柳树　　　　tɕʰo⁵⁵ + si⁵⁵　　附着词素 + 树：樟树

ɬa⁵⁵ɬa⁵⁵ + si⁵⁵ 附着词素 + 树：白桦树　　dzo⁵⁵ + si⁵⁵　　附着词素 + 树：漆树

由上述合成词可见，这类由根词和附着词素组合而成的合成词中，根词语义明确并对该词所表示的指称对象的属性和类别进行了归类。但是，很多时候，这些合成词中的附着词素语义内涵不是十分明确，有的甚至无从考察。以 si⁵⁵ "树"为例：所有含这个根词的合成词都表示"树"一类的名词。我们认为，如果从原始构拟的角度入手，或许可以厘清这些附着词素的意义。不过，这不是本书的重点，在此作为问题提出，留待下一步继续研究。

（二）根词与根词的组合

1. 名词₁ + 名词₂ → 名词₃。例如：

a⁵⁵-pa⁵⁵ + a⁵⁵-ma⁵⁵	父亲 + 母亲	→	a⁵⁵-pa⁵⁵a⁵⁵-ma⁵⁵	父母
ȵi⁵⁵nua⁵⁵ + vɛ⁵⁵nua⁵⁵	弟弟 + 哥哥 / 妹妹 + 姐姐	→	ȵi⁵⁵nua⁵⁵vɛ⁵⁵nua⁵⁵	兄弟/姐妹
pʰo⁵⁵za⁵⁵ + zi³³mo³³	丈夫 + 妻子	→	pʰo⁵⁵za⁵⁵zi³³mo³³	夫妻
iɛ⁵⁵xi⁵⁵ + so⁵⁵xi⁵⁵	去年 + 前年	→	iɛ⁵⁵xi⁵⁵so⁵⁵xi⁵⁵	过去
ȵi⁵⁵ + ŋua³³	金色 + 牛	→	ȵi⁵⁵ŋua⁵⁵	黄牛
dzo⁵⁵ + ŋua³³	水 + 牛	→	zo⁵⁵ŋua⁵⁵	水牛
nua⁵⁵ + fu⁵⁵	彝族 + 话	→	nua⁵⁵fu⁵⁵	彝语
tʂʰo⁵⁵ + tso⁵⁵	狗 + 屎	→	tʂʰo⁵⁵tso⁵⁵	狗屎
io⁵⁵ + ʂʅ³³	羊 + 肉	→	io⁵⁵ʂʅ⁵⁵	（吃的）羊肉
vɛ⁵⁵ + ʂʅ³³	猪 + 肉	→	vɛ⁵⁵ʂʅ⁵⁵	（吃的）猪肉

2. 名词₁ + 形容词 → 名词₂。例如：

ɚ⁵⁵ + psʅ⁵⁵	脚 + 平的	→	ɚ⁵⁵psʅ⁵⁵	脚掌
lə⁵⁵ + psʅ⁵⁵	手 + 平的	→	lə⁵⁵psʅ⁵⁵	手掌
na⁵⁵ + nbo⁵⁵	耳 + 聋	→	na⁵⁵nbo⁵⁵	聋子
go⁵⁵ + ɚ⁵⁵	蔬菜 + 白	→	go⁵⁵ɚ⁵⁵	白菜
ɚ⁵⁵ + kʰua⁵⁵	石 + 大	→	ɚ⁵⁵kʰua⁵⁵	石头
ɚ⁵⁵ + tsʰi⁵⁵	石 + 细	→	ɚ⁵⁵tsʰi⁵⁵	石子
dzo⁵⁵ + tsʰa⁵⁵	水 + 热	→	dzo⁵⁵tsʰa⁵⁵	开水
dzo⁵⁵ + nbi⁵⁵	水 + 冰冷的	→	dzo⁵⁵nbi⁵⁵	凉水

3. 名词₁ + 动词 → 名词₂。例如：

vu³³ + tɕo³³	头 + 裹	→	vu³³tɕo³³	头巾
la⁵⁵ + dʑi⁵⁵	鸡 + 关	→	la⁵⁵dʑi⁵⁵	鸡笼

$m\varepsilon^{33}$ + $d\textturnz i^{55}$	火 + 关	→	$m\varepsilon^{55}d\textturnz i^{55}$	火塘
$\textltailn i^{33}$ + $nd\textturnz i^{55}$	病 + 治疗	→	$\textltailn i^{55}nd\textturnz i^{55}$	药材

三 重叠法

此处重叠法，是指以有明确语义范畴的自由词素重叠而成新词的方法。重叠词应与叠音词区别开来。

尔苏语中有相当多数量的叠音词，多为两个语音一致的音节重叠构成的词。叠音词本质上为单纯词。如本章第一节所述，叠音词单个音节或无意义，或意义与其组成的词汇无任何关联。如 $\textltailn o^{55}\textltailn o^{55}$ "乳房" 由两个语音完全一样的音节重叠组成，单个音节 $\textltailn o^{55}$ 有 "天；在/有" 之意，但和 "乳房" 并无任何关联，只有重叠后才具有 "乳房" 的含义。

与叠音法形成的单纯词有所不同，重叠法构成的合成词中，单个音节本身对应的就是一个单纯词，重叠后形成的新词与原词在语义上尚有一定关联。

尔苏语中的重叠法构成的合成词以动词居多。动词重叠构成的新词或具有相互义，或使原词语义得到加强。例如：

$d\textschwa^{55}$-gu^{55}	向上–踢：踢 →	$d\textschwa^{55}$-gu^{55}~gu^{55}	向上–踢~踢：互相踢；不停地踢
da^{55}-ka^{55}	向上–打：打 →	da^{55}-ka^{55}~ka^{55}	向上–打~打：互相打；不停地打
$k^h\textschwa^{55}$-to^{55}	向内–看：看 →	$k^h\textschwa^{55}$-to^{55}~to^{55}	向内–看~看：互相看；盯着看
$n\textschwa^{55}$-$nb\varepsilon^{55}$	向下–哭：哭 →	$n\textschwa^{55}$-$nb\varepsilon^{55}$~$n\textschwa^{55}$-$nb\varepsilon^{55}$	向下–哭~向下–哭：哭了又哭
na^{55}-$t\textrtails a^{55}$	向下–追：追 →	na^{55}-$t\textrtails a^{55}$~na^{55}-$t\textrtails a^{55}$	向下–追~向下–追：追了又追
$d\textschwa^{55}$-$li^{55}ga^{55}$	向上–跑：跑 →	$d\textschwa^{55}$-$li^{55}ga^{55}$~$d\textschwa^{55}$-$li^{55}ga^{55}$	向上–跑~向上–跑：跑了又跑

四 名物化法

名物化是尔苏语重要的构词手段之一。该语言中名物化标记比较丰富，包括 ＝su^{55} "＝动作执行者"、＝ta^{55} "＝从事某活动或动作的工具/场所"、＝li^{55} "＝用途"、＝$\textrtails\textschwa^{33}$ "＝从事某活动或动作的时间/场所"。使用名物化手段构成的合成词，其语义会根据具体语境而发生相应的变化。

1. ＝su^{55} "＝动作执行者"。例如：

$\textrtails\textschwa^{55}$ + tsu^{55} ＝su^{55}	铁 + 砸 ＝NMLZ：铁匠
xa^{55}~xa^{55} ＝su^{55}	教 ~RDUP＝NMLZ：教师
ηua^{55} + ku^{55} ＝su^{55}	牛 + 放牧 ＝NMLZ：牧牛人
so^{55}~so^{55} ＝su^{55}	学 ~RDUP＝NMLZ：学生

2. ＝tɑ⁵⁵ "＝从事某活动或动作的工具／场所"。例如：

zʅ⁵⁵＝tɑ⁵⁵	坐＝NMLZ：椅子、凳子
i⁵⁵＝tɑ⁵⁵	睡＝NMLZ：床
tʂʰə⁵⁵~tʂʰə⁵⁵＝tɑ⁵⁵	煮饭~RDUP＝NMLZ：厨房
to⁵⁵~to⁵⁵＝tɑ⁵⁵	跳~RDUP＝NMLZ：操场

3. ＝li⁵⁵ "＝用途"。例如：

tsɛ⁵⁵＝li⁵⁵	喝＝NMLZ：喝的
dzʅ⁵⁵＝li⁵⁵	吃＝NMLZ：吃的
zʅ⁵⁵＝li⁵⁵	穿＝NMLZ：穿的
gɑ⁵⁵~gɑ⁵⁵＝li⁵⁵	玩耍~RDUP＝NMLZ：玩的

4. ＝ʂə³³ "＝从事某活动或动作的时间／场所"。例如：

dzə⁵⁵kʰuɑ⁵⁵＋dzʅ⁵⁵＝ʂə³³	午饭＋吃＝NMLZ：吃午饭的时候／地方
lɑ⁵⁵＋ŋ⁵⁵＝ʂə³³	鸡＋叫＝NMLZ：鸡叫的时候／地方
lɑ⁵⁵＋dʑi⁵⁵＝ʂə³³	鸡＋关＝NMLZ：关鸡的时候／地方
nbo³³＋tʂɑ⁵⁵＝ʂə³³	马＋找＝NMLZ：找马的时候／地方

五　拟声法

世界上绝大部分语言都有通过拟声法创造的词汇，这反映了人类对自然界的记忆、认知和理解。尔苏语也不例外。例如：

xo⁵⁵xo⁵⁵	猫头鹰	tʂʰɑ⁵⁵tʂʰɑ⁵⁵	喜鹊
kɑ⁵⁵po⁵⁵	布谷鸟	xɑ⁵⁵ŋu⁵⁵	哈欠

第三节

词汇的构成

语言不是某个群体独有、封闭的存在，它必然会和其他语言产生接触。由此，一种语言会借用其他语言的一些要素，当然也包括词汇在内。尔苏语的词汇系统也因此由固有词和借词组成。

一　固有词

历史上，尔苏藏族生活的区域非常封闭。除与其杂居或邻近的彝族以外，与外界其他民族联系非常少。由于生活环境相对封闭，尔苏语的固有词占有很大的比重。如下列出斯瓦迪士核心词表（Swadesh list）前100词，以供判断尔苏语固有词的基本情况和词汇特征。

1	1sg	α^{55}/io^{33}	13	哪	$k^h\alpha^{55}$
2	2sg	$n\epsilon^{55}$	14	何时	$\eta\alpha^{55}x\alpha^{55}$
3	3sg	$t^h\epsilon^{55}/zo^{33}$	15	如何	$\alpha^{55}nd\underset{.}{z}i^{55}$
4	1pl	$\alpha\mathfrak{r}^{55}/\mathfrak{r}oi^{33}$	16	不	ma^{55}
5	2pl	$n\mathfrak{r}\epsilon\mathfrak{r}^{55}$	17	所有	$\eta o^{55}ku\alpha^{55}$
6	3pl	$t^h\mathfrak{r}^{55}/zo\mathfrak{r}^{33}$	18	多	$i\alpha^{55}\text{-}mi^{55}$
7	这	$t^h\mathfrak{o}^{55}$	19	一些	$t\mathfrak{o}^{55}\,b\epsilon^{33}$
8	那	$\alpha^{55}t^h\mathfrak{o}^{55}$	20	少	$\eta i^{33}\eta i^{55}$
9	这里	$t^h\mathfrak{o}^{55}=k\mathfrak{o}^{55}$	21	其他	$d\underset{.}{z}i^{55}d\underset{.}{z}i^{55}$
10	那里	$\alpha^{55}t^h\mathfrak{o}^{55}=k\mathfrak{o}^{55}$	22	一	$t\mathfrak{o}^{55}$
11	谁	$s\epsilon^{55}$	23	二	$n\mathfrak{o}^{55}$
12	什么	$\alpha^{55}=n\epsilon^{55}$	24	三	si^{55}

25	四	zo³³	55	种	ngə⁵⁵
26	五	ŋuɑ³³	56	叶	tsʰɑ⁵⁵tsʰɑ⁵⁵
27	大	iɑ⁵⁵-kʰuɑ⁵⁵	57	根	pʂʅ⁵⁵
28	长	iɑ⁵⁵-ʂə⁵⁵	58	树皮	si⁵⁵ndʐo̞⁵⁵pi⁵⁵
29	宽	iɑ⁵⁵-fi⁵⁵	59	花	mi⁵⁵to⁵⁵
30	厚	iɑ⁵⁵-tu⁵⁵	60	草	ndzɛ⁵⁵
31	重	iɑ⁵⁵-nɛ⁵⁵	61	绳子	pʂʅ⁵⁵
32	小	mɑ⁵⁵lɑ⁵⁵kɑ³³	62	肤	ndʐo̞⁵⁵pi⁵⁵
33	短	dʐo̞⁵⁵dʐo̞⁵⁵	63	肉	ʂʅ³³
34	窄	zə⁵⁵zə⁵⁵lɑ⁵⁵lɑ⁵⁵	64	血	ʂo³³
35	薄	psʅ⁵⁵psʅ⁵⁵	65	骨	əɹ⁵⁵ku⁵⁵
36	女	xi⁵⁵mɑ⁵⁵dzɑ⁵⁵mɑ⁵⁵	66	脂	zu⁵⁵
37	男	li⁵⁵li⁵⁵zʅ³³	67	蛋	lɑ⁵⁵tsɛ⁵⁵
38	人	su⁵⁵	68	角	du⁵⁵
39	孩	iɑ⁵⁵dʐo̞⁵⁵	69	尾	mɛ⁵⁵ntʂʰə⁵⁵
40	妻	zɛ⁵⁵	70	羽	mɑ³³
41	夫	dzi⁵⁵vɛ⁵⁵	71	发	tsi⁵⁵
42	母	ɑ⁵⁵-mɑ⁵⁵	72	头	vu³³liɛ³³
43	父	ɑ⁵⁵-pɑ⁵⁵	73	耳	nɑ⁵⁵gu⁵⁵
44	动物	ȵi⁵⁵lɑ⁵⁵xɑ⁵⁵	74	眼	do⁵⁵gu⁵⁵
45	鱼	zu³³	75	鼻	sʅ⁵⁵nbu⁵⁵
46	鸟	xuɑ⁵⁵	76	口	sʅ⁵⁵npʰɑ⁵⁵
47	狗	tʂʰo³³	77	牙	ʂʅ⁵⁵mɑ⁵⁵
48	虱	ʂə⁵⁵-mɑ⁵⁵	78	舌	sʅ⁵⁵psʅ³³
49	蛇	bɛ⁵⁵ɹ⁵⁵	79	指甲	lə⁵⁵dzʅ⁵⁵
50	虫	bɛ⁵⁵tsʅ⁵⁵	80	脚	əɹ⁵⁵pʰɛ⁵⁵
51	树	si⁵⁵pu⁵⁵	81	腿	əɹ⁵⁵ndʑi⁵⁵
52	森	si⁵⁵pu⁵⁵lɑ⁵⁵	82	膝	nbi⁵⁵nbi⁵⁵
53	棍	tʂə⁵⁵ngu⁵⁵	83	手	lə⁵⁵pʰɛ⁵⁵
54	果	si⁵⁵sɛ⁵⁵	84	翅	du⁵⁵ɬi⁵⁵

85	腹	i⁵⁵pʰɑ⁵⁵	93	吃	dzʅ⁵⁵
86	肠	vɛ⁵⁵n̠o⁵⁵	94	咬	kʰə⁵⁵-tsʅ⁵⁵
87	颈	tua⁵⁵la⁵⁵	95	吸	sɛ⁵⁵ də⁵⁵-ntsʰ̩ə³³
88	背	ga⁵⁵ma⁵⁵	96	吐	ŋə⁵⁵-npʰsʅ⁵⁵
89	乳	n̠o⁵⁵n̠o⁵⁵	97	呕	də⁵⁵-npʰsʅ⁵⁵
90	心	sʅ⁵⁵n̠i⁵⁵	98	吹	mɛ⁵⁵ da⁵⁵-ma⁵⁵
91	肝	ntsʰa⁵⁵	99	呼吸	sɛ³³
92	喝	tsʰɛ⁵⁵	100	笑	də⁵⁵-əɹ⁵⁵

二 借词

尔苏语的借词来源主要有汉语、藏语和彝语。近些年来，由于各方面的原因，汉语借词越来越多地进入尔苏语。关于汉语借词的问题，我们在第一章第三节有比较详细的探讨，此处我们仅例举藏语、彝语的借词，以呈现这两种语言的借词在尔苏语中的使用情况。

（一）藏语借词

藏语词汇进入尔苏语的一个重要传播渠道是尔苏藏族中的一些苯教学徒，即su⁵⁵vaɹ⁵⁵"苏瓦尔"。他们在藏族寺庙学习经文，被视为本民族中最早一批有文化的人。新中国成立后，尔苏族群划归藏族，增强了部分尔苏藏族的民族认同感，他们开始有意识地学习藏语语言与文化。由此，尔苏语中开始有少量的藏语借词。例如：

gu³³	船	ʂuao⁵⁵	纸
ta⁵⁵	旗子	ɬa⁵⁵	神

（二）彝语借词

传统上，很多尔苏藏族村落都是彝、汉和尔苏藏族杂居。另外，多数尔苏藏族的村落也基本为彝族村落所环抱。因此，尔苏藏族与周边的彝族接触较多，很多年长的尔苏藏族都能说比较流利的彝语诺苏话。这种彝语、尔苏语长期接触的背景，使得尔苏语中的彝语借词占比实际上要比藏语借词更多一些。例如：

a⁵⁵ko³³ko³³	白～跑一趟	wa⁵⁵la⁵⁵	蓑衣
ʔi⁵⁵tsʰu⁵⁵	木制汤勺	wa⁵⁵m̩⁵⁵	木制饭勺
mi⁵⁵tʂʰu⁵⁵	枪	ma⁵⁵tsʅ⁵⁵	子弹
ʂa⁵⁵m̩⁵⁵	豌豆	ʔan⁵⁵	鸭子
ʔang⁵⁵	鹅	a⁵⁵sʅ³³sʅ³³xi³³	猜谜语
ga³³kʰu⁵⁵	馍馍		

第四节

民俗文化词

一 房舍类

(一) i⁵⁵ "房子"

i⁵⁵ "房子"是尔苏语独栋房屋的名称。越西保安藏族乡的尔苏藏族基本上每家每户都有一座独栋的房屋。其传统民居几乎都是土墙、瓦顶；屋顶与墙体之间留较大的空隙，以便透气、散厨房烟尘等（如图3-1、照片1所示）；房子内部，以火塘为中心向外扩散，每个区域都有自己的名称。其房屋内部平面图如下：

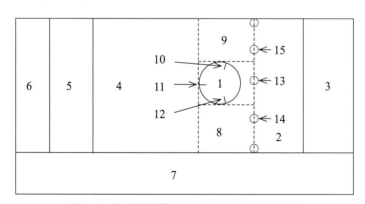

图 3-1　尔苏藏族传统民居内部平面示意简图

图3-1为尔苏藏族传统民居的内部平面简图，图中序号是各区域的布局，但比例尺不一定符合民居的事实。图中实线表示墙体，虚线表示各区域的大致布局，并没有墙体。图中大圆圈表示火塘，5个小圆圈表示5根较粗的柱子，其中有三根柱子（图中13、14、15）有特定的名称。现按序号介绍如下：

1. mɛ⁵⁵dʑi⁵⁵ "火塘"

也叫"三锅庄"，既是做饭的位置，也是做饭的工具；同时，邻居或客人也经常围聚于此聊天。火塘由三个石桩（图中10、11、12）支撑炊具，每个石桩都有相应的名称（见下文）。人们围坐聊天时，坐的位置通常体现着入座人员的身份。

2. dʑi⁵⁵kuɑ⁵⁵xɛ³³ "火塘后部区域"

这个区域是上位。年长者、受尊敬的人通常坐在此处，面朝火塘，和他人聊天。同时，在此区域上方悬挂猪肉，接受火塘炊烟的烟熏，以达到长期保存的目的。

3. xuɑ⁵⁵kə⁵⁵ "主卧"

男女主人的卧房，供男女主人寝居的房间。

4. dʑi⁵⁵ŋuɑ⁵⁵xɛ³³ "火塘前部区域"

这片较大的区域其功能类似于客厅。在家庭有重大活动时，也是供人们进行唱歌、拼酒、跳舞等活动的地方。

5. i⁵⁵dʐɑ⁵⁵ "次卧"

家庭其他成员或来访客人寝居的场所。

6. dzo⁵⁵dʑi⁵⁵ "关家禽、家畜，以及放柴火的房屋"

这是正对火塘最远的一间房屋，通常单独开门出入。但是，现在有越来越多的家庭筑起院墙，沿院墙建起一些关家禽、家畜的小棚子。相应地，dzo⁵⁵dʑi⁵⁵的功能已经悄然发生改变，主要用于囤积柴火、放农具等。

7. i⁵⁵gɑ⁵⁵xɛ³³ "房屋靠山坡房"

这间长条形的大房子一般都靠近山坡方向，其功能主要用于为家禽、家畜准备食料。现在也有一些家庭在这间房子里面支上简易的、用铁桶箍的炉子做饭。

8. dʑi⁵⁵pu⁵⁵xɛ³³ "男主人坐的位置"

此处在火塘的左侧。男主人通常坐在这个位置，面朝火塘，与他人聊天。

9. dʑi⁵⁵n̠i⁵⁵xɛ³³ "女主人及晚辈坐的位置"

此处在火塘的右侧。女主人及晚辈通常坐在这个位置，面朝火塘，与他人聊天。

10. zuɑ⁵⁵mɑ³³ "火塘三个石桩之一的名称"

与dʑi⁵⁵n̠i⁵⁵xɛ³³ "女主人及晚辈坐的位置"相连。

11. zuɑ⁵⁵tsʰi⁵⁵ "火塘三个石桩之一的名称"

与dʑi⁵⁵ŋuɑ⁵⁵xɛ³³ "火塘前部区域"相连，是一些年轻人或晚辈坐的位置。

12. zuɑ⁵⁵xɑ³³ "火塘三个石桩之一的名称"

与dʑi⁵⁵pu⁵⁵xɛ³³ "男主人坐的位置"相连。

13. kʰu⁵⁵ndzɑ⁵⁵ "中柱名"

五根立柱最居中的一根柱子。

14. bu⁵⁵ndzɑ⁵⁵ "中柱左侧柱名"

以端坐在 dʑi⁵⁵kuɑ⁵⁵xɛ³³ "火塘后部区域" 位置，面朝进户门为方向。

15. du³³ndzɑ⁵⁵ "中柱右侧柱名"

以端坐在 dʑi⁵⁵kuɑ⁵⁵xɛ³³ "火塘后部区域" 位置，面朝进户门为方向。

由上述名称可以发现，mɛ⁵⁵dʑi⁵⁵ "火塘" 在尔苏藏族传统民居中具有十分重要的地位，室内功能区域的划分一般以它为中心，向四周扩散。同时，在室内，尔苏藏族很少以东南西北来确定方位，而是以 mɛ⁵⁵dʑi⁵⁵ "火塘" 为参照物。例如：

kuɑ⁵⁵xɛ⁵⁵　 "上方"（即朝 dʑi⁵⁵kuɑ⁵⁵xɛ³³ "火塘后部区域" 方向的方位）

ŋuɑ⁵⁵xɛ⁵⁵　 "下方"（即朝 dʑi⁵⁵ŋuɑ⁵⁵xɛ³³ "火塘前部区域" 方向的方位）

ȵi⁵⁵xɛ⁵⁵　 "右方"（即朝 dʑi⁵⁵ȵi⁵⁵xɛ³³ "女主人及晚辈坐的位置" 方向的方位）

gɑ⁵⁵xɛ⁵⁵　 "左方"（即 dʑi⁵⁵pu⁵⁵xɛ³³ "男主人坐的位置" 方向的方位）

需要说明的是，随着社会的发展，上述位置及其对应功能的区分已经不是十分严格。譬如，现在有些家庭也允许晚辈坐在最受尊敬的位置，即 dʑi⁵⁵kuɑ⁵⁵xɛ³³ "火塘后部区域"。另外，由于很多家庭已添置简易的沙发，来访客人通常都受邀就座于沙发上而不是传统的 dʑi⁵⁵kuɑ⁵⁵xɛ³³ "火塘后部区域"。

上述部分名称随着传统民居的改造正在逐渐被越来越多的尔苏藏族遗忘。以火塘的三个支撑石桩的名称为例：在我们的调查中发现，只有极少数语言能力特别强的发音人能一一厘清；此外，如照片 1 中插入柱子中的 tʂʰɑ⁵⁵fɑ⁵⁵ "横杠"，以及有些家庭用比较密集的横杠排列在一起，形成的一面板墙，即 lə⁵⁵nbɑ⁵⁵ "板壁"，也只有少数发音人能说出其名称。

照片 1　传统房屋的一角　越西县保安藏族乡梨花村先锋组 /2016.7.28/ 黄炜 摄

（二）dzʅ⁵⁵ "瓦"

尔苏藏族的房顶基本都是瓦屋顶，在保安藏族乡尚未见到茅草屋顶的房屋。瓦的材质都是普通的砖瓦。传统的房屋选用的瓦都是拱形琉璃瓦，配以黏土夯筑的土墙。在高处俯视尔苏藏族的村落，一眼望去，几乎清一色的都是这种瓦建造的屋顶。如果不是在高山地带，会给人一种到了江南水乡的错觉。近些年来，一些新建的房屋用的是方块瓦，墙也不再是土墙，而是水泥空心砖垒砌的墙壁（如照片2所示）。

照片 2　新旧房屋的对比　　越西县保安藏族乡梨花村先锋组 /2016.7.28/ 黄炜 摄

二　民俗信仰类

（一）ʂa⁵⁵pa⁵⁵ "沙巴"

沙巴是尔苏藏族的本土原始宗教人士，也有人称沙巴为 "和尚"。如今他们仍然活跃于尔苏藏族的婚姻、丧葬、祭祀等重大活动场合。当地居民遇到生病等一些不良意外事宜时，也会请沙巴来念咒语以驱走他们心目中认为的不洁之物。在田野调查中，我们发现了很多关于沙巴法力的传闻或轶事，甚至有人认为，历史上一些道行比较深的沙巴仅凭咒语就可以致一头牛于死地。因此，一般的尔苏藏族居民对沙巴，尤其是对年长的沙巴，都存有崇敬甚至敬畏之心。

沙巴通过师带徒的方式进行培养，其传授媒介是尔苏沙巴文。学界认为，沙巴文是一种比纳西东巴文还要古老的图画文字。孙宏开（1982b、1993）、王元鹿（1990）等都对尔苏沙巴文进行了初步研究，认为尔苏沙巴文大约有200字。其特点为：文字的形体与它所代表的事物有明显的一致性，可以从单字体推知它所代表的事物；有少量的衍生字和会意字；用不同的颜色表达不同的附加意义，如白色代表金，绿色代表木，蓝色代表水，红色代表火，黄色代表土，这个特点在世界所有文字中是极为罕见的。沙巴文无固定的笔顺和书写格式，但有时为了说明时间顺序，会根据内容需要，在一个复杂的图形中将单字按左下、左上、右上、右下、中间的顺序排列。需要指出的是，尔苏沙巴文不能准确地反映尔苏藏族的语言。单字体与语言里的词和音节不是一对一的关系：往往一个字读两个音节或三个音节，有的字需要用一段话才能解释清楚。尔苏沙巴文是象形文字，其表达功能系统还很不完备，由图画脱胎出来，是刚刚跨入文字行列的原始图画文字。

照片 3　正在主持祭祀活动的沙巴　越西县保安藏族乡梨花村先锋组 /2011.11.20/ 张四红 摄

照片 4　尔苏沙巴文示例　越西县保安藏族乡梨花村先锋组 /2016.7.28/ 黄炜 摄

（二）ndʐo⁵⁵ "神石"

尔苏藏族有崇拜白石的传统，有人认为尔苏藏族是石神的传人。尔苏语中，普通的石头叫əɹ⁵⁵kʰuɑ⁵⁵ "石头（较大的石头）"或əɹ⁵⁵tsʰi⁵⁵ "石子（较小的石头）"，只有被尔苏藏族从野外捡回家供奉的石头才被称为ndʐo⁵⁵ "神石"。这些石头在非尔苏藏族人看来，除了颜色较白、外表较光滑以外，和普通的鹅卵石无异。他们捡回一块认为可以作为ndʐo⁵⁵的鹅卵石，置于入户门的门楣上方，或置于固定在墙上的神龛上，通过对实体的"神石"的祭拜来表达他们对心目中石神的敬意。例如，在开启未启封的啤酒或白酒后，一般都会先洒一些到白石上，或在供奉白石的神龛上放置一小杯，以示对石神的敬意；在宰杀家畜或家禽，特别是因为一些宗教活动而宰杀家畜或家禽的时候，也会将ndʐo⁵⁵ "神石"从门头上或神龛上取下，蘸一些血或粘上几根家禽（如鸡）的毛，以表达对石神的敬意或求石神保佑。

照片5　入户门门头上的神石　　越西县保安藏族乡梨花村先锋组 /2010.11.23/ 张四红 摄

（三）la⁵⁵la⁵⁵mu⁵⁵ "喊魂"

传统上，尔苏藏族人家每年要举行3次喊魂活动。现如今，已经简化为每年举行1次。此项活动旨在为出门在外的家人祈求平安。喊魂活动举行的具体日期并不确定，每次活动持续约3至4小时。活动通常由沙巴主持，并由沙巴念经以引导家人魂灵返乡，同时驱赶途中那些阻挡魂灵返乡的"不洁之物"。如果举办活动的主人家恰好是沙巴，则需要延请其他沙巴来主持并组织相关活动。

喊魂活动的过程为：沙巴到家后，主人家安排好相关事宜，并在其面前置放一个簸箕，摆上水果、糖果、大米、刀具、纸幡等；此后，沙巴即端坐于大门口念经，持续1小时左右；在此期间，在场其他人取出纸幡，走到门外，边摇纸幡，边大声呼喊。第一阶段念经结束后，沙巴会回到火塘边，将ndʑo⁵⁵"神石"取下，抓住一只准备好的公鸡，对着"神石"继续念经，摇铃召唤；与此同时，有人抱入小猪崽一只，提着小猪崽围着主人家的每位成员正反各转几圈，再宰杀之；之后，沙巴举起刀和公鸡，边念经边用刀轻拍公鸡，偶尔大声呼喊，并领在场所有人员一起呼喊；此后，男主人则手捧一只沙巴给的盒子，在房屋各个角落念念有词，以驱逐"不洁之物"。这些程序履行结束，沙巴念经的过程也基本完成。人们将公鸡宰杀，并和小猪崽一起炖烧。沙巴吹起海螺，在场众人帮助点燃一挂炮竹，标志着整个活动的结束。

尔苏语的经文同样也是口耳相传，没有文字记载。在先锋组，50岁以上的人群中，大部分都具有很好的经文吟诵能力；但由于经文的内容和日常生活用语差异很大，他们基本都无解读能力。尔苏口传经文亟待抢救和保护，否则，这种特殊文化符号很快就会消失。

照片6　正在主持喊魂活动的沙巴　越西县保安藏族乡梨花村先锋组 /2010.12.05/ 张四红 摄

（四）ze³³ku⁵⁵"热沽"

在尔苏语中，ze³³ku⁵⁵"热沽"的字面意思为请人喝汤，但其实是老人病危前的一项重要民间宗教活动。尔苏藏族有个传统，家中如果有老人病危，会通报给家族中的长者，再由长者和病人家属、沙巴协商举行热沽的日子。日期确定后，即通知所有亲朋好友前来参加。接到通知者，即使远在他乡，如浙江、福建等地，都会抽空返乡，参与热沽活动。

前来参加热沽的至亲好友通常轮流日夜守护病人。如果病人病情变化不是很大，远道而来或亲缘关系较远的亲戚即可先行离开；邻近村落或本村的亲戚，以及病人的至亲则需留下来继续守护病人，观察病情，待病人好转，再行散去。如果病人出现更加严重的病危情况，则会再次通报亲友。

热沽活动期间，会请沙巴念平安经，祈祷病人早日好转。同时，亲朋好友要和病人一起聊天，病人一般也会借此机会留下遗言。来参加热沽活动的亲朋好友人数少则几十，多则几百。举办热沽活动不仅仅是病人家庭的大事，也是整个村落的大事。由于早期尔苏藏族一般是族内婚姻，所以相互之间都可能具有亲戚关系。这项活动也为各路亲朋好友相聚叙旧提供了良好的机遇。在活动举办期间，通常杀猪宰牛，开怀畅饮畅聊，宛如整个村子都沉浸在特别的宗教节日氛围中。

热沽活动一方面为病人增添了人文关怀，让病人了却了很多心愿并能坦然迎接死亡；另一方面，也凝聚了尔苏藏族的人心，增强了他们之间的民族认同感，促进了民族的内部团结。

照片 7　热沽活动期间村民帮忙做饭　越西县保安藏族乡梨花村先锋组 /2010.12.23/ 张四红　摄

三　服饰类

（一）nga⁵⁵mɛ⁵⁵ "衣服"

"衣服"是尔苏语对服装、服饰的统称。随着社会经济的发展，尔苏藏族的日常着装与汉族已无差别，在此不再赘述。此处主要介绍尔苏藏族富有地域民族特色的传统服饰。

尔苏藏族传统服饰男女老少各有不同：女装由头帕、坎肩、大袖子、小袖子、筒脚裤（或裙子）、烟荷包、腰带和头饰组成，男装由头帕、坎肩、上衣、筒脚裤组成。总体而言，女装更为复杂，男装相对简单。从古至今，尔苏藏族服饰均以色彩斑斓、做工精细的手工刺绣镶边为特色，衣服的领口、胸襟、袖口、裤脚一般都饰有不同图案的刺绣，图案通常由绿树、鲜花、山水、人物等不同的元素组成。

据悉，尔苏藏族服饰已于2011年列入四川省第三批省级非物质文化遗产名录，尔苏藏族的刺绣和服饰均于2022年列入四川省凉山彝族自治州第七批州级非物质文化遗产名录。

照片8　尔苏藏族传统服饰　越西县保安藏族乡梨花村先锋组/2010.10.20/张四红 摄

照片9　尔苏藏族传统服饰　越西县保安藏族乡梨花村先锋组/2010.10.26/张四红 摄

（二）vu³³tço³³ "头帕"

尔苏语的vu³³tço³³ "头帕"是一个合成词，由名词vu³³ "头"与动词tço³³ "裹"组成，直译即 "裹头"。头帕是尔苏藏族传统服饰中一个最为重要的组成部分。头帕由布料一层一层地裹在一起制作而成，故此，需要较长的布料，男子头帕一般需5米长的布料，女子头帕则至少需要8米。女子头帕前额处饰有银色或银质的圆珠，两耳位置则饰有不同色彩的塑料珠子串起来的流苏；男子头帕一般无任何装饰物。年龄不同，所戴头帕的颜色也不同：

老年男女的头帕为黑色，其他人（如儿童、青壮年男女）的头帕为白色，新娘的头帕为黑色且缠有红毛线。逢重要活动或节日，男女老少都喜欢戴上头帕。日常生活中，老年人即使身着汉族现代服装，也会习惯性地戴着头帕。

照片 10　着汉族服装戴头帕干农活的老年妇女　越西县保安藏族乡梨花村先锋组 /2010.12.20/ 张四红　摄

四　婚丧类

（一）dzʐa⁵⁵zi⁵⁵ "敬饭"

尔苏藏族的婚丧程序较为复杂且保持良好，对此，王德和（2010a：88—118）有较为详细的描述，且本书后文也给予了简明扼要的介绍。此处主要介绍尔苏藏族婚礼习俗中，现在仍然保留且区别于当地其他民族（如汉族、彝族）的一项活动，即 dzʐa⁵⁵zi⁵⁵ "敬饭"。

由于尔苏藏族早期居住在高山峡谷之中，交通不便，路途遥远且艰难，迎、送亲队伍只能依靠步行，此外，新娘通常由迎亲队伍中的男方亲友背送至公婆家。新娘出嫁时，新娘、新郎所在村庄以及途经村庄的尔苏藏族亲友，只要获悉这一喜讯，每家每户就都会用较大的饭盆准备满满一盆丰盛的饭菜，摆放于路边，供迎、送亲队伍取食，以解决他们因途中体力消耗过大而产生的饥渴等问题。

随着国家"村村通"工程的深入推进，尔苏藏族村庄之间的交通状况大为改善，迎送新娘改为汽车等现代交通工具。但婚礼期间，敬饭这一活动依然存续，其仪式感远胜于实际意义，业已发展成为尔苏藏族的一种民族风俗，旨在表明尔苏藏族亲友对新娘及其家人的敬意、欢迎，展现了尔苏藏族亲友的热情好客和团结友爱。

照片 11　摆放于迎、送亲队伍必经之路的"敬饭"　　越西县保安藏族乡梨花村先锋组 /2010.12.20/ 张四红 摄

（二）dzo⁵⁵ʂə⁵⁵ **"泼水"**、dzo⁵⁵nbɛ⁵⁵ **"淋水"**

尔苏藏族订婚和结婚仪式中一个重要环节，即向来女方家送订婚贺礼或迎接新娘的男方亲友泼水和淋水，寓意洗刷并驱除他们在途中可能遇到或携带的不洁、污秽之物。对当地少年儿童而言，这大概是他们最期待、最欢腾的环节。男方亲友甫一出发，他们就想尽各种办法获得消息，提前用很大的盆子装满水，同时拿着水舀子、洗脸盆或大碗，准备等着对方一到就泼水和淋水。更有甚者，爬到屋顶眺望，不停通报消息。待对方一进村口，就全体出动，泼起水来。

在尔苏语中，dzo⁵⁵ʂə⁵⁵ "泼水" 和 dzo⁵⁵nbɛ⁵⁵ "淋水" 均为合成词：dzo⁵⁵ 意为 "水"，ʂə⁵⁵ 意为 "泼"，nbɛ⁵⁵ 意为 "钻"。dzo⁵⁵ʂə⁵⁵ "泼水"，意为将水泼到他人身上，和我国西南地区一些少数民族（如傣族）的泼水方式无异。dzo⁵⁵nbɛ⁵⁵ "淋水"，则指在尔苏藏族中演化出来的一种直接将大盆的水倾倒至男方亲友身上的行为，具体为在男方亲友中选一位男性代表，站立在堂屋的空地上，头顶披毡，老老实实地听由女方亲友用水浇淋。淋水方式有两种：或直接将水由上而下、从头至脚浇透；或将披毡和外衣掀开，将水由下而上泼透其内衣。故此，dzo⁵⁵nbɛ⁵⁵ "淋水" 在尔苏语中，直译即 "钻水"，或指人钻入水幕中，或指水钻入人的外衣内。

泼水和淋水的活动即使在寒冬腊月也正常进行，特别是淋水环节，作为旁观者，看着都感到阵阵寒意，瑟瑟发抖。

照片 12　准备泼水和淋水的尔苏藏族少年儿童　越西县保安藏族乡梨花村先锋组 /2011.3.20/ 张四红　摄

五　其他类

（一）əɹ⁵⁵pɛ⁵⁵ɹe⁵⁵ "海螺"

照片 13　沙巴使用的海螺　越西县保安藏族乡梨花村先锋组 /2016.7.28/ 黄炜　摄

　　虽然尔苏藏族久居高山，海螺却是其民族身份的识别标志之一。尔苏沙巴的重要法器之一就是海螺。在进行法事的过程中，沙巴经常通过吹海螺来召唤神灵。节日活动中，沙巴的海螺声通常也是村民聚集的信号。尔苏藏族传统上居住分散，一个家族的兄弟可能会分居到很遥远的地方，其上辈就将完整的海螺劈为两半，作为兄弟日后相认的标志。2010年进行田野调查时，我们在保安藏族乡凉山营一户人家看到了其祖上传给他的半个海螺。据说，另一半远在雅安市石棉县的蟹螺堡子，说明这两户人家虽然距离遥远，但祖上应该是一家人。

无独有偶，蟹螺堡子的名称也源于海螺。传说是因为当年尔苏的祖先迁徙到此时，这里还是一片巨大的"海子"_{高山湖泊}。为了有土地居住，祖先施法术让海子的水通过蟹螺堡子的一条河流流干，后代才有地方居住。传说海子流干后，出现了几个巨大的海螺。依据当时的谐音，尔苏藏族把自己迁居的村落命名为蟹螺堡。

（二）ka^{55}po^{55} "布谷鸟"

在尔苏藏族的大自然崇拜传统中，对布谷鸟的崇敬非常有特色。他们认为布谷鸟是其先人。每当布谷鸟啼鸣，就不再谈论嫁娶之事，否则不仅是不吉利的，同时也是对先人的不恭。尔苏语中有如下一句俗语：

su^{55}=i^{55}	vu^{33}	tɕʰo^{55}=nɛ^{33},	xə^{55}mo^{55}	ia^{55}-kʰua^{55};
人=GEN	头	LOC：上=TOP	舅舅	ADJ-大：大

人世间，舅舅为大；

xua^{55}=i^{55}	vu^{33}	tɕʰo^{55}=nɛ^{33},	ka^{55}po^{55}	ia^{55}-kʰua^{55}.
鸟=GEN	头	LOC：上=TOP	布谷鸟	ADJ-大：大

鸟类中，布谷为大。

由此可以看出，布谷鸟在尔苏藏族心目中的地位是其他鸟类无法比拟的。

（三）n̩o^{55}-ma^{55} "太阳"、ɬa^{55}-pʰa^{55} "月亮"

人类对周边事物的命名往往与一些神话传说有关。尔苏语中的n̩o^{55}-ma^{55} "太阳"、ɬa^{55}-pʰa^{55} "月亮"名称的由来就与本民族的神话传说相互关联。在尔苏语中，构词后缀比较少，其中-ma^{55} "-F"和-pʰa^{55} "-M"分别为表示"雌性/阴性""雄性/阳性"的后缀，这与很多语言中太阳为阳性、月亮为阴性的观念恰恰相反。虽然尔苏语"太阳"的发音接近于藏语拉萨话n̩i^{33}-ma^{55}，但是，关于太阳和月亮名称的由来，尔苏藏族则有自己富有民族特色的传说。

相传古时候有户人家，父母双亡，只留下兄妹五人相依为命，以砍柴为生。有位神仙告诫他们不要老是砍树，但三位兄长不仅不听，还对神仙有不恭之词。而最小的兄弟和唯一的一个秃头妹妹却对神仙很尊敬，并且劝三位兄长不要再砍树。神仙预感到不久将要发大水，于是，叫最小的兄妹俩钻进树洞，而对三位兄长秘而不宣。大水来临之际，钻进树洞的兄妹俩得救，而三位兄长却被大水冲走。此次大水，导致天地不分，一片混沌，一片黑暗，寸草不生。天皇见此情景，将天地分开，并命令兄妹两人轮流为人间送去光明。兄妹商量之后，哥哥想叫妹妹值晚班，自己值白班，但妹妹却表示值晚班她害怕，值白班她担心别人看到她是秃子而嘲笑她。这样她就不愿意值任何班了。哥哥认为，他一个人值班不太现实，便给妹妹出主意，叫她值白班的时候带上银针，如果有人看她，就拿针刺，让这些人睁不开眼。于是，妹妹和哥哥就分别在白天、晚上出来给人间送光明，他们分别成为天上的太阳和月亮。

通过上述的这个传说，我们可以发现，在尔苏藏族的认知中，$\text{n̩o}^{55}\text{-ma}^{55}$"太阳"是妹妹，因此带阴性后缀；$\text{ɬa}^{55}\text{-p}^\text{h}\text{a}^{55}$"月亮"是哥哥，因此带阳性后缀。

（四）$\text{ps̩}^{55}\text{lo}^{55}$"垫席"

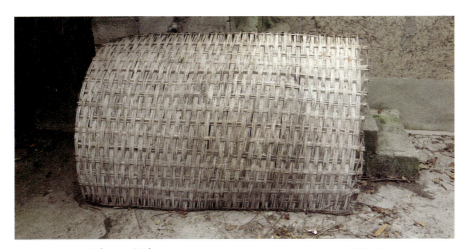

照片 14　垫席　越西县保安藏族乡梨花村先锋组 /2016.7.28/ 黄炜 摄

垫席在尔苏藏族的生活中有着非常重要的作用。它由竹子编成，功能多样；可以用来晒谷物庄稼；宰杀牲畜时可以铺在地上，在上面分割肉；临时置放并清洗脏器，等等。在板凳等现代家居用品传入尔苏藏族生活的地区前，尔苏藏族也经常将垫席铺在火塘后方，供年长者或受尊敬的客人席地而坐。

第四章 分类词表

说明：

1. 本章收录《中国语言资源调查手册·民族语言（藏缅语族）》内"调查表"中"叁 词汇"词条，记录为"（无）"的词条不收录。根据调查点语言实际情况有所删减。第一节 为通用词，是语保工程调查中汉语方言与少数民族语言共有的调查词表。第二节为扩展词， 是专家学者根据各个语族的实际情况制定的调查词表。共2520条（不含同义词），均附视 频。第三节为其他词，为作者在实地调查中收集的特色词汇，共277条。视频目录与《中 国语言资源调查手册·民族语言（藏缅语族）》词汇条目一致。（本语言不说的除外；同义 词共用一个视频条目）

这三节依据如下12类进行分类：

一	天文地理	五	房舍器具	九	人品称谓
二	时间方位	六	服饰饮食	十	农工商文
三	植物	七	身体医疗	十一	动作行为
四	动物	八	婚丧信仰	十二	数量

2. 每个词条先写汉字，后用小字注释，最后标读音。释例中，该词条用"～"代替。

3. 词条中如有一词多说现象，多个说法之间用"～"隔开。

4. 本章记音为宽式记音，声调部分未标记实际音值。音位变体请参照"第一章　导论" 中的"第三节　尔苏语的濒危状况"及"第二章　语音"中的"第一节　声韵调"，音变规 律请参照"第二章　语音"中的"第二节　音变"。

第一节

《中国语言资源调查手册·民族语言（藏缅语族）》通用词

一 天文地理

太阳~下山了 ȵo⁵⁵-ma⁵⁵

月亮~出来了 ła⁵⁵-pʰa⁵⁵

星星 tʂʅ⁵⁵

云 tsə⁵⁵

风 mɛ⁵⁵ɚ⁵⁵

闪电名词 mɛ⁵⁵łi⁵⁵

雷 mɛ³³tʂo³³

雨 gua³³

下雨 gua³³ʐo⁵⁵

淋衣服被雨~湿了 ŋə³³-tsi⁵⁵tsi⁵⁵

晒~粮食 kʰo⁵⁵

雪 zʅ³³

冰 npʰi⁵⁵

冰雹 ntsʰu⁵⁵

霜 tʂo⁵⁵

雾 tsə⁵⁵

露 ʂu⁵⁵xi⁵⁵

虹统称 mɛ⁵⁵nkua⁵⁵

天气 mɛ³³

晴天~ mɛ³³ndə³³

阴天~ mɛ³³ŋa³³

旱天~ mɛ⁵⁵də⁵⁵-tsu⁵⁵=a³⁵

涝天~ gua³³bu⁵⁵la³⁵

天亮 mɛ³³də³³-ntsʰu³³

水田 zʅ⁵⁵xua⁵⁵

旱地浇不上水的耕地 tsʰɛ³³po³³

田埂 npʰu³³ntɕʰi⁵⁵

路野外的 ɚ⁵⁵-pʰa⁵⁵

山 nbi⁵⁵

山谷 lo⁵⁵

江大的河 dzo⁵⁵kʰua⁵⁵

溪小的河 dzo³³tsʰi⁵⁵

水沟儿较小的水道 nbo⁵⁵dzo⁵⁵

湖 nkʰua⁵⁵lə⁵⁵ma⁵⁵

池塘 dzo³³lə⁵⁵ma⁵⁵

水坑儿地面上有积水的小洼儿 dzo⁵⁵lə⁵⁵ma⁵⁵

洪水 dzo³³ŋa⁵⁵-kʰua⁵⁵

淹被水~了 nə⁵⁵-nzɛ⁵⁵

河岸 dzo⁵⁵nbaɹ⁵⁵

坝拦河修筑拦水的 bo³³bo³³kə³³

地震 mɛ³³da⁵⁵da⁵⁵

窟窿小的 pɛ⁵⁵ku⁵⁵

缝儿统称 tʰa³³-ba⁵⁵tsa³³

石头统称 əɹ⁵⁵kʰua⁵⁵

土统称 tʂʰu⁵⁵li⁵⁵

泥湿的 tʂʰu⁵⁵li⁵⁵tsi⁵⁵tsi⁵⁵

瓦整块的 dzu⁵⁵

煤油 i⁵⁵tʂə⁵⁵li⁵⁵

炭木炭 fu⁵⁵ndzɻ⁵⁵

灰烧成的 zə⁵⁵

灰尘桌面上的 ka³³pi⁵⁵

火 mɛ⁵⁵

烟烧火形成的 mɛ³³nkʰə³³

失火 mɛ³³tʰə³³-tsɛ³³

水 dzo⁵⁵

凉水 dzo⁵⁵npʰi⁵⁵

热水如洗脸的热水，不是指喝的开水 dzo⁵⁵tsʰa⁵⁵

开水喝的 dzo⁵⁵tsu⁵⁵

二 时间方位

时候吃饭的~ xa⁵⁵

什么时候 n̠a⁵⁵xa⁵⁵

现在 tʰi⁵⁵xa⁵⁵

以前十年~ iɛ³²⁴ʂo⁵⁵xa⁵⁵

以后十年~ tʂa⁵⁵ŋa⁵⁵

一辈子 tə³³zu⁵⁵

今年 tsʰi⁵⁵xi⁵⁵

明年 so⁵⁵xi⁵⁵

后年 so⁵⁵so⁵⁵xi³³

去年 iɛ⁵⁵xi⁵⁵

前年 so⁵⁵xi⁵⁵

往年过去的年份 iɛ⁵⁵xi⁵⁵so⁵⁵xi⁵⁵

年初 kʰə⁵⁵-tsʰu⁵⁵bu⁵⁵tʂə⁵⁵

年底 tʰə⁵⁵-tsu⁵⁵bu⁵⁵tʂə⁵⁵

今天 ta⁵⁵n̠o⁵⁵

明天 so⁵⁵n̠o⁵⁵

后天 ndzɻ⁵⁵so⁵⁵

大后天 mi⁵⁵so⁵⁵

昨天 ia⁵⁵n̠o⁵⁵

前天 so⁵⁵pʰɛ⁵⁵n̠o⁵⁵

大前天 tʰi⁵⁵so⁵⁵pʰɛ⁵⁵n̠o⁵⁵

整天 tə⁵⁵n̠o⁵⁵ma³³

每天 tə⁵⁵n̠o⁵⁵n̠o⁵⁵

早晨 ntʂʰo⁵⁵

上午 ntʂʰo⁵⁵

中午 mi⁵⁵ɬa⁵⁵gu⁵⁵

下午 mɛ⁵⁵nkʰua⁵⁵ʂə³³

傍晚 m⁵⁵dzɻ⁵⁵ʂə⁵⁵

白天 mi⁵⁵ɬa⁵⁵gu⁵⁵

夜晚与白天相对，统称 nkʰua⁵⁵

半夜 nkʰua⁵⁵kə⁵⁵

正月农历 tʂɻ³³i³³

大年初一农历 ndza³³tso³³tə⁵⁵wo⁵⁵n̠o³³

元宵节 ɬa⁵⁵ba⁵⁵

腊月农历十二月 la⁵⁵i⁵⁵

除夕农历 ɬa⁵⁵ʂo⁵⁵n̠o⁵⁵

历书 n̠o⁵⁵ma⁵⁵dzo⁵⁵lo⁵⁵ta⁵⁵

地方 mɛ⁵⁵li⁵⁵

什么地方 a⁵⁵-nɛ⁵⁵mɛ⁵⁵li⁵⁵kə⁵⁵~kʰa⁵⁵pa⁵⁵

家里 ia⁵⁵va⁵⁵

城里 tʂʰa⁵⁵

上面从~滚下来 tsʰo⁵⁵pʰɛ⁵⁵

下面从~爬上去 tʂa⁵⁵ŋa⁵⁵

左边 lə⁵⁵i⁵⁵ka³³xɛ³³

右边 lə⁵⁵tsu⁵⁵ka³³xɛ³³

中间排队排在~ gu⁵⁵ɬa⁵⁵

前面排队排在~ so⁵⁵pʰɛ⁵⁵

后面排队排 tʂa⁵⁵ŋa⁵⁵

末尾 tsʐ⁵⁵mɛ⁵⁵tʂo⁵⁵mo⁵⁵nga⁵⁵~tsʐ⁵⁵mɛ⁵⁵tʂa⁵⁵ŋa⁵⁵

对面 tsʰa⁵⁵pʰɛ⁵⁵

面前 ʑo⁵⁵nga⁵⁵

背后 nga⁵⁵mɛ⁵⁵ɳo⁵⁵

里面躲在~ kʰə⁵⁵pʰɛ⁵⁵

外面衣服晒在~ ɳo⁵⁵pʰɛ⁵⁵

旁边 tɕʰi⁵⁵kə⁵⁵

上碗在桌子~ tsʰo⁵⁵

下凳子在桌子~ tʂa⁵⁵ŋa⁵⁵

边儿桌子的~ tɕʰi⁵⁵kə⁵⁵

角儿桌子的~ du⁵⁵

上去他~了 di³³-i⁵⁵~da⁵⁵-dua⁵⁵

下来他~了 na⁵⁵-la⁵⁵~na⁵⁵-la³⁵

进去他~了 kʰi⁵⁵-i⁵⁵~kʰa⁵⁵-dua⁵⁵

出来他~了 ŋa⁵⁵-la⁵⁵~ŋa⁵⁵-la³⁵

出去他~了 ŋə⁵⁵-i⁵⁵~ŋa⁵⁵-dua⁵⁵

回来他~了 dzo⁵⁵-la⁵⁵

起来天冷~了 da⁵⁵-la⁵⁵~da³³-gua⁵⁵

三 植物

树 si⁵⁵pu⁵⁵

木头 si⁵⁵

松树统称 ʂa⁵⁵si⁵⁵

柏树统称 lə⁵⁵si⁵⁵

杉树 ʂa⁵⁵si⁵⁵

柳树 nbo⁵⁵si⁵⁵

竹子统称 xi⁵⁵

笋 xi⁵⁵dze⁵⁵

叶子 tsʰa⁵⁵tsʰa⁵⁵

花 mi⁵⁵to⁵⁵

草 ndzɛ⁵⁵~ɳi⁵⁵

藤 tsʰa⁵⁵pa⁵⁵

刺名词 tʂʰo⁵⁵

水果 ka⁵⁵ka⁵⁵

桃子 sʐ⁵⁵ia⁵⁵

梨 o⁵⁵tɕa⁵⁵

李子 əɹ⁵⁵sɛ⁵⁵

橘子 sʐ⁵⁵ndzo⁵⁵

柿子 io⁵⁵pɛ⁵⁵

栗子 bzʐ⁵⁵tʂʰo⁵⁵

核桃 kʰa⁵⁵li⁵⁵

木耳 xə⁵⁵

蘑菇野生的 xə⁵⁵

香菇 xə⁵⁵

稻子指植物 dza⁵⁵vɛ⁵⁵

稻谷指籽实（脱粒后是大米）dza⁵⁵

稻草脱粒后的 dza⁵⁵bu⁵⁵

大麦指植物 kʰa⁵⁵

小麦指植物 ʂa⁵⁵

麦秸脱粒后的 ʂa⁵⁵bu⁵⁵~kʰa⁵⁵bu⁵⁵

谷子指植物（脱粒后是小米）tɕʰo⁵⁵ɬi⁵⁵

高粱指植物 ka⁵⁵pʂʐ⁵⁵

玉米指成株的植物 zʐ⁵⁵mi⁵⁵

油菜油料作物，不是蔬菜 i⁵⁵tsʰa⁵⁵

向日葵指植物 kuɑ⁵⁵tsʐ̩⁵⁵si⁵⁵pu⁵⁵

蚕豆 pi⁵⁵ndəɹ⁵⁵

豌豆 ʂa⁵⁵m̩⁵⁵

黄豆 tsu⁵⁵

绿豆 tsu⁵⁵əɹ⁵⁵nbu³³

大白菜东北~ go⁵⁵əɹ⁵⁵

韭菜 bo⁵⁵va⁵⁵

蒜 fu³³

辣椒统称 xo⁵⁵ndʑo⁵⁵

茄子统称 ngɑ⁵⁵tsʐ̩⁵⁵

萝卜统称 go⁵⁵nbɑ⁵⁵

胡萝卜 go⁵⁵nbɑ⁵⁵

黄瓜 tsu⁵⁵kʰua⁵⁵

南瓜扁圆形或梨形, 成熟时赤褐色 sʐ̩⁵⁵ngua⁵⁵

荸荠 dza⁵⁵bu⁵⁵ka⁵⁵ka⁵⁵

红薯统称 xo⁵⁵nʂə⁵⁵

马铃薯 pu⁵⁵

山药圆柱形的 wɑ⁵⁵

四　动物

老虎 lɑ⁵⁵ka⁵⁵

猴子 mi⁵⁵

蛇统称 bɛ⁵⁵ɹɑ⁵⁵

老鼠家里的 gu⁵⁵pʰɑ⁵⁵

蝙蝠 dʐo̥⁵⁵tɕo⁵⁵

鸟儿飞鸟, 统称 xua⁵⁵

麻雀 xua⁵⁵i⁵⁵

喜鹊 tʂʰɑ⁵⁵tʂʰɑ⁵⁵

乌鸦 ka⁵⁵ɹɑ⁵⁵

鸽子 lo⁵⁵ɹɑ⁵⁵

翅膀鸟的, 统称 du⁵⁵ɬi⁵⁵

爪子鸟的, 统称 dzʐ̩⁵⁵dzʐ̩⁵⁵

尾巴 mɛ⁵⁵ntʂʰə⁵⁵

窝鸟的 ntʂʰə⁵⁵

虫子统称 bɛ⁵⁵tsʐ̩⁵⁵

蝴蝶统称 ka³³la⁵⁵

蜻蜓统称 ndi⁵⁵ndi⁵⁵ma⁵⁵

蜜蜂 bzʐ̩⁵⁵

蜂蜜 bzʐ̩⁵⁵lɛ³³

知了统称 tsʰi⁵⁵ba⁵⁵zɛ⁵⁵zɛ⁵⁵

蚂蚁 ʂa⁵⁵ba⁵⁵la³³

蚯蚓 n̩i⁵⁵kʰua⁵⁵bɛ⁵⁵zʐ̩⁵⁵

蚕 bɛ⁵⁵zʐ̩⁵⁵kʰo⁵⁵lo⁵⁵

蜘蛛会结网的 ka⁵⁵la⁵⁵

蚊子统称 bɛ⁵⁵tsʰɑ⁵⁵

苍蝇统称 bɛ⁵⁵io⁵⁵

跳蚤咬人的 ntsʰo³³lo³³

虱子 ʂə⁵⁵ma⁵⁵

鱼 zu⁵⁵

青蛙统称 psʐ̩⁵⁵ma⁵⁵

癞蛤蟆表皮多疙瘩 psʐ̩⁵⁵ma⁵⁵

马 nbo³³

驴 ku⁵⁵əɹ⁵⁵

骡 tʰua⁵⁵

牛 ŋua³³

公牛统称 ŋua³³zʐ̩³³

母牛统称 ŋua³³ma⁵⁵

放牛 ŋua³³gu⁵⁵

羊 io⁵⁵~tsʰi⁵⁵

猪 vɛ⁵⁵

种猪配种用的公猪 vɛ⁵⁵la⁵⁵

公猪成年的, 已阉的 vɛ⁵⁵pa⁵⁵

母猪成年的, 未阉的 vɛ⁵⁵ma⁵⁵

猪崽 vɛ⁵⁵i⁵⁵

猪圈 vɛ⁵⁵dʑi⁵⁵

养猪 vɛ⁵⁵zu⁵⁵

猫 mdzʅ⁵⁵

公猫 mdzʅ⁵⁵pʰɛ⁵⁵

母猫 mdzʅ⁵⁵tɕʰo⁵⁵ma⁵⁵~mdzʅ⁵⁵ma⁵⁵

狗 统称 tʂʰo³³

公狗 tʂʰo³³pʰa⁵⁵

母狗 tʂʰo³³ma⁵⁵

叫狗~ tʂʰo³³ɚ³³

兔子 xi³³dzʅ³³

鸡 la⁵⁵

公鸡 成年的, 未阉的 la⁵⁵pʰɛ⁵⁵

母鸡 已下过蛋的 la⁵⁵ma⁵⁵

叫 公鸡~（即打鸣儿） də⁵⁵-ŋ⁵⁵

下 鸡~蛋 ŋə³³-tsɛ³³

孵~小鸡 kʰə³³-xə³³

鸭 ʔan⁵⁵

鹅 ʔang⁵⁵

阉~公的猪 lə⁵⁵kʰa⁵⁵kʰə⁵⁵-tsʅ⁵⁵

阉~母的猪 lə⁵⁵kʰa⁵⁵kʰə⁵⁵-tsʅ⁵⁵

阉~鸡 nə⁵⁵-ʂə⁵⁵

喂~猪 nə³³-tsʅ³³~nə³³-ku³³

杀猪 统称, 注意婉称 vɛ⁵⁵ka⁵⁵

杀~鱼 nə³³-sʅ⁵⁵

五　房舍器具

村庄一个~ fu⁵⁵

胡同 统称：一条~ i⁵⁵pa⁵⁵pa⁵⁵

街道 kua⁵⁵ʂa⁵⁵

盖房子 i⁵⁵tsʰu⁵⁵

房子 整座的, 不包括院子 i⁵⁵

屋子 房子里分隔而成的, 统称 ia⁵⁵va⁵⁵

茅屋 茅草等盖的 ntsɛ⁵⁵i⁵⁵

厨房 tʂʰə⁵⁵tʂʰə⁵⁵ta⁵⁵

灶 统称 tsu⁵⁵

锅 统称 dzo³³

柱子 ndza⁵⁵pʰa⁵⁵

大门 nga⁵⁵kʰua⁵⁵

门槛儿 nga⁵⁵nbu⁵⁵

梯子 可移动的 ɬi⁵⁵tsʅ⁵⁵

扫帚 统称 ʂa⁵⁵tsʰi⁵⁵

扫地 i⁵⁵so⁵⁵

垃圾 ka³³pi⁵⁵

家具 统称 nga⁵⁵ngu⁵⁵

东西 我的~ nga⁵⁵ngu⁵⁵

床 木制的, 睡觉用 i⁵⁵ta⁵⁵

枕头 vu⁵⁵ntɕi⁵⁵

被子 pʰu⁵⁵ka⁵⁵

桌子 统称 tʂo⁵⁵tsɛ⁵⁵

柜子 统称 tʂʅ⁵⁵ka⁵⁵

椅子 统称 zʅ⁵⁵ta⁵⁵

凳子 统称 zʅ⁵⁵ta⁵⁵

菜刀 tsʰi⁵⁵to⁵⁵

瓢 舀水的 sʅ⁵⁵tɕʰo⁵⁵

缸 dzo⁵⁵gu⁵⁵

坛子 装酒的 ndzi³³

瓶子 装酒的 nbu⁵⁵nba⁵⁵

盖子 杯子的 xa³³xa³³ta⁵⁵

碗 统称 zɰo⁵⁵

筷子 ndzɰ⁵⁵kʰua⁵⁵

汤匙 i⁵⁵tsʰu⁵⁵

柴火 统称 si⁵⁵

锁 nkʰu⁵⁵

钥匙 nkʰu⁵⁵tsʅ⁵⁵

脸盆 miɑ⁵⁵tsʰɛ⁵⁵kʰu⁵⁵lɑ⁵⁵

洗脸水 miɑ⁵⁵tsʰɛ⁵⁵dzo⁵⁵

毛巾 洗脸用 miɑ³³tsʰɛ⁵⁵pʰɑ⁵⁵tsʅ⁵⁵

梳子 旧式的，不是篦子 tsi⁵⁵ʂʅ⁵⁵tɑ⁵⁵

缝衣针 xɑ⁵⁵

剪子 ndzɑ⁵⁵du³³~dzi³³du⁵⁵

雨伞 挡雨的，统称 sɑ⁵⁵

六 服饰饮食

衣服 统称 ngɑ⁵⁵mɛ⁵⁵

穿 ~衣服 ngɑ⁵⁵mɛ⁵⁵də⁵⁵-zi⁵⁵

脱 ~衣服 ngɑ⁵⁵mɛ⁵⁵tʰɑ⁵⁵-kuɑ⁵⁵

系 ~鞋带 zʅ⁵⁵psʅ⁵⁵ŋə⁵⁵-su⁵⁵su⁵⁵

袖子 bɛ⁵⁵tʂu⁵⁵

口袋 衣服上的 tɕʰɑ⁵⁵tsʰʅ⁵⁵

裤子 zɑ⁵⁵tsʰɛ⁵⁵

裤腿 zɑ³³bu³³

帽子 统称 vu³³tɕo³³

鞋子 zʅ⁵⁵

扣子 ndzu⁵⁵ndzu⁵⁵

扣 ~扣子 kʰə⁵⁵-ndzu⁵⁵ndzu⁵⁵

戒指 lɛ⁵⁵nguɑ⁵⁵

手镯 lɛ⁵⁵tʂu⁵⁵

理发 tsi⁵⁵tɕɑ⁵⁵tɕɑ⁵⁵

梳头 tsi⁵⁵ʂʅ⁵⁵

米饭 ntʂʰə⁵⁵zɑ⁵⁵mɑ⁵⁵

稀饭 用米熬的，统称 ntʂʰə⁵⁵mi⁵⁵

面粉 麦子磨的，统称 ʂɑ⁵⁵i⁵⁵

面儿 玉米~，辣椒~ i⁵⁵

馒头 无馅的，统称 ngɑ⁵⁵kʰu⁵⁵

包子 ngɑ⁵⁵kʰu⁵⁵

豆浆 tsu⁵⁵lɛ⁵⁵

豆腐脑 ndzʅ⁵⁵ndzʅ⁵⁵

元宵 食品 tsʅ⁵⁵pɛ⁵⁵tuɑ³³

年糕 用黏性大的米或米粉做的 ntʂʰə⁵⁵ngɑ⁵⁵kʰu³³

点心 统称 mɑ⁵⁵ntʰɑ⁵⁵

菜 吃饭时吃的，统称 ntsʰɛ⁵⁵

豆腐 ndzʅ⁵⁵ndzʅ⁵⁵

猪血 当菜的 vɛ⁵⁵ʂo⁵⁵

猪蹄 当菜的 vɛ⁵⁵dzo³³dzo³³

猪舌头 当菜的，注意婉称 vɛ⁵⁵sʅ⁵⁵psʅ³³

猪肝 当菜的，注意婉称 vɛ⁵⁵ntsʰɑ⁵⁵

鸡蛋 lɑ⁵⁵tsə⁵⁵

猪油 vɛ⁵⁵zu⁵⁵

香油 i⁵⁵tʂə⁵⁵lo⁵⁵

盐 名词 tsʰʅ³³

香烟 i⁵⁵

旱烟 i⁵⁵ko⁵⁵

白酒 dzɑ⁵⁵vu⁵⁵

江米酒 酒酿，醪糟 ntʂʰə⁵⁵vu⁵⁵

茶叶 ndzɑ⁵⁵

做饭 统称 zɑ⁵⁵mɑ⁵⁵tʂʰə⁵⁵

炒菜 统称，和"做饭"相对 tsʰə⁵⁵ndzɑ⁵⁵

煮 ~带壳的鸡蛋 kʰə⁵⁵-tʂo⁵⁵

煎 ~鸡蛋 kʰə⁵⁵-ndzɑ⁵⁵

炸 ~油条 kʰə⁵⁵-ndzɑ⁵⁵

蒸 ~鱼 kʰə³³-ntʂʰu⁵⁵

揉 ~面做馒头等 kʰə⁵⁵-ʐo⁵⁵

擀 ~面，~皮儿 kʰə⁵⁵-ʐo⁵⁵

吃早饭 dzɑ⁵⁵tsʰɛ⁵⁵

吃午饭 dzo⁵⁵kʰuɑ⁵⁵dzʅ⁵⁵

吃晚饭 dzɑ⁵⁵dzʅ⁵⁵

吃 ~饭 dzʅ⁵⁵

喝 ~酒 tsʰɛ⁵⁵

喝~茶 tsʰɛ⁵⁵

抽~烟 tsʰɛ⁵⁵

盛~饭 də³³-ku⁵⁵

夹用筷子~菜 kʰɑ⁵⁵-tɕɑ⁵⁵tɕɑ⁵⁵

斟~酒 vu⁵⁵xi⁵⁵~vu⁵⁵ɚ⁵⁵

渴口~ də⁵⁵-ʂə⁵⁵

饿肚子~ i⁵⁵dɑ⁵⁵-ŋɑ⁵⁵

噎吃饭~着了 tʰɑ⁵⁵-luɑ⁵⁵

七　身体医疗

头人的，统称 vu³³liɛ³³

头发 tsi⁵⁵

辫子 tsi⁵⁵pʰʂɿ⁵⁵

旋 bzɻ⁵⁵

额头 m⁵⁵ngu⁵⁵

相貌 mia⁵⁵pʰo⁵⁵

脸洗~ vu³³mia⁵⁵

眼睛 do⁵⁵gu⁵⁵

眼珠统称 do⁵⁵sɛ⁵⁵

眼泪哭的时候流出来的 mia⁵⁵bo⁵⁵

眉毛 do⁵⁵ma⁵⁵ndzi⁵⁵

耳朵 na⁵⁵gu⁵⁵

鼻子 sɿ⁵⁵nbu⁵⁵

鼻涕统称 sɿ⁵⁵ku⁵⁵

擤~鼻涕 sɿ⁵⁵ku⁵⁵nə⁵⁵-tʂʰɻ̩⁵⁵

嘴巴人的，统称 sɿ⁵⁵npʰa⁵⁵

嘴唇 su⁵⁵pi⁵⁵

口水~流出来 dzo̯⁵⁵lə⁵⁵

舌头 sɿ³³psɿ³³

牙齿 ʂɿ⁵⁵ma⁵⁵

下巴 mɛ³³xi³³

胡子嘴周围的 su⁵⁵ma⁵⁵

脖子 tuɑ⁵⁵lɑ⁵⁵

喉咙 mi⁵⁵ku⁵⁵

肩膀 vɛ⁵⁵pi⁵⁵

胳膊 lə⁵⁵ntɕi⁵⁵

手包括臂：他的~摔断了 lə⁵⁵pʰɛ⁵⁵

左手 lə⁵⁵i⁵⁵

右手 lə⁵⁵tsu⁵⁵

拳头 ku⁵⁵tsi⁵⁵

手指 lə⁵⁵su⁵⁵

大拇指 do³³mua³³pu³³

食指 no³³mua³³pu³³

中指 dzɻ³³wo⁵⁵ti³³ti³³

无名指 xɛ³³ia³⁵ma³³ia³³

小拇指 xɛ³³ia³⁵tsɻ³³ga³³

指甲 lə⁵⁵dzɻ⁵⁵

腿 ɚ⁵⁵ndʑi⁵⁵

脚包括小腿和大腿：他的~压断了 ɚ⁵⁵pʰɛ⁵⁵

膝盖指部位 nbi⁵⁵nbi⁵⁵

背名词 gɑ⁵⁵ma⁵⁵

肚子腹部 i⁵⁵pʰa⁵⁵

肚脐 tsa⁵⁵pʂɻ⁵⁵

乳房女性的 n̪o⁵⁵n̪o⁵⁵

屁股 dzo̯⁵⁵mo⁵⁵

肛门 dzo̯⁵⁵mo⁵⁵bɛ³³ku³³

阴茎成人的 nba⁵⁵tsɻ³³ta⁵⁵

女阴成人的 nba⁵⁵tsɻ³³ta⁵⁵

肏动词 tɕʰa⁵⁵tɕʰa⁵⁵

精液 dzo⁵⁵

来月经 ʂo³³la⁵⁵

拉屎 tʂo³³pʰsi⁵⁵

撒尿 ba³³dzɛ³³

放屁生理现象 tʂo³³tʂʂə⁵⁵tʂə⁵⁵

放屁詈语，骂人话tʂo³³tʂə⁵⁵tʂʂ⁵⁵

病了də³³-n̠i³³a³⁵

着凉tʰə⁵⁵-npʰi⁵⁵a³⁵

咳嗽də⁵⁵-tsʰɛ⁵⁵

发烧lo³³ʂʅ⁵⁵da⁵⁵-tsʰa⁵⁵

发抖də⁵⁵-ndzɻ̩⁵⁵ndzɻ̩⁵⁵

肚子疼i⁵⁵-pʰa⁵⁵də⁵⁵-n̠i⁵⁵

拉肚子i⁵⁵-pʰa⁵⁵nə⁵⁵-tsʰu⁵⁵

患疟疾za³³na⁵⁵kʰə³³-zo³³

中暑tsʰa⁵⁵kʰə⁵⁵-zo³³~tsʰa⁵⁵nə⁵⁵-dzɛ³³

肿də⁵⁵-lə⁵⁵lə⁵⁵

化脓nə³³-pɛ⁵⁵

疤好了的ba⁵⁵psʅ⁵⁵~ba⁵⁵ndzɻ̩⁵⁵

癣tsʰʅ⁵⁵kə⁵⁵~nba⁵⁵

痣凸起的ʂʅ⁵⁵nua⁵⁵

疙瘩蚊子咬后形成的po⁵⁵po⁵⁵

狐臭sɛ⁵⁵bu⁵⁵da⁵⁵-ŋua⁵⁵

看病n̠i⁵⁵dzo⁵⁵lo⁵⁵

吃药统称n̠i⁵⁵dzi⁵⁵tsʰɛ³³

汤药n̠i⁵⁵dzi⁵⁵dzo³³

病轻了n̠i⁵⁵n̠o⁵⁵ŋə⁵⁵-tɕo³³a³⁵

八 婚丧信仰

说媒ma³³zɻ̩⁵⁵

媒人ma⁵⁵zɻ̩⁵⁵ŋu⁵⁵su⁵⁵

相亲lə⁵⁵ma⁵⁵mə⁵⁵ntɕʰi⁵⁵

订婚xə⁵⁵ndza⁵⁵ŋu⁵⁵

嫁妆po⁵⁵zi⁵⁵nga⁵⁵ngu⁵⁵

结婚统称zi³³i³³pa⁵⁵lə⁵⁵ma⁵⁵su⁵⁵~zɛ⁵⁵ʂu⁵⁵~zɛ⁵⁵pa⁵⁵

娶妻子男子~，动宾结构lə⁵⁵ma⁵⁵ʂu⁵⁵

出嫁女子~ ŋa⁵⁵-pa⁵⁵

新郎lə⁵⁵ma⁵⁵ʂu⁵⁵su⁵⁵

新娘子lə⁵⁵ma⁵⁵

孕妇vu⁵⁵tsʰɛ⁵⁵li⁵⁵bo⁵⁵

怀孕ia⁵⁵dzə⁵⁵bo⁵⁵tsa³³

害喜妊娠反应ma⁵⁵ʂʅ⁵⁵tsa³³

分娩ŋə³³-xi³³ma⁵⁵

流产na⁵⁵-dza⁵⁵

双胞胎kʰua³³i³³tə⁵⁵dzə⁵⁵

坐月子xi⁵⁵ma⁵⁵ntʂʰə⁵⁵kə⁵⁵

吃奶n̠o⁵⁵n̠o⁵⁵tsʰɛ³³

断奶n̠o⁵⁵n̠o⁵⁵tʰə⁵⁵-tʂʅ⁵⁵

满月ɬa⁵⁵kʰə⁵⁵-tsi³³

生日də⁵⁵-dzɻ̩⁵⁵n̠o⁵⁵ma⁵⁵

死统称mo⁵⁵

死婉称，指老人：他~了ma⁵⁵-dzo⁵⁵a³⁵

自杀lə⁵⁵nə⁵⁵-ŋu³³a³³

咽气sɛ⁵⁵tʰə⁵⁵-tsi³³

出殡su⁵⁵mo⁵⁵tsʰu³³

灵位n̠i⁵⁵la⁵⁵ngu³³

坟墓单个的，老人的xə³³

上坟ʂuao³³sa⁵⁵

纸钱tɕʰia⁵⁵ndzɻ̩⁵⁵

老天爷mɛ³³za⁵⁵pu⁵⁵

和尚ʂa⁵⁵pa⁵⁵

算命统称nə⁵⁵-tə⁵⁵tə⁵⁵

运气zuo⁵⁵xua⁵⁵

保佑zu³³zu³³su⁵⁵

九 人品称谓

人一个~ su⁵⁵tə⁵⁵wo³³

男人成年的，统称li⁵⁵li⁵⁵zɻ̩³³

女人三四十岁已婚的，统称xi⁵⁵ma⁵⁵dza⁵⁵ma⁵⁵

单身汉su⁵⁵tsʅ⁵⁵ka³³

婴儿 ia⁵⁵dzə⁵⁵za³³za³³

小孩 三四岁的，统称 ia⁵⁵dzə⁵⁵ma³³ma³³

男孩 统称：外面有个～在哭 i⁵⁵za⁵⁵ia⁵⁵dzə⁵⁵

女孩 统称：外面有个～在哭 zɿ³³i³³ma⁵⁵ma⁵⁵

老人 七八十岁的，统称 mo⁵⁵mo⁵⁵

亲戚 统称 ɔɹ³³ȵi⁵⁵

朋友 统称 ntɕo⁵⁵ntɕo⁵⁵

邻居 统称 i³³ʂə³³gu⁵⁵dzo⁵⁵

客人 da⁵⁵vaɹ⁵⁵

农民 ȵi⁵⁵ŋu⁵⁵su⁵⁵～ȵi⁵⁵ntɕʰi⁵⁵ŋu⁵⁵su⁵⁵

商人 zɿ⁵⁵nkʰa⁵⁵ŋu⁵⁵-su⁵⁵

手艺人 统称 lə⁵⁵nkʰua⁵⁵-su⁵⁵～lə⁵⁵nkʰua⁵⁵ŋu⁵⁵-su⁵⁵

泥水匠 tsa⁵⁵tsi⁵⁵tsu⁵⁵tsu⁵⁵

木匠 si⁵⁵nga⁵⁵ngu⁵⁵tsʰa⁵⁵-su⁵⁵

裁缝 nga⁵⁵mɛ⁵⁵ta⁵⁵-su⁵⁵

理发师 tsi⁵⁵tɕa³³tɕa³³-su³³

厨师 tʂʰə⁵⁵tʂʰə⁵⁵-su⁵⁵

师傅 so⁵⁵pu⁵⁵～xa⁵⁵xa⁵⁵-su⁵⁵

徒弟 tʂa⁵⁵pa⁵⁵～so⁵⁵so⁵⁵-su⁵⁵

乞丐 统称，非贬称 ko³³ko³³-su⁵⁵

妓女 ntɕo³³nkʰa⁵⁵-su⁵⁵

流氓 kʰa⁵⁵-su⁵⁵

贼 pʰo³³-su⁵⁵～pʰo³³pʰa³³lə⁵⁵pu⁵⁵～pʰo³³ma³³lə⁵⁵pu⁵⁵

瞎子 统称，非贬称 do⁵⁵gu⁵⁵

聋子 统称，非贬称 na⁵⁵nbo⁵⁵

哑巴 统称，非贬称 ka³³tʂʰɿ³³

驼子 统称，非贬称 dzu⁵⁵bo⁵⁵bo³³

瘸子 统称，非贬称 ka³³psɿ³³

疯子 统称，非贬称 tu³³mo⁵⁵

傻子 统称，非贬称 ka⁵⁵tʂʰɿ⁵⁵

笨蛋 蠢的人 ma⁵⁵ntʂə⁵⁵

爷爷 呼称，最通用的 a⁵⁵-pu³³

奶奶 呼称，最通用的 a⁵⁵-wa⁵⁵

外祖父 叙称 tɕa⁵⁵tɕa⁵⁵

外祖母 叙称 tɕa⁵⁵pʰo³³

父母 合称 pʰa⁵⁵ma⁵⁵

父亲 叙称 a⁵⁵-pa⁵⁵

母亲 叙称 a⁵⁵-ma⁵⁵

爸爸 呼称，最通用的 ba⁵⁵i⁵⁵

妈妈 呼称，最通用的 ma⁵⁵ia³³

继父 叙称 ma⁵⁵ntʂʰu⁵⁵ŋu⁵⁵la⁵⁵tə⁵⁵

继母 叙称 pʰa⁵⁵mo⁵⁵pʰɛ⁵⁵la⁵⁵tə⁵⁵

岳父 叙称 a⁵⁵-pu⁵⁵

岳母 叙称 a⁵⁵-ȵo⁵⁵

公公 叙称 a⁵⁵-pu⁵⁵

婆婆 叙称 a⁵⁵-ȵo⁵⁵

伯父 呼称，统称 a⁵⁵-kʰua⁵⁵

伯母 呼称，统称 a⁵⁵-ma⁵⁵kʰua³³

叔父 呼称，统称 a⁵⁵-pa⁵⁵ɬa⁵⁵

排行最小的叔父 呼称，如"幺叔" a⁵⁵-pa⁵⁵ȵa⁵⁵

叔母 呼称，统称 a⁵⁵-ma⁵⁵ɬa⁵⁵～a⁵⁵-ma⁵⁵ȵa⁵⁵

姑 统称，呼称 a⁵⁵-ȵa⁵⁵

舅舅 呼称 xə⁵⁵mo⁵⁵

舅妈 呼称 a⁵⁵-ȵa⁵⁵

姨 统称，呼称 a⁵⁵-ma⁵⁵

姨父 呼称，统称 a⁵⁵-pa⁵⁵

弟兄 合称 ȵi⁵⁵nua⁵⁵vɛ⁵⁵nua⁵⁵

姊妹 合称，不可包括男性 ȵi⁵⁵nua⁵⁵vɛ⁵⁵nua⁵⁵

哥哥 呼称，统称 vɛ⁵⁵nua⁵⁵～m⁵⁵pʰa⁵⁵

嫂子 呼称，统称 a⁵⁵-tʂʰa⁵⁵

弟弟 叙称 ȵi⁵⁵nua⁵⁵～m⁵⁵pʰa⁵⁵

弟媳 叙称 a⁵⁵-tʂʰa⁵⁵

姐姐 呼称，统称 dzʐa⁵⁵dzʐa⁵⁵～a⁵⁵dzʐa⁵⁵

姐夫 呼称 dzʐa⁵⁵i⁵⁵ka⁵⁵

妹妹叙称xi⁵⁵ma⁵⁵~n̠i⁵⁵nua⁵⁵

妹夫叙称dzɑ⁵⁵i⁵⁵kɑ⁵⁵

堂兄弟叙称，统称n̠i⁵⁵nua⁵⁵vɛ⁵⁵nua⁵⁵~a⁵⁵pa⁵⁵i⁵⁵a⁵⁵
  pa⁵⁵kʰua⁵⁵

表兄弟叙称，统称ma⁵⁵vi⁵⁵~xə⁵⁵i⁵⁵ndza⁵⁵i⁵⁵~a⁵⁵
  tʂʰa⁵⁵ndza⁵⁵ma⁵⁵

妯娌弟兄妻子的合称zɛ⁵⁵ntɕo⁵⁵zɛ⁵⁵ma⁵⁵

连襟姊妹丈夫的关系，叙称n̠i⁵⁵nua⁵⁵vɛ⁵⁵nua⁵⁵

儿子叙称：我的~ i⁵⁵za⁵⁵

儿媳妇叙称：我的~ i⁵⁵za⁵⁵lə⁵⁵ma⁵⁵

女儿叙称：我的~ zi⁵⁵i⁵⁵

女婿叙称：我的~ mo³³pa⁵⁵

孙子儿子之子lə⁵⁵tʰu⁵⁵

重孙子儿子之孙lua⁵⁵lə⁵⁵tʰu⁵⁵

侄子弟兄之子zʅ⁵⁵ndzu⁵⁵

外甥姐妹之子xi⁵⁵ma⁵⁵zʅ³³

外孙女儿之子zi³³i³³lə⁵⁵tʰu⁵⁵

夫妻合称tʂʰʅ⁵⁵dzi⁵⁵

丈夫叙称，最通用的，非贬称：她的~ dzi⁵⁵vɛ⁵⁵

妻子叙称，最通用的，非贬称：他的~ zɛ⁵⁵

名字mi⁵⁵

绰号mi⁵⁵tsa⁵⁵

十 农工商文

干活儿统称：在地里~ ni⁵⁵ntɕʰi⁵⁵ŋu⁵⁵

事情一件~ sʅ³³

插秧dza⁵⁵dzɻ⁵⁵

割稻dza⁵⁵tʂʰʅ⁵⁵

种菜go⁵⁵pi⁵⁵dzɻ⁵⁵

犁名词du³³

锄头dzə⁵⁵pʰsʅ⁵⁵

镰刀zɛ³³

把儿刀~ tʂʰo⁵⁵tʂʰo⁵⁵

箩筐dzi⁵⁵tsʰi⁵⁵

筛子统称ʂu⁵⁵sɛ⁵⁵

簸箕农具，有梁的a⁵⁵ntʂʰa⁵⁵

簸箕簸米用lə⁵⁵tsɛ⁵⁵

碓整体tu³³

臼tu⁵⁵la⁵⁵tsɛ⁵⁵

磨名词la⁵⁵tʰa⁵⁵

年成ʂa³³tʂʰə³³

走江湖统称n̠o⁵⁵pʰɛ⁵⁵li⁵⁵gɑ⁵⁵

打工kɑ³³zʅ⁵⁵

斧子vu⁵⁵tsʰua⁵⁵

锤子lua⁵⁵npʰu⁵⁵

钉子ʂə⁵⁵ndzi⁵⁵

绳子pʂʅ³³

棍子tʂə⁵⁵ngu⁵⁵

做买卖zʅ⁵⁵nkʰa⁵⁵ŋu⁵⁵

商店zʅ⁵⁵nkʰa⁵⁵ŋu⁵⁵tɑ⁵⁵

饭馆za⁵⁵ma⁵⁵dzʅ⁵⁵tɑ⁵⁵

贵pʰɛ³³kʰua⁵⁵

便宜pʰɛ³³n̠i³³n̠i³³

折扣pʰɛ⁵⁵na⁵⁵-dzɑ⁵⁵

亏本zʅ⁵⁵nkʰa⁵⁵nə⁵⁵-pɛ³³a³⁵

钱统称ba⁵⁵dzə⁵⁵

本钱bo⁵⁵paɹ⁵⁵

工钱mi⁵⁵pʰɛ⁵⁵

路费əɹ⁵⁵pʰa⁵⁵pʰɛ⁵⁵

花~钱nə⁵⁵-sʅ⁵⁵

赚卖一斤能~一毛钱dzə⁵⁵la⁵⁵

挣打工~了一千块钱dzə⁵⁵tsa⁵⁵

欠~他十块钱zo⁵⁵

秤统称tʂə⁵⁵

称用秤秤~ də⁵⁵-tʂə⁵⁵

集市 kua⁵⁵ʂɑ⁵⁵

庙会 mi⁵⁵i⁵⁵

学校 so⁵⁵so⁵⁵tɑ⁵⁵

教室 so⁵⁵so⁵⁵tɑ⁵⁵i⁵⁵

上学 dzo⁵⁵ndzɻ⁵⁵so³³

放学 dzo⁵⁵ndzɻ⁵⁵so³³duɑ⁵⁵dzo⁵⁵lɑ⁵⁵

书包 tsa⁵⁵lɑ⁵⁵

本子 dzo⁵⁵ndzɻ⁵⁵lo³³tɑ³³

捉迷藏 npʰi⁵⁵gɑ⁵⁵gɑ⁵⁵

跳绳 psɻ³³to⁵⁵

鞭炮统称 pʰo³³tʂɑ³³

唱歌 gɑ⁵⁵

锣鼓统称 ndzɑ⁵⁵

笛子 ɬɑ⁵⁵

打扑克 pʰɛ⁵⁵gɑ⁵⁵gɑ⁵⁵

打麻将 mɑ⁵⁵tɕɑ⁵⁵gɑ⁵⁵gɑ⁵⁵

讲故事 iə³³xi⁵⁵

猜谜语 ɑ⁵⁵sɻ³³sɻ³³xi³³

玩儿游玩：到城里~ gɑ⁵⁵gɑ⁵⁵

串门儿 do⁵⁵-tuɑ⁵⁵ʂə⁵⁵li⁵⁵gɑ⁵⁵

走亲戚 ɚɻ⁵⁵n̠i⁵⁵iɑ⁵⁵vɑ⁵⁵ʂə⁵⁵li⁵⁵gɑ⁵⁵

十一　动作行为

看~电视 dzo⁵⁵lo⁵⁵

听用耳朵~ bɑ³⁵n̠i⁵⁵

闻嗅：用鼻子~ kʰə⁵⁵-ɕi⁵⁵ɕi⁵⁵

吸~气 sɛ⁵⁵də⁵⁵-ntʂʰə³³

睁~眼 dɑ⁵⁵-bɑ⁵⁵

闭~眼 nɑ⁵⁵-mɑ⁵⁵mɑ⁵⁵

眨~眼 nɑ⁵⁵-pɑ⁵⁵tsɻ⁵⁵

张~嘴 sɻ⁵⁵npʰɑ⁵⁵wo⁵⁵dɑ⁵⁵-xɑ³³

闭~嘴 sɻ⁵⁵npʰɑ⁵⁵nə⁵⁵-mɛ⁵⁵mɛ⁵⁵

咬狗~人 kʰə⁵⁵-tʂɻ⁵⁵

嚼把肉~碎 nɑ⁵⁵-tɑ⁵⁵tɑ⁵⁵

咽~下去 ŋə⁵⁵-mi⁵⁵

舔人用舌头~ kʰə⁵⁵-kə⁵⁵kə⁵⁵

含~在嘴里 zɻ⁵⁵kə⁵⁵nɑ³³-kuɑ³³

亲嘴 ko⁵⁵ko⁵⁵ŋu³³

吮吸用嘴唇聚拢吸取液体，如吃奶时 ŋə⁵⁵-n̠o⁵⁵n̠o⁵⁵

吐上声：把果核儿~掉 ŋə⁵⁵-npʰsɻ⁵⁵

吐去声，呕吐：喝酒喝~了 də⁵⁵-npʰsɻ⁵⁵

打喷嚏 xɑ⁵⁵tsʰɻ⁵⁵ŋu³³

拿用手把苹果~过来 də⁵⁵-tɕi⁵⁵

给他~我一个苹果 tʰə⁵⁵-tɕʰi⁵⁵

摸~头 kʰə⁵⁵-əɻ⁵⁵liɛ⁵⁵

伸~手 ŋə⁵⁵-xo⁵⁵

挠~痒痒 də⁵⁵-ntʂʰo⁵⁵ntʂʰo⁵⁵

掐用拇指和食指的指甲~皮肉 kʰə⁵⁵-ntsʰɻ⁵⁵pi⁵⁵

拧~螺丝 dɑ⁵⁵-ʂuɑ⁵⁵lɑ⁵⁵

拧~毛巾 nə⁵⁵-dzə⁵⁵

捻用拇指和食指来回~碎 ŋə⁵⁵-dzɻ⁵⁵dzə⁵⁵

掰把橘子~开，把馒头~开 nə⁵⁵-npʰɛ⁵⁵~nə⁵⁵-ko⁵⁵

剥~花生 nə⁵⁵-pʰi⁵⁵

撕把纸~了 nɑ⁵⁵-ʂuɑ⁵⁵

折把树枝~断 nə⁵⁵-kɛi⁵⁵

拔~萝卜 də⁵⁵-dzi⁵⁵

摘~花 nə⁵⁵-to⁵⁵

站站立：~起来 kʰɑ⁵⁵-ndzɑ⁵⁵

倚斜靠：~在墙上 ŋɑ³³-pʰɑ⁵⁵kɑ⁵⁵

蹲~下 kʰə³³-tsʰu³³tsʰu³³

坐~下 nə⁵⁵-zɻ⁵⁵

跳青蛙~起来 də⁵⁵-to⁵⁵

迈跨过高物：从门槛上~过去 ŋə⁵⁵-npsɻ⁵⁵

踩脚~在牛粪上 də³³-ku³³tsɛ³³

翘~腿 də⁵⁵-tʂʰʅ⁵⁵

弯~腰 kʰə⁵⁵-ngu⁵⁵ngu⁵⁵

挺~胸 ŋɑ³³-kɑ³³kɑ³³

趴~着睡 kʰə³³-pɛ³³pɛ³³

爬小孩在地上~ ŋə³³-bɛ³³bɛ³³

走慢慢儿~ nə⁵⁵-ʂʅ⁵⁵ʂʅ⁵⁵

跑慢慢儿走，别~ də⁵⁵-li⁵⁵kɑ⁵⁵

逃逃跑：小偷~走了 pʰo⁵⁵

追追赶：~小偷 dɑ⁵⁵-tʂɑ⁵⁵tʂɑ⁵⁵

抓~小偷 kʰə⁵⁵-mi⁵⁵

抱把小孩~在怀里 dɑ⁵⁵-to⁵⁵

背~孩子 dɑ⁵⁵-bɑ⁵⁵

搀~老人 dɑ⁵⁵-ntsʰɑ⁵⁵ntsʰɑ⁵⁵

推几个人一起~汽车 ŋə⁵⁵-tɕo⁵⁵

摔跌：小孩~倒了 nə⁵⁵-pu⁵⁵kɑ⁵⁵

撞人~到电线杆上 kʰə⁵⁵-tsu⁵⁵

挡你~住我了，我看不见 kʰə⁵⁵-tʂʰə⁵⁵tʂʰə⁵⁵

躲躲藏：他~在床底下 kʰə⁵⁵-npʰi⁵⁵

藏藏放，收藏：钱~在枕头下面 tʰə⁵⁵-ɬi⁵⁵

放把碗~在桌子上 tʰə⁵⁵-pʰʅ⁵⁵ ~ vu³³dzʅ³³~dzɑ⁵⁵su⁵⁵

摞把砖~起来 nə⁵⁵-tso⁵⁵~nə⁵⁵-dzə⁵⁵dzə⁵⁵

埋~在地下 nɑ⁵⁵-kuɑ⁵⁵ʂɑ⁵⁵

盖把茶杯~上 nɑ⁵⁵-xɑ⁵⁵xɑ⁵⁵

压用石头~住 nə³³-zi⁵⁵

摁用手指按：~图钉 nə³³-zi⁵⁵

捅用棍子~鸟窝 də⁵⁵-tsu⁵⁵tsu⁵⁵

插把香~到香炉里 nə⁵⁵-su⁵⁵

戳~个洞 nə⁵⁵-tʂʰu⁵⁵

砍~树 tʰɑ⁵⁵-luɑ³³

剁把肉~碎做馅儿 nə⁵⁵-tsi⁵⁵tsi⁵⁵~nə⁵⁵-tsi⁵⁵

削~苹果 nə⁵⁵-ntsʰu⁵⁵ntsʰu⁵⁵

裂木板~开了 ŋə³³-tsi³³

皱皮~起来 kʰə⁵⁵-tʂʅ⁵⁵tʂʅ⁵⁵

腐烂死鱼~了 nə³³-tʂʰo³³

擦用毛巾~手 tʰə⁵⁵-su⁵⁵ɕuɑ⁵⁵

倒把碗里的剩饭~掉 nə⁵⁵-fu⁵⁵kɑ⁵⁵

扔丢弃：这个东西坏了，~了它 ŋə⁵⁵-pʰsʅ⁵⁵

扔投掷：比一比谁~得远 ŋə⁵⁵-tsɛ⁵⁵

掉掉落，坠落：树上~下一个梨 nɑ⁵⁵-dzɑ⁵⁵

滴水~下来 nə⁵⁵-ntʰo⁵⁵

丢丢失：钥匙~了 ŋə⁵⁵-ʂʅ⁵⁵tɕi⁵⁵

找寻找：钥匙~到 nɑ⁵⁵-tʂɑ⁵⁵

捡~到十块钱 də⁵⁵-ngo⁵⁵

提用手把篮子~起来 dɑ⁵⁵-tsɑ⁵⁵

挑~担 də⁵⁵-ntsʰɛ⁵⁵

扛把锄头~在肩上 də⁵⁵-vɛ⁵⁵

抬~轿 də⁵⁵-tʂʰʅ⁵⁵

举~旗子 də⁵⁵-xo⁵⁵

撑~伞 də⁵⁵-tʰu⁵⁵

撬把门~开 də⁵⁵-pu⁵⁵

挑挑选，选择：你自己~一个 də⁵⁵-ntsʰʅ⁵⁵

收拾~东西 nə⁵⁵-ʂu⁵⁵ʂu⁵⁵~nə⁵⁵-tsʅ⁵⁵kɑ⁵⁵

挽~袖子 ŋə⁵⁵-tsʅ⁵⁵tɑ⁵⁵

涮把杯子~一下 tʰɑ⁵⁵-zɑ⁵⁵

洗~衣服 nə⁵⁵-tsʰɛ⁵⁵

捞~鱼 dɑ⁵⁵-tsuɑ⁵⁵

拴~牛 kʰə⁵⁵-pʰʂʅ⁵⁵

捆~起来 kʰɑ³³-tsɑ³³

解~绳子 ŋə⁵⁵-pʰɛ⁵⁵tʂʰɑ⁵⁵

挪~桌子 tʰə⁵⁵-tʂʅ⁵⁵tʂʅ⁵⁵

端~碗 də⁵⁵-tɕi⁵⁵

摔碗~碎了 dɑ⁵⁵-pʰuɑ⁵⁵

掺~水 nə⁵⁵-əɹ⁵⁵

烧~柴 kʰə⁵⁵-ʂu⁵⁵

拆~房子 tʰə⁵⁵-tsi⁵⁵

转~圈儿 dɑ⁵⁵-kua⁵⁵la⁵⁵

捶用拳头~ də⁵⁵-tsu⁵⁵kɑ⁵⁵

打统称：他~了我一下 dɑ⁵⁵-kɑ⁵⁵

打架动手：两个人在~ də⁵⁵-tsu⁵⁵tsu⁵⁵

休息 ŋɑ³³-bɑ³³n̪i³³

打哈欠 xɑ⁵⁵-ŋu⁵⁵

打瞌睡 i⁵⁵mɑ⁵⁵nɑ⁵⁵-lɑ⁵⁵

睡他已经~了 kʰɑ⁵⁵-mɑ⁵⁵

打呼噜 i⁵⁵ntʂʰo⁵⁵

做梦 tʰə⁵⁵-i⁵⁵muɑ⁵⁵

起床 dɑ⁵⁵-guɑ⁵⁵

刷牙 ʂʅ⁵⁵mɑ⁵⁵tsʰɛ⁵⁵

洗澡 tsʰɛ³³tsʰɛ³³

想思索：让我~一下 ŋɑ³³-ndzʅ³³ndzɑ³³

想想念：我很~他 də³³-ndzʅ³³ndzɑ³³

打算我~开个店 ŋɑ³³-ndzʅ³³ndzɑ³³

记得 kʰɑ⁵⁵-ntsʰɑ⁵⁵

忘记 tʰə⁵⁵-mɛ⁵⁵

怕害怕：你别~ də⁵⁵-tɕi⁵⁵mɑ⁵⁵

相信我~你 dzɔ³³li⁵⁵

发愁 nə³³-ʂʅ⁵⁵

小心过马路要~ ʂʅ⁵⁵ni⁵⁵mɑ⁵⁵mɑ⁵⁵ŋu⁵⁵

喜欢~看电视 iɑ⁵⁵-gɑ⁵⁵

讨厌~这个人 də⁵⁵-go⁵⁵

舒服凉风吹来很~ iɑ⁵⁵-ndzə⁵⁵

难受生理的 mɑ⁵⁵-dzə⁵⁵dzə⁵⁵

难过心理的 sɑ⁵⁵nbɑ⁵⁵mɑ⁵⁵-dzə⁵⁵

高兴 tʰə⁵⁵-gə⁵⁵

生气 go⁵⁵ndzə⁵⁵~go⁵⁵də⁵⁵-ndzə⁵⁵

责怪 nə⁵⁵-tɕo⁵⁵

后悔 ndzʅ⁵⁵ndzɑ⁵⁵n̪o³³ŋə⁵⁵-tɕo⁵⁵

忌妒 ʂʅ⁵⁵n̪i⁵⁵də⁵⁵-n̪i⁵⁵

害羞 tʰə⁵⁵-nbi⁵⁵ʂo⁵⁵~mɑ⁵⁵-ndzʅ⁵⁵ɚ⁵⁵

丢脸 tʰə⁵⁵-nbi⁵⁵ʂo⁵⁵

欺负 xɑ⁵⁵ɕo⁵⁵ŋu⁵⁵

装~病 tʰə³³-pi⁵⁵

疼~小孩儿 iɑ⁵⁵-tʂʅ⁵⁵

要我~这个 xo⁵⁵

有 dzɑ⁵⁵~xɑ⁵⁵~bo⁵⁵

没有他~孩子 mɑ³³-n̪o³³~mɑ⁵⁵-xɑ⁵⁵~mɑ³³-bo³³

是我~老师 zʅ⁵⁵

不是他~老师 mɑ⁵⁵-zʅ⁵⁵

在他~家 dzɔ⁵⁵

不在他~家 mɑ⁵⁵-dzɔ⁵⁵

知道我~这件事 xɑ⁵⁵sɛ⁵⁵

不知道我~这件事 xɑ⁵⁵<mɑ⁵⁵>sɛ⁵⁵

懂我~英语 xɑ⁵⁵sɛ⁵⁵

不懂我~英语 xɑ⁵⁵<mɑ⁵⁵>sɛ⁵⁵

会我~开车 ndzɔ⁵⁵

不会我~开车 mɑ⁵⁵-ndzɔ⁵⁵

认识我~他 xɑ⁵⁵sɛ⁵⁵

不认识我~他 xɑ⁵⁵<mɑ⁵⁵>sɛ⁵⁵

行应答语 pʰɑ⁵⁵tə⁵⁵-li⁵⁵tə⁵⁵-gə⁵⁵

不行应答语 mɑ⁵⁵-pʰɑ⁵⁵~mɑ⁵⁵-li⁵⁵~mɑ⁵⁵-gə⁵⁵

肯~来 li⁵⁵

应该~去 nɑ⁵⁵-pɑ⁵⁵

可以~去 to⁵⁵~pʰɑ⁵⁵

说~话 dɑ⁵⁵-kʰɑ⁵⁵tʰo⁵⁵~də⁵⁵-xi⁵⁵

话说~ dzʅ³³

聊天儿 xi⁵⁵bɑ⁵⁵kɑ⁵⁵

叫~他一声儿 də⁵⁵-ko⁵⁵i⁵⁵

吆喝大声喊 dɑ⁵⁵-lɑ⁵⁵

哭小孩~ $nə^{55}$-$nbɛ^{55}$

骂当面~人 $ʐo^{55}ŋuɑ^{55}$

吵架动嘴：两个人在~ $dɑ^{55}$-$ʐɑ^{55}ʐɑ^{55}$

骗~人 $nə^{55}$-p^hi^{55}

哄~小孩 $k^hə^{55}$-$ndʐu^{55}ndʐu^{55}$

撒谎 $ʐo^{55}ŋu^{55}$

吹牛 $pɑ^{33}xi^{33}kɑ^{55}$

拍马屁 $su^{55}vɑ^{33}dzu^{55}$

开玩笑 $tʂɑ^{55}fu^{55}ŋu^{33}$

告诉~他 $dɑ^{55}$-$k^hɑ^{55}t^ho^{33}$

谢谢致谢语 $k^hɑ^{55}zʅ^{55}dɑ^{33}$-$ŋɑ^{24}$

对不起致歉语 $mɑ^{55}ndʐʅ^{55}ʐɑ^{214}$

再见告别语 a.$go^{55}go^{55}ɑ^{55}sɛ^{55}mo^{35}$.

　　　　 ~$go^{55}go^{55}ʐʅ^{55}sɛ^{55}mo^{35}$.

　　　　 b.o^{214}, $go^{55}go^{55}ɑ^{35}$.①

十二　性质状态

大苹果~ $iɑ^{55}$-$k^huɑ^{55}$

小苹果~ $mɑ^{55}lɑ^{55}kɑ^{33}$~$mɑ^{55}mɑ^{55}$

粗绳子~ $iɑ^{55}$-bi^{55}

细绳子~ $ts^hi^{55}ts^hi^{55}$

长线~ $iɑ^{55}$-$ʂə^{55}$

短线~ $dzo^{55}dzo^{55}$

长时间~ $iɑ^{55}$-$ʂə^{55}$

短时间~ $dzo^{55}dzo^{55}$

宽路~ $iɑ^{55}$-fi^{55}

宽敞房子~ $ʐʅ^{55}ʐʅ^{55}xuɑ^{33}xuɑ^{33}$

窄路~ $zo^{55}zo^{55}lɑ^{55}lɑ^{55}$

高飞机飞得~ $iɑ^{55}$-nbo^{55}

低鸟飞得~ $ɲi^{55}ɲi^{55}$

高他比我~ $iɑ^{55}$-nbo^{55}

矮他比我~ $ɲi^{55}ɲi^{55}$

远路~ $iɑ^{55}$-$ʂə^{55}$

近路~ $əɹ^{55}ni^{55}$

深水~ $iɑ^{55}$-$nɛ^{55}$

浅水~ $ntsɛ^{55}ntsɛ^{55}$

清水~ $ʂo^{55}ʂo^{55}$

浑水~ $zɑ^{55}lɛ^{55}$

圆 $wɑ^{55}wɑ^{55}li^{55}$

扁 $psʅ^{55}$

方 $ʒo^{55}du^{55}kɑ^{55}$

尖 $vu^{55}ndʐʅ^{55}$

平 $bo^{55}bo^{55}$

肥~肉 $iɑ^{55}$-$ndə^{55}$

瘦~肉 $ʂʅ^{55}n̥o^{55}$

肥形容猪等动物 $iɑ^{55}$-$ndə^{55}$

胖形容人 $iɑ^{55}$-pi^{55}

瘦形容人、动物 $ŋɑ^{55}kɑ^{55}$

黑黑板的颜色 $dɑ^{55}$-$nuɑ^{55}$

白雪的颜色 $də^{55}$-$əɹ^{55}$

红国旗的主颜色，统称 $də^{55}$-$ɲi^{55}$

黄国旗上五星的颜色 $də^{55}$-$ʂu^{55}$

蓝蓝天的颜色 $əɹ^{55}$-nbu^{55}

绿绿叶的颜色 $ɲi^{55}zɑ^{55}$

紫紫药水的颜色 $əɹ^{55}$-nbu^{55}

灰草木灰的颜色 $də^{55}$-$xio^{33}kɑ^{55}$

多东西~ $iɑ^{55}$-mi^{55}

少东西~ $ɲi^{33}ɲi^{55}$

重担子~ $iɑ^{55}$-$nɛ^{55}$~$k^hu^{33}tʂo^{55}$

轻担子~ $go^{55}go^{55}$

---

① 告别语在对话中有先后的不同。发起者使用句式a，句式a有两种说法；回应者使用句式b回应。

直线~ tsu⁵⁵tsu⁵⁵

陡坡~，楼梯~ nə⁵⁵-tsu⁵⁵

弯弯曲：这条路是~的 də⁵⁵-kʰu⁵⁵kʰu⁵⁵~kʰə³³-bɛ³³bɛ³³

歪帽子戴~了 tʰə⁵⁵-tɕo⁵⁵

厚木板~ ia⁵⁵-tu⁵⁵

薄木板~ psʅ⁵⁵psʅ⁵⁵

稠稀饭~ pi⁵⁵sʅ³³pi⁵⁵xo³³

稀稀饭~ dɑ⁵⁵-lə⁵⁵dɑ⁵⁵-lə⁵⁵

密菜种得~ ia⁵⁵-tu⁵⁵

稀稀疏：菜种得~ psʅ⁵⁵psʅ⁵⁵

亮指光线，明亮 dɑ⁵⁵-bɑ⁵⁵lo⁵⁵

黑指光线，完全看不见 mia⁵⁵mɑ⁵⁵-ndo⁵⁵

热天气 dɑ⁵⁵-tsʰɑ⁵⁵

暖和天气 tsʰɑ⁵⁵tsʰɑ⁵⁵lɑ⁵⁵lɑ⁵⁵

凉天气 nbi⁵⁵nbi⁵⁵ʂɑ³⁵ʂɑ³⁵

冷天气 də⁵⁵-npʰi⁵⁵

热水 dɑ⁵⁵-tsʰɑ⁵⁵

凉水 nbi⁵⁵nbi⁵⁵ʂɑ³⁵ʂɑ³⁵

干干燥：衣服晒~了 də⁵⁵-dzu̩⁵⁵

湿潮湿：衣服淋~了 ŋə⁵⁵-ndzi⁵⁵ndzi⁵⁵

干净衣服~ ʂo⁵⁵ʂo⁵⁵

脏肮脏，不干净，统称：衣服~ də⁵⁵-tsʰu⁵⁵

快锋利：刀子~ ia⁵⁵-ntʰuɑ⁵⁵

钝刀~ ŋɑ⁵⁵-tɑ⁵⁵

快坐车比走路~ ia⁵⁵-ntʂʰə⁵⁵

慢走路比坐车~ dʑi⁵⁵vɑ⁵⁵~mo³³lɛ⁵⁵

早来得~ ia⁵⁵-ntʂʰə⁵⁵

晚来~了 dʑi⁵⁵vɑ⁵⁵

晚天色~ mɛ³³nɑ⁵⁵-nkʰuɑ⁵⁵

松捆得~ kʰuɑ⁵⁵zɑ⁵⁵kʰuɑ⁵⁵zɑ⁵⁵

紧捆得~ kə⁵⁵-dʑi⁵⁵pɑ⁵⁵

容易这道题~ ia⁵⁵-zʅ⁵⁵

难这道题~ ia⁵⁵-ndzʅ⁵⁵

新衣服~ ʂʅ⁵⁵tsuɑ⁵⁵

旧衣服~ pʰɑ⁵⁵li⁵⁵

老人~ mo⁵⁵mo⁵⁵

年轻人~ tsʰo⁵⁵pʰɑ⁵⁵~tsʰo⁵⁵pʰɑ⁵⁵mɑ³³

软糖~ ȵo³³ȵo⁵⁵

硬骨头~ kɑ⁵⁵kɑ⁵⁵pi⁵⁵

烂肉煮得~ ȵo³³ȵo⁵⁵

糊饭烧~了 kʰə⁵⁵tʂʅ³³ɑ³⁵

结实家具~ ia⁵⁵-ndə⁵⁵

破衣服~ nɑ³³ʂuɑ³⁵

富他家很~ dʑi⁵⁵mo⁵⁵

穷他家很~ mɑ⁵⁵-bo⁵⁵

忙最近很~ də⁵⁵-bi⁵⁵bi⁵⁵

闲最近比较~ sʅ³³mɑ³³ȵo³³

累走路走得很~ ŋɑ³³-bɑ⁵⁵

疼摔~了 də³³-ȵi⁵⁵

痒皮肤~ dɑ⁵⁵-ntsʰuɑ⁵⁵

热闹看戏的地方很~ nɔ³³zə⁵⁵

熟悉这个地方我很~ xɑ⁵⁵sɛ⁵⁵

陌生这个地方我很~ xɑ⁵⁵-mɑ⁵⁵-sɛ⁵⁵

味道尝尝~ kʰə⁵⁵-sʅ⁵⁵

气味闻闻~ kʰə³³-xi⁵⁵xi⁵⁵

咸菜~ də⁵⁵-tsʰʅ³³~dɑ⁵⁵-ʂɑ³³

淡菜~ npʰzʅ⁵⁵npʰzʅ⁵⁵lɑ⁵⁵lɑ⁵⁵

酸 də⁵⁵-dzə⁵⁵

甜 də⁵⁵-tʂʰo⁵⁵

苦 də⁵⁵-tsʰʅ⁵⁵

辣 zʅ⁵⁵kʰə⁵⁵-tʂʅ³³

鲜鱼汤~ ia³³-mɑ⁵⁵

香 də⁵⁵-xə⁵⁵

臭 dɑ³³-ŋuɑ⁵⁵

馊饭~ nə⁵⁵-fi⁵⁵

腥鱼~ za⁵⁵dzi⁵⁵

好人~ ia⁵⁵-li⁵⁵

坏人~ ma⁵⁵-li⁵⁵

差东西质量~ ma⁵⁵-pɛ⁵⁵

对账算~了nə⁵⁵-bu⁵⁵a³⁵

错账算~了tʰə⁵⁵-io⁵⁵a³⁵~na⁵⁵-ma⁵⁵bu⁵⁵

漂亮形容年轻女性的长相：她很~ ia⁵⁵-ntɕʰo⁵⁵

丑形容人的长相：猪八戒很~ ma⁵⁵-ntɕʰo⁵⁵

懒 la⁵⁵-ndʐo⁵⁵

乖 ia⁵⁵-tɕo⁵⁵

顽皮 sa⁵⁵pi⁵⁵

老实 lo³³ʂʅ⁵⁵

傻痴呆ma⁵⁵-ntʂʰə⁵⁵

笨蠢ma⁵⁵-ntʂʰə⁵⁵

大方不吝啬 ia⁵⁵-tʂə⁵⁵

小气吝啬ma⁵⁵-tʂə⁵⁵

直爽性格~ tsu⁵⁵tsu⁵⁵

犟脾气~ də⁵⁵-kʰu⁵⁵kʰu⁵⁵

十三　数量[①]

一~二三四五……，下同tə⁵⁵

二 nə⁵⁵

三 si⁵⁵

四 zo³³

五 ŋua³³

六 tʂʰu³³

七 sʅ⁵⁵n⁵⁵

八 zʅ⁵⁵

九 ngə³³

十 tsʰɛ⁵⁵tsʰɛ⁵⁵

二十无合音nə⁵⁵tsʰʅ⁵⁵

三十无合音sa⁵⁵tsʰʅ⁵⁵

一百 ta⁵⁵za⁵⁵

一千 tə⁵⁵tu⁵⁵

一万 tə⁵⁵nbo⁵⁵tsʰo³³

一百零五 ta⁵⁵za⁵⁵la⁵⁵ŋua³³

一百五十 ta⁵⁵za⁵⁵ŋua⁵⁵zʅ⁵⁵

第一~，第二tsʅ³³so⁵⁵i⁵⁵wo⁵⁵~nə⁵⁵wo⁵⁵kə⁵⁵wo⁵⁵
　　　　~tsʅ³³mɛ⁵⁵tʂa⁵⁵ŋa⁵⁵wo⁵⁵

二两重量nə⁵⁵lo⁵⁵

几个你有~孩子？tʂʰo⁵⁵wo⁵⁵

俩你们~ dzi⁵⁵

仨你们~ si⁵⁵wo⁵⁵

个把 tə⁵⁵nə³³wo³³

个一~人 su⁵⁵ tə⁵⁵ wo⁵⁵

匹一~马nbo⁵⁵ tə⁵⁵ nbo⁵⁵

头一~牛ŋua⁵⁵ ta⁵⁵ ŋua⁵⁵

头一~猪 vɛ⁵⁵ tə⁵⁵ wo³³

只一~狗tʂʰo⁵⁵ tə⁵⁵ wo⁵⁵

只一~鸡la⁵⁵ tə⁵⁵ wo⁵⁵~la⁵⁵ pʰɛ⁵⁵ ta⁵⁵ ka⁵⁵

只一~蚊子bɛ⁵⁵tsʰa⁵⁵ tə⁵⁵ wo⁵⁵

条一~鱼zu⁵⁵ ta⁵⁵ ka⁵⁵

条一~蛇bɛ⁵⁵ʑ⁵⁵ɹ⁵⁵ ta⁵⁵ ka⁵⁵

张一~嘴sʅ⁵⁵npʰa⁵⁵ tə⁵⁵ wo⁵⁵

张一~桌子tso⁵⁵tsɛ⁵⁵ ta⁵⁵ pʰua⁵⁵

---

① 鉴于尔苏语与汉语量词的表达方式和语义内涵并不完全对应，对译并不准确，如尔苏语中存在一定数量的反响词，故本书在记录量词表达时采录的是该量词所呈现的带量词的名词或动词短语，以便读者更好地通过语境把握尔苏语的量词特点。第二节同此。

床一~被子 pʰu⁵⁵ka⁵⁵ ta⁵⁵ tʂʰua⁵⁵

领一~席子 ɕi⁵⁵tsʅ⁵⁵ ta⁵⁵ pʰua⁵⁵

双一~鞋 zʅ³³ pɛ⁵⁵ tʂə⁵⁵

把一~刀 pa⁵⁵dʐa⁵⁵ tə⁵⁵ tɕi⁵⁵

把一~锁 nkʰu⁵⁵ tə⁵⁵ dzə⁵⁵

根一~绳子 pʂʅ⁵⁵ ta⁵⁵ ka⁵⁵

支一~毛笔 mɔ³³pi³³ ta⁵⁵ ka⁵⁵

副一~眼镜 iã⁵⁵tɕĩ⁵⁵əɹ³³ tə⁵⁵ tʂə⁵⁵

面一~镜子 mia⁵⁵lo⁵⁵ tə⁵⁵ wo⁵⁵

块一~香皂 ɕiaŋ³³tsɔ⁵⁵ tə⁵⁵ wo⁵⁵

辆一~车 tʂʰə³³tsʅ³³ tə⁵⁵ ku⁵⁵

座一~房子 i⁵⁵ ta⁵⁵ ka⁵⁵

座一~桥 ndzi⁵⁵ ta³³ ka³³

条一~河 dzo⁵⁵ ta⁵⁵ ka⁵⁵

条一~路 əɹ⁵⁵pʰa⁵⁵ ta⁵⁵ ka⁵⁵

棵一~树 si⁵⁵pu⁵⁵ tə⁵⁵ pu⁵⁵

朵一~花 mi⁵⁵to⁵⁵ tə⁵⁵ ntsʰu⁵⁵

颗一~珠子 mi⁵⁵npʰu⁵⁵ ta⁵⁵ pa⁵⁵

粒一~米 ntʂʰə⁵⁵ ta⁵⁵ pa⁵⁵

顿一~饭 za⁵⁵ma⁵⁵ ta⁵⁵ za⁵⁵

剂一~中药 ȵi⁵⁵tɕi⁵⁵ tə⁵⁵ fu⁵⁵

股一~香味 də⁵⁵-xə⁵⁵ ta⁵⁵ ka⁵⁵

行一~字 dzo⁵⁵ndzə⁵⁵ ta⁵⁵ tʂa⁵⁵

块一~钱 ba⁵⁵dzə⁵⁵ ta⁵⁵ pʰua⁵⁵~ba⁵⁵dzə⁵⁵ tə⁵⁵nbo⁵⁵ tsʰo⁵⁵

毛角：一~钱 ba⁵⁵dzə⁵⁵ tə⁵⁵ tu⁵⁵

件一~事情 sʅ⁵⁵ ta⁵⁵ ka⁵⁵

点儿一~东西 tõ⁵⁵ɕi⁵⁵ ta⁵⁵ paɹ⁵⁵~tõ⁵⁵ɕi⁵⁵ tə⁵⁵ mi⁵⁵

些一~东西 tõ⁵⁵ɕi⁵⁵ tə⁵⁵ bɛ³³

下打一下，动量，不是时量 tə⁵⁵-tsu⁵⁵ kʰa⁵⁵-sa⁵⁵~ta⁵⁵-ka⁵⁵ kʰa⁵⁵-sa⁵⁵

会儿坐了一~ tə⁵⁵ ku⁵⁵tsa³³ nə⁵⁵-zʅ⁵⁵a³⁵

顿打一~ ta⁵⁵ tʂaɹ⁵⁵ da⁵⁵-ka⁵⁵

阵下了一~雨 gua³³ tə⁵⁵ ku⁵⁵tsa³³ nə⁵⁵-zo⁵⁵a³⁵

趟去了一~ tə⁵⁵ ku⁵⁵tsa³³ dua³⁵

十四　代副介连词

我~姓王 a⁵⁵~io³³

你~也姓王 ȵɛ⁵⁵

他~姓张 tʰɛ⁵⁵~zo³³

咱们包括听话人；他们不去，~去吧 aɹ⁵⁵~ioɹ³³

你们~去 ɹɛn⁵⁵

他们~去 tʰɹɛ⁵⁵~zoɹ³³

大家~一起干 ȵo³³kua³³

自己我~做的 ai⁵⁵ai⁵⁵~io⁵⁵tsɛ³³

别人这是~的 su⁵⁵i⁵⁵

我爸~今年八十岁 a⁵⁵i⁵⁵a⁵⁵-pa⁵⁵~a⁵⁵zʅ³³a⁵⁵-pa⁵⁵

你爸~在家吗? ȵa⁵⁵pa⁵⁵~nə⁵⁵zʅ⁵⁵a⁵⁵-pa⁵⁵~nə⁵⁵zʅ⁵⁵ ȵa⁵⁵-pa⁵⁵

他爸~去世了 tɕʰia⁵⁵pa⁵⁵~tʰi³⁵a⁵⁵-pa⁵⁵~tʰə⁵⁵zʅ⁵⁵a⁵⁵-pa⁵⁵

这个我要~，不要那个 tʰə⁵⁵wo⁵⁵~tʰa⁵⁵ka⁵⁵

那个我要这个，不要~ a⁵⁵-tʰə⁵⁵wo³³~a⁵⁵-tʰa⁵⁵ka³³

哪个你~要杯子? kʰa⁵⁵ti⁵⁵wo³³ɛi³³

谁你找~? sɛ⁵⁵

这里在~，不在那里 tʰə⁵⁵-kə⁵⁵

那里在这里，不在~ a⁵⁵tʰə⁵⁵-kə⁵⁵

哪里你到~去? kʰa⁵⁵

这样事情是~的，不是那样的 tʰə⁵⁵dzi⁵⁵

那样事情是这样的，不是~的 a⁵⁵-tʰə⁵⁵dzi⁵⁵

怎样什么样：你要~的? a⁵⁵-nɛ⁵⁵əɹ⁵⁵nba⁵⁵

这么~贵啊 tʰa⁵⁵-pa⁵⁵~tʰə⁵⁵dzi⁵⁵

怎么这个字~写? a⁵⁵-ntɕi⁵⁵

什么这个是~字? a⁵⁵-nɛ⁵⁵

什么 你找~? ɑ⁵⁵-nɛ⁵⁵

为什么 你~不去? ɑ⁵⁵-mɑ⁵⁵

干什么 你在~? ɑ⁵⁵-nɛ⁵⁵ŋu⁵⁵

多少 这个村有~人? tʂʰo⁵⁵-miɛ⁵⁵

很 今天~热 niɑ³³

非常 比上条程度深：今天~热 gui³³

更 今天比昨天~热 tɕʰo³³

太 这个东西~贵，买不起 tʰɑ⁵⁵tsɑ³⁵

最 弟兄三个中他~高 n̪ɑ³³~gui³³

都 大家~来了 n̪o³³kuɑ³³~lɑ³³

一共 ~多少钱? n̪o³³kuɑ³³

一起 我和你~去 dɑ⁵⁵wɑ⁵⁵~tə⁵⁵tʂə⁵⁵ŋu³³

只 我~去过一趟 si³³

刚 我~到 si³³

才 你怎么~来啊? si³³

就 我吃了饭~去 tsʰuɑ³⁵

经常 我~去 n̪ɑ³⁵-xɑ³⁵

又 他~来了 mo⁵⁵~sɛ⁵⁵

还 他~没回家 mo⁵⁵~sɛ⁵⁵

再 你明天~来 mo⁵⁵~sɛ⁵⁵

也 我~去；我~是老师 dʐi³³

没有 昨天我~去 mɑ⁵⁵

不 明天我~去 mɑ⁵⁵

别 你~去 tʰɑ⁵⁵

甭 不用，不必：你~客气 tʰɑ⁵⁵

快 天~亮了 gɑ³⁵

差点儿 ~摔倒了 vɑ⁵⁵tɕi⁵⁵

故意 ~打破的 li⁵⁵li⁵⁵ŋu³³

白 ~跑一趟 ɑ⁵⁵ko³³ko³³

可能 ~是他干的 pɑ⁵⁵

一边 ~走，~说...ŋu³³nɛ³³...ŋu⁵⁵

和 我~他都姓王 lɑ⁵⁵

和 我昨天~他去城里了 pʰɛ⁵⁵

对 他~我很好 vɑ⁵⁵

往 ~东走 kɑ³³xɛ³³

向 ~他借一本书 ʂə³³

替 ~他写信 nə⁵⁵-ŋu⁵⁵

如果 ~忙你就别来了 tʰə⁵⁵nɛ⁵⁵~tʰə³³

不管 ~怎么劝他都不听 ɑ⁵⁵ntɕi⁵⁵nə⁵⁵-ŋu⁵⁵

《中国语言资源调查手册·民族语言（藏缅语族）》扩展词

一　天文地理

天~地 mɛ⁵⁵tɕo⁵⁵

阳光 ŋo⁵⁵ma⁵⁵su⁵⁵ma⁵⁵

日出 ŋo⁵⁵ma⁵⁵də⁵⁵-ku³³da⁵⁵-la⁵⁵

日落 ŋo⁵⁵ma⁵⁵nə⁵⁵-tɕʰo⁵⁵na⁵⁵-dua⁵⁵

彗星扫帚星 tʂɻ⁵⁵tʂo⁵⁵

七姐妹星 tʂɻ⁵⁵lə⁵⁵ma³³

光~线 da³³-pa⁵⁵lo⁵⁵

影子 lɛ⁵⁵nua⁵⁵

刮风 mɛ⁵⁵əɻ⁵⁵dzo⁵⁵

风声风呼呼声 mɛ⁵⁵ʒɻ⁵⁵əɻ⁵⁵əɻ⁵⁵gə⁵⁵~mɛ⁵⁵əɻ⁵⁵ba⁵⁵gə⁵⁵

打雷 mɛ⁵⁵dzɻ⁵⁵dzɻ⁵⁵gə⁵⁵

响雷霹雳，名词 mɛ⁵⁵dzɻ⁵⁵ta⁵⁵ma⁵⁵də⁵⁵-dzɻ⁵⁵a⁵⁵

大雨 gua³³bu⁵⁵

小雨 gua³³tsʰi⁵⁵~gua³³i⁵⁵

毛毛雨 tsʰu⁵⁵gua³³~mdzɻ⁵⁵mdzɻ⁵⁵zo³³

暴风雨 gua³³ʒɻ⁵⁵

雨声 gua³³ba⁵⁵gə⁵⁵

下雪 zɻ³³ʑo⁵⁵

雪崩 zɻ³³na³³-gua⁵⁵

雪水 zɻ³³dzo⁵⁵

结冰 kʰə⁵⁵-npʰi⁵⁵

融化雪~了 zɻ³³tʰə⁵⁵-li³³a⁵⁵

乌云 tsə⁵⁵nua⁵⁵

彩云 tsə⁵⁵ia⁵⁵-ntɕʰo⁵⁵

蒸汽水蒸气 dzo⁵⁵sɛ⁵⁵

地总称 mɛ⁵⁵li⁵⁵

土地 mɛ⁵⁵li⁵⁵

坡地 nba⁵⁵li⁵⁵

荒地 mɛ⁵⁵li⁵⁵tɕʰi³³nə⁵⁵-pʰsɻ⁵⁵a³³tə⁵⁵

山地 nbi⁵⁵tsʰo⁵⁵mɛ⁵⁵li⁵⁵

平地平坦的土地 mɛ⁵⁵li⁵⁵bo³³bo⁵⁵

地界田地的边界 mɛ⁵⁵dzʐa⁵⁵

庄稼地 mɛ⁵⁵li⁵⁵nə⁵⁵-ŋu⁵⁵tsa³³bɛ³³

沼泽地 ntsʰɛ⁵⁵mɛ⁵⁵li⁵⁵

坝子_{山中的平地}bo³³bo³³kə⁵⁵　　清水_{与"浊水"相对}dʑo⁵⁵ʂo⁵⁵

地陷 mɛ⁵⁵li⁵⁵nə³³-ntsʰɛ³³　　峡谷 lo⁵⁵

海_{大~}nkʰuɑ⁵⁵　　泥石流 mɛ⁵⁵tʂʅ⁵⁵

田_{总称}zʅ⁵⁵xuɑ⁵⁵　　地洞 mɛ⁵⁵dzi⁵⁵bɛ⁵⁵ku⁵⁵

梯田 zʅ⁵⁵xuɑ⁵⁵tsʰuɑ⁵⁵tsʰuɑ⁵⁵　　洞口 bɛ⁵⁵ku⁵⁵tɕʰi⁵⁵kə³³

田坎 npʰu³³ntɕi³³　　山路 nbi⁵⁵tsʰo⁵⁵ɚ⁵⁵pʰɑ⁵⁵

秧田 vɛ⁵⁵mɛ⁵⁵　　岔路 ɚ⁵⁵kɑ⁵⁵tsɑ⁵⁵

小山 nbi⁵⁵mɑ⁵⁵mɑ⁵⁵　　大路_{野外的}ɚ⁵⁵pʰɑ⁵⁵iɑ³³-fi⁵⁵~ɚ⁵⁵fi⁵⁵

荒山 nbi⁵⁵　　小路_{野外的}ɚ⁵⁵tsʰi⁵⁵

雪山 zʅ³³nbi⁵⁵　　桥_{统称}dzi⁵⁵

山顶 nbi⁵⁵vu⁵⁵liɛ⁵⁵　　石桥 ɚ⁵⁵dzi⁵⁵

山峰 nbi⁵⁵vu⁵⁵liɛ⁵⁵　　菜园 fu⁵⁵tʂʰə⁵⁵

山腰 nbi⁵⁵gu⁵⁵ɬɑ⁵⁵　　尘土_{干燥的泥路上搅起的}tʂʰu⁵⁵psʅ⁵⁵

山脚 nbi⁵⁵nbɑ⁵⁵　　红土 tsɑ⁵⁵n̠i⁵⁵

阴山_{指山背阴一面}ʂə⁵⁵tɑ⁵⁵~ʂə⁵⁵pʰɛ⁵⁵　　粉末 tʂʰu⁵⁵psʅ⁵⁵

阳山_{指山朝阳一面}do⁵⁵tɑ⁵⁵~do⁵⁵pʰɛ⁵⁵　　渣滓_{榨油剩下的~}pi⁵⁵

岩洞 lo⁵⁵pɛ⁵⁵ku³³　　煤渣_{炭屑煤炭燃烧后余下的东西}ɚ⁵⁵

岩石 lo⁵⁵　　锅烟子 dʑo⁵⁵kʰə⁵⁵-mɛ⁵⁵

花岗岩 lo⁵⁵　　金 n̠i⁵⁵

鹅卵石 dʑo⁵⁵ɚ⁵⁵kʰuɑ⁵⁵　　银 ŋuɑ⁵⁵

平原 ŋə³³bo⁵⁵bo⁵⁵　　铜 n̠o³³

滑坡 mɛ⁵⁵nɑ⁵⁵-guɑ⁵⁵　　铁 ʂə⁵⁵

陡坡 nbɑ⁵⁵　　锈_{名词}nkʰuɑ³³

悬崖_{峭壁}lo⁵⁵nə⁵⁵-tʂu⁵⁵　　生锈_{动词}kʰɑ⁵⁵-nkʰuɑ⁵⁵

石板 ɚ⁵⁵psʅ⁵⁵psʅ⁵⁵　　钢 ʂə⁵⁵

小河 dʑo⁵⁵tsʰi⁵⁵　　铝 xə⁵⁵i⁵⁵

河水 zu⁵⁵mɑ⁵⁵dʑo⁵⁵　　玻璃 miɑ⁵⁵lo⁵⁵

上游_{河的~}ŋə⁵⁵-n̠o⁵⁵tɑ⁵⁵　　火种 mɛ³³

下游_{河的~}nɑ⁵⁵-duo⁵⁵tɑ⁵⁵　　火光 mɛ⁵⁵bɑ⁵⁵

漩涡_{河里的~}dʑo⁵⁵dʑo⁵⁵mɑ⁵⁵　　火焰 mɛ⁵⁵ndʑə⁵⁵

泡沫_{河里的~}dʑo⁵⁵tsu⁵⁵　　火塘 mɛ⁵⁵dzi⁵⁵

泉水 dʑo⁵⁵ku⁵⁵　　打火石 tʂə⁵⁵mɑ⁵⁵

山火 bu⁵⁵mɛ⁵⁵

火把 tsʰi⁵⁵ʂu⁵⁵

火星火塘里的 mɛ⁵⁵ndzɻ̩⁵⁵

火舌火苗 mɛ⁵⁵ba⁵⁵

火灾 mɛ³³tʰɚ³³-tsɛ⁵⁵

火石 tʂɚ⁵⁵ma⁵⁵əɹ⁵⁵kʰua⁵⁵

火铲 ʂɚ³³ntsʰɻ̩⁵⁵ka³³

井水~ dzɔ⁵⁵ku⁵⁵

沸水 dzɔ⁵⁵tsu⁵⁵

温水 dzɔ⁵⁵tsʰa⁵⁵

二 时间方位

春天 ȵo⁵⁵i⁵⁵si⁵⁵ɬa⁵⁵

夏天 ndza⁵⁵i⁵⁵si⁵⁵ɬa⁵⁵

秋天 ko⁵⁵i⁵⁵si⁵⁵ɬa⁵⁵

冬天 tsʰu³³i⁵⁵si⁵⁵ɬa⁵⁵

过年 ndza³³tʂɔ⁵⁵

每年 tɚ⁵⁵bu⁵⁵tʂʰɚ³³ȵo⁵⁵zɻ̩³³

上半年 bu⁵⁵tʂʰɚ⁵⁵so⁵⁵pʰɛ⁵⁵tsɛ⁵⁵kɚ⁵⁵

下半年 bu⁵⁵tʂʰɚ⁵⁵tʂa⁵⁵ŋa⁵⁵tsɛ⁵⁵kɚ⁵⁵

正月 tʂɻ̩³³i³³

二月 əɹ⁵⁵i⁵⁵

三月 sua³³i³³

四月 sɻ̩⁵⁵i⁵⁵

五月 vu⁵⁵i⁵⁵

六月 əɹ⁵⁵i⁵⁵

七月 tsʰɻ̩⁵⁵i⁵⁵

八月 pa⁵⁵i⁵⁵

九月 tsu⁵⁵i⁵⁵

十月 ʂɻ̩⁵⁵i⁵⁵

十一月 tu³³i³³

十二月 la⁵⁵i³³

每月 ta⁵⁵ɬa⁵⁵ȵo⁵⁵zɻ̩³³

月初 ɬa⁵⁵tʰɚ⁵⁵-tsʰu⁵⁵tsɛ⁵⁵kɚ⁵⁵

月底 ɬa⁵⁵mɚ⁵⁵-ntʂʰɚ⁵⁵

初一除了正月以外，其他月份的初一下同

　　ɬa³³əɹ⁵⁵tɚ³³wo⁵⁵ȵo³³

初二 ɬa³³əɹ⁵⁵nɚ⁵⁵wo⁵⁵ȵo³³

初三 ɬa³³əɹ⁵⁵si⁵⁵wo⁵⁵ȵo³³

初四 ɬa³³əɹ⁵⁵zɔ³³wo⁵⁵ȵo³³

初五 ɬa³³əɹ⁵⁵ŋua³³wo⁵⁵ȵo³³

初六 ɬa³³əɹ⁵⁵tʂʰu⁵⁵wo⁵⁵ȵo³³

初七 ɬa³³əɹ⁵⁵sɻ̩⁵⁵n⁵⁵wo⁵⁵ȵo³³

初八 ɬa³³əɹ⁵⁵zɻ̩⁵⁵wo⁵⁵ȵo³³

初九 ɬa³³əɹ⁵⁵ngɚ³³wo⁵⁵ȵo³³

初十 ɬa³³əɹ⁵⁵tsʰɛ³³tsʰɛ³³wo⁵⁵ȵo³³

昼夜指白天黑夜 nkʰua⁵⁵ȵo⁵⁵ma⁵⁵ȵo³³

半天 ȵo⁵⁵kɚ⁵⁵

古时候 ie³²⁴ʂo⁵⁵xa⁵⁵

东 ʂa³³tɕʰo⁵⁵

南 ɬa⁵⁵m⁵⁵tɕʰi⁵⁵

西 ȵo⁵⁵tɕʰo⁵⁵

北 tʂo⁵⁵ntʂʰu⁵⁵kʰa⁵⁵

正面 so⁵⁵pʰɛ⁵⁵ka⁵⁵xɛ⁵⁵

反面 ȵo⁵⁵pʰɛ⁵⁵ka⁵⁵xɛ⁵⁵~ga⁵⁵ma⁵⁵ȵo⁵⁵

附近 əɹ⁵⁵ȵi⁵⁵ta⁵⁵~kʰɚ⁵⁵-tɕi⁵⁵pa⁵⁵

周围 tɕʰi⁵⁵kɚ⁵⁵

对岸河的~ tsʰa⁵⁵pʰɛ⁵⁵

门上挂在~ nga⁵⁵wo⁵⁵tsʰo⁵⁵

楼上 lou⁵⁵tsʰo⁵⁵

楼下 lou⁵⁵tʂa⁵⁵ŋa⁵⁵

角落墙的~ du⁵⁵ku⁵⁵kua⁵⁵

在……后 ga⁵⁵mɛ⁵⁵ȵo⁵⁵

在……前 ʂo⁵⁵pʰɛ⁵⁵

在……之间 pa⁵⁵pa⁵⁵kə⁵⁵~gu⁵⁵ɬa⁵⁵kə⁵⁵

三　植物

樟树 tɕʰo⁵⁵si⁵⁵~dzə³³si⁵⁵

杨树 dzo̱⁵⁵ma⁵⁵si⁵⁵

白桦 ɬa⁵⁵ɬa⁵⁵si⁵⁵

桑树 so³³ma⁵⁵ma⁵⁵si⁵⁵~bɛ⁵⁵tsʅ⁵⁵tsa⁵⁵si⁵⁵

椿树 tʂʰʅ⁵⁵o⁵⁵si³³

冷杉一种树种 ŋua⁵⁵la⁵⁵si³³

漆树 dzo̱³³si⁵⁵

青冈栎 bzʅ⁵⁵si⁵⁵

万年青 i⁵⁵nua⁵⁵si⁵⁵

树皮 si⁵⁵ndzo̱⁵⁵pi⁵⁵

树枝 si⁵⁵ka⁵⁵li⁵⁵

树干 si⁵⁵ko⁵⁵ma⁵⁵

树梢 si⁵⁵vu⁵⁵liɛ⁵⁵

根树~ si⁵⁵nba⁵⁵

树浆 si⁵⁵lɛ⁵⁵

年轮树的~ si⁵⁵sʅ⁵⁵n̠i⁵⁵kua⁵⁵la⁵⁵

松球 ʂa⁵⁵si⁵⁵ka⁵⁵ka⁵⁵

松针 ʂa⁵⁵si⁵⁵ma⁵⁵

松脂 ʂa⁵⁵si⁵⁵zu⁵⁵

松香 ʂa⁵⁵si⁵⁵zu⁵⁵

松包松树枝头上的果实 ʂa⁵⁵si⁵⁵ka⁵⁵ka⁵⁵

火麻路边长的一种扎人的植物 ɬa³³

荸荠 dza³³bu⁵⁵ka⁵⁵ka⁵⁵

桃核 sʅ⁵⁵ia⁵⁵ɚ⁵⁵ku⁵⁵

葡萄 ɬa⁵⁵ndzo̱⁵⁵ma⁵⁵ma⁵⁵

樱桃 i⁵⁵nua⁵⁵ma⁵⁵ma⁵⁵

壳核桃~ tɕi⁵⁵ku⁵⁵

核儿枣~ sɛ⁵⁵sɛ⁵⁵

柠檬 sʅ⁵⁵ndzo⁵⁵

柑子 sʅ⁵⁵ndzo⁵⁵

橙子 sʅ⁵⁵ndzo⁵⁵

山楂 bzʅ⁵⁵ʂu⁵⁵ma⁵⁵ma⁵⁵

果皮统称 si⁵⁵sɛ⁵⁵ndzo⁵⁵pi⁵⁵

果干晒干了的果实 si⁵⁵sɛ⁵⁵də⁵⁵-dzu⁵⁵

葵花子未去壳的 n̠o⁵⁵ma⁵⁵sɛ⁵⁵~kua⁵⁵tsʅ³³ma⁵⁵ma⁵⁵

荆藤 la⁵⁵pʰɛ⁵⁵tsʰa⁵⁵wa⁵⁵

瓜蔓 sʅ⁵⁵ngua⁵⁵pʰa⁵⁵pʰa⁵⁵

艾草 xao³⁵

车前草 vɛ⁵⁵ma⁵⁵da³³-pʰa⁵⁵

草根 n̠i⁵⁵nba⁵⁵~dzɛ⁵⁵nba⁵⁵

青苔 tsa⁵⁵ma⁵⁵

菊花 xao³⁵mi⁵⁵to⁵⁵

杜鹃花 mi⁵⁵to⁵⁵lo⁵⁵si⁵⁵mi⁵⁵to⁵⁵

葵花 kua⁵⁵tsʅ³³mi³³to⁵⁵

桃花 sʅ³³ia⁵⁵mi⁵⁵to⁵⁵

花瓣 mi³³to⁵⁵dzu̱⁵⁵dzu̱⁵⁵

花蕊 mi⁵⁵to⁵⁵sʅ⁵⁵n̠i⁵⁵

芦苇 pa⁵⁵

菖蒲 tsʰa⁵⁵npʰu⁵⁵

鸡枞菌 la⁵⁵i⁵⁵dzʅ⁵⁵dzʅ⁵⁵

红菌 xə⁵⁵ntʂʰu⁵⁵ka⁵⁵

黄菌 xə⁵⁵ʂu⁵⁵ka⁵⁵

松茸 ʂa⁵⁵si⁵⁵xə⁵⁵

毒菇 dzu⁵⁵xə⁵⁵

笋衣指笋的嫩壳 xi³³tsɛ⁵⁵

瓜子炒~ sʅ⁵⁵ngua⁵⁵sɛ⁵⁵sɛ⁵⁵

籽菜~ sɛ⁵⁵sɛ⁵⁵

莲子 ŋou³⁵sɛ⁵⁵sɛ⁵⁵

荷叶 ŋou³⁵tsʰa⁵⁵tsʰa⁵⁵

蒲公英 o⁵⁵kʰa⁵⁵

银耳 ɚ⁵⁵tsʅ⁵⁵

竹根 xi⁵⁵nba⁵⁵

竹节 xi⁵⁵tsɛ⁵⁵tsɛ⁵⁵

竹竿 xi⁵⁵

柳絮 nbo⁵⁵si⁵⁵mi⁵⁵to⁵⁵

篾条编篮子的 xi⁵⁵ntʂʰə⁵⁵

发芽 ŋə⁵⁵-ȵo⁵⁵ŋa⁵⁵-la⁵⁵

结果 ka⁵⁵ka⁵⁵kʰa⁵⁵-sa⁵⁵~ma⁵⁵ma⁵⁵kʰa⁵⁵-sa⁵⁵

成熟 də⁵⁵-xi⁵⁵

开花 də³³-vi³³

吐须 dʐo³³də³³-ku³³

凋谢 tʰə⁵⁵-ʂu⁵⁵ka³⁵

粮食统称 pa⁵⁵pa⁵⁵

种子 ngə⁵⁵

秧植物幼苗的统称 ȵo⁵⁵ȵo⁵⁵

稻穗 dza³³ntɕo⁵⁵ntɕo⁵⁵

抽穗 dza³³ntɕo⁵⁵ntɕo⁵⁵də⁵⁵-ku⁵⁵

大米脱粒后的 ntʂʰə⁵⁵

小米脱粒后的 ntɕʰo⁵⁵ɬi⁵⁵

糯米 dzʅ⁵⁵

秕谷 dza⁵⁵tɕʰo⁵⁵

稗子 zʅ⁵⁵

糠 pʰa⁵⁵i⁵⁵

玉米包长在植物上的玉米棒子 zʅ⁵⁵mi⁵⁵po⁵⁵po⁵⁵

玉米秆 zʅ⁵⁵mi⁵⁵bu⁵⁵

玉米须 zʅ⁵⁵mi⁵⁵su⁵⁵ma⁵⁵

青稞 kʰa⁵⁵

燕麦 tʂo⁵⁵

荞麦 ndzʅ⁵⁵

苦荞 ndzʅ³³kʰua³³

麦芒 ʂa⁵⁵su⁵⁵ma³³

麦穗 ʂa⁵⁵ndzo⁵⁵ndzo⁵⁵

麦茬麦秆割过余下的部分 ʂa⁵⁵bu⁵⁵

荞花 ndzʅ⁵⁵mi⁵⁵to⁵⁵

荞壳 ndzʅ⁵⁵tɕi⁵⁵ku³³

苎麻 tsɛ³³

豆子统称 tsu⁵⁵

豆秸 tsu⁵⁵bu⁵⁵

豆芽 tsu⁵⁵ȵo⁵⁵

四季豆 pi⁵⁵ndəɹ⁵⁵

豆苗豆类的幼苗 tsu⁵⁵ȵo⁵⁵

扁豆 pɛ⁵⁵təɹ⁵⁵

冬瓜 sʅ³³ngua⁵⁵

青菜 go⁵⁵nua⁵⁵

蕨菜 nga⁵⁵tsʅ⁵⁵

荠菜 io⁵⁵ku⁵⁵pi³³

蒜苗 fu⁵⁵ȵo⁵⁵

青椒 tɕʰo⁵⁵ȵi⁵⁵za³³

红椒 xo⁵⁵ndzo⁵⁵

干辣椒 xo⁵⁵ndzo⁵⁵dzu⁵⁵

春笋 xi³³tsɛ⁵⁵

冬笋 xi³³tsɛ⁵⁵

笋壳 xi³³tsɛ⁵⁵tɕi⁵⁵ku⁵⁵

笋干 xi⁵⁵tsɛ⁵⁵dzu⁵⁵

萝卜干 go⁵⁵nba⁵⁵dzu⁵⁵

萝卜缨子 go⁵⁵pʰsʅ⁵⁵

根茎菜的~ go⁵⁵pi⁵⁵nba⁵⁵

四　动物

野兽 ȵi⁵⁵

豹 dzʅ⁵⁵

大熊猫 faɹ⁵⁵ka⁵⁵

狗熊 fa⁵⁵

熊掌 fa⁵⁵lə⁵⁵pʰɛ⁵⁵

熊胆 fa⁵⁵tʂo⁵⁵

野猪 vɛ⁵⁵tsʅ⁵⁵

獒藏~，狗的一种 pʰʂʅ⁵⁵tʂʰo⁵⁵

豺狗 tʂʰo³³

豪猪 ʂa⁵⁵pʰu⁵⁵

狐狸 dʐu⁵⁵-ma⁵⁵

狼 lo⁵⁵-pʰa⁵⁵

黄鼠狼 ʂʅ⁵⁵ʂʅ⁵⁵

水獭 dʐo⁵⁵ʂə⁵⁵

野牛 ȵo⁵⁵pʰɛ⁵⁵ŋua³³

牦牛 la³³ŋua³³

挤~牛奶 nə³³-tʂə⁵⁵

松鼠 tʂʅ⁵⁵tʂa⁵⁵

金丝猴 mi⁵⁵

啄木鸟 tʂo³³tsʅ³³kʰua³³kʰua³³

布谷鸟 ka⁵⁵po⁵⁵

斑鸠 lo⁵⁵əɹ⁵⁵

燕子 xua⁵⁵su⁵⁵

野鸡 tsa⁵⁵xa⁵⁵

老鹰 kə⁵⁵

鹰爪 kə⁵⁵dʐʅ³³dʐʅ³³

猫头鹰 kʰu⁵⁵mo⁵⁵

孔雀 o³³za⁵⁵

画眉鸟 mɛi³³ka³³

白鹤 xua⁵⁵nga⁵⁵pʰu⁵⁵ʂə⁵⁵

鸟蛋 xua⁵⁵i⁵⁵la⁵⁵tsɛ⁵⁵

鸟笼 xua⁵⁵i⁵⁵dʑi⁵⁵-ta⁵⁵

鸳鸯 dʑo⁵⁵iã³³

鱼鹰鸬鹚 tsu⁵⁵kaɹ⁵⁵

麝 la³³

麝香 la³³xə³³

野兔 bo⁵⁵xi⁵⁵tsʅ⁵⁵

毒蛇 dʐu⁵⁵bɛ⁵⁵əɹ³³

水蛇 dʐo̩⁵⁵bɛ⁵⁵əɹ⁵⁵

菜花蛇 vɛ⁵⁵bɛ³³əɹ³³

竹叶青一种毒蛇 xi³³bɛ⁵⁵əɹ⁵⁵

蛇皮 bɛ⁵⁵əɹ⁵⁵ndʐo̩⁵⁵pi⁵⁵

七寸 bɛ⁵⁵əɹ⁵⁵to⁵⁵la⁵⁵

蛇胆 bɛ⁵⁵əɹ⁵⁵tʂo⁵⁵

蛇洞 bɛ⁵⁵əɹ⁵⁵pɛ⁵⁵ku⁵⁵

刺猬 ʂa³³pʰu⁵⁵

田鼠 gu⁵⁵pʰa⁵⁵

母老鼠母的家鼠 gu⁵⁵pʰa⁵⁵-ma⁵⁵

蜈蚣 la⁵⁵əɹ⁵⁵

头虱 ʂə⁵⁵ma⁵⁵

虮子虱卵 ʂə⁵⁵tsɛ⁵⁵

蝗虫蚱蜢 ka⁵⁵tsu³³tsu³³

螳螂 ka⁵⁵tsu³³tsu³³

蟋蟀蛐蛐 ba⁵⁵zɛ³³zɛ³³

蚕丝 bu⁵⁵pi⁵⁵

蚕蛹 bɛ⁵⁵tsʅ⁵⁵kʰo⁵⁵lo⁵⁵

地蚕土壤里吃土豆花生的虫子，色白，状似蚕 bu⁵⁵dza⁵⁵

蜂总称 tʂa⁵⁵~bzʅ³³

蜂窝 tʂa⁵⁵pu⁵⁵li⁵⁵li⁵⁵~bzʅ³³ntʂʰə⁵⁵

蜂王 tʂa⁵⁵ndʐo⁵⁵mo⁵⁵~bzʅ³³ndʐo⁵⁵mo³³

蜂箱 bzʅ³³ku⁵⁵

蜂蜡 bzʅ³³ʂu⁵⁵

飞蛾 ka³³la³³

萤火虫 ba⁵⁵i³³mə³³ndʐʅ³³

白蚁 ʂə⁵⁵pa⁵⁵la⁵⁵də⁵⁵-əɹ⁵⁵

蚁窝 ʂə⁵⁵pa⁵⁵la⁵⁵ntʂʰə⁵⁵

蚁蛋 ʂə⁵⁵pa⁵⁵la⁵⁵tsɛ⁵⁵

牛虻 ŋua³³bɛ³³io³³

蠓墨蚊 tsa³³npʰʅ³³

臭虫 tʂo³³tʂə³³bɛ³³tsʅ³³

毛毛虫 nbo⁵⁵ma⁵⁵

蛔虫_{肚子里的}bɛ⁵⁵tsʅ⁵⁵

肉蛆 ʂʅ³³bɛ⁵⁵əɹ³⁵~ʂʅ³³bɛ⁵⁵tsʅ⁵⁵

屎蛆 tʂo⁵⁵bɛ⁵⁵tsʅ⁵⁵

滚屎虫_{屎壳郎}tʂo³³tsʅ³³kʰua⁵⁵kʰua⁵⁵

绿头蝇 xa⁵⁵ma⁵⁵

蜘蛛网 ka³³la³³va⁵⁵

织网_{蜘蛛~}va⁵⁵ntsʰa⁵⁵

蜗牛 xa⁵⁵ma⁵⁵lo⁵⁵lo⁵⁵

海螺 əɹ⁵⁵pɛ⁵⁵

蝌蚪 psʅ³³ma⁵⁵-i⁵⁵

黄鳝 xua⁵⁵nʂa⁵⁵

泥鳅 za⁵⁵io⁵⁵

鱼鳍_{鱼翅膀}zu³³bu⁵⁵ɬi⁵⁵

鱼刺 zu³³əɹ⁵⁵ku⁵⁵

鱼子_{鱼卵}zu³³la⁵⁵tsɛ⁵⁵

鱼苗 zu³³-i⁵⁵

鱼饵 zu³³dza⁵⁵

鱼鳔 zu³³pʰaɹ⁵⁵

鱼鳃 zu³³sɛ⁵⁵

剖鱼 zu³³sʅ⁵⁵~zu³³nə³³-ntʂʰʅ⁵⁵

钓鱼竿 zu³³tsuo³³si⁵⁵ka⁵⁵

皮子_{总称}ndʐo⁵⁵pi⁵⁵

毛_{总称}ma³³

羽毛 ma³³

角_{动物身上长的}lo⁵⁵

蹄子_{统称}nkʰua³³tsʅ⁵⁵

发情_{动物~}ngo⁵⁵tua⁵⁵

产崽_{动物~}i³³ʂu⁵⁵

开膛_{剖开宰杀动物的腹部}nə⁵⁵-ntʂʰʅ⁵⁵

交尾 kʰə⁵⁵-ku⁵⁵

水牛 dzo⁵⁵ŋua⁵⁵

黄牛 ŋua⁵⁵ɲi⁵⁵

公牛_{阉过的}ŋua³³zʅ³³nə⁵⁵-tu⁵⁵tsɑ³³

牛犊 ŋua³³i⁵⁵

牛角 ŋua³³lo⁵⁵

牛皮 ŋua³³ndzo⁵⁵

牛筋 ŋua³³dzu⁵⁵

牛垂皮_{黄牛颈项垂下的皮}ŋua³³mi⁵⁵ntɕo⁵⁵ntɕo³³

牛打架 ŋua³³tsu⁵⁵tsu⁵⁵

牛反刍 ndzu⁵⁵

公马 nbo⁵⁵-pʰɑ⁵⁵

母马 nbo⁵⁵-ma⁵⁵

马驹 nbo⁵⁵-i⁵⁵

马鬃 nbo³³wo³³nbo⁵⁵

绵羊 io⁵⁵

山羊 tsʰi⁵⁵

公羊 io⁵⁵la⁵⁵~tsʰi⁵⁵pu⁵⁵

母羊 io⁵⁵-ma⁵⁵~tsʰi⁵⁵-ma⁵⁵

羊羔 io⁵⁵i⁵⁵~tsʰi⁵⁵ji⁵⁵

羊毛 io⁵⁵-ma⁵⁵~tsʰi⁵⁵-ma⁵⁵

羊皮 io⁵⁵ndʐo⁵⁵~tsʰi⁵⁵ndʐo⁵⁵

公驴 ku⁵⁵əɹ⁵⁵-pʰɑ³³

母驴 ku³³əɹ⁵⁵-ma³³

看家狗 i⁵⁵ndzu⁵⁵tʂʰo⁵⁵

猎狗 ɲi⁵⁵tʂa⁵⁵tʂʰo⁵⁵

疯狗 tʂʰo³³tu⁵⁵

狗窝 tʂʰo³³ntʂʰo⁵⁵~tʂʰo³³dzi³³

冠鸡_~ŋ⁵⁵ŋ⁵⁵

鸡崽 la⁵⁵i⁵⁵

鸡爪 la⁵⁵ʂə⁵⁵pa⁵⁵

鸡屎 la⁵⁵tʂo⁵⁵

鸡胗 la⁵⁵pu⁵⁵pu⁵⁵

蛋壳 la⁵⁵tsɛ⁵⁵tɕi⁵⁵ku⁵⁵

蛋清 la⁵⁵tsɛ⁵⁵da⁵⁵-lə⁵⁵

蛋黄 la⁵⁵tsɛ⁵⁵ku⁵⁵ʂu⁵⁵

嗉囊鸟类食管后部用于暂存食物的膨大部分 la⁵⁵ma⁵⁵ma⁵⁵

脚蹼鸭子的 ɚɹ⁵⁵psʅ⁵⁵

蜕皮 ndʐo⁵⁵pi⁵⁵ndʐʅ⁵⁵

叮蚊子~ kʰə⁵⁵-tʂʅ⁵⁵~kʰə⁵⁵-npʰu⁵⁵

蜇蜂子~ kʰa³³-ndza⁵⁵

爬虫子~ ŋə³³-ʂʅ³³ʂʅ³³~ŋə⁵⁵-zə̩³³zə³³~ŋə⁵⁵-bɛ³³bɛ³³

叫牛~ də³³-ŋu³³~da³³-la³³~də⁵⁵-fu⁵⁵sɛ⁵⁵

五 房舍器具

木板房 dzʅ⁵⁵i⁵⁵

砖瓦房 ndzu⁵⁵i⁵⁵

碓房 du³³i⁵⁵

磨坊 io⁵⁵ma⁵⁵i³³

仓库 pa⁵⁵i⁵⁵

草棚 ndzə³³i⁵⁵

山寨 nbi³³tɕʰo³³fu³³

屋檐 zʅ⁵⁵su⁵⁵i⁵⁵

屋顶 i⁵⁵wo⁵⁵tɕʰo⁵⁵

梁 la⁵⁵ŋu⁵⁵ka⁵⁵

立柱房屋中间的主要支柱 dza⁵⁵pʰa⁵⁵

门 nga⁵⁵

寨门 wa⁵⁵ma⁵⁵nga⁵⁵

门口 nga⁵⁵pa⁵⁵

闩门~ nga⁵⁵tʂə⁵⁵si⁵⁵

篱笆竹木条~ fu⁵⁵tʂʰə⁵⁵

栏杆 tʂə³³tʂə³³si⁵⁵

桩子 si⁵⁵ntʂʰə⁵⁵ŋua⁵⁵

木料 si⁵⁵tsa⁵⁵

圆木 si⁵⁵tsa⁵⁵

板子 si⁵⁵psʅ⁵⁵

墙板 lə⁵⁵nba⁵⁵

木板 si⁵⁵psʅ⁵⁵

门板 nga⁵⁵si⁵⁵psʅ⁵⁵

墙壁 tsa⁵⁵tsi⁵⁵

围墙 la⁵⁵wa⁵⁵

砌墙 tsa⁵⁵tsi⁵⁵tsu⁵⁵

砖墙 tʂuã⁵⁵tso³³tso³³

土墙 tsa⁵⁵tsi⁵⁵

城墙 tʂʰəŋ³³tɕʰaŋ³³la⁵⁵wa⁵⁵

石墙 ɚɹ⁵⁵kʰua⁵⁵i⁵⁵~ɚɹ⁵⁵kʰua⁵⁵la⁵⁵wa⁵⁵

房间 i⁵⁵tsʰua⁵⁵

饭桌 za⁵⁵ma⁵⁵dzʅ⁵⁵-ta⁵⁵

小板凳 zʅ⁵⁵-ta⁵⁵ma⁵⁵ma⁵⁵

油灯 tə⁵⁵ndza⁵⁵

灯笼 tə⁵⁵lõ⁵⁵

盆洗脸~ pʰu⁵⁵la⁵⁵

镜子 mia⁵⁵lo⁵⁵

篮子 bɛ³²⁴ɚɹ⁵⁵

瓜果盘专用于盛放瓜果的 wa⁵⁵m⁵⁵

背篓背小孩的 pɛi⁵⁵laɹ⁵⁵

袋子装粮食的 tɕʰa⁵⁵tsʰʅ⁵⁵

麻袋 tɕʰa⁵⁵tsʰʅ⁵⁵

钩子挂东西用的 nkʰɛ⁵⁵ɹ⁵⁵

手纸便后用的 ʂuao³³~ʂao⁵⁵

蓑衣 wa⁵⁵la⁵⁵

斗笠 ʂa⁵⁵nbu⁵⁵

炉子 mɛ⁵⁵ʂu⁵⁵-ta⁵⁵

吹火筒 mɛ⁵⁵-ma⁵⁵xi⁵⁵pu⁵⁵

火钳 ʂə⁵⁵ntsʰʅ⁵⁵

铁锅 ʂə⁵⁵dzo⁵⁵

铝锅 xə⁵⁵i⁵⁵dzo³³

砂锅 ʂa⁵⁵kua⁵⁵

小锅 dzo⁵⁵ma⁵⁵ma⁵⁵

锅盖 go⁵⁵xa⁵⁵

三角架柴火灶的 ʂə⁵⁵zo⁵⁵ma³³

锅铲 dzo⁵⁵tsʰu⁵⁵ta⁵⁵

丝瓜瓤丝瓜成熟后，晒干去掉外层表皮，内部丝状物部分
　　　dzo⁵⁵ʂa⁵⁵tsʰi⁵⁵

锅刷 dzo⁵⁵ʂa⁵⁵tsʰi⁵⁵

勺子盛汤、盛饭用的，统称 ʔi⁵⁵tsʰu⁵⁵

木勺子 si⁵⁵ʔi⁵⁵tsʰu⁵⁵

饭勺 za⁵⁵ma⁵⁵pʰiaɹ⁵⁵

砧板 lo³³ndi⁵⁵

饭碗 za⁵⁵ma⁵⁵ʐuao⁵⁵

大碗 ʐuao⁵⁵ia⁵⁵kʰua⁵⁵

小碗 ʐuao⁵⁵ma⁵⁵ma⁵⁵

木碗 si⁵⁵ʐuao⁵⁵

筷子筒 dzu⁵⁵kʰua⁵⁵pɛ⁵⁵əɹ⁵⁵

刀总称 ba⁵⁵tʂa⁵⁵

尖刀 ba⁵⁵tʂa⁵⁵vu⁵⁵tsʰi⁵⁵

刀刃 ba⁵⁵tʂa⁵⁵ʂɿ⁵⁵ma⁵⁵

缺口刀刃上坏掉缺少一块的地方 tʰə⁵⁵-kʰə⁵⁵npsɿ⁵⁵

刀面 ba⁵⁵tʂa⁵⁵ba⁵⁵na⁵⁵

刀背 ba⁵⁵tʂa⁵⁵ga⁵⁵ma⁵⁵

刀鞘 ba⁵⁵tʂa⁵⁵kʰo⁵⁵kʰo⁵⁵

柴刀 tʂə⁵⁵ma⁵⁵~vu⁵⁵tsʰua⁵⁵

磨刀石 su⁵⁵əɹ⁵⁵

瓦罐 ʂa⁵⁵kua⁵⁵

杯子统称 tʂa⁵⁵

玻璃杯 tʂa⁵⁵

酒杯 tʂa⁵⁵

茶杯 tʂa⁵⁵lə⁵⁵tʂa³³

蒸笼 ntʂʰu⁵⁵

箅子 ntʂʰu⁵⁵pɛ⁵⁵

甑子 ntʂʰu⁵⁵

捞箕笊篱 lo⁵⁵pʰiaɹ⁵⁵

臼窝 tsu³³mo⁵⁵

碓杵 tsu⁵⁵ndzə⁵⁵

工具统称 nga³³ngu⁵⁵

铁锤 ʂə⁵⁵lua⁵⁵npʰu³³

锯子 sua³³ta³³

凿子 dzu⁵⁵

墨斗 mɛ³³tou⁵⁵

尺子 si⁵⁵tʂʰʅ⁵⁵tsɿ³³

铁丝 ʂə⁵⁵ntʂə⁵⁵

织布机 də⁵⁵ma⁵⁵

纺线 tsi⁵⁵ʂɿ⁵⁵

梭子 ntʂə⁵⁵

针眼 xa⁵⁵bɛ³³ku³³

顶针 xa⁵⁵to⁵⁵ta³³

枪 mi⁵⁵tʂʰu⁵⁵

子弹 ma⁵⁵tsɿ⁵⁵

子弹头 ma⁵⁵tsɿ⁵⁵vu³³liɛ³³

子弹壳 ma⁵⁵tsɿ⁵⁵kʰo³³kʰo³³

土铳火枪 xo³³io³³mi⁵⁵tʂʰu⁵⁵

长矛 ndzə⁵⁵

弓箭弓与箭的统称 si⁵⁵liɛ⁵⁵

弓 si⁵⁵liɛ⁵⁵

箭 ma⁵⁵

毒箭 dzu⁵⁵ma⁵⁵

箭绳弦 si⁵⁵liɛ⁵⁵psɿ⁵⁵

马笼头 nbo³³lə⁵⁵npʰu⁵⁵

马嚼子 nbo³³lə⁵⁵npʰu⁵⁵

马鞭 nbo³³ntʂʰa⁵⁵psɿ⁵⁵

马鞍 nbo³³za³³

脚蹬马鞍上的 nbo³³ɬa⁵⁵-ta⁵⁵

前鞧固定马鞍用的 nbo³³za⁵⁵pʂʅ⁵⁵

后鞧固定马鞍用的 nbo³³dʐə⁵⁵wa⁵⁵i⁵⁵

缰绳 nbo³³pʂʅ⁵⁵

箍桶~，名词 tʂʰo³³la³³

柴草 si⁵⁵wo⁵⁵

槌子 si⁵⁵la⁵⁵npʰu⁵⁵

铃打~ dʐo⁵⁵lo⁵⁵lo⁵⁵

拐杖 tʂə³³ngu⁵⁵

篦子 ʂʅ⁵⁵dzɛ⁵⁵

钱包 ba⁵⁵dʐə⁵⁵kua⁵⁵ta³³

烟头 i⁵⁵dzo⁵⁵

烟丝 i⁵⁵

烟斗 i⁵⁵ko⁵⁵

水烟筒 dʐo⁵⁵i⁵⁵ko⁵⁵

烟嘴 i⁵⁵ko⁵⁵mɛ³³ntʂʰə⁵⁵

烟锅 i⁵⁵ko⁵⁵

竹签 xi⁵⁵ntʂʰə⁵⁵

水桶 ʂʅ⁵⁵npʰu⁵⁵

花瓶 mi⁵⁵to⁵⁵kua⁵⁵-ta⁵⁵

花盆 mi⁵⁵to⁵⁵kua⁵⁵-ta⁵⁵

刀架 ba⁵⁵tʂa⁵⁵kua⁵⁵-ta⁵⁵

刨花 si⁵⁵pu⁵⁵tsa⁵⁵

锯末 si⁵⁵pu⁵⁵tsa⁵⁵

水磨 dʐo⁵⁵la⁵⁵tʰa⁵⁵

磨盘 la⁵⁵tʰa⁵⁵tɕʰo⁵⁵i⁵⁵pʰɛ⁵⁵~la⁵⁵tʰa⁵⁵tʂa⁵⁵ŋa⁵⁵pʰɛ⁵⁵

磨眼儿 la⁵⁵tʰa⁵⁵mi⁵⁵ku⁵⁵

推剪 tsi⁵⁵tɕa³³tɕa³³-ta³³

剃头刀 tsi⁵⁵ɚ⁵⁵-ta³³

剃须刀 su⁵⁵ma⁵⁵ɚ³³-ta³³

棉被 pʰu⁵⁵ka⁵⁵

沉淀物 nə⁵⁵-zʅ⁵⁵zʅ⁵⁵-tsa³³

大刀 ba⁵⁵tʂa⁵⁵ia³³-kʰua³³

小刀 ba⁵⁵tʂa⁵⁵ma⁵⁵ma⁵⁵

匕首 ba⁵⁵tʂa⁵⁵-i⁵⁵

铁箍 ʂə⁵⁵tʂʰo³³la³³~dʐo⁵⁵xa⁵⁵

火镰 tʂo⁵⁵ma⁵⁵ɚ⁵⁵kʰua⁵⁵

驮架 pa⁵⁵tɕa⁵⁵

靠背椅~ pʰa⁵⁵ka⁵⁵ta³³

六 服饰饮食

布总称 vu³³la³³

棉布 vu³³la³³

麻布 vu³³la³³

灯芯绒灯草绒条绒 vu³³la³³

线总称 tsi⁵⁵ʂʅ⁵⁵

毛线 tsi⁵⁵

棉线 tsi⁵⁵ʂʅ⁵⁵

麻线 tsi⁵⁵ʂʅ⁵⁵

线团 tsi⁵⁵ʂʅ⁵⁵pu⁵⁵li⁵⁵li⁵⁵

绸子 ko⁵⁵tʂə⁵⁵

皮袄 ndʐo⁵⁵nga⁵⁵mɛ⁵⁵

上衣 nga⁵⁵mɛ⁵⁵

内衣 nga⁵⁵mɛ⁵⁵kʰə⁵⁵-pʰɛ⁵⁵tsʰa³³

夹袄 kʰua⁵⁵tsʅ⁵⁵

外衣 nga⁵⁵mɛ⁵⁵ȵo⁵⁵-pʰɛ⁵⁵tsʰa³³

单衣 nga⁵⁵mɛ⁵⁵tə⁵⁵pu⁵⁵

长袖 pɛ⁵⁵tʂu⁵⁵ia³³-ʂə³³

夹衣 nga⁵⁵mɛ⁵⁵nə⁵⁵-pu⁵⁵dʐo⁵⁵tsʰa⁵⁵

短袖 pɛ⁵⁵tʂu⁵⁵dʐo³³dʐo³³

扣眼 ndzu⁵⁵ndzu⁵⁵pɛ³³ku³³

袖口 nga⁵⁵mɛ⁵⁵bɛ⁵⁵tʂu⁵⁵

衣襟 nga⁵⁵mɛ⁵⁵du⁵⁵

大襟 nga⁵⁵mɛ⁵⁵lo⁵⁵ȵo⁵⁵ma⁵⁵

小襟 nga⁵⁵mɛ⁵⁵lo⁵⁵ȵo⁵⁵ma³³ndzu⁵⁵ndzu⁵⁵ta⁵⁵

裙子 ntʂʰɑ⁵⁵

绣花 名词 mi⁵⁵to⁵⁵nɑ⁵⁵-gɑ⁵⁵tsɑ³³bɛ⁵⁵

花边 mi⁵⁵to⁵⁵kɑ⁵⁵

领子 ngɑ⁵⁵mɛ⁵⁵ko⁵⁵vɑ⁵⁵

衣袋 ngu⁵⁵i⁵⁵

内裤 zɑ⁵⁵tsʰɛ⁵⁵

裤裆 zɑ³³i³³

布鞋 vu³³lɑ³³ʐɿ³³

草鞋 ntsʰɑ⁵⁵xɑ⁵⁵

皮鞋 ndʐo⁵⁵ʐɿ⁵⁵

胶鞋 tɕɔ⁵⁵ʐɿ³³

鞋底 ʐɿ³³ti⁵⁵ti⁵⁵

鞋后跟 ʐɿ³³ndzi⁵⁵tsʰi⁵⁵

鞋带 ʐɿ⁵⁵pʂɿ⁵⁵

草帽 凉帽 ʂɑ⁵⁵nbu⁵⁵

皮帽 ndʐo⁵⁵nbu⁵⁵

手套 lə⁵⁵i⁵⁵

腰带 zɑ³³pʂɿ³³

绑腿 兵~ ko⁵⁵tɕo⁵⁵

带子 统称 pʂɿ⁵⁵

头巾 vu³³tɕo³³

头绳 tsi⁵⁵ʂu⁵⁵

镯子 lə⁵⁵tʂu⁵⁵

耳环 nɑɹ⁵⁵

项链 mi⁵⁵npʰu⁵⁵po³³

珠子 mi⁵⁵npʰu⁵⁵mɑ³³mɑ³³

食物 总称 dʐɿ⁵⁵-li⁵⁵

肉 总称 ʂɿ³³

肥肉 ʂɿ³³iɑ⁵⁵-ndə³³

瘦肉 ʂɿ³³ȵo⁵⁵

肉皮 皮 ʂɿ³³ndʐo³³pi³³

排骨 ʂɿ³³ɹɑ³³ku⁵⁵

剔骨头 ɑɹ⁵⁵ku⁵⁵tʰə⁵⁵-mi⁵⁵

腊肉 lo³³zu³³

熏腊肉 ʂɿ³³kʰə⁵⁵-ndzɿ⁵⁵tə⁵⁵

五花肉 ʂɿ³³ȵo⁵⁵iɑ⁵⁵-ndə⁵⁵ʂɑ³³ʂɑ³³~iɑ³³-ndə⁵⁵ʂɿ³³ ȵo⁵⁵ʂɑ³³ʂɑ³³

炖肉 ʂɿ³³nə³³-dzo⁵⁵tə⁵⁵

坨坨肉 一块一块的肉 ʂɿ³³pɑ⁵⁵

猪腰子 vɛ⁵⁵nbɛ⁵⁵lɛ³³

锅巴 dzo⁵⁵sɿ⁵⁵

粉丝 细条~ ntʂʰə⁵⁵ntʂʰə⁵⁵

米线 米粉 tʂə⁵⁵ntʂʰə⁵⁵ntʂʰə⁵⁵

粉条 粗条~ ntʂʰə⁵⁵ntʂʰə⁵⁵

面片儿 pʂɿ⁵⁵pʂɿ⁵⁵

粑粑 nbi⁵⁵pʰi⁵⁵

咸菜 tsʰɿ³³nɑ³³-tʂɑ³³bɛ⁵⁵

酸菜 go⁵⁵tʂə⁵⁵

汤 总称 dzo⁵⁵

米汤 tʂʰə⁵⁵lɛ⁵⁵

肉汤 ʂɿ³³lɛ³³

菜汤 go⁵⁵pi⁵⁵lɛ⁵⁵

舀汤 dzo⁵⁵də⁵⁵-ku⁵⁵

豆腐干 ndzɿ⁵⁵ndzɿ⁵⁵pʂɿ³³pʂɿ³³

糖 总称 mɑ⁵⁵ntʰɑ⁵⁵

红糖 wɑɹ⁵⁵tʰɑŋ³³

瓜子儿 ȵo⁵⁵mɑ⁵⁵sɛ⁵⁵

茶 总称 dzɑ⁵⁵

油 总称 zu⁵⁵~i⁵⁵tʂə⁵⁵lə⁵⁵

板油 zu⁵⁵kʰuɑ⁵⁵~vɛ⁵⁵ȵo⁵⁵dzo⁵⁵zu⁵⁵

猪油 vɛ⁵⁵zu⁵⁵nə³³-ɬi⁵⁵

油渣 zu⁵⁵pi⁵⁵

菜籽油 i⁵⁵tʂə⁵⁵lə⁵⁵

芝麻油 tsɿ⁵⁵mɑ⁵⁵i⁵⁵tʂə⁵⁵lə⁵⁵

花生油 xua⁵⁵sə⁵⁵i⁵⁵tʂə⁵⁵lə⁵⁵

花椒 ntɕʰo⁵⁵

胡椒面儿 ntɕʰo⁵⁵i⁵⁵

豆腐渣 tsu⁵⁵pi⁵⁵

面糊 xio⁵⁵xio⁵⁵

牛奶 ŋua³³n̠o³³n̠o⁵⁵

酒总称 vu⁵⁵

蛇胆酒 bɛ³³əɹ³³tʂo⁵⁵vu³³

酒曲 dʐu⁵⁵

冷水 dʐo⁵⁵nbi⁵⁵

蒸饭 za⁵⁵ma⁵⁵ntʂʰu⁵⁵

夹生饭 kə⁵⁵dzi⁵⁵kə⁵⁵xi⁵⁵~ma⁵⁵dzi⁵⁵ma⁵⁵xi⁵⁵

白饭 za⁵⁵ma⁵⁵ʂu⁵⁵ʂu⁵⁵

硬饭 za⁵⁵ma⁵⁵ka⁵⁵ka⁵⁵pi⁵⁵

软饭 za⁵⁵ma⁵⁵n̠o⁵⁵n̠o⁵⁵

碎米 ntʂʰə⁵⁵i⁵⁵

寡蛋孵不出小鸡的蛋 tsɛ⁵⁵go⁵⁵

搅团一种用玉米、荞麦面做的糊糊 xio⁵⁵xio⁵⁵

七 身体医疗

身体统称 ga⁵⁵ma⁵⁵

个头 ga⁵⁵ma⁵⁵

皮肤 ndʐo⁵⁵pi⁵⁵

皱纹 mo⁵⁵lo⁵⁵ʂʅ⁵⁵

肌肉人的 ʂʅ³³

血液 ʂo³³

骨头 əɹ⁵⁵ku⁵⁵

骨髓 no⁵⁵ku⁵⁵

肋骨 na⁵⁵lo⁵⁵

脊椎 dʐu³³əɹ⁵⁵ku⁵⁵

头盖骨 vu³³pʂʅ³³əɹ³³ku³³

肩胛骨 vɛ⁵⁵pi⁵⁵əɹ³³ku³³

踝骨 əɹ⁵⁵tsua⁵⁵əɹ³³ku³³

内脏统称 ko⁵⁵kə⁵⁵

心 sʅ⁵⁵n̠i⁵⁵

肝 ntsʰa⁵⁵

脾 tsɛ³³

肺 tsʰu⁵⁵

肾腰子 nbɛ⁵⁵lɛ⁵⁵

胃 tu³³pʰa³³

胆 tʂo³³

筋 dʐu³³

脉 ta³³ta³³ka⁵⁵

血管 ʂo³³ta³³

肠子 vɛ⁵⁵n̠o⁵⁵

大肠 vɛ⁵⁵bi⁵⁵

小肠 vɛ⁵⁵tsʰi⁵⁵

发髻 tsi⁵⁵ndzu⁵⁵tsʰu³³

头顶 vu³³pʂʅ⁵⁵

头顶旋窝脑旋 nbʐʅ⁵⁵

脑髓 nu⁵⁵

后脑 vu³³liɛ³³ga⁵⁵ma⁵⁵n̠o⁵⁵ka⁵⁵xɛ⁵⁵

囟门 ntsʰɛ⁵⁵

白发 tsi⁵⁵də⁵⁵-ɹɛ⁵⁵

睫毛 do⁵⁵ma⁵⁵ndzi⁵⁵

气管 mi⁵⁵pu⁵⁵

食道 mi⁵⁵ku⁵⁵

喉结 mi⁵⁵pu⁵⁵kə⁵⁵tua⁵⁵

酒窝 na³³nga³³kua⁵⁵kua⁵⁵

颧骨 na³³nga⁵⁵əɹ³³ku³³

太阳穴 na³³nga³³pʂʅ³³pʂʅ³³

眼皮 do⁵⁵pi⁵⁵

单眼皮 do⁵⁵pi⁵⁵tə⁵⁵pu⁵⁵

双眼皮 do⁵⁵pi⁵⁵nə⁵⁵pu⁵⁵

眼角 do⁵⁵ntɕʰi⁵⁵

眼白 do⁵⁵əɹ⁵⁵

眼屎 mia⁵⁵tʂo⁵⁵

耳孔 na⁵⁵ku⁵⁵bɛ⁵⁵ku⁵⁵

耳垂 na³³zɿ⁵⁵~na³³ntɕo³³ntɕo⁵⁵~na³³psɿ⁵⁵

耳屎 na⁵⁵tʂo⁵⁵

痰 tsʰɛ⁵⁵ka⁵⁵

鼻孔 sɿ⁵⁵nbu⁵⁵bɛ⁵⁵ku⁵⁵

鼻尖 sɿ⁵⁵nbu⁵⁵ma⁵⁵ma⁵⁵

鼻梁 sɿ⁵⁵nbu⁵⁵əɹ⁵⁵ku⁵⁵

鼻毛 sɿ⁵⁵nbu⁵⁵ma⁵⁵

鼻屎 sɿ⁵⁵ku⁵⁵tso⁵⁵

臼齿 gə⁵⁵ʂɿ⁵⁵

齿龈 sɿ⁵⁵ɳo⁵⁵o⁵⁵za⁵⁵

牙缝 sɿ⁵⁵ma⁵⁵pa⁵⁵pa⁵⁵

牙垢 sɿ⁵⁵ma⁵⁵tso⁵⁵

小舌 xə⁵⁵xə⁵⁵

舌尖 sɿ³³psɿ³³vu³³liɛ³³

兔唇 sɿ³³psɿ³³

络腮胡 ba⁵⁵pi⁵⁵

八字胡 su⁵⁵ma⁵⁵

乳头女性的 ɳo⁵⁵ɳo⁵⁵vu³³liɛ³³

乳汁 ɳo⁵⁵ɳo⁵⁵

胸脯 ɳo⁵⁵ɳo⁵⁵

腰 dzu⁵⁵

小腹 i⁵⁵pʰa⁵⁵tʂa³³ŋa³³tsɛ⁵⁵

手心 lə⁵⁵psɿ⁵⁵sɿ³³ɳi³³~lə⁵⁵po⁵⁵sɿ³³ɳi³³

手背 lə⁵⁵psɿ⁵⁵ɳo³³pʰɛ⁵⁵

手茧子 lə⁵⁵pi⁵⁵

手腕 lə⁵⁵tsua⁵⁵

汗毛 mi⁵⁵ma⁵⁵

粉刺脸上的 io⁵⁵ndzu⁵⁵

痱子 tsʰa⁵⁵npʰo⁵⁵

虎口 lə⁵⁵zu⁵⁵

腋窝 i⁵⁵ba⁵⁵i⁵⁵

腿肚子 vɛ⁵⁵i⁵⁵pʰa⁵⁵

腘窝大腿和腿肚子中间的弯曲处 ndʑi⁵⁵ku⁵⁵əɹ³³

脚心 əɹ³³psɿ³³sɿ⁵⁵ɳi⁵⁵

脚趾 əɹ⁵⁵su⁵⁵

脚印 əɹ⁵⁵psɿ⁵⁵tsu⁵⁵əɹ⁵⁵

响屁 tʂo³³tʂə³³da³³-nba³³

闷屁 tʂo³³tʂə³³da³³-ma³³-nba³³

稀屎 i⁵⁵pʰa⁵⁵nə³³-ntsʰu⁵⁵~i⁵⁵pʰa⁵⁵ŋə³³-ndzə⁵⁵

膀胱 bɛ⁵⁵su³³su³³

子宫 mi⁵⁵to⁵⁵

阴毛 ma³³

睾丸 ka⁵⁵ka⁵⁵

汗 tʂu⁵⁵

唾沫 dzo⁵⁵npʰsɿ⁵⁵

医院 ɳi⁵⁵dzo⁵⁵lo⁵⁵-ta⁵⁵

药店 ɳi⁵⁵dʑi⁵⁵nkʰa³³-ta⁵⁵

小病 ɳi⁵⁵za⁵⁵za⁵⁵

大病 ɳi⁵⁵ia⁵⁵-tsɿ⁵⁵

内伤 ko⁵⁵lo⁵⁵də⁵⁵-ɳi⁵⁵

药总称 ɳi⁵⁵nba⁵⁵ɳi⁵⁵dʑi⁵⁵

药丸 ɳi⁵⁵dʑi⁵⁵ma⁵⁵ma⁵⁵

药粉 ɳi⁵⁵dʑi⁵⁵ndzɿ⁵⁵i⁵⁵

药水 ɳi⁵⁵dʑi⁵⁵dzo³³

药酒 ɳi⁵⁵dʑi⁵⁵vu³³

草药 ɳi⁵⁵zɛ⁵⁵

蛇药 bɛ⁵⁵əɹ⁵⁵ɳi⁵⁵dʑi⁵⁵

毒药 dzu⁵⁵

开药方 ɳi⁵⁵dʑi⁵⁵tə⁵⁵fu⁵⁵kʰə⁵⁵-lo⁵⁵

熬药 ɳi⁵⁵dʑi⁵⁵tso³³

忌口 na³³-ŋuɑ⁵⁵

呕干~ də⁵⁵-npʰsʅ⁵⁵

发冷 dzɑ⁵⁵mɑ⁵⁵də⁵⁵-pu⁵⁵

打冷战 də⁵⁵-npʰi⁵⁵də⁵⁵-ndzə⁵⁵ndzə⁵⁵

感冒 ȵi⁵⁵tʂʰʅ⁵⁵

传染 kʰə³³-tu⁵⁵

头晕 vu³³tʰə³³-no⁵⁵

头疼 vu³³liɛ³³də⁵⁵-ȵi⁵⁵

按摩 nə³³-io³³

发汗 tʂu⁵⁵ŋɑ⁵⁵-lɑ⁵⁵

牙痛 sʅ⁵⁵mɑ⁵⁵də⁵⁵-ȵi⁵⁵

抽筋 tɑ³³də⁵⁵-pʰu⁵⁵

抽风 tʰə⁵⁵-ntʂʰo⁵⁵

哮喘 sɛ⁵⁵də⁵⁵-pu³³

麻风 kʰə⁵⁵-nu⁵⁵

天花 mɛ⁵⁵wo⁵⁵bɛ³³nɑ⁵⁵-pʰɑ⁵⁵

水痘 ndzo⁵⁵npʰo⁵⁵

疟疾 zɑ³³nɑ⁵⁵

中风 mɛ⁵⁵əɹ⁵⁵kʰə⁵⁵-zo⁵⁵

大脖子病 mi⁵⁵nɛ³³nɛ³³

骨折 əɹ⁵⁵ku⁵⁵də⁵⁵-kə⁵⁵

脱臼 tʰə⁵⁵-ko⁵⁵

痂伤口愈合后结的 ba⁵⁵psʅ⁵⁵

疮总称 miɑɹ⁵⁵

痔疮 miɑɹ⁵⁵

冻疮 miɑɹ⁵⁵

起泡 dzo⁵⁵npʰo⁵⁵ŋɑ⁵⁵-lɑ⁵⁵

水泡 dzo⁵⁵npʰo⁵⁵

血泡 so³³nuɑ⁵⁵

流鼻血 fɑ⁵⁵so⁵⁵nɑ⁵⁵-lɑ⁵⁵

伤痕未好的 miɑɹ⁵⁵

胀肚子~ də³³-po⁵⁵

麻手发~ də⁵⁵-sʅ⁵⁵

僵硬 dɑ⁵⁵-kɑ⁵⁵pi⁵⁵

伤受~ kʰə⁵⁵-ŋu⁵⁵

出血 so³³ŋɑ³³-lɑ³³

淤血 so³³ȵi³³kʰɑ⁵⁵-tʂʰɑ⁵⁵

茧手上长的老~ pi⁵⁵

雀斑 tsə⁵⁵pi⁵⁵

胎记 sʅ⁵⁵ȵi⁵⁵~sʅ⁵⁵nuɑ⁵⁵

结巴 lɑ⁵⁵mo³³kɑ³³

脚气 tʰə⁵⁵-ndzo⁵⁵nba³³

瘌痢头癞子 bɑ⁵⁵psʅ⁵⁵

左撇子 lə⁵⁵i⁵⁵kɑ³³

六指 lə⁵⁵mɑ⁵⁵kɑ⁵⁵tsɑ³³

老花眼 do⁵⁵ku⁵⁵də⁵⁵-su⁵⁵

鸡眼脚茧病 lɑ⁵⁵do⁵⁵

独眼 do⁵⁵tsʅ⁵⁵kɑ⁵⁵

对眼 do⁵⁵tʂɑ⁵⁵

斜眼 piɑ̃³³xuɑ⁵⁵

歪嘴 zʅ⁵⁵dzo⁵⁵

瘫痪 nə³³-ku³³əɹ³⁵

八　婚葬信仰

招赘 mo⁵⁵pɑ⁵⁵zʅ⁵⁵duɑ³³

接亲 lə⁵⁵mɑ⁵⁵tsɛ⁵⁵

抢婚 lə⁵⁵mɑ⁵⁵tsi⁵⁵

离婚 lə⁵⁵mɑ⁵⁵tʰə⁵⁵-tsʰu⁵⁵tsʰu⁵⁵

胎 vu⁵⁵tsʰɛ⁵⁵li⁵⁵bo⁵⁵

胎衣 iɑ⁵⁵dzə⁵⁵kuɑ⁵⁵-tɑ³³

脐带 tsɑ⁵⁵psʅ⁵⁵

小产 iɑ⁵⁵dzo⁵⁵ŋə³³-zo³³

打胎 iɑ⁵⁵dzo⁵⁵tʰɑ⁵⁵-kɑ⁵⁵kɑ⁵⁵

寿命 zu³³

岁数人的~əɻ⁵⁵

送葬 su⁵⁵mo⁵⁵pɛ³³

遗体 mo⁵⁵

寿衣 mo⁵⁵ngɑ⁵⁵mɛ⁵⁵

火葬 mɛ⁵⁵tʰə³³-tɕʰi³³

土葬 nɑ⁵⁵-kuɑ⁵⁵ʂɑ³³

坟地 tsʰɑ⁵⁵lɑ⁵⁵

灵魂 lɑ⁵⁵lɑ⁵⁵

法术 psɹ⁵⁵tɕo⁵⁵

作法 nə⁵⁵-ŋo⁵⁵

命运 kʰɑ³³ʑi⁵⁵

打卦 nə⁵⁵-tə⁵⁵tə⁵⁵

拜菩萨 pʰu³³sɑ³³nbi⁵⁵nbi⁵⁵kə³³

佛 pʰu³³sɑ³³

鬼 tʂʰɑ⁵⁵

祸~不单行 zɑ⁵⁵tʂɹ⁵⁵

仙 sɹ³³zɑ⁵⁵

龙 əɻ⁵⁵dzɛ⁵⁵

供祭品 tɕʰo⁵⁵kʰə⁵⁵-tsɹ⁵⁵kə⁵⁵bɛ⁵⁵

鬼火磷火 tʂʰɑ⁵⁵ʂu⁵⁵

九　人品称谓

高个儿 gɑ⁵⁵mɑ⁵⁵iɑ⁵⁵-nbo³³

光头 vu³³tʂɹ⁵⁵

老太婆 ɑ⁵⁵-wɑ⁵⁵kɑ³³

老头子 ɑ⁵⁵-pu³³kɑ⁵⁵

年轻人 tsʰo⁵⁵-pʰɑ⁵⁵

小伙子 li⁵⁵li⁵⁵zɹ⁵⁵tsʰo⁵⁵-pʰɑ⁵⁵

姑娘 tsʰo⁵⁵-pʰɑ⁵⁵mɑ³³

熟人 su⁵⁵xɑ⁵⁵sɛ⁵⁵tə³³

生人 su⁵⁵xɑ⁵⁵＜mɑ⁵⁵＞sɛ⁵⁵tə⁵⁵

富人 dʑi⁵⁵mo⁵⁵wo⁵⁵tə⁵⁵

穷人 mɑ³³-bo³³tə⁵⁵

官总称 ndzo⁵⁵mo⁵⁵

头目 kʰuɑ⁵⁵kʰuɑ⁵⁵zɹ⁵⁵

土司 nuɑ⁵⁵ndzo⁵⁵mo⁵⁵

医生 ȵi⁵⁵dzo⁵⁵lo⁵⁵su⁵⁵

猎人 ȵi⁵⁵tʂɑ⁵⁵su⁵⁵

强盗 tsi⁵⁵su⁵⁵

骗子 pʰi⁵⁵su⁵⁵

胖子 su⁵⁵iɑ⁵⁵-bi³³tə³³

尔苏族群自称 əɻ⁵⁵su⁵⁵~pu⁵⁵əɻ⁵⁵zɹ⁵⁵

汉族 ndzɑ³³

老百姓 tsʰɛ⁵⁵nɛ⁵⁵bɛ³³

姓你~什么 pʰɑ³³ntsʰi⁵⁵

主人 dɑ⁵⁵ku⁵⁵tsʰɑ⁵⁵pʰɑ⁵⁵

兵总称 mɛ⁵⁵

老师 xɑ⁵⁵xɑ⁵⁵-su⁵⁵~so⁵⁵pu⁵⁵

学生 so⁵⁵so⁵⁵-su⁵⁵~tʂɑ⁵⁵pɑ⁵⁵

敌人 bo³³lɑ⁵⁵i⁵⁵

伙伴 ntɕo⁵⁵

裁判 mo⁵⁵ŋu⁵⁵-su⁵⁵

酒鬼 vu⁵⁵zɿ⁵⁵pi⁵⁵kɑ⁵⁵

证人 pɑ⁵⁵kə⁵⁵ŋu⁵⁵-su⁵⁵

鳏夫 tʂʰo³³pʰɑ⁵⁵nə⁵⁵-ku⁵⁵

寡妇 tʂʰo³³mɑ⁵⁵nə⁵⁵-ku⁵⁵

国王皇帝 zɑ³³pu⁵⁵

王后皇后 zɑ³³pu⁵⁵zi⁵⁵mo³³

头人 kʰuɑ⁵⁵kʰuɑ⁵⁵zɹ⁵⁵

石匠 əɻ⁵⁵kʰuɑ⁵⁵tsu⁵⁵-su⁵⁵

篾匠 xi⁵⁵ntsʰɑ⁵⁵-su³³~ngɑ⁵⁵ku⁵⁵ntsʰɑ⁵⁵-su⁵⁵

铁匠 ʂə⁵⁵tsu⁵⁵-su³³

渔夫 zu⁵⁵tsuɑ⁵⁵-su⁵⁵

中人 pɑ⁵⁵kə⁵⁵ŋu⁵⁵-su⁵⁵

流浪汉 n̠o⁵⁵pʰɛ⁵⁵kua³³la³³-su³³

本地少数民族 lo⁵⁵ndʑə⁵⁵~nua⁵⁵~pʰʂʅ⁵⁵

囚犯 tʰə⁵⁵-io⁵⁵kʰə⁵⁵-dʑi⁵⁵tsa³³wo⁵⁵

赶马人 nbo³³ku⁵⁵-su⁵⁵

长辈统称 tsʅ⁵⁵dza⁵⁵ia³³-kʰua³³

曾祖父 a⁵⁵-pu⁵⁵tsu⁵⁵tsu⁵⁵

曾祖母 a⁵⁵-wa⁵⁵tsu⁵⁵tsu⁵⁵

大舅 xə⁵⁵-mo⁵⁵ia³³-kʰua³³

小舅 xə⁵⁵-mo⁵⁵ma⁵⁵ma⁵⁵

大舅母 a⁵⁵-n̠a⁵⁵kʰua⁵⁵

小舅母 a⁵⁵-n̠a⁵⁵ma⁵⁵

兄弟 n̠i⁵⁵nua⁵⁵vɛ⁵⁵nua⁵⁵~m⁵⁵pʰa⁵⁵

姐妹 n̠i⁵⁵nua⁵⁵vɛ⁵⁵nua⁵⁵~xi⁵⁵ma⁵⁵

堂兄 vɛ⁵⁵nua⁵⁵~m⁵⁵pʰa⁵⁵ia³³-kʰua³³

堂弟 n̠i⁵⁵nua⁵⁵~m⁵⁵pʰa⁵⁵ma⁵⁵ma⁵⁵

堂姐 xi⁵⁵ma⁵⁵ia⁵⁵-kʰua⁵⁵~vɛ⁵⁵nua⁵⁵

堂妹 xi⁵⁵ma⁵⁵ma⁵⁵ma⁵⁵~n̠i⁵⁵nua⁵⁵

表姐 a⁵⁵-tʂʰa⁵⁵ka⁵⁵~dza⁵⁵-ma⁵⁵ka⁵⁵

表妹 a⁵⁵-tʂʰa⁵⁵ka⁵⁵~dza⁵⁵-ma⁵⁵ka⁵⁵

表哥 a⁵⁵-kə⁵⁵n̠a⁵⁵~dza⁵⁵-i⁵⁵ka⁵⁵

表弟 a⁵⁵-kə⁵⁵n̠a⁵⁵~dza⁵⁵-i⁵⁵ka⁵⁵

子女 zʅ³³zi³³

侄女 zi³³ndʐu³³

外甥女 xi⁵⁵ma⁵⁵zʅ³³

孙女 ʔi⁵⁵za⁵⁵lə⁵⁵tʰu⁵⁵

外孙女 zi⁵⁵i³³lə⁵⁵tʰu⁵⁵

重孙 lua⁵⁵lə⁵⁵tʰu⁵⁵

祖宗 tsu⁵⁵a⁵⁵-pu⁵⁵~tsu⁵⁵a⁵⁵-wa⁵⁵

孤儿 tʂʰʅ³³i³³

母女俩 na⁵⁵ma⁵⁵zʅ⁵⁵~ma⁵⁵la⁵⁵i³⁵

大舅子 a⁵⁵-kə⁵⁵n̠a⁵⁵ia⁵⁵-kʰua³³

小舅子 a⁵⁵-kə⁵⁵n̠a⁵⁵ma⁵⁵ma⁵⁵

大姨子 a⁵⁵-tʂʰa⁵⁵kʰua³³

小姨子 a⁵⁵-tʂʰa⁵⁵n̠a⁵⁵

兄弟俩 nə⁵⁵vɛ⁵⁵n̠o⁵⁵

夫妻俩 na⁵⁵pʰa⁵⁵ma⁵⁵

姐妹俩 nə⁵⁵vɛ⁵⁵n̠o⁵⁵

母子俩 na⁵⁵ma⁵⁵zʅ⁵⁵~ma⁵⁵la⁵⁵i³³

父女俩 na⁵⁵pʰa⁵⁵zʅ³³~pʰa⁵⁵la⁵⁵zʅ³³

亲家 nə⁵⁵xə⁵⁵-ndza⁵⁵

父子 pʰa⁵⁵la⁵⁵zʅ³³

父女 pʰa⁵⁵la⁵⁵zʅ³³

母子 ma⁵⁵la⁵⁵i³³

母女 ma⁵⁵la⁵⁵i³³

十 农工商文

种水稻 dza⁵⁵dzɹ̩⁵⁵

播种 dzɹ̩⁵⁵dzɹ̩⁵⁵~la⁵⁵la⁵⁵

点播 ngə⁵⁵kua⁵⁵

撒播 ngə⁵⁵pa⁵⁵

犁田 zɹ̩⁵⁵xua⁵⁵la³³

种田 zɹ̩⁵⁵xua⁵⁵ŋu³³

栽种 dzɹ̩⁵⁵

耙田 ŋa⁵⁵-pa⁵⁵

挖地 mɛ⁵⁵li⁵⁵də⁵⁵-dzə⁵⁵

锄地 mɛ⁵⁵li⁵⁵də⁵⁵-tsʰɛ⁵⁵

除草 n̠i⁵⁵nə⁵⁵-nbo⁵⁵

收割 nə⁵⁵-tʂʰʅ⁵⁵

开荒 xa⁵⁵pi⁵⁵də⁵⁵-dzə⁵⁵

浇水 dzʐu⁵⁵na⁵⁵-kua⁵⁵

肥料 la⁵⁵

施肥 la⁵⁵na⁵⁵-kua³³

沤肥 la⁵⁵nə⁵⁵-vu⁵⁵

掰玉米 zɹ̩⁵⁵mi⁵⁵nə⁵⁵-ko⁵⁵

杠子抬物用的si⁵⁵

楔子櫼si⁵⁵ntsi⁵⁵

连枷go⁵⁵

连枷把go⁵⁵mɑ⁵⁵

连枷头go⁵⁵zɿ⁵⁵

锄柄dzə⁵⁵pʰsɿ⁵⁵tʂʰo³³tʂʰo³³

铁锹iɑ⁵⁵ntʂʰuɑ⁵⁵

铲子iɑ⁵⁵ntʂʰuɑ⁵⁵mɑ⁵⁵lɑ⁵⁵kɑ⁵⁵

犁头du³³

犁铧lɑ⁵⁵ʂə⁵⁵

犁弓du³³tʂʰo⁵⁵

犁把du³³mə⁵⁵ntʂʰə⁵⁵

耙～地ba⁵⁵

牛轭mo⁵⁵tɕi⁵⁵

打场指在谷场上脱粒pɑ⁵⁵kɑ⁵⁵kɑ⁵⁵-tɑ⁵⁵

晒谷kʰo⁵⁵

晒谷场tʂo⁵⁵tʂʰə⁵⁵

风车扇车pɑ⁵⁵ɬi⁵⁵tɑ⁵⁵

麻绳tsɛ⁵⁵psɿ⁵⁵

撮箕puɑ⁵⁵tʂə⁵⁵

木耙pɑ⁵⁵xɑɹ⁵⁵tɑ⁵⁵

牛鼻绳ŋuɑ³³sɿ⁵⁵nbu⁵⁵psɿ⁵⁵

筐统称bɛ⁵⁵əɹ⁵⁵

粗筛指眼大的筛子ʂu⁵⁵sɛ⁵⁵

细筛指眼小的筛子ɑ⁵⁵ntʂʰɑ⁵⁵

圈儿统称，名词dʑi⁵⁵

牛圈ŋuɑ³³dʑi³³

马棚nbo³³dʑi³³

羊圈io⁵⁵dʑi⁵⁵～tsʰi⁵⁵dʑi⁵⁵

鸡窝lɑ⁵⁵ntʂʰə⁵⁵～lɑ⁵⁵dʑi⁵⁵

笼子dʑi⁵⁵

猪槽vɛ⁵⁵ndɑ⁵⁵lo³³

木槽si⁵⁵ndɑ⁵⁵lo⁵⁵

谷桶tʂɿ⁵⁵

舂米tʂʰə⁵⁵tsu⁵⁵

猪草vɛ⁵⁵dzɑ⁵⁵

猪食vɛ⁵⁵dzɑ⁵⁵

利息əɹ⁵⁵tsʰi⁵⁵

买kʰə⁵⁵-zi⁵⁵

卖nɑ⁵⁵-nkʰɑ⁵⁵

交换物物～də³³-ndzɿ³³ndzɿ⁵⁵

价钱pʰɛ⁵⁵tsɿ⁵⁵

借钱ba⁵⁵dzə⁵⁵ʂo³³

还钱ba⁵⁵dzə⁵⁵xuɑ³³

讨价pʰɛ⁵⁵tsɿ⁵⁵kʰə⁵⁵-mə⁵⁵ntɕʰi⁵⁵

还价pʰɛ⁵⁵tsɿ⁵⁵tʰə⁵⁵-tɕʰi⁵⁵

债ʐo⁵⁵

赢～钱lɑ³⁵

输～钱nə³³-pɛ³³

戥子厘秤tʂə⁵⁵

秤钩tʂə⁵⁵nkʰɑ⁵⁵i³³

秤盘tʂə⁵⁵npʰɑ⁵⁵npʰɑ⁵⁵

秤星tʂə⁵⁵mɑ⁵⁵mɑ⁵⁵

秤砣tʂəɹ⁵⁵

船总称gu³³

属相əɹ⁵⁵

子gu⁵⁵əɹ⁵⁵

丑ŋuɑ⁵⁵əɹ⁵⁵

寅lɑ⁵⁵əɹ⁵⁵

卯xi⁵⁵tsɿ⁵⁵əɹ⁵⁵

辰əɹ⁵⁵dzə⁵⁵əɹ⁵⁵

巳bɛ⁵⁵əɹ⁵⁵əɹ⁵⁵

午nbo⁵⁵əɹ⁵⁵

未io⁵⁵əɹ⁵⁵

申 mi⁵⁵əɹ⁵⁵

酉 dzə⁵⁵əɹ⁵⁵

戌 tʂʰo⁵⁵əɹ⁵⁵

亥 vɛ³³əɹ⁵⁵

印章统称 lə⁵⁵ntsʰa⁵⁵

私章 lə⁵⁵ntsʰa⁵⁵

记号 ntsʰa⁵⁵

纸 ʂuao⁵⁵

书 dzo̩⁵⁵ndzʐ̩⁵⁵

念书 dzo̩⁵⁵ndzʐ̩⁵⁵so³³

荡秋千 ga⁵⁵əɹ⁵⁵ŋu³³

吹口哨 ɕu⁵⁵ŋu⁵⁵

打弹弓 ta⁵⁵ngo⁵⁵ga⁵⁵ga⁵⁵~ko⁵⁵nda⁵⁵ga⁵⁵ga⁵⁵

翻筋斗 tʂə⁵⁵ga⁵⁵ŋə³³-ntsʰu³³

潜水 dzo̩⁵⁵nə³³-nbɛ³³

跳舞 to⁵⁵to⁵⁵

钹 tʂʰʅ⁵⁵lo⁵⁵

鼓总称 ndza⁵⁵

腰鼓 ndza⁵⁵

镲小钹 ntʂʰʅ⁵⁵lo⁵⁵

箫 ła⁵⁵

号吹~ lo⁵⁵bo⁵⁵

唢呐 ndza⁵⁵ła⁵⁵

口弦 tʂʰu⁵⁵tʂʰu⁵⁵

簧口弦~ sʅ⁵⁵psʅ⁵⁵

射击 kʰə⁵⁵-tʂʰo⁵⁵

糯糊 xio⁵⁵xio⁵⁵

地图 mɛ⁵⁵li⁵⁵dzo̩⁵⁵lo⁵⁵-ta⁵⁵

涂改 tʰa⁵⁵-ɕua⁵⁵

字写~ dzo̩⁵⁵ndzʐ̩⁵⁵

算~数 da⁵⁵-sua⁵⁵ndzə⁵⁵

数~数 nə⁵⁵-tə⁵⁵

加数学中的~法 nə⁵⁵-əɹ⁵⁵

减数学中的~法 də⁵⁵-ngo⁵⁵

球总称 tɕʰo⁵⁵pu⁵⁵li⁵⁵li⁵⁵

倒立 nə⁵⁵-ntʂʰu⁵⁵tsʅ⁵⁵

对歌 ga⁵⁵də⁵⁵-tsʅ⁵⁵tsʅ⁵⁵

唱山歌 si⁵⁵ga⁵⁵əɹ⁵⁵ga⁵⁵

比赛 də⁵⁵-tsʅ⁵⁵tsʅ⁵⁵

游泳 dzo̩⁵⁵kə⁵⁵

骑马 nbo³³də⁵⁵-ndzɛ⁵⁵

钓鱼 zu⁵⁵tsua⁵⁵

十一　动作行为

燃烧火~ da⁵⁵-ba⁵⁵

哈气 xo⁵⁵kʰə⁵⁵-ŋu⁵⁵

浮~在水面 də⁵⁵-pu⁵⁵ga⁵⁵

流水~动 ŋə⁵⁵-zo̩⁵⁵

飞在天上~ ŋa⁵⁵-gua⁵⁵

住~旅馆 dzo̩⁵⁵

来~家里 la⁵⁵

吹~火 mɛ⁵⁵da⁵⁵-ma⁵⁵

拉~车 ŋə⁵⁵-ngo⁵⁵ngo⁵⁵~da⁵⁵-ntsʰa⁵⁵

挖~土豆 da⁵⁵-nba⁵⁵

捉~鸡 kʰə⁵⁵-mi⁵⁵

挠用手指或指甲抓人 nə⁵⁵-ntʂʰo⁵⁵

圈动词：~牲口 kʰə⁵⁵-dʑi⁵⁵

刺~了一刀 də⁵⁵-tʂo⁵⁵

搓~手掌 də⁵⁵-tsʅ⁵⁵tsʅ⁵⁵

榨~油 na⁵⁵-ka⁵⁵

抹~水泥 ŋa⁵⁵-li⁵⁵

笑 də⁵⁵-ɹɛ⁵⁵~ga⁵⁵ga⁵⁵ŋa⁵⁵-ntsʰa⁵⁵

旋转 da⁵⁵-kua⁵⁵la⁵⁵

沉~没 nə⁵⁵-nu⁵⁵

浸～泡 nə⁵⁵-ndzɛ⁵⁵

漏～雨 nə⁵⁵-ntsʰɛ⁵⁵

溢水～出来了 ŋə⁵⁵-psʅ⁵⁵

取名 mi⁵⁵də⁵⁵-xi⁵⁵

晾衣 nga⁵⁵mɛ⁵⁵ŋə⁵⁵-kʰo⁵⁵

补～衣服 kʰə³³-pɛ⁵⁵pɛ⁵⁵

剪～布 tʰa⁵⁵-tɕa⁵⁵tɕa⁵⁵

裁～衣服 na⁵⁵-ta⁵⁵

织～毛线 na⁵⁵-ka⁵⁵

扎～稻草人、风筝等 na⁵⁵-tsa⁵⁵

砍柴 si⁵⁵nə⁵⁵-tʂʅ⁵⁵

淘米 ntʂʰə⁵⁵nə⁵⁵-tsʰɛ⁵⁵

洗碗 ʐuao⁵⁵nə⁵⁵-tsʰɛ⁵⁵

搅拌 da⁵⁵-xaɹ⁵⁵

焖～米饭 na⁵⁵-pa⁵⁵

炖～牛肉 nə⁵⁵-tʂo⁵⁵

烤～白薯 kʰə⁵⁵-nbu⁵⁵

腌～咸肉 tsʰʅ³³na⁵⁵-tʂa⁵⁵

饱吃～了 da⁵⁵-wa⁵⁵

醉酒～ tʰə⁵⁵-zʅ⁵⁵

打嗝 kə⁵⁵pu³³da³³-la⁵⁵

讨饭 za⁵⁵ma⁵⁵go⁵⁵go⁵⁵la³⁵

酿酒 vu⁵⁵kʰə⁵⁵-tʂo⁵⁵

搬家 tsa⁵⁵tʂʰʅ⁵⁵

分家 i⁵⁵ŋə⁵⁵-ku⁵⁵

开门 nga⁵⁵wo⁵⁵də⁵⁵-tʂʰu⁵⁵

关门 nga⁵⁵wo⁵⁵na⁵⁵-ta⁵⁵

洗脸 mia⁵⁵nə⁵⁵-tsʰɛ⁵⁵

漱口 sʅ⁵⁵pa⁵⁵tʰa⁵⁵-za⁵⁵

做鬼脸 zʅ⁵⁵tʂʅ⁵⁵tʂa⁵⁵mia⁵⁵tʂʅ⁵⁵tʂa⁵⁵

点灯 tə⁵⁵ndza⁵⁵kʰə⁵⁵-ntsʰu⁵⁵

熄灯 tə⁵⁵ndza⁵⁵na⁵⁵-pʰua⁵⁵～tə⁵⁵ndza⁵⁵na⁵⁵-ta⁵⁵

说梦话 i⁵⁵fu⁵⁵də⁵⁵-ŋu⁵⁵

醒睡～ i⁵⁵ma⁵⁵da⁵⁵-tsa⁵⁵

晒太阳 mɛ⁵⁵tsʰa⁵⁵ŋə⁵⁵-kʰo⁵⁵

烤火 mɛ⁵⁵kʰə⁵⁵-lɛ⁵⁵

等待 ŋə³³-lo⁵⁵

走路 nə³³-sʅ⁵⁵sʅ⁵⁵

遇见 kʰə⁵⁵-dzu⁵⁵dzu⁵⁵

去～街上 kua⁵⁵ʂa⁵⁵zʅ⁵⁵

进～山 nbi⁵⁵tɕʰo⁵⁵zʅ⁵⁵

进来 kʰə⁵⁵-la⁵⁵

上来 da⁵⁵-la⁵⁵

下去 nə⁵⁵-i⁵⁵

争～地盘 də⁵⁵-ndʑi⁵⁵ndʑi⁵⁵

上当 zə³³zə³³kʰə⁵⁵-tso⁵⁵

道歉 da⁵⁵-pʰaɹ⁵⁵

帮忙 kʰa⁵⁵-va⁵⁵va⁵⁵

请客 da⁵⁵-va⁵⁵zo⁵⁵

送礼 pɛ⁵⁵

告状 da⁵⁵-kua⁵⁵

犯法 tʰə⁵⁵-io⁵⁵

赌博 ba⁵⁵dzə⁵⁵ga⁵⁵ga⁵⁵

坐牢 kʰa⁵⁵kə⁵⁵-zʅ³³

砍头 vu⁵⁵liɛ⁵⁵tʰa⁵⁵-lua⁵⁵

吻 ko⁵⁵ko⁵⁵ŋu³³

呛喝水～着了 tʰa⁵⁵-nua⁵⁵

呼气 xo⁵⁵ŋu⁵⁵

抬头 vu³³liɛ³³də⁵⁵-tʂʰʅ⁵⁵

低头 vu³³liɛ⁵⁵nə³³-ngu⁵⁵ngu⁵⁵

点头 vu³³nə⁵⁵-npʰu⁵⁵

摇头 vu³³liɛ⁵⁵da⁵⁵-ɬa⁵⁵ɬa⁵⁵

摇动 də⁵⁵-ɕo⁵⁵ɕo⁵⁵

招手 lə⁵⁵pʰɛ⁵⁵da⁵⁵-xua⁵⁵xua⁵⁵

举手·lə⁵⁵pʰɛ⁵⁵də³³-xo³³

笼手指双手笼在袖子里lə⁵⁵pʰɛ⁵⁵də³³-xo³³xo³³

拍手·lə⁵⁵psʅ⁵⁵də⁵⁵-ntɕʰo⁵⁵ntɕʰo⁵⁵

弹手指~tsʰu⁵⁵pi⁵⁵

掐双手指~虱子kʰə⁵⁵-ntsʰʅ⁵⁵pi⁵⁵

抠手指~ŋə⁵⁵-tsʰu⁵⁵

牵~一条牛da⁵⁵-ntsʰa⁵⁵ntsʰa⁵⁵

扳~手腕lə⁵⁵tsua⁵⁵də⁵⁵-io⁵⁵io⁵⁵

捧~水də³³-xo⁵⁵xo⁵⁵

抛向空中~物də⁵⁵-dzɛ⁵⁵

掏从洞中~出来ŋa⁵⁵-wa⁵⁵

骟~猪nə⁵⁵-kʰa⁵⁵tsʅ³³~nə⁵⁵-ʂə⁵⁵

夹~腋下da⁵⁵-tɕʰi⁵⁵dza⁵⁵

抓~把米kʰə⁵⁵-ntʂʰo⁵⁵ntʂʰo⁵⁵

甩~水ŋa⁵⁵-ntʂʰa⁵⁵

搓~面条də⁵⁵-ʐo⁵⁵

跟~在别人的后面kʰa⁵⁵-dzʐa⁵⁵dzʐa⁵⁵

跪~在地上nbi⁵⁵nbi⁵⁵kʰə⁵⁵-kə⁵⁵

踢~了他一脚də⁵⁵-gu⁵⁵

躺~在地上ŋa⁵⁵-tʂa⁵⁵

侧睡də⁵⁵-tsʰu⁵⁵kʰa⁵⁵-ma⁵⁵

靠~在椅子上睡着了ŋa⁵⁵-pʰa⁵⁵ka⁵⁵

遗失ŋə⁵⁵-ʂʅ⁵⁵tɕi⁵⁵

堆放nə⁵⁵-tso⁵⁵tso⁵⁵

叠~被子kʰa⁵⁵-ta⁵⁵

摆~碗筷na⁵⁵-nkʰua⁵⁵

搬~粮食tʰə⁵⁵-tʂʅ⁵⁵tʂʅ⁵⁵

塞堵~kʰə⁵⁵-ntsʰʅ⁵⁵to⁵⁵

抢~东西tʰə⁵⁵-ɚ⁵⁵

砸~核桃nə⁵⁵-tsu⁵⁵

刮~胡子nə⁵⁵-ɚ⁵⁵

揭~锅盖də⁵⁵-tʂʰʅ⁵⁵

翻~地də⁵⁵-tsʰɛ⁵⁵~də⁵⁵-pʰɛ⁵⁵tɕo⁵⁵~da⁵⁵-xaɹ⁵⁵

挂~书包na⁵⁵-wa⁵⁵i⁵⁵

包~饺子kʰə⁵⁵-tsu⁵⁵tsu⁵⁵

贴~年画ŋa⁵⁵-liɛ⁵⁵

割~麦子nə⁵⁵-tsʅ⁵⁵

锯~木头nə⁵⁵-tʂo⁵⁵

雕~花də⁵⁵-nkʰu⁵⁵

箍~桶nə⁵⁵-kə⁵⁵

装~口袋na⁵⁵-gua⁵⁵

卷~席子kʰə⁵⁵-ko⁵⁵li⁵⁵

染~花布də³³-tsu³³

吓~人xa⁵⁵tʰo⁵⁵nə⁵⁵-tsʅ⁵⁵

试~衣服kʰə⁵⁵-ʂʅ⁵⁵

换~灯泡tʰə⁵⁵-ndzʅ⁵⁵

填~土na⁵⁵-gua⁵⁵

留~在我这里tʂo⁵⁵ŋu⁵⁵

使用də⁵⁵-zi⁵⁵

顶角~də⁵⁵-tsu⁵⁵ʰ

刨食鸡用脚~da⁵⁵-xaɹ⁵⁵

晒衣nga⁵⁵mɛ⁵⁵ŋə⁵⁵-kʰo⁵⁵

摘菜go⁵⁵pi⁵⁵də⁵⁵-ntsʰʅ⁵⁵

切菜go⁵⁵pi⁵⁵nə⁵⁵-tsi⁵⁵tsi⁵⁵~go⁵⁵pi⁵⁵na⁵⁵-lua⁵⁵lua⁵⁵

烧开水dzo̜⁵⁵kʰə⁵⁵-tsu⁵⁵

熬~茶kʰə⁵⁵-tsu⁵⁵

烘把湿衣服~干kʰə⁵⁵-lɛ⁵⁵

蘸~一点辣椒kʰə⁵⁵-su⁵⁵su⁵⁵

溅水泼到地上~了一身ŋə³³-pu³³pu³³

洒水ŋa⁵⁵-pa⁵⁵

返回tsa⁵⁵dzo⁵⁵la³³

到达~北京pa⁵⁵dua⁵⁵~pa⁵⁵la⁵⁵

招待kʰə⁵⁵-tsʅ⁵⁵

包庇ngu⁵⁵

卖淫 kʰa⁵⁵-su⁵⁵

偷盗 nə⁵⁵-npʰo⁵⁵

毒~死 dzu̞⁵⁵nə⁵⁵-tsʅ³³

听见 tʰə⁵⁵-dzʐ⁵⁵

偷听 i⁵⁵ba⁵⁵n̥i⁵⁵

看见 tʰə⁵⁵-ndo⁵⁵

瞄准 kʰə⁵⁵-tu⁵⁵tu⁵⁵

剐蹭我的车被他的车~了 ŋə⁵⁵-ntʂʰo⁵⁵

啃~骨头 da⁵⁵-tʂʰa⁵⁵

磕头 vu³³liɛ³³nə⁵⁵-ngu⁵⁵ngu⁵⁵

拖在地上~着走 ŋa⁵⁵-ntsʰa⁵⁵ntsʰa⁵⁵

拍~肩 nə⁵⁵-ntɕʰo⁵⁵ntɕʰo⁵⁵

托用双手~ də⁵⁵-tsu⁵⁵

压双手~ nə⁵⁵-zi⁵⁵

抽鞭~ da⁵⁵-ntʂʰa⁵⁵

勒~在脖子上 kʰə⁵⁵-tsu⁵⁵

抖~袋 də⁵⁵-tsu⁵⁵tsu⁵⁵

挂~杖 kʰə⁵⁵-tu⁵⁵

垫~在屁股地底下 də⁵⁵-kʰo⁵⁵

划刀~ ŋə⁵⁵-tʂʰu⁵⁵tʂʰu⁵⁵

锉~锯子 də⁵⁵-su⁵⁵

钻~在地洞里 kʰə⁵⁵-nbɛ⁵⁵

捂用手~住嘴 kʰa⁵⁵-xa⁵⁵xa⁵⁵~ŋə⁵⁵-tɕo⁵⁵

渗~透 nə⁵⁵-dzʅ⁵⁵

滤~沙子 nə³³-li³³ka⁵⁵

叼~烟 kʰə⁵⁵-tʂʅ⁵⁵

叉腰 dzu̞⁵⁵kʰə⁵⁵-tu³³

赤膊 n̥o⁵⁵tʂə⁵⁵pi³³ka⁵⁵

敲打 tsu⁵⁵ka⁵⁵

呻吟 da⁵⁵-ka⁵⁵n̥i⁵⁵

仰睡 ŋa⁵⁵-dzʐa⁵⁵

喂草 əɹ⁵⁵tʰə⁵⁵-tsʅ⁵⁵

放夹捕捉猎物的方式 əɹ⁵⁵tɕi⁵⁵kʰə⁵⁵-tsʅ⁵⁵

装索套捕捉猎物的方式 va⁵⁵kʰə⁵⁵-tʰu⁵⁵

拔毛 ma³³tʰə⁵⁵-tsi⁵⁵

燎毛 ma³³kʰə⁵⁵-npʰa⁵⁵

剥皮剥动物皮 ndzo⁵⁵na⁵⁵-kua⁵⁵

烧砖 tsuã³³kʰə⁵⁵-ʂu⁵⁵

烧窑 io⁵⁵tsʅ⁵⁵kʰə⁵⁵-ʂu⁵⁵

烧石灰 ʂʅ⁵⁵xui⁵⁵kʰə⁵⁵-ʂu⁵⁵

刷墙 tsa⁵⁵tsi⁵⁵liɛ⁵⁵

穿针 fa⁵⁵ŋə⁵⁵-ʂu⁵⁵ʂu⁵⁵

绣花 mi⁵⁵to⁵⁵na⁵⁵-ka⁵⁵

缠足 ko⁵⁵-tɕo⁵⁵

磨刀 ba⁵⁵tʂa⁵⁵də⁵⁵-su³³

劈柴 si⁵⁵nə⁵⁵-pʰɛ⁵⁵

酒醒 vu⁵⁵də⁵⁵-to⁵⁵

闩门 ga⁵⁵ŋə⁵⁵-tʂə⁵⁵

剪指甲 lə⁵⁵dzʅ⁵⁵tʰa⁵⁵-tɕa⁵⁵tɕa⁵⁵

掏耳朵 na⁵⁵tso⁵⁵ŋə⁵⁵-tʂə⁵⁵

动身 ŋa⁵⁵-ngua⁵⁵

赶路 ia⁵⁵-ntʂʰə⁵⁵ŋu⁵⁵ʂʅ⁵⁵ʂʅ⁵⁵

让路 əɹ⁵⁵pʰa⁵⁵tʰa⁵⁵-za⁵⁵

劝架 nə⁵⁵-ʂə⁵⁵ʂə⁵⁵

照顾 tʰə⁵⁵-si⁵⁵ŋu⁵⁵

收礼 ŋə⁵⁵-ngo⁵⁵

抢劫 tʰə⁵⁵-əɹ⁵⁵

杀人 su⁵⁵də⁵⁵-sʅ⁵⁵

鞭打 pʂʅ³³da⁵⁵-ntʂʰa⁵⁵

胜利 tʰa³³-kʰa³⁵

失败 nə⁵⁵-pɛ⁵⁵

瞪~着双眼 ŋə⁵⁵-tʂə⁵⁵tʂə⁵⁵

拽用绳子~ ŋə⁵⁵-ngo⁵⁵ngo⁵⁵~da⁵⁵-ntsʰa⁵⁵~na⁵⁵-ntsʰa⁵⁵

捋~袖子 nə⁵⁵-ʂo⁵⁵

搁把东西~在房顶上 vu⁵⁵tsɿ⁵⁵

揣怀~ na⁵⁵-kua⁵⁵~kʰa⁵⁵-tɕa⁵⁵tɕa⁵⁵

携带 də⁵⁵-tɕi⁵⁵

扒~土 ŋə⁵⁵-zɿ⁵⁵wa⁵⁵

蹦一~老高 də⁵⁵-to⁵⁵to⁵⁵

跺脚 nə⁵⁵-ku⁵⁵tsɛ⁵⁵

打滚 də⁵⁵-vu⁵⁵la⁵⁵

扑猫~老鼠 kʰə⁵⁵-to⁵⁵

粘~贴 kʰa⁵⁵-liɛ³³

剖~膛开肚 ŋə⁵⁵-psɿ⁵⁵~ŋə⁵⁵-pʰɛ⁵⁵

劈分开 nə⁵⁵-pʰɛ⁵⁵~nə⁵⁵-npʰu⁵⁵

漆~桌子 də⁵⁵-dzu⁵⁵

搓~绳 də⁵⁵-dzʐ⁵⁵dzʐ⁵⁵

钉~钉子 kʰa⁵⁵-ka⁵⁵

蒙~眼 kʰa⁵⁵-xa⁵⁵xa⁵⁵

和下象棋~了 da⁵⁵-pa⁵⁵ŋa³³

发脾气 go⁵⁵də⁵⁵-ndzə³³

赌气 go⁵⁵də⁵⁵-ndzə³³

生长 da⁵⁵-kʰua⁵⁵

打猎 ɲi⁵⁵na⁵⁵-tʂa⁵⁵

蛀虫子吃 ŋə⁵⁵-dzɿ⁵⁵

系围裙 wɛi⁵⁵iɔ⁵⁵da⁵⁵-sa⁵⁵

打结 kə⁵⁵tua⁵⁵kʰa⁵⁵-tsʰɛ⁵⁵

认得 xa⁵⁵sɛ⁵⁵

伤心 sɿ⁵⁵ɲi⁵⁵də⁵⁵-ɲi⁵⁵

讨喜小孩讨人喜欢 ia⁵⁵-ga⁵⁵tə⁵⁵

恨你别~我 də⁵⁵-go⁵⁵

满意 sɿ⁵⁵ɲi⁵⁵nə³³-zo⁵⁵

着急 sɿ⁵⁵ɲi⁵⁵də⁵⁵-bi⁵⁵bi⁵⁵

理睬 kʰa⁵⁵-ba⁵⁵ɲi⁵⁵

担心 sɿ⁵⁵ɲi⁵⁵nə⁵⁵-ʂɿ⁵⁵

放心 ndzɿ⁵⁵ndza⁵⁵-li⁵⁵ma⁵⁵-ɲo³³

愿意 li⁵⁵

变 tʰə⁵⁵-pʰu⁵⁵

恼火 ia⁵⁵-tsɿ⁵⁵

心痛 sɿ⁵⁵ɲi⁵⁵də⁵⁵-ɲi⁵⁵

记仇 kʰa⁵⁵-ntsʰa⁵⁵

害~人 ma⁵⁵-li⁵⁵ŋu⁵⁵

反悔 də⁵⁵-pʰu⁵⁵

可惜 ba⁵⁵nə³³-ŋu³³

声音 da⁵⁵-nba⁵⁵

喊~话 da⁵⁵-la⁵⁵

问~话 kʰə⁵⁵-mə⁵⁵ntɕʰi⁵⁵

答应 də⁵⁵-fu⁵⁵

介绍 na⁵⁵-tɕa⁵⁵ʂa⁵⁵

回答 də⁵⁵-fu⁵⁵

造谣 na⁵⁵-ntsʰa⁵⁵

打听 ba⁵⁵ba⁵⁵ɲi⁵⁵ɲi⁵⁵

十二　性质状态

凸 də⁵⁵-po⁵⁵po⁵⁵

凹 na⁵⁵-kua⁵⁵kua⁵⁵

正 kʰə⁵⁵-pʰɛ⁵⁵tɕo⁵⁵

反 ŋə⁵⁵-pʰɛ⁵⁵-tɕo⁵⁵

斜 tʰə⁵⁵-tɕo⁵⁵

横 ŋa⁵⁵-tʂa⁵⁵

竖 də⁵⁵-tsʰu⁵⁵

活~鱼 ntsʰu⁵⁵ntsʰu⁵⁵

满水很 da⁵⁵-pa⁵⁵

足份量~ ia⁵⁵-mi⁵⁵

光滑鱼很~ xi⁵⁵xi⁵⁵la⁵⁵la⁵⁵

浊 da⁵⁵-za⁵⁵li⁵⁵

空瓶子是~的 go⁵⁵go⁵⁵

嫩 za⁵⁵za⁵⁵

生 dzi⁵⁵dzi⁵⁵

熟 də⁵⁵-xi⁵⁵

乱 ŋə⁵⁵-tsu⁵⁵ŋə³³-nbi⁵⁵

真 zɿ⁵⁵

假 ma⁵⁵-zɿ⁵⁵

暗光~ ma⁵⁵-ndo⁵⁵

闷热 nə⁵⁵-kə⁵⁵da⁵⁵-tsʰa⁵⁵

破碗~了 na⁵⁵-pʰua⁵⁵

缩~脖子 kʰə⁵⁵-nbɛ⁵⁵

困了 ŋa⁵⁵-ba⁵⁵

瘪压~了 nə⁵⁵-psɿ⁵⁵psɿ⁵⁵

倒去声：~着放 nə⁵⁵-pʰɛ⁵⁵tɕo⁵⁵

纯~棉 ʂo⁵⁵ʂo⁵⁵

枯叶子~了 nə⁵⁵-ko⁵⁵

潮衣服~ tsa⁵⁵tsa⁵⁵

强身体~ ia⁵⁵-ŋa⁵⁵

弱身体~ ma⁵⁵-ŋa⁵⁵

焦烤~ kʰə⁵⁵-tʂɿ⁵⁵

清楚 na⁵⁵-tʂa⁵⁵ta⁵⁵

模糊 ma⁵⁵-tʂa⁵⁵ta⁵⁵

准确 nə⁵⁵-du⁵⁵

耐用 zi⁵⁵li⁵⁵dzo³³

空闲 sɿ⁵⁵ma⁵⁵-ȵo⁵⁵

涩柿子~嘴 kʰə⁵⁵-pɛ⁵⁵tɕi⁵⁵

霉烂 ŋə⁵⁵-tʂʰo⁵⁵

不要紧 ma⁵⁵-xa³³

方便很~ ia⁵⁵-zɿ⁵⁵

疏忽大意 sɿ⁵⁵ȵo⁵⁵ia⁵⁵-kʰua⁵⁵

顺利 ia⁵⁵-zɿ⁵⁵

聪明 ia⁵⁵-ntʂʰə⁵⁵

狡猾 ia⁵⁵-kʰa⁵⁵kʰa⁵⁵

大胆 sɿ⁵⁵ȵi⁵⁵ia⁵⁵-pi⁵⁵

胆小 sɿ⁵⁵ȵi⁵⁵ma⁵⁵ma⁵⁵

慌张 sɿ⁵⁵ȵi⁵⁵tə⁵⁵-pi⁵⁵pi⁵⁵

麻利 tʂʰɿ⁵⁵ndzɿ⁵⁵ta⁵⁵-ka⁵⁵ka⁵⁵

节俭 ma⁵⁵-tʂə⁵⁵

厉害 ia⁵⁵-ka⁵⁵pi⁵⁵

勇敢 ia⁵⁵-ŋa⁵⁵

可怜 ʂa⁵⁵ŋa⁵⁵

孤独 tsɿ⁵⁵m⁵⁵tsɿ⁵⁵ka⁵⁵

亲他跟奶奶特别~ ia⁵⁵-ga⁵⁵

齐心 sɿ⁵⁵ȵi⁵⁵tə⁵⁵po⁵⁵

拖拉做事情~ mo⁵⁵lɛ⁵⁵

十三　数量

十一 tsʰɛ⁵⁵tsɿ⁵⁵

十二 tsʰɛ⁵⁵nɛ⁵⁵

十三 tsʰa⁵⁵sa⁵⁵

十四 tsʰɛ⁵⁵zo⁵⁵

十五 tsʰɛ⁵⁵ŋua⁵⁵

十六 tsʰɛ⁵⁵tʂʰu⁵⁵

十七 tsʰɛ⁵⁵sɿ⁵⁵n⁵⁵

十八 tsʰɛ⁵⁵zɿ⁵⁵

十九 tsʰə⁵⁵ngə⁵⁵

二十一 nə⁵⁵tsʰɿ⁵⁵tə⁵⁵

四十 zo⁵⁵zɿ⁵⁵

五十 ŋua⁵⁵zɿ⁵⁵

六十 tʂʰu⁵⁵zɿ⁵⁵

七十 sɿ⁵⁵n⁵⁵zɿ⁵⁵

八十 ʒɿ⁵⁵zɿ⁵⁵

九十 ngə⁵⁵zɿ⁵⁵

一百零一 ta⁵⁵za⁵⁵la⁵⁵tə⁵⁵

百把个 ta⁵⁵za⁵⁵ma⁵⁵ka⁵⁵

千把个 tə⁵⁵tu⁵⁵ma³³ka⁵⁵

三四个 si⁵⁵zo̥⁵⁵wo³³

十几个 tsʰɛ⁵⁵tsʰɛ⁵⁵wo⁵⁵ma⁵⁵zɛ⁵⁵

十多个 tsʰɛ⁵⁵tsʰɛ⁵⁵wo⁵⁵ma⁵⁵zɛ⁵⁵

第二 nə⁵⁵wo⁵⁵kə⁵⁵wo⁵⁵

第三 si⁵⁵wo⁵⁵kə⁵⁵wo⁵⁵

大约 ma⁵⁵ka⁵⁵

半个 tə⁵⁵kə⁵⁵

倍 ngu⁵⁵

串一~葡萄 ɬa⁵⁵ndzə⁵⁵ma⁵⁵ma⁵⁵ tə⁵⁵ ntsʰu⁵⁵

间一~房 i⁵⁵ tə⁵⁵ tsʰua⁵⁵

堆一~垃圾 ka³³pi³³ tə⁵⁵ tso⁵⁵

节一~木头 si⁵⁵ tə⁵⁵ tsɛ⁵⁵

本一~书 dzo⁵⁵ndzʅ⁵⁵ tə⁵⁵ pu⁵⁵

句一~话 dzʅ⁵⁵ tə⁵⁵ dzʅ⁵⁵

庹两臂伸展开后的长度 tə⁵⁵ li⁵⁵

拃拇指和中指伸开两端间的宽度 ta⁵⁵ tʂua⁵⁵~tə⁵⁵ xio⁵⁵

斤重量单位 tə⁵⁵ tʂə⁵⁵

两重量单位 tə⁵⁵ lo⁵⁵

钱重量单位 tə⁵⁵ to⁵⁵tsi⁵⁵

斗 ta⁵⁵ pua⁵⁵

升 tə⁵⁵ ʂʅ⁵⁵

亩一~地 ta⁵⁵ pa⁵⁵ i³³

步走一~ tə⁵⁵ nbzʅ⁵⁵ ŋa⁵⁵-sa⁵⁵

次玩一~ ta⁵⁵ tʂaɹ⁵⁵ na³³-ga³³ga³³

十四　代副介连词

这些近指 tʰə⁵⁵bɛ⁵⁵

那些中指 a⁵⁵-tʰə⁵⁵bɛ⁵⁵

那些远指 a:⁵⁵tʰə⁵⁵bɛ⁵⁵

哪些 kʰa⁵⁵tʰə⁵⁵bɛ⁵⁵

我俩 a⁵⁵dzi⁵⁵nə³³wo³³

咱俩 a⁵⁵dzi⁵⁵nə³³wo³³

他俩 tʰə⁵⁵dzi⁵⁵nə³³wo³³

人家 su⁵⁵i⁵⁵

每人 su⁵⁵tə⁵⁵wo⁵⁵

多久 tsʰo⁵⁵ʂə⁵⁵

人们 su⁵⁵bɛ⁵⁵

差不多 va⁵⁵tɕi⁵⁵

马上 tsʰua⁵⁵

先~走 ʂo⁵⁵pʰɛ⁵⁵

后~走 tʂa⁵⁵ŋa⁵⁵

一直他~没有来 dʑi⁵⁵

从前 iə⁵⁵ʂo⁵⁵xa⁵⁵

后来指过去 tʰi⁵⁵tʂa⁵⁵ŋa⁵⁵

来不及 ma⁵⁵-mia³⁵

来得及 mi⁵⁵sɛ⁵⁵

偷偷地 nə³³-npʰo³³nə⁵⁵-npʰo⁵⁵

够~好 ȵa⁵⁵

真~好 go⁵⁵i⁵⁵

好~看 ia⁵⁵-dzə⁵⁵

难~看 ma⁵⁵-dzə⁵⁵

完全 ȵo³³kua⁵⁵

全部 ȵo³³kua⁵⁵

难道 a⁵⁵-ntɕi⁵⁵

一定 a⁵⁵-ntɕi⁵⁵a⁵⁵xo⁵⁵

互相 to⁵⁵tua⁵⁵

像~他那样 zʅ³³xa⁵⁵

第三节

其他词

一 天文地理

满月 ɬɑ⁵⁵bɑ⁵⁵

月牙 ɬɑ⁵⁵pʰɑ⁵⁵kʰu⁵⁵əɹ³³

冰块 npʰi⁵⁵ko³³lo⁵⁵lo⁵⁵

地气 mɛ⁵⁵sɛ⁵⁵

森林 si⁵⁵lɑ⁵⁵kʰuɑ⁵⁵

林地 si⁵⁵lɑ⁵⁵

草地泛称 dzə⁵⁵tʂʰʅ⁵⁵lɑ⁵⁵

草地以前种植过又荒了的 xɑ⁵⁵pi⁵⁵

草木地既有草又有矮小灌木的 tʂʰʅ⁵⁵ku⁵⁵lɑ⁵⁵

山崖 lo⁵⁵

山坡 nbi⁵⁵gu⁵⁵ɬɑ⁵⁵

山洞 lo⁵⁵pɛ⁵⁵ku⁵⁵

河床 lo⁵⁵tʂʰu⁵⁵

土坑 zɑ⁵⁵nkuɑ⁵⁵

平坝 bo³³bo³³

高地 dʑi⁵⁵u⁵⁵

海子高山湖泊 tsʰo⁵⁵

石子 əɹ⁵⁵tsʰi⁵⁵

土块 pi⁵⁵kuɑ⁵⁵

泥巴 zɑ⁵⁵mi⁵⁵

锅灰 kʰə⁵⁵mɛ⁵⁵

淘米水 tʂʅ⁵⁵lə⁵⁵

木炭用来烧火的 mɛ⁵⁵su⁵⁵

火炭烧过的木炭 mɛ⁵⁵ndʐʅ⁵⁵

巷子 bu⁵⁵bu⁵⁵

二 时间方位

生辰八字 pʰu⁵⁵nbɑ⁵⁵

年纪 tsʰʅ⁵⁵pʰo⁵⁵

岁数年长者 kʰə⁵⁵tsʅ⁵⁵

岁数年幼者 bu⁵⁵tʂʰə⁵⁵

冬月农历11月 tõ³³i³³

大后年 mi⁵⁵xi⁵⁵

上半月 ła⁵⁵ər³³

下半月 ła⁵⁵nua⁵⁵

四天后 mi⁵⁵ndzʅ⁵⁵so⁵⁵

五天后 mi⁵⁵nga⁵⁵la⁵⁵la⁵⁵so⁵⁵

最近这两天 tʰə⁵⁵nə⁵⁵n̠o⁵⁵

鸡鸣时天快亮时 la⁵⁵ŋu⁵⁵ʂə³³

找马时下午5点左右 nbo³³tʂa⁵⁵ʂə³³

东北 ŋua³³sa⁵⁵ku³³

东南 bʐʅ³³tɕʰo⁵⁵

西南 io³³sa⁵⁵ku³³

西北 tsʅ³³tɕʰo⁵⁵

顺水流向 kua⁵⁵xɛ⁵⁵

逆水流向 ŋua⁵⁵xɛ⁵⁵

屋前 i⁵⁵n̠i⁵⁵xɛ⁵⁵

屋后 i⁵⁵ga⁵⁵xɛ⁵⁵

近前面 tʰi⁵⁵tɕʰo⁵⁵pʰɛ⁵⁵

较前面 tʰi⁵⁵tʰi⁵⁵tɕʰo⁵⁵pʰɛ⁵⁵

最前面 tsʅ⁵⁵mɛ⁵⁵tɕʰo⁵⁵pʰɛ⁵⁵

近后面 tʰi⁵⁵tʂa⁵⁵ŋa⁵⁵

较后面 tʰi⁵⁵tʰi⁵⁵tʂa⁵⁵ŋa⁵⁵

最后面 tsʅ⁵⁵mɛ⁵⁵tʂa⁵⁵ŋa⁵⁵

近外面 tʰi⁵⁵n̠o⁵⁵pʰɛ⁵⁵

较外面 tʰi⁵⁵tʰi⁵⁵n̠o⁵⁵pʰɛ⁵⁵

最外面 tsʅ⁵⁵mɛ⁵⁵n̠o⁵⁵pʰɛ⁵⁵

近里面 tʰi⁵⁵kʰə⁵⁵pʰɛ⁵⁵

较里面 tʰi⁵⁵tʰi⁵⁵kʰə⁵⁵pʰɛ⁵⁵

最外面 tsʅ⁵⁵mɛ⁵⁵kʰə⁵⁵pʰɛ⁵⁵

近北方 tʰi⁵⁵kua⁵⁵xɛ⁵⁵

较北方 tʰi⁵⁵tʰi⁵⁵kua⁵⁵xɛ⁵⁵

最北方 tsʅ⁵⁵mɛ⁵⁵kua⁵⁵xɛ⁵⁵

近南方 tʰi⁵⁵ŋua⁵⁵xɛ⁵⁵

较南方 tʰi⁵⁵tʰi⁵⁵ŋua⁵⁵xɛ⁵⁵

最南方 tsʅ⁵⁵mɛ⁵⁵ŋua⁵⁵xɛ⁵⁵

上山方 ga⁵⁵xɛ⁵⁵

下山方 n̠i⁵⁵xɛ⁵⁵

靠近上山方 tʰi⁵⁵ga⁵⁵xɛ⁵⁵

较靠上山方 tʰi⁵⁵tʰi⁵⁵ga⁵⁵xɛ⁵⁵

最靠上山方 tsʅ⁵⁵mɛ⁵⁵ga⁵⁵xɛ⁵⁵

靠近下山方 tʰi⁵⁵n̠i⁵⁵xɛ⁵⁵

较靠下山方 tʰi⁵⁵tʰi⁵⁵n̠i⁵⁵xɛ⁵⁵

最靠下山方 tsʅ⁵⁵mɛ⁵⁵n̠i⁵⁵xɛ⁵⁵

三 植物

草藤蔓类植物 n̠i⁵⁵

草专门用来取火的一种草 via⁵⁵

草籽统称 n̠i⁵⁵ngə⁵⁵

草籽一种易黏附于其他物体的野草籽 ndzo⁵⁵tsʰi⁵⁵

角棘带刺 pʰa⁵⁵tʂʅ⁵⁵ma⁵⁵tʂʅ⁵⁵

角棘无刺 nbo⁵⁵ku⁵⁵

酸果树 dzə⁵⁵n̠i⁵⁵si⁵⁵

酸果一种用于制作酸菜的小果实 dzə⁵⁵n̠i⁵⁵ma⁵⁵ma⁵⁵

野果树灌木，果实酸甜可食用 ndza⁵⁵dzʅ⁵⁵si⁵⁵

野果树灌木，果实甘甜可食用 si⁵⁵nbzʅ⁵⁵si⁵⁵

花红果一种类似苹果但更小的水果 xua⁵⁵fu⁵⁵

藤蔓 tsʰa⁵⁵nba⁵⁵

藤条一种韧性强的灌木，可用于捆扎物品 m̩⁵⁵dzʅ⁵⁵si⁵⁵

树芽儿 dzʅ⁵⁵n̠o⁵⁵

青木树 xi⁵⁵si⁵⁵si⁵⁵

青冈树调查点最常见的树种，分白、黑、红三种 nbi⁵⁵si⁵⁵

白青冈树 nbi⁵⁵ər⁵⁵si⁵⁵

黑青冈树 nbi⁵⁵nua⁵⁵si⁵⁵

红青冈树 nbi⁵⁵n̠i⁵⁵si⁵⁵

榛子树 ko⁵⁵ko⁵⁵si⁵⁵

杜鹃树 mi⁵⁵to⁵⁵lo⁵⁵si⁵⁵

花苞 bu⁵⁵əɹ⁵⁵

草莓 mɛ⁵⁵li⁵⁵

庄稼 lə⁵⁵tʰu⁵⁵

庄稼苗 lə⁵⁵tʰu⁵⁵n̠o⁵⁵n̠o⁵⁵

乌菜 go⁵⁵nua⁵⁵

圆根<small>一种类似萝卜的根茎植物</small> ŋə⁵⁵dzi⁵⁵

葱 fu⁵⁵bu⁵⁵

四　动物

野生动物 n̠i⁵⁵la⁵⁵xa⁵⁵

竹鼠 xi⁵⁵dzʅ⁵⁵gu⁵⁵

猪獾 vɛ⁵⁵ʂə⁵⁵

狗獾 tʂʰo⁵⁵ʂə⁵⁵

果子狸 m⁵⁵va⁵⁵

豹<small>尔苏传说中为百兽之王，能击败百兽</small> vi⁵⁵

大猫<small>一种总是成对出现，形似猫但体大的动物</small> m⁵⁵la⁵⁵

公牛<small>泛称</small> ŋua³³pʰa⁵⁵

公牛<small>青壮年</small> ŋua³³xa⁵⁵

公牛<small>成年</small> ŋua³³zʅ³³

公牛<small>成年且壮实</small> ŋua³³bu⁵⁵

犏牛 la⁵⁵ŋua³³

公马<small>泛称</small> nbo³³pʰa⁵⁵

公马<small>青壮年</small> nbo³³xa⁵⁵

种绵羊 io⁵⁵la⁵⁵

公绵羊<small>阉割后</small> da⁵⁵

种山羊 tsʰi⁵⁵bu⁵⁵

公山羊<small>阉割后</small> tsʰi⁵⁵ʂə⁵⁵

骡子 tʰua⁵⁵

驴子 zʅ⁵⁵m⁵⁵tsu⁵⁵tsu⁵⁵

洋鸡<small>引自其他地方鸡种的鸡</small> tsʰi⁵⁵ʂə⁵⁵

鸡冠 la⁵⁵ŋu⁵⁵ŋu⁵⁵

大象 da⁵⁵wo⁵⁵

鹿 la³³

獐子 la³³

麝 la³³

麂 la³³

雕 za⁵⁵kua⁵⁵

大雁 ndzʅ³³mo³³

八哥 ka⁵⁵po⁵⁵

蟾蜍 psʅ⁵⁵ma⁵⁵bua⁵⁵ka⁵⁵

蠕虫<small>一种土壤里专吃庄稼幼苗的害虫</small> la⁵⁵n̠i⁵⁵

虫子<small>颗粒类粮食内寄生，色黑、身小</small> bɛ⁵⁵kʰu⁵⁵

虫子<small>体形似黄蜂，喜在高处筑巢</small> tʂa⁵⁵su⁵⁵ka⁵⁵

野蜂<small>一种蜂，速度奇快，体型中等，身体前黑后黄</small> la⁵⁵tʂa⁵⁵

五　房舍器具

房屋 i⁵⁵

门框 nga⁵⁵su⁵⁵

天窗 liã⁵⁵wa⁵⁵

晒场<small>铺晒庄稼的场所</small> tso⁵⁵tʂʰə⁵⁵

晒场门 tso⁵⁵nga⁵⁵

东西 ta⁵⁵əɹ⁵⁵

碗柜 bu⁵⁵dʑi⁵⁵

勺子<small>用于盛汤、盛饭、水等，大号</small> zu⁵⁵ma⁵⁵

酒盘<small>给客人敬献酒用的</small> ʂa⁵⁵pʰi⁵⁵

木盘<small>典礼场合端菜用的</small> kʰu⁵⁵la⁵⁵

木盆<small>吃饭用的</small> io⁵⁵pʰa⁵⁵

三脚架<small>火塘中支撑锅的架子</small> sã⁵⁵tɕo⁵⁵tɕo⁵⁵

货物 xo⁵⁵bɛ⁵⁵

锥子 dzu⁵⁵

轮子 kũ⁵⁵kũ⁵⁵əɹ⁵⁵

马掌 nbo³³ʂə⁵⁵nkʰua⁵⁵

马槽<small>喂马用的</small> nbo³³dza⁵⁵dʑi⁵⁵ta⁵⁵

刀<small>用于厨房切菜的</small> tsʰi⁵⁵to⁵⁵

刀用于砍伐中型大小的树 ba⁵⁵tʂa⁵⁵tʂə⁵⁵ma⁵⁵

刀用于砍伐草和低矮灌木混生的植物丛 pa⁵⁵ɬi⁵⁵

刀用于割庄稼和草 zɛ³³

刀用于割杆子相对粗的庄稼和草 zɛ³³tʂə⁵⁵ma⁵⁵

刀用于砍比较大的树或将树木劈开成块，类似于斧子 vu⁵⁵tsʰua⁵⁵

刀外形类似于锄头，但比锄头小而窄，用于挖木头猪槽 tsua⁵⁵

水槽 dzo⁵⁵gu⁵⁵

背包出门时背的，用细绳编织的网状包 ndzi⁵⁵tʂʰa⁵⁵

圈套捕鸟类、动物的 va⁵⁵

陷阱逮猎物的 ɻ⁵⁵dʑi⁵⁵

火药 xo⁵⁵io⁵⁵

六　服饰饮食

衣领 ko⁵⁵va⁵⁵

头帕 pʰa⁵⁵tsʅ⁵⁵

官帽古代官员戴的 ti⁵⁵ndzʅ⁵⁵

珍宝 po⁵⁵pa⁵⁵

毡子放于寝具或坐具上 psʅ⁵⁵lo⁵⁵

披毡出门披于身上，可取暖亦可在野外就座的 ʂo⁵⁵pɛ⁵⁵

床垫 lo³³

婴儿食指嚼碎喂给婴儿的食物 za⁵⁵ma⁵⁵va⁵⁵va⁵⁵

荞麦粉 ndzʅ⁵⁵kʰua⁵⁵i⁵⁵

荞麦馍 pa⁵⁵ndzu⁵⁵

荞麦油条一种用荞麦做成的，形似油条但比油条短，用于火把节等节日的食物 ɡa⁵⁵li⁵⁵li⁵⁵

玉米粉 zʅ⁵⁵mi⁵⁵ndzʅ⁵⁵i⁵⁵

油植物油的统称 lə⁵⁵

油提炼过的动物油的统称 zu⁵⁵lə⁵⁵

鹅蛋 waŋ⁵⁵la⁵⁵tsə⁵⁵

鸭蛋 iã⁵⁵la⁵⁵tsə⁵⁵

酸菜汤当地用酸菜果及青菜制作的汤 ɡo⁵⁵tʂə⁵⁵lə⁵⁵

杆杆酒用玉米、荞麦和曲子酿制的酒 ɕa⁵⁵ndzə⁵⁵vu⁵⁵

白酒通常指购买的烈性酒 la⁵⁵tsʅ⁵⁵

蜂蜜酒用蜂蜜和烈性白酒掺混而成的 psʅ⁵⁵lə⁵⁵vu⁵⁵

自酿酒自家用粮食酿制的烈性酒 ɻ⁵⁵vu⁵⁵

七　身体医疗

疹子 nga⁵⁵la⁵⁵

牛皮癣 ŋua⁵⁵i⁵⁵nba⁵⁵

关节 tsɛ³³tsɛ³³

牙龈 ngə⁵⁵lo⁵⁵tsʅ⁵⁵

脓 pɛ⁵⁵lə⁵⁵

污垢人体的 ndzo⁵⁵

嗓音 tsʰo⁵⁵

声音 bzʅ⁵⁵ba⁵⁵

生命 ko⁵⁵tsʰʅ⁵⁵

八　婚丧信仰

迎新娘 lə⁵⁵ma⁵⁵tsə⁵⁵

新娘进门 lə⁵⁵ma⁵⁵pa⁵⁵la⁵⁵

新娘回娘家具体日期由占卜者定 lə⁵⁵ma⁵⁵pa⁵⁵tsʅ⁵⁵

客人赴婚礼的男女双方父母的 ma⁵⁵mo⁵⁵da⁵⁵va⁵⁵

客人赴婚礼的女方的 da⁵⁵va⁵⁵kʰua⁵⁵

彩礼 dzə⁵⁵pɛ⁵⁵

拼酒典礼上团体或个人喝酒比赛 vu⁵⁵tsʰɛ⁵⁵tsʅ⁵⁵tsʅ⁵⁵

敬酒以酒敬神灵或先祖的行为 vu⁵⁵pʰu⁵⁵

祝寿 mo⁵⁵tʂa⁵⁵zu⁵⁵

葬礼 su⁵⁵za⁵⁵

下葬 su⁵⁵xə⁵⁵

火化 su⁵⁵mo⁵⁵npʰa⁵⁵

修坟 xə⁵⁵pi⁵⁵

围脖沙巴身份的标志之一，其专用的 npʰo³³la³³

鼓槌弓状、沙巴做法事时用来敲鼓的 ndza⁵⁵ɻ⁵⁵kua⁵⁵kua⁵⁵

法器沙巴用以抓不洁之物的 zua⁵⁵lə⁵⁵ntsa⁵⁵

九　人品称谓

女孩问婴儿性别时用，直译"背水人" dzo⁵⁵tɕʰi⁵⁵-su⁵⁵

男孩问婴儿性别时用，直译"赶牛人" ŋua⁵⁵la⁵⁵-su⁵⁵

官员 ndzo³³mo³³

头人 kʰua⁵⁵kʰua⁵⁵zɿ³³

病人统称 də⁵⁵-ɲi⁵⁵su⁵⁵

病人久病的～ ŋua⁵⁵li⁵⁵xa⁵⁵

仇人统称 bo³³la⁵⁵i⁵⁵

仇人不共戴天的～ la³³za⁵⁵

秃子 vu³³gua⁵⁵

麻子 po⁵⁵si⁵⁵po⁵⁵gə⁵⁵

沙巴本土宗教从业者 ʂa⁵⁵pa⁵⁵

书伐藏传佛教从业者 ʂu⁵⁵va⁵⁵

挖莫视为与佛有缘能通佛者 ŋua⁵⁵mo⁵⁵

嘎哈挖莫所具备的与生俱来的通佛能力 ga⁵⁵ɬa⁵⁵

十　农工商文

士兵 mɛ⁵⁵

商贩 zɿ⁵⁵nkʰa⁵⁵su⁵⁵

女仆 va⁵⁵ma⁵⁵

男仆 va⁵⁵pʰa⁵⁵

牧人 zɿ³³gu⁵⁵gu⁵⁵-su⁵⁵

瓦匠 tsa⁵⁵tsi⁵⁵tsu⁵⁵-su

罐子统称 dzi⁵⁵

坛子统称 tʰua⁵⁵ndzə⁵⁵

十一　动作行为

踩～死 də⁵⁵-ku⁵⁵da⁵⁵-tsa⁵⁵

踩～一脚 də⁵⁵-ku⁵⁵tsa⁵⁵

踩～住 nə⁵⁵-ku⁵⁵tsa⁵⁵

踩小心翼翼地～ na⁵⁵-ɬa⁵⁵

拆～线 ŋə⁵⁵-ntsʰo⁵⁵

拆～房子 tʰə⁵⁵-tsi⁵⁵

戴～帽子 də⁵⁵-tsu⁵⁵

戴～饰品 da⁵⁵-sa⁵⁵

割～肉或线 tʰa⁵⁵-lua⁵⁵

割～草 nə⁵⁵-tʂʰʅ⁵⁵

割～破 nə⁵⁵-lua⁵⁵

割～断 tʰə⁵⁵-to⁵⁵

叫公鸡叫 də⁵⁵-ŋu⁵⁵

叫母鸡、牛、山羊、猪、猴子叫 da⁵⁵-la⁵⁵la⁵⁵

叫猫、老鼠、绵羊、鸟、家禽、兔子叫 də⁵⁵-fu⁵⁵sɛ⁵⁵

叫马～ də⁵⁵-ɬi⁵⁵

叫骡子～ da⁵⁵-la⁵⁵

叫普通狗～ də⁵⁵-əɹ⁵⁵

叫猎狗～ də⁵⁵-ndʑi⁵⁵

叫狼～ nə³³-nbɛ³³

打通用 da⁵⁵-ka⁵⁵

打用棍子 da⁵⁵-ntʂʰa⁵⁵

打用钝器 da⁵⁵-m⁵⁵pʰa⁵⁵

饱吃～ da⁵⁵-wa⁵⁵

饱喝～ də⁵⁵-əɹ⁵⁵

受伤受刀砍伤 kʰə⁵⁵-zɿ⁵⁵

受伤受刀刺伤 kʰə⁵⁵-tso⁵⁵

受伤受枪击伤 kʰə⁵⁵-zo⁵⁵

受伤受车辆撞伤 kʰə⁵⁵-tsu⁵⁵

受伤自己不小心受石头等砸伤 nə⁵⁵-tsu⁵⁵

受伤被别人用石头等砸伤 kʰə⁵⁵-li⁵⁵

十二　数量

一个小孩说话人喜欢的 ia⁵⁵dzə⁵⁵ ta⁵⁵ pa⁵⁵

一个小孩说话人不喜欢的 ia⁵⁵dzə⁵⁵ tə⁵⁵ pʰsɿ⁵⁵

一个小孩由于衣着说话人不喜欢的 ia⁵⁵dzə⁵⁵ tə⁵⁵ ndzə⁵⁵

一点柴条状物si⁵⁵ tɑ⁵⁵ kɑɹ⁵⁵

一点豆子小球状物tʂu⁵⁵ tɑ⁵⁵ pɑɹ⁵⁵

一点糌粑粉状物tso⁵⁵i⁵⁵ tɑ⁵⁵ kʰɑɹ⁵⁵

一点酒液体vu⁵⁵ tə⁵⁵ mi⁵⁵

一点荞麦不规则颗粒体ndzʅ⁵⁵ tə⁵⁵ ntʂʰo⁵⁵

一点针捆在一起的细条状物xɑ⁵⁵ tə⁵⁵ tsʰi⁵⁵

一点草不一定捆一起的细条状物ȵi⁵⁵ tə⁵⁵ bi⁵⁵

一口酒液体vu⁵⁵ tə⁵⁵ ndzo⁵⁵

一口饭固体zɑ⁵⁵mɑ⁵⁵ tə⁵⁵ bi⁵⁵

一段歌ɡɑ⁵⁵ tə⁵⁵ tsə⁵⁵

一背柴si⁵⁵ tɑ⁵⁵ vɑ⁵⁵

第五章 语法

第一节

词类

沈家煊（2009）认为，词类是语法研究的基础，研究语法首先要研究词类。从语言类型学的视角看，在任何语言中，名词、动词和形容词的词类归属问题一直是词类研究的难点和重点，尤其是形容词是否可以作为独立的词类处理一直都富有争议（Payne，1997：63；Croft，2001：XiV）。张四红等（2018）已经从形态、形态－句法、句法等几个维度论证了尔苏语形容词具有独立词类的特征，认为尔苏语不仅是一种名动区分语言，还是一种形动区分的语言。以此为前提，我们认为尔苏语的词类可以沿袭传统语法的划分标准，进一步分为名词、数词、量词、代词、动词、形容词和副词等实词类。

一 名词

（一）尔苏语名词的分类

从语义类的视角，尔苏语的名词可以分为普通名词和专有名词。普通名词指称的对象是"类"，如 su⁵⁵ "人"、tsʰo⁵⁵ "狗"、nbi⁵⁵ "山"等；而专有名词指称的是某个特定且具体的对象，如 dʐɑ⁵⁵lɑ⁵⁵ȵɑ⁵⁵npʰi⁵⁵ "嘉拉釀皮人名"、ʂə⁵⁵ndʐə⁵⁵nbi⁵⁵ "圣则山"等。

1. 普通名词

普通名词指称的是某一类对象，并不涉及某个具体的对象。按照语义类，普通名词可以进一步分为天文地理、时间方位、植物、动物、房舍器具、服饰饮食、身体医疗、婚丧信仰、人品称谓、农工商文等小类，具体分类详见"第四章　分类词表"。例如：

nbi⁵⁵	山	tɑ⁵⁵ȵo⁵⁵	今天
si⁵⁵pu⁵⁵	树	mi⁵⁵	猴子

2. 专有名词

专有名词指称的是具体的对象，包括特定的人名、地名、动物名等。例如：

ȵɑ⁵⁵i⁵⁵kɑ³³　　　　嬢依嘎_人名_　　　　　i⁵⁵ntʂʰə⁵⁵mɑ³³　　　银彻玛_人名_

vɑ⁵⁵kə⁵⁵　　　　　越西_地名_　　　　　　ʂʅ⁵⁵mɑ⁵⁵　　　　诗玛_狗名_

（二）尔苏语中几个与名词相关的语法现象

1. 名词数的表达

如上文所述，尔苏语的普通名词表达的是某一类指称对象，因此，尔苏语和很多东亚、东南亚的语言相似，其普通名词只用于表达概念（Hundius & Kolver, 1983：182；Bisang, 1999），而非用于表达具体的指称对象。譬如，kʰɑ⁵⁵li⁵⁵"核桃"在没有语境的情况下，其语义范畴非常宽泛，可能指核桃、核桃树、核桃仁、核桃地，等等。同时，尔苏语的数词仅仅表示数值的概念，也无指称意义。如ngə³³"九"，在没有任何上下文的情况下，可以用于任何一个可数的名词之前。因此，和汉语相似，尔苏语名词的数的表达必须依托数词和量词组成"名 + 数 + 量"这样的名词词组，才可以具体化、可数化。例如：

lɑ⁵⁵　　　　　　　　　　　　　　　鸡_仅仅表达这一概念_

lɑ⁵⁵　　tɑ⁵⁵　　zɑ⁵⁵　　wo⁵⁵　　一百只鸡

鸡　　　一　　　百　　　CL：个

由上例可见，尔苏语的名词没有严格意义上的数的语法范畴，其具体的数的概念需要借助于名词以外的其他手段来表达。

"名 + 数 + 量"类名词词组通常用于具体数目的表达；还有一些概数或模糊数的表达手段，其中出现频率最高的是bɛ³³"些"。bɛ³³"些"有点类似于汉语的"些、们"，也有点像英语的复数名词标记-s，但与它们都不完全一致。bɛ³³只和数词tə⁵⁵"一"共现，不与其他数词连用，这一点与汉语的"些"一致；但是，汉语的"些"必须与数词"一"共现才能在语境中加以使用，而尔苏语的bɛ³³"些"可以单独用于修饰名词，在这种语境中它又类似于汉语的"们"。此外，根据表达需要，bɛ³³"些"可用于修饰任何名词，而不仅仅局限于可数名词。因此，从语义的角度分析，它具有复数的语义内涵；但从语法范畴的角度看，它又不能被简单地视为复数标记。例如：

su⁵⁵　　tə⁵⁵　　bɛ³³　　　一些人　　　su⁵⁵　bɛ³³　　　人们

人　　　一　　　些　　　　　　　　　人　　些

nbo³³　tə⁵⁵　　bɛ³³　　　一群马　　　nbo³³bɛ³³　　马群

马　　　一　　　些　　　　　　　　　马　　些

gua^{33}	tə^{55}	bɛ^{33}	一些雨	gua^{33}	bɛ^{33}	一些雨
雨	一	些		雨	些	
sɿ^{33}	tə^{55}	bɛ^{33}	一些事	sɿ^{33}	bɛ^{33}	一些事
事	一	些		事	些	

与 bɛ^{33} "些" 有些相似，sɿ^{33} "点" 也是常见的概数或模糊数的表达。它也只和数词 tə^{55} "一" 共现，不与其他数词连用，这一点与汉语的 "点" 一致；但是，汉语的 "点" 必须与数词 "一" 共现才能在语境中使用，而尔苏语的 sɿ^{33} "点" 可以单独用于修饰名词，并且只用于语义上表现为不可数的名词。例如：

*su^{55}	tə^{55}	sɿ^{33}	一点人	*su^{55}	sɿ^{33}	人点
人	一	点		人	点	
*nbo^{33}	tə^{55}	sɿ^{33}	一点马	*nbo^{33}	sɿ^{33}	马点
马	一	点		马	点	
gua^{33}	tə^{55}	sɿ^{33}	一点雨	gua^{33}	sɿ^{33}	一点雨
雨	一	点		雨	点	
sɿ^{33}	tə^{55}	sɿ^{33}	一点事	sɿ^{33}	sɿ^{33}	一点事
事	一	点		事	点	

此外，尔苏语中还有 dzi^{55} "俩" 以及 dzə^{55} "双、对" 这样的双数表达方式。这两个词是近义词：前者是后置双数标记，直接放在名词、代词后面，不和任何数词共现，类似于汉语的 "俩"；后者可以和数词共现且不仅仅局限于数词 "一"，可见，很大程度上，dzə^{55} "双、对" 与汉语的 "双、对" 在用法上是一致的。需要指出的是，这两个词都只能和可数名词连用。例如：

ɳi^{55}nua^{55}	vɛ^{55}nua^{55} = dzi^{55}		兄弟俩/姐妹俩
弟弟/妹妹	哥哥/姐姐 = DL		
ɳa^{55}i^{55}ma^{33}	ɳa^{55}i^{55}ka^{33} = dzi^{55}		嬢依玛嬢依嘎俩
嬢依玛	嬢依嘎 = DL		
zi^{33}i^{33}	tə^{55}	dzə^{55}	一双女儿
女儿	一	双	
mi^{55}np^{h}u^{55}	si^{55}	dzə^{55}	三对珠子
珠子	三	对	

2. 名词的小称标记与词的指小

尔苏语中，人类的指幼且指小一般通过具体的词汇来实现，如 ia^{55}dzə^{55} "小孩"；或者在人名之后加上指小后缀 = za^{33} "= DIM"，如 mu^{55}łi^{55} = za^{33} "木乃 = DIM：木乃娃儿"。

这种情况一般是年长者或长辈对年幼者或晚辈的称谓，显得更加亲切。对幼儿可以直接用 ia⁵⁵dzə⁵⁵"小孩"来称呼，也有比较亲切的叫法，包括 ŋa⁵⁵"小娃儿、小伢儿"和 ia⁵⁵"小娃儿、小伢儿"，两者没有明显的差异，由个人语言习惯决定。人类指小不指幼，如小叔叔、小姑姑等，根据性别，男性后面加上 ma⁵⁵la⁵⁵ka³³"小"，女性后面加上 ma⁵⁵ma⁵⁵"小"。例如：

a⁵⁵-pa⁵⁵　　ma⁵⁵la⁵⁵ka³³ 小叔叔　　　　　a⁵⁵-ŋa⁵⁵　　ma⁵⁵ma⁵⁵ 小姑姑

KIN-爸爸 小　　　　　　　　　　　　KIN-姑姑 小

动物和昆虫类等有生指称对象名词的小称标记为 =i⁵⁵"=DIM"，使用比较广泛。例如：

ŋua³³=i⁵⁵ 小牛　　　　　　　　　ka⁵⁵la⁵⁵=i⁵⁵　　　　小蜘蛛

牛 =DIM　　　　　　　　　　　　蜘蛛 =DIM

nbo³³=i⁵⁵ 小马　　　　　　　　　vɛ⁵⁵tsʰ1̩⁵⁵=i⁵⁵　　　小野猪

马 =DIM　　　　　　　　　　　　野猪 =DIM

植物及其他非有生指称对象的指小通常用形容词 ma⁵⁵la⁵⁵"小"或 za⁵⁵~za⁵⁵"嫩~RDUP：嫩"来修饰。例如：

si⁵⁵+pu⁵⁵　　　　　　　ma⁵⁵la⁵⁵ 小树　　z1̩⁵⁵=ta⁵⁵　　　　ma⁵⁵la⁵⁵ 小椅子

木头 +CL：活的植物：树 小　　　　坐 =NMLZ：椅子 小

go⁵⁵+əɹ⁵⁵　　　　za⁵⁵~za⁵⁵　　嫩白菜　ŋi　　za⁵⁵~za⁵⁵　　嫩草

蔬菜 + 白色：白菜 嫩~RDUP：嫩　　　草　　嫩~RDUP：嫩

3. 名词的性与名词的性标记

尔苏语名词没有强制性的"性"语法范畴。语义范畴的"性"则有多种表达方式：雄性、阳性、男性后缀有 -pʰa⁵⁵、-bu⁵⁵、-la⁵⁵ 等不同表达方式；雌性、阴性、女性后缀只用 -ma⁵⁵ 来表示；还有一些内含"性"语义特征的词汇，如 da⁵⁵"公绵羊"。和其他语言中一些表示"性"的后缀不太一样，尔苏语中的雄性、阳性、男性后缀除 -pʰa⁵⁵"-M"较为能产、造词能力比较强以外，其他后缀一般只能和一些具体的名词连用；而唯一的表示雌性、阴性、女性的后缀 -ma⁵⁵"-F"则较为能产，可以和很多名词连用。这些后缀的使用并非强制性的，而是在特定的语境中，说话人为专门强调指称对象的性别时才会使用的。

（1）能产性后缀 -pʰa⁵⁵"-M"和 -ma⁵⁵"-F"

这两个后缀可以用于绝大多数的指称对象，除非有些指称对象已经内含"性"的语义特征。例如：

tsʰo⁵⁵-pʰa⁵⁵　　　　公狗　　　　tsʰo⁵⁵-ma⁵⁵　　　母狗

狗-M　　　　　　　　　　　　狗-F

nbo³³-pʰa⁵⁵　　　　公马　　　　　　　　nbo³³-ma⁵⁵　　　母马

马 –M　　　　　　　　　　　　　　　　马 –F

　　　　　　　　　　　　　　　　　　io⁵⁵-ma⁵⁵　　　母绵羊

　　　　　　　　　　　　　　　　　　绵羊 –F

-pʰa⁵⁵"–M"和 -ma⁵⁵"–F"用于指人的专有名词时，有些已经演化为构成词汇的必要语素，而非可分离的后缀，如 m⁵⁵pʰa⁵⁵"兄弟（女性称呼自己的兄弟）"、xi⁵⁵ma⁵⁵"姐妹（男性称呼自己的姐妹）"。-pʰa⁵⁵"–M"和 -ma⁵⁵"–F"也可以作为后缀，置于指人的专有名词后：-pʰa⁵⁵"–M"一般仅限于表达某个民族的男性，如 nua⁵⁵-pʰa⁵⁵"彝族 –M：彝族男人"；-ma⁵⁵"–F"不仅可以表达某个民族的女性，还可以放在人名的专有名词后面专指女性。例如：

ndza³³-ma⁵⁵　　　汉族女人　　　　　nua⁵⁵-ma⁵⁵　　　彝族女人

汉族 –F　　　　　　　　　　　　　彝族 –F

i⁵⁵ntʂʰə⁵⁵-ma⁵⁵　　银彻玛_{女性人名}　　io⁵⁵ndza⁵⁵-ma⁵⁵　勇扎玛_{女性人名}

银彻 –F　　　　　　　　　　　　　勇扎 –F

如上所述，尔苏语中表达雄性、阳性、男性的后缀比较多。除 -pʰa⁵⁵"–M"以外，其他的都不是很能产，而且都和特定的名词连用；同时，也有一些名词自身已经内含了"性"的语义特征，但它们在语义上都有较为细微的差别。下文以这些特定的名词为例，演示其差异性。

"公牛"性的表达，例如：

ŋua³³-pʰa⁵⁵　　　公牛_{泛称}

牛 –M

ŋua³³-xa⁵⁵　　　公牛_{未成年的公牛}

牛 –M

ŋua³³-zɹ³³　　　公牛_{成年的公牛}

牛 –M

ŋua³³-bu⁵⁵　　　公牛_{成年的雄壮的公牛}

牛 –M

"公马"性的表达，例如：

nbo³³-pʰa⁵⁵　　　公马_{泛称}

马 –M

nbo³³-xa⁵⁵　　　公马_{未成年的公马}

马 –M

"公羊"性的表达，例如：

io⁵⁵-lɑ⁵⁵   公绵羊_{成年公绵羊，可育种}

绵羊－M

dɑ⁵⁵   公绵羊_{成年公绵羊，已阉割}

绵羊.M

tsʰi⁵⁵-bu⁵⁵   公山羊_{成年公山羊}

山羊－M

"公猪"性的表达，例如：

vɛ⁵⁵-lɑ⁵⁵   公猪_{成年公猪，可育种}

猪－M

vɛ⁵⁵-tsʰo⁵⁵   公猪_{成年公猪，已阉割}

猪－M

（2）-pʰɛ⁵⁵ "－M"的应用

-pʰɛ⁵⁵ "－M"只适用于lɑ⁵⁵ "鸡"和m⁵⁵dʐɿ⁵⁵ "猫"。例如：

lɑ⁵⁵-pʰɛ⁵⁵   公鸡

鸡－M

m⁵⁵dʐɿ⁵⁵-pʰɛ⁵⁵   公猫

猫－M

（三）尔苏语名词的句法功能

尔苏的名词可以在小句中充当主语、宾语、谓语、定语、状语等成分。

1. 名词在小句中做主语

xi⁵⁵dʐɿ⁵⁵gu⁵⁵＝nɛ⁵⁵,   so⁵⁵i⁵⁵＝nɛ⁵⁵,   pu⁵⁵   tso⁵⁵.

竹鼠＝TOP   前方＝PAUS   土豆   烧

竹鼠呢，在前面烧土豆。

xuɑ⁵⁵＝vɑ³³＋pʰu⁵⁵＝su³³   kʰə⁵⁵-duɑ³⁵.

鸟＝NAGT＋捕＝NMLZ：捕鸟人   向内－走.PST

捕鸟人走了。

上举两个例子中，xi⁵⁵dʐɿ⁵⁵gu⁵⁵ "竹鼠"做及物动词的主语，xuɑ⁵⁵＝vɑ³³pʰu⁵⁵＝su³³ "鸟＝NAGT＋捕＝NMLZ：捕鸟人"做不及物动词的主语。

2. 名词在小句中做宾语

n̠i⁵⁵＋lɑ⁵⁵＋xɑ⁵⁵   wo⁵⁵   dʑi³³ **su⁵⁵**   dʐɿ⁵⁵＝ɑ³⁵.

草＋CO＋动物：野生动物 CL：个   也   人   吃＝PFV

野生动物也吃人了。

vɛ⁵⁵-tsʰo⁵⁵   tə⁵⁵   na⁵⁵-ka⁵⁵   dʐ̩⁵⁵＝a³⁵.

猪-M：公猪   INDF   向下-杀   吃＝PFV

杀了头公猪吃了。

上举第一个例子中的 su⁵⁵ "人" 以及第二个例子中的 vɛ⁵⁵-tsʰo⁵⁵ "公猪" 均充任宾语。

3. 名词做谓语

尔苏语中的名词可以直接作为谓语使用，不需要任何系动词。例如：

a⁵⁵＝z̩³³   a⁵⁵-pa⁵⁵   wo⁵⁵＝nɛ³³,   **tʰi⁵⁵**   **xə⁵⁵mo⁵⁵**   wo⁵⁵.

1sg.SLF＝GEN：家   KIN-爸爸   CL：个＝TOP   3sg.PRT   舅舅   CL：个

我爸爸是他的舅舅。

tsʰi⁵⁵xi⁵⁵＝nɛ³³,   **nə⁵⁵+tu⁵⁵+la⁵⁵+tsʰɛ⁵⁵z̩⁵⁵**   **bu³³tsʰə³³**.

今年＝TOP   二＋千＋CO＋十一   年

今年是 2011 年。

4. 名词做定语

尔苏语是中心词前置的语言，但当一个名词修饰另一个名词时，承担修饰功能的名词置于被修饰的中心词之前。例如：

a⁵⁵-tʰə⁵⁵＝kə⁵⁵   **ʂə³³**   z̩⁵⁵＝ta⁵⁵   tə⁵⁵   dʐa⁵⁵.

DIST-DEM：那＝LOC   铁   坐＝NMLZ：椅子   INDF   EXT

那里有一把铁椅子。

a⁵⁵   **ɲi⁵⁵dʑi⁵⁵**   vu⁵⁵   tsʰɛ⁵⁵.

1sg.SLF   药   酒   喝

我喝药酒。

需要指出的是，在尔苏语中，名词充当定语，这在结构形式上和无显性标记的并列关系名词短语以及领有关系名词短语基本一致，但它们在语义内涵上有很大差异。做定语的名词揭示的是名词中心词的性质、本质和材料等，它和名词中心词为偏正关系，如上述第一个例子中的 ʂə³³z̩⁵⁵＝ta⁵⁵ "铁椅子" 和第二个例子中的 ɲi⁵⁵dʑi⁵⁵vu⁵⁵ "药酒"。并列关系名词短语内的名词在语义内涵上不是修饰与被修饰的偏正关系，它们在语义内涵上是对等的，在小句中作为整体充任某一句法成分，如下举例子中的 ɲi⁵⁵nua⁵⁵ "哥哥/姐姐" 和 vɛ⁵⁵nua⁵⁵ "弟弟/妹妹" 构成并列短语后整体上充任句子的主语：

ɲi⁵⁵nua⁵⁵   **vɛ⁵⁵nua⁵⁵**＝dʑi⁵⁵   nə⁵⁵   wo⁵⁵   tə⁵⁵   tʂə³³ŋu³³   dzo⁵⁵.

弟弟/妹妹   哥哥/姐姐＝DL   两   CL：个   一   VCL：起   EXT

兄弟俩/姐妹俩一起住。

不可让渡的领有关系名词短语通常无显性语法标记，即领有者和被领有者之间不用领有标记即可直接连用，形成名词与名词连用的现象。表面上看，是前者修饰后者，但本质上它们在语义内涵上是一种主从关系。如下面例子中dzo⁵⁵"河"就是领有者。换言之，dzo⁵⁵nbɑ⁵⁵"河岸"即河的岸，而不完全是修饰性的定语。

tsʰo⁵⁵　　　tə⁵⁵　　　dzo⁵⁵　　nbɑ⁵⁵＝kə⁵⁵　　dzo⁵⁵.

狗　　　　INDF　　河　　　岸＝LOC　　EXT

有只狗在河岸上。

5. 名词做状语

这主要是处所名词或时间名词的功能。例如：

tʰə⁵⁵　　**nbi⁵⁵**＝tɕʰo⁵⁵　nbo³³＝i⁵⁵　　　nbo³³-mɑ⁵⁵　tsʰɑ⁵⁵　　duɑ³⁵.

3sg.PRT　山＝LOC　　马＝DIM：小马　马-F：母马　找　　去.PST

他去山上找马去了。

su⁵⁵ŋo⁵⁵　　ɑ⁵⁵　　　**kuɑ⁵⁵ʂɑ⁵⁵**＝kə⁵⁵　　zʅ⁵⁵＝gə⁵⁵.

明天　　　1sg.SLF　街＝LOC　　　　去＝PROS

我明天上街去。

二　数词

（一）数词的类别

1. 基数词

（1）单纯基数词

尔苏语采用的是10进位制。尔苏语中没有数字0，但是从1～10都有对应的词汇。其中，除sʅ⁵⁵n⁵⁵"7"和tsʰɛ⁵⁵tsʰɛ⁵⁵"10"不是单音节词，其他的都是单音节词。现列举如下：

tə⁵⁵	1	tsʰu⁵⁵	6
nə⁵⁵	2	sʅ⁵⁵n⁵⁵	7
si⁵⁵	3	ʒʅ⁵⁵	8
zo³³	4	ngə³³	9
ŋuɑ³³	5	tsʰɛ⁵⁵tsʰɛ⁵⁵	10

（2）合成基数词

① 11～19的基数词

复合形式基数（compounding base）。合成基数词中的10取叠音基数词tsʰɛ⁵⁵tsʰɛ⁵⁵"10"中的一个音节来表示。除11、13外，个位数和上述单纯基数词完全对应。如下例所示：

tsʰɛ⁵⁵tsɿ⁵⁵　11　　　　　　tsʰɛ⁵⁵zo³³　　　14　　　　　　tsʰɛ⁵⁵sɿ⁵⁵n⁵⁵　17

tsʰɛ⁵⁵nə⁵⁵　12　　　　　　tsʰɛ⁵⁵ŋuɑ³³　　15　　　　　　tsʰɛ⁵⁵ʒʅ⁵⁵　18

tsʰɛ⁵⁵sɑ⁵⁵　13　　　　　　tsʰɛ⁵⁵tsʰu⁵⁵　　16　　　　　　tsʰɛ⁵⁵ngə³³　19

②20～39的基数词

组合方式为nə⁵⁵tsɿ⁵⁵ "20"、sɑ⁵⁵tsɿ⁵⁵ "30" 和上述对应的单纯基数词组合而成。值得注意的是，11～19的复合形式基数 "10" 为tsʰɛ⁵⁵，而20～39的复合形式基数词中的 "10" 为tsɿ⁵⁵。如下例所示：

nə⁵⁵tsɿ⁵⁵　　　　　　　　20　　　　　　sɑ⁵⁵tsɿ⁵⁵　　　　　　　30

nə⁵⁵tsɿ⁵⁵tə⁵⁵　　　　　　21　　　　　　sɑ⁵⁵tsɿ⁵⁵tə⁵⁵　　　　　31

nə⁵⁵tsɿ⁵⁵nə⁵⁵　　　　　　22　　　　　　sɑ⁵⁵tsɿ⁵⁵nə⁵⁵　　　　　32

nə⁵⁵tsɿ⁵⁵si⁵⁵　　　　　　23　　　　　　sɑ⁵⁵tsɿ⁵⁵si⁵⁵　　　　　33

③40～99的基数词

组合方式为 [单纯基数词 + 复合形式基数zʅ⁵⁵ "10" + 单纯基数词]。其中，复合形式基数 "10" 再次发生变化，为zʅ⁵⁵ "10"，与上述11～19中的tsʰɛ⁵⁵ "10" 及20～29中的tsɿ⁵⁵ "10" 均有所不同。例如：

zo³³zʅ⁵⁵　　　　　　　　40　　　　　　ngə³³zʅ⁵⁵　　　　　　　90

ŋuɑ³³zʅ⁵⁵　　　　　　　50　　　　　　ngə³³zʅ⁵⁵tə⁵⁵　　　　　91

tsʰu⁵⁵zʅ⁵⁵　　　　　　　60　　　　　　ngə³³zʅ⁵⁵nə⁵⁵　　　　　92

sɿ⁵⁵n⁵⁵zʅ⁵⁵　　　　　　　70　　　　　　ngə³³zʅ⁵⁵ngə⁵⁵　　　　99

ʒʅ⁵⁵zʅ⁵⁵　　　　　　　　80

④大于99的基数词

只有三个复合基数，即 "百、千、万"。现列举如下：

zɑ⁵⁵　　　　百　　　　　　tu⁵⁵　　　　　千　　　　　　nbo⁵⁵tsʰo⁵⁵　　　万

和汉语相似，大于99的基数词在表达时按由大到小的方式排列。其中，在复合形式基数 "万、千、百"，以及 "百" 与 "十" 之间，可以加上连接词lɑ⁵⁵ "CO"，也可以不用。是否使用，由个人风格决定。例如：

ŋuɑ³³　nbo⁵⁵tsʰo⁵⁵　lɑ⁵⁵　ngə⁵⁵　tu⁵⁵　lɑ⁵⁵　si⁵⁵　zɑ⁵⁵　lɑ⁵⁵　nə⁵⁵　tsɿ⁵⁵　ngə⁵⁵　59329
五　　万　　　　CO　九　　千　CO　三　百　CO　二　十　九

此外，需要说明的是，上述大于99的基数词为通过诱导调查获取。在日常生活中，除整百、整千、整万的数字以外，现在已沿用汉语的表达，不再使用尔苏语。

2. 序数词

越西尔苏藏族在日常生活中已经不再使用尔苏语序数词，而转用汉语。我们在调查中发现，即使是年长者，也只有少数人靠通过诱导才能想出序数词的使用方法。序数词由基数词带上附着词素＝wo⁵⁵gə⁵⁵"＝第"组合而成。例如：

zo³³＝wo⁵⁵gə⁵⁵   第四

ʒʅ⁵⁵＝wo⁵⁵gə⁵⁵   第八

tsʰu⁵⁵zʅ⁵⁵＝wo⁵⁵gə⁵⁵   第六十

3. 分数

分数在日常生活中仍然有人使用，它的基本结构为[分母（基数词）＋ngu⁵⁵＝kə⁵⁵"股＝LOC：里"＋分子（基数词）＋ngu⁵⁵"股"]。这种表达和部分汉语方言的"……股之……股"非常相似。譬如，"1/4"在汉语江淮官话、西南官话的重庆东部方言中，也可以说成"四股之一股"。例如：

zo³³＋ngu⁵⁵＝kə⁵⁵   tə⁵⁵   ngu⁵⁵   1/4

四 ＋ 股 ＝LOC：里   一   股

ŋuɑ³³tu⁵⁵＋ngu⁵⁵＝kə⁵⁵   ngə³³   ngu⁵⁵   9/5000

五千 ＋ 股 ＝LOC：里   九   股

尔苏语是否受汉语这种表达方式的影响，还有待进一步探讨。

4. 倍数

倍数通过[基数词＋ngu⁵⁵"股"]来表达。例如：

zo³³＝ngu⁵⁵   四倍   ʒʅ⁵⁵＝ngu⁵⁵   八倍   tsʰu⁵⁵zʅ⁵⁵＝ngu⁵⁵   六十倍

四 ＝ 股   八 ＝ 股   六十 ＝ 股

5. 约数

尔苏语的约数可以通过连续的两个数字连用，或者通过数词带附着词素的方式表达。

（1）两个连续的数字连用表达约数

这种情况比较复杂，现分类简述。

① 小于10或大于20的约数可以由两个连续的数字来表达。其中，如果数字大于20，则复合基数"十、百、千、万"等不再重复，只由个位数连用。例如：

tə⁵⁵, nə⁵⁵   wo⁵⁵   一两个

一   二   CL：个

ŋuɑ³³, tsʰu⁵⁵   kɑ⁵⁵   五六根

五   六   CL：根

sɑ⁵⁵tsʰʅ⁵⁵   tə⁵⁵   nə⁵⁵   wo⁵⁵   三十一二个

三十   一   二   CL：个

ta⁵⁵　　za⁵⁵　　ʒɿ⁵⁵zɿ⁵⁵ŋua³³,　tsʰu⁵⁵　　ka⁵⁵　　　　　一百八十五六根

一　　百　　八十五　　　六　　CL：根

②11～19之间的约数表达方式比较新颖。如果两个连用的数字中的第一个数字是奇数，则复合基数"10"需要重复出现；反之，如果第一个数字是偶数，则只需要个位数连续出现即可。唯一的例外是十六七虽然是偶数开始，但是复合基数"10"仍然需要重复。例如：

tsʰɛ⁵⁵tsɿ⁵⁵,　tsʰɛ⁵⁵nə⁵⁵　wo⁵⁵　　　　十一二个

十一　　　十二　　CL：个

tsʰɛ⁵⁵nə⁵⁵,　si⁵⁵　wo⁵⁵　　　　十二三个

十二　　　三　　CL：个

tsʰɛ⁵⁵sa⁵⁵,　tsʰɛ⁵⁵zo³³　wo⁵⁵　　　　十三四个

十三　　　十四　　CL：个

tsʰɛ⁵⁵zo³³,　ŋua³³　wo⁵⁵　　　　十四五个

十四　　　五　　CL：个

tsʰɛ⁵⁵ŋua³³,　tsʰɛ⁵⁵tsʰu³³　wo⁵⁵　　　　十五六个

十五　　　十六　　CL：个

tsʰɛ⁵⁵tsʰu⁵⁵,　tsʰɛ⁵⁵sɿ⁵⁵n⁵⁵　wo⁵⁵　　　　十六七个

十六　　　十七　　　CL：个

tsʰɛ⁵⁵sɿ⁵⁵n⁵⁵,　tsʰɛ⁵⁵ʒɿ⁵⁵　wo⁵⁵　　　　十七八个

十七　　　十八　　CL：个

tsʰɛ⁵⁵ʒɿ⁵⁵,　ngə³³　　wo⁵⁵　　　　十八九个

十八　　　九　　CL：个

③ 整数的约数只需要单纯基数词连用即可，复合基数"十、百、千、万"等不必重复出现。例如：

tə⁵⁵,　　nə⁵⁵　tsʰɿ⁵⁵　wo⁵⁵　　　　一二十个

一　　二　　十　　CL：个

ŋua³³,　tsʰu⁵⁵　za⁵⁵　ka⁵⁵　　　　五六百根

五　　六　　百　　CL：根

sa⁵⁵　zo³³　tu⁵⁵　wo⁵⁵　　　　三四千个

三　　四　　千　　CL：个

ŋua³³,　tsʰu⁵⁵　nbo⁵⁵tsʰu⁵⁵　ka⁵⁵　五六万根

五　　六　　万　　　CL：根

（2）附着词素 ＝ma⁵⁵zɛ⁵⁵ "＝多/朝上"、＝ma⁵⁵ka⁵⁵ "＝将近" 表达约数

附着词素 ＝ma⁵⁵zɛ⁵⁵ "＝多/朝上"、＝ma⁵⁵ka⁵⁵ "＝将近" 也可以表示约数，但它们不直接与数词连用，而是紧随 "数 + 量/反响" 结构之后。例如：

nbo³³	ta⁵⁵	za⁵⁵	nbo³³＝ma⁵⁵zɛ⁵⁵	一百多匹马
马	一	百	RPT：马 ＝ 多	
su⁵⁵	tə⁵⁵	tu⁵⁵	wo⁵⁵＝ma⁵⁵zɛ⁵⁵	一千多个人
人	一	千	CL：个 ＝ 多	

nbo³³	ta⁵⁵	za⁵⁵	nbo³³＝ma⁵⁵ka⁵⁵	将近一百匹马
马	一	百	RPT：马 ＝ 将近	
su⁵⁵	tə⁵⁵	tu⁵⁵	wo⁵⁵＝ma⁵⁵ka⁵⁵	将近一千个人
人	一	千	CL：个 ＝ 将近	

（二）尔苏语数词的句法功能

除在加减乘除等数字运算的语境中外，尔苏语的数词不能单用，必须和量词共现形成 "数 + 量" 的结构后，才能在语境中使用。数词和量词的联系非常紧密，以至于很多尔苏母语人在数数的时候，会习惯性地带上通用量词wo⁵⁵。例如，在数一、二、三等等的时候，很多人习惯性地说成tə⁵⁵wo⁵⁵ "一个"、nə⁵⁵wo⁵⁵ "二个"、si⁵⁵wo⁵⁵ "三个"，而不是tə⁵⁵ "一"、nə⁵⁵ "二"、si⁵⁵ "三"。例如：

tə⁵⁵	wo⁵⁵	ma⁵⁵-pɛ⁵⁵,	tsʰɛ⁵⁵tsʰɛ⁵⁵	wo⁵⁵	si³³	pɛ⁵⁵.
一	CL：个	NEG-够	十	CL：个	才	够

一个不够，十个才够。

ɲi⁵⁵	la⁵⁵＝kə⁵⁵	bɛ⁵⁵ɹ̩⁵⁵	ta⁵⁵	ka⁵⁵	dzo⁵⁵.
草	丛＝LOC	蛇	一	CL：条	EXT

草丛里有一条蛇。

三 量词

尔苏语有非常丰富的量词（classifiers），包括表数量词（numeral classifiers）、反响词（repeaters）和动量词（verbal action classifiers）等。关于尔苏语的量词，Zhang（2014）已经有比较详细的描写，在此，我们仅以简要介绍。需要特别指出的是，尔苏语的量词意义不能完全和汉语的量词对应，它们的语义内涵往往比汉语更为丰富，充分反映了尔苏藏族的生活状态、文化风俗和对周边世界的认知与理解。因此，本节在讨论尔苏语量词的时候，尝试尽量对量词示例所表达的含义进行解释，而不仅仅只是提供汉语翻译。这是因为，简单的翻译往往会磨蚀掉尔苏语言文化中的诸多特色或特点。

（一）表数量词

尔苏语的表数量词主要是通过名词和动词的语法化而形成的，其主要作用是和数词共现，在名词词组中对中心词进行定量和定性。尔苏语表数量词又可进一步细分为分类量词（sortal classifiers）、度量词（mensural classifiers）、类别-度量词（sortal-mensural classifiers）、时间量词（temporal classifiers）等四个次类。

1. 分类量词

Craig（1992）、Aikhenvald（1998，2000：115）认为，分类量词是就指称对象的内在属性，如生命度、形状、维度、排列、亲属关系等，进行归类。据此，我们可以结合尔苏语分类量词的特点，将之分为通用量词、性状量词、排列量词、亲属关系量词、特定量词等。

（1）通用量词

尔苏语中有两个通用量词：一个是wo^{55} "CL：个"，几乎可以对所有非条状的指称对象进行归类；一个是ka^{55} "CL：条"，可以用于几乎所有条状的指称对象。此外，它们二者还可以用于表达抽象的指称对象。例如：

表5-1　通用量词的使用示例比较

指称对象		示例			
		wo^{55}	汉义	ka^{55}	汉义
有生命	人类	ia^{55}dzə^{55}　si^{55}　wo^{55} 孩子　　三　CL:个	三个孩子		
	动物	vɛ^{55}　nə^{55}　wo^{55} 猪　　二　CL:个	两头猪	bɛ^{55}ɹ^{55}　na^{55} ka^{55} 蛇　　　二　CL:条	两条蛇
	人体部位	vu^{33}liɛ^{33}　tə^{55}　wo^{55} 头　　　一　CL:个	一个头	sɿ^{55}psɿ^{55} ta^{55} ka^{55} 舌头　　一　CL:条	一根舌头
	植物	pu^{55}　si^{55}　wo^{55} 土豆　三　CL:个	三个土豆	dzɛ^{55} si^{55} ka^{55} 草　　三　CL:条	三根草
无生命	具体	ɔɹ^{55}+k^{h}ua^{55} zo^{33} wo^{55} 石＋大:石头 四 CL:个	四块石头	pzɿ^{55} ts^{h}u^{55} ka^{55} 绳子　六　CL:条	六条绳子
	抽象	ɔɹ^{55}ʂa^{55}　wo^{55} 社会　　CL:个	整个社会	so^{33}mo^{33} ta^{55} ka^{55} 力气　　一　CL:条	一股力量

（2）性状量词

性状量词依据维度和形状等对指称对象进行归类。维度包括三个方面：一维（线条状）、二维（平面状）和三维（球珠状）（Aikhenvald，2000：271-274）。前文所述通用量词 wo⁵⁵ "CL：个"和 kɑ⁵⁵ "CL：条"也是性状量词[①]。例如：

表5-2　尔苏语的性状量词

量词	语义	示例	汉义
tsɿ⁵⁵	不规则圆形、中空，类似环形	tɕɑ⁵⁵ku⁵⁵ ngə³³ tsɿ⁵⁵ 枷锁　　 九　 CL	九圈枷锁
pɑ⁵⁵	不规则或规则的球珠形，通常不比拳头大	tʂu⁵⁵ na⁵⁵ pɑ⁵⁵ 黄豆 二 CL	两粒黄豆
nbu⁵⁵	不规则的球珠形、鼓包状，常指垃圾类	ve⁵⁵ tso⁵⁵ nə⁵⁵ nbu⁵⁵ 猪 屎 二 CL	两坨猪屎
pʰuɑ⁵⁵	扁平、纸片状（两个词可互换使用）	vu³³la³³ tɑ⁵⁵ pʰuɑ⁵⁵ 布匹　 一　 CL	一块布
tsʰɑ⁵⁵		ʂuao⁵⁵ tɑ⁵⁵ tsʰɑ⁵⁵ 纸　 一　 CL	一张纸
ntsʰɑ⁵⁵	扁平、砖块状	ve⁵⁵+ʂɿ⁵⁵ tɑ⁵⁵ ntsʰɑ⁵⁵ 猪 + 肉：猪肉 一 CL	一块猪肉
tɕo⁵⁵	不规则的椭圆形	əɹ⁵⁵+kʰuɑ⁵⁵ tə⁵⁵ tɕo⁵⁵ 石 + 大：石头 一 CL	一块石头椭圆形的

（3）排列量词

排列量词揭示的是指称对象如何分组、编排、安排、整理或归类等。例如：

表5-3　尔苏语的排列量词

量词	语义	示例	汉义
po⁵⁵	像书或包裹一样装（订）在一起的指称对象	tsɿ⁵⁵ tə⁵⁵ po⁵⁵ 盐 一 CL	一包盐
tɕʰo⁵⁵	捆绑在一起的指称对象	vu³³la³³ tə⁵⁵ tɕʰo⁵⁵ 布　　 一　 CL	一捆布

[①] kɑ⁵⁵ "CL：条"只用于修饰表达线条状的指称对象的名词。

量词	语义	示例	汉义
pʰo⁵⁵	成套的指称对象，如家具、服装等	ngɑ⁵⁵mɛ⁵⁵ tə⁵⁵ pʰo⁵⁵ 衣服　　一　CL	一套衣服
	经历、职业、年龄等相近的人	su⁵⁵ tə⁵⁵ pʰo⁵⁵ 人　一　CL	一群人
pʰɛ⁵⁵	成对的指称对象的一个部分	lə⁵⁵pʰo⁵⁵ tə⁵⁵ pʰɛ⁵⁵ 手　　　一　CL	一只手
bo⁵⁵	呈环形成串置于一起的指称对象	kʰu⁵⁵tsʅ⁵⁵ tə⁵⁵ bo⁵⁵ 钥匙　　　一　CL	一串钥匙
bu⁵⁵	相互之间有各种交错关系的人	nə⁵⁵ɑ⁵⁵＝dzi　　nə⁵⁵ bu⁵⁵ 2sg 1sg.SLF＝DL 二　CL	你我两家
pu⁵⁵	相互之间有各种交错关系的无生命指称对象	vu⁵⁵＋tɕo⁵⁵　tə⁵⁵ pu⁵⁵ 头＋裹:头巾　一　CL	一条头巾
	地上生长的活的植物，如庄稼、树等	o⁵⁵tɕɑ⁵⁵ tə⁵⁵ pu⁵⁵ 梨子　　一　CL	一棵梨树
ngɑ⁵⁵tsu⁵⁵	像金字塔一样垛起来的收割后的庄稼	ndzʅ⁵⁵ ʒʅ⁵⁵ ngɑ⁵⁵tsu⁵⁵ 小麦　八　CL	八垛小麦
ntsʰɛ⁵⁵	肩上挑的指称对象	vu³³lɑ³³ tə⁵⁵ ntsʰɛ⁵⁵ 布　　一　CL	一担布料
vɑ⁵⁵	背上背的指称对象	ndzʅ⁵⁵ nɑ⁵⁵ vɑ⁵⁵ 小麦　二　CL	两背小麦
tso⁵⁵	成堆的指称对象	pu⁵⁵ tə⁵⁵ tso⁵⁵ 土豆　一　CL	一堆土豆
tsʰuɑ⁵⁵	分隔成小块的空间或土地	i⁵⁵ tɑ⁵⁵ tsʰuɑ⁵⁵ 房子　一　CL	一间房屋
ntʂʰɑ⁵⁵ntʂʰɑ⁵⁵	呈线形成串置于一起的指称对象	mi⁵⁵npʰu⁵⁵ tɑ⁵⁵ ntʂʰɑ⁵⁵ntʂʰɑ⁵⁵ 珠子　　　一　CL	一串珠子

（4）亲属关系量词

Bradley（2001）注意到，在傈僳语中，有将亲属关系名词进行归类处理后使用量词的现象，尔苏语中也存在这种做法。不过，从语料观察，这类亲属关系量词的使用比较受限：

一方面，除了极少数词以外，它们大部分都与数词"二"共现；另一方面，它们和名词词组中心词是同位复指的关系，即为并列关系结构，而非上述表格中"名＋数＋量"的结构所呈现出的偏正关系结构。例如：

表5-4　尔苏语的亲属关系量词

量词	语义	示例				汉义
$p^ho^{55}ma^{55}$	男女，尤指夫妇	$p^ho^{55}za^{55}$ 丈夫	$z_{l}^{33}mo^{55}$ 妻子	na^{55} 二	$p^ha^{55}ma^{55}$ CL	夫妇俩
$v\epsilon^{55}\mathfrak{n}o^{55}$	兄弟（或姐妹）	$\mathfrak{n}i^{55}nua^{55}$ 弟弟/妹妹	$v\epsilon^{55}nua^{55}$ 哥哥/姐姐	$n\partial^{55}$ 二	$v\epsilon^{55}\mathfrak{n}o^{55}$ CL	兄弟俩/姐妹俩
$me^{55}xi^{55}$	姐弟（或兄妹）	$a\mathfrak{\textupsilon}^{55}$ 1pl.SLF	$ia^{55}dz\partial^{55}$ 小孩	$s_{l}^{55}n^{55}$ 七	$me^{55}xi^{55}$ CL	我们小孩七兄弟姐妹
$p^ha^{55}z_{l}^{33}$	父子（或父女）	$xi^{55}ts_{l}^{55}$ 兔子	la^{55} CO	$ia^{55}dz\partial^{55}$ 孩子	$na^{55}\ p^ha^{55}z_{l}^{55}$ 二　　CL	兔子和孩子父子俩

（5）特定量词

特定量词指的是具有特定含义并用于特定指称对象的量词，这些词一般都与特定文化背景紧密相关。例如：

表5-5　尔苏语的特定量词

量词	语义	示例	汉义
nt^hua^{55}	液体或流质的滴	$mia^{55}bo^{55}$　　na^{55}　nt^hua^{55} 眼泪　　　　　二　　CL	两滴眼泪
$nts\textsubring{h}a^{55}$	比较可爱的未成年孩子或动物	$ts^ho^{55}=i^{55}$　　　si^{55}　　$nts\textsubring{h}a^{55}$ 狗＝DIM:小狗　三　　CL	三只小狗
nts^hu^{55}	花或花状的果实	$k^ha^{55}li^{55}$　　$t\partial^{55}$　nts^hu^{55} 板栗　　　一　　CL	一簇板栗
ku^{55}	大部分非条状的新技术产品	$ts\textsubring{h}a^{55}ts_{l}^{55}$　　$t\partial^{55}$　ku^{55} Ch: 车子　一　　CL	一辆车子
ts^ha^{55}	（歌曲的）首	nga^{55}　ta^{55}　ts^ha^{55} 歌　　一　　CL	一首歌

2. 度量词

尔苏语中表达容器类的名词可以直接转换为度量词来使用。这种量词并不涉及指称对象的内在本质，只是依据容器对指称对象进行归类。例如：

ntʂʰə⁵⁵　　taʁ⁵⁵　puɑ⁵⁵　　　一桶米　　　　　vɛ⁵⁵＋ʂʅ⁵⁵　　　tə⁵⁵　zu⁵⁵　一盆猪肉

米　　　一　CL：桶　　　　　　　　猪＋肉：猪肉　一　　CL：盆

i⁵⁵　nə⁵⁵　ko⁵⁵　　两袋烟丝　　　　vɛ⁵⁵＝i⁵⁵　　ŋuɑ⁵⁵　ntʂʰə⁵⁵　五窝小猪仔

烟　二　CL：袋　　　　　　　　　　猪＝DIM　五　　CL：窝

3. 类别-度量词

尔苏语中有一类类别-度量量词，它们不仅揭示指称对象的内在属性，还对指称对象进行度量。前期关于量词研究的文献中，尚未发现这种现象。这可能是尔苏语独有的语言特征。例如：

表5-6　尔苏语的类别－度量量词

量词	语义	示例	汉义
kaʁ⁵⁵	少量，线条状指称对象	xao⁵⁵ taʁ⁵⁵ kaʁ⁵⁵ 蒿子　一　CL	一点蒿子
paʁ⁵⁵	少量，不规则或规则球珠状指称对象	tʂu⁵⁵ taʁ⁵⁵ paʁ⁵⁵ 黄豆　一　CL	一点黄豆
kʰaʁ⁵⁵	少量，粉末状指称对象	tso⁵⁵i⁵⁵ taʁ⁵⁵ kʰaʁ⁵⁵ 糌粑　一　CL	一点糌粑
mi⁵⁵	少量，液体或流质指称对象	vu⁵⁵ tə⁵⁵ mi⁵⁵ 酒　一　CL	一点酒
ntʂʰo⁵⁵	手抓量，不规则或规则球珠状指称对象	ndzʅ⁵⁵ zʅ⁵⁵① ntʂʰo⁵⁵ 荞麦　八　CL	八把荞麦
tsʰi⁵⁵	手抓量，线条状、捆绑好的指称对象	xa⁵⁵ dzu⁵⁵ ngə⁵⁵ tsʰi⁵⁵ 针　锥　九　CL	九把针和锥子
bi⁵⁵	手抓量，线条状、不一定捆绑好的指称对象	nʁi⁵⁵ tə⁵⁵ bi⁵⁵ 草　一　CL	一把草

4. 时间量词

尔苏语的时间名词可以直接作为量词使用。这种情况下，通常既指时间，也对时间进行分类。同时，时间名词本身也是名词词组的中心词。因此，含有时间名词的名词词组中，

---

① "八" [zʅ⁵⁵] 为老派发音，新派读作 [ʐʅ⁵⁵]。

时间名词具有双重角色，既作为名词词组的中心词使用，也作为时间量词使用。例如：

ta⁵⁵　　ła⁵⁵＝kə⁵⁵＝nɛ⁵⁵,　　　　sa⁵⁵tsʰ̩⁵⁵　n̺o⁵⁵　　dzo⁵⁵＝dzɛ⁵⁵.

一　　CL：月＝LOC：里＝TOP　三十　　CL：天　EXT＝EVID

一个月里有三十天。

（二）表数量词的句法功能

1. 定指功能

尔苏语的表数量词必须与数词共现，形成"名＋数＋量"结构，使表达抽象概念的名词具体化、可数化。从这个意义上说，尔苏语的量词具有定指功能。此外，当与其共现的数词为tə⁵⁵"一"时，tə⁵⁵"一"和量词均可省略，但语义、语用功能不同："名-tə⁵⁵"结构中，tə⁵⁵"一"语义虚化，转变为不定指标记；"名＋量"结构中，量词的语义虚化，转变为定指标记。例如：

vɛ⁵⁵　　tə⁵⁵　　wo⁵⁵　　ɑ⁵⁵-tʰə⁵⁵＝kə⁵⁵　　　　　　　dzo⁵⁵.

猪　　一　　CL：个　DIST-DEM：这＜那＝LOC：里　　EXT

那里有一头猪。（本句说话人侧重点在猪的数量）

vɛ⁵⁵　　tə⁵⁵　　　ɑ⁵⁵-tʰə⁵⁵＝kə⁵⁵　　　　　　　dzo⁵⁵.

猪　　INDF　　DIST-DEM：这＜那＝LOC：里　　EXT

那里有头猪。（本句说话人侧重点是猪而非其他指称对象）

vɛ⁵⁵　　wo⁵⁵　　ɑ⁵⁵-tʰə⁵⁵＝kə⁵⁵　　　　　　　dzo⁵⁵.

猪　　CL　　DIST-DEM：这＜那＝LOC：里　　EXT

那里有头猪。（本句说话人侧重点是某特定的猪而非其他猪）

2. 消除歧义功能

尔苏语中有比较多的同音异义词，这些词义的区分主要通过量词来表达。例如：

dzo⁵⁵　　tə⁵⁵　　mi⁵⁵

水　　一　　CL：流质、量少

一点水

dzo⁵⁵　　tə⁵⁵　　kɑ⁵⁵

水　　一　　CL：线条状

一条河

3. 对指称对象的语义具体化功能

量词最突出的功能是可以赋予表达抽象概念的名词以具体指称对象的功能。例如：

ndz̩⁵⁵　　tə⁵⁵　　pɑ⁵⁵　　　　　　　　　　　　　　　一粒荞麦指荞麦粒

荞麦　　一　　CL：不规则或规则的球珠形，通常不大于拳头

ndzʅ⁵⁵	tɑ⁵⁵	pɑɹ⁵⁵	一点荞麦指荞麦粒
荞麦	一	CL：不规则或规则的球珠形，量少	
ndzʅ⁵⁵	tɑ⁵⁵	kʰɑɹ⁵⁵	一点荞麦指荞麦粉
荞麦	一	CL：粉末状，量少	
ndzʅ⁵⁵	tə⁵⁵	pu⁵⁵	一棵荞麦指荞麦苗
荞麦	一	CL：地上生长的活的植物，如庄稼、树等	
ndzʅ⁵⁵	tə⁵⁵	tɕʰo⁵⁵	一捆荞麦指收割的荞麦
荞麦	一	CL：捆绑在一起的指称对象	
ndzʅ⁵⁵	tə⁵⁵	tʂʰo⁵⁵	一块荞麦指荞麦地
荞麦	一	CL：（土地的）块	

（三）反响量词

尔苏语中有少量名词对自身进行分类，即所谓的"自我量词"（auto-classifiers, Matisoff, 2003），亦称为"反响量词"（repeaters, Aikhenvald, 2000：103）。反响量词的句法功能和数词量词相似。就来源来说，反响量词分为两种情况：如果名词是单音节词，则重复整个名词作为量词；如果名词是双音节词，则重复第二个音节作为量词。例如：

nbo³³	nə⁵⁵	nbo³³	两匹马		ŋuɑ³³	ŋuɑ⁵⁵	ŋuɑ³³	五头牛
马	二	RPT：马			牛	五	RPT：牛	
zʅ⁵⁵xuɑ⁵⁵	tɑ⁵⁵	xuɑ⁵⁵	一块稻田		si⁵⁵pu⁵⁵	si⁵⁵	pu⁵⁵	三棵树
稻田	一	RPT：田			树	三	RPT：树	

（四）动量词

尔苏语的动量词一般与数词共现形成"数＋动量"的结构。在动词词组中，动量词置于动词之前以修饰动词中心词，主要表达动作行为的频次、程度、方式等。

1. 行为频次量词

尔苏语中有两个可以表示动作行为频次的量词，即tʂɑɹ⁵⁵"次"和tɕo⁵⁵"趟"。二者的区别在于前者可以用于修饰各种不同的动作行为，而后者只能修饰表示位移的动作行为。例如：

nɑ⁵⁵	tʂɑɹ⁵⁵	də⁵⁵-sʅ⁵⁵~sʅ⁵⁵	打了两次架
两	VCL：次	向上－打~RDUP：相互打	
tə⁵⁵	tɕo⁵⁵	dɑ⁵⁵-lɑ⁵⁵	上来过一趟
一	VCL：趟	向上－来：上来	

2. 行为程度量词

sʅ³³"点"只和tə⁵⁵"一"共现，即tə⁵⁵ sʅ³³"一点儿"，常用来修饰动词，用以表示程度轻微。例如：

| tə⁵⁵ | sɿ³³ | xɑ⁵⁵sɛ⁵⁵ | 有点明白 |

一　VCL：点　明白

| tə⁵⁵ | sɿ³³ | də⁵⁵-ȵi⁵⁵ | 有点疼 |

一　VCL：次　向上-疼

3. 行为方式量词

行为方式量词较好地反映了尔苏藏族人民的行为模式和他们对周边世界的行为反馈，具有较为浓厚的文化色彩，其语义并不能和汉语译文完全对应。例如：

表5-7　尔苏语的行为方式量词

量词	语义	示例	汉义
wɑ⁵⁵	一起（不发生位移）	ta⁵⁵　wɑ⁵⁵　dzo⁵⁵ 一　VCL　住	一起住
tʂə⁵⁵ŋu³³	一起（发生位移）	tə⁵⁵　tʂə⁵⁵ŋu³³　la⁵⁵ 一　VCL　来	一起来
kuɑ⁵⁵lɑ⁵⁵	圈（指围着某特定的指称对象转）	tso⁵⁵tʂʰə⁵⁵　si⁵⁵　kuɑ⁵⁵lɑ⁵⁵　da⁵⁵-sa⁵⁵ 粮仓　三　VCL　向上-留下印记	围着粮仓转了三圈
tɕo⁵⁵lɑ⁵⁵	圈（指没有特定目的的转）	si⁵⁵　tɕo⁵⁵lɑ⁵⁵　da⁵⁵-sa⁵⁵ 三　VCL　向上-留下印记	走了三圈

需要说明的是，除了kuɑ⁵⁵lɑ⁵⁵“圈”和tɕo⁵⁵lɑ⁵⁵“圈”可以与其他数词共现外，上表其他表示行为方式的动量词只能和tə⁵⁵“一”共现。

四　代词

（一）代词分类

尔苏语的代词可以分为人称代词、指示代词、反身代词、疑问代词、不定代词、回指代词（anaphoric pronoun）等。

1. 人称代词

尔苏语的人称代词分为第一人称、第二人称和第三人称等三类。每一类分别都有单数、双数、复数的区分；第一人称有自我、非我的区分，第三人称有现存、非现存的区分；每个人称都有主格、领格和宾格的区分。详见下表：

表5-8　尔苏语的人称代词

人称	数		主格	领格	宾格
第一人称	1sg（单数）	自我（SLF）	**ɑ⁵⁵**	$\varepsilon i^{55}/\alpha^{55}=i^{55}$	$\alpha^{55}=v\alpha^{33}$
		非我（OTR）	**io³³**	$io^{33}=i^{55}$	$io^{33}=v\alpha^{33}$
	1dl（双数）	自我（SLF）	$\alpha^{55}=dzi^{55}$	$\alpha^{55}=dzi^{55}$	$\alpha^{55}=dzi^{55}=v\alpha^{33}$
		非我（OTR）	$io^{33}=dzi^{33}$	$io^{33}=dzi^{55}$	$io^{33}=dzi^{55}=v\alpha^{33}$
	1pl(复数)	自我（SLF）	$\alpha\textturnr^{55}$	$\alpha\textturnr^{55}=i^{55}$	$\alpha\textturnr^{55}=v\alpha^{33}$
		非我（OTR）	$io\textturnr^{33}$	$io\textturnr^{33}=i^{55}$	$io\textturnr^{33}=v\alpha^{33}$
第二人称	2sg（单数）		**nə⁵⁵**	$n\textsubbridge{i}^{55}/nə^{55}=i^{55}$	$nα^{55}=v\alpha^{33}$
	2dl（双数）		$nə^{55}=dzi^{55}$	$nə^{55}=dzi^{55}$	$nə^{55}=dzi^{55}=v\alpha^{33}$
	2pl（复数）		$nə\textturnr^{55}$	$nə\textturnr^{55}=i^{55}$	$nə\textturnr^{55}=v\alpha^{33}$
第三人称	3sg(单数)	现存（PRT）	**tʰə⁵⁵**	$t^{h}i^{55}/t^{h}ə^{55}=i$	$t^{h}α^{55}=v\alpha^{33}$
		非现存（NPRT）	**zo⁵⁵**	$zo^{55}=i^{55}$	$zo^{55}=v\alpha^{33}$
	3dl(双数)	现存（PRT）	$t^{h}ə^{55}=dzi^{55}$	$t^{h}ə^{55}=dzi^{55}$	$t^{h}ə^{55}=dzi^{55}=v\alpha^{33}$
		非现存（NPRT）	$zo=dzi^{55}$	$zo^{33}=dzi^{55}$	$zo^{33}=dzi^{55}=v\alpha^{33}$
	3pl(复数)	现存（PRT）	$t^{h}ə\textturnr^{55}$	$t^{h}ə\textturnr^{55}=i^{55}$	$t^{h}ə\textturnr^{55}=v\alpha^{33}$
		非现存（NPRT）	$zo\textturnr^{33}$	$zo\textturnr^{33}=i^{55}$	$zo\textturnr^{33}=v\alpha^{33}$

说明：

（1）如表5-8所示，尔苏语看似有非常复杂的人称代词系统，但本质上只有三个主要人称，即第一人称、第二人称、第三人称的主格单数形式（见表格中加粗突显部分）。其他人称及格形式均是通过附着词素或元音屈折变化构成。双数人称由附着词素 $=dzi^{55}$ "=DL"附加在单数人称后形成；复数人称通过单数人称元音变换为卷舌音形成；领格由附着词素 $=i^{55}$ "=GEN"附加在主格人称后形成；宾格由非施事标记 $=vα^{33}$ "=NAGT"附加在主格人称后形成。

（2）第一人称单数的领格有两种表现形式，这两种形式在使用上没有明显差异；即使出现形式上的差异，也是由于音变导致的。三个人称的双数主格形式和领格形式无任何差异，也是由于领属标记 $=i^{55}$ "=GEN"的发音与双数标记 $=dzi^{55}$ "=DL"的元音 i 发生融合导致。本质上双数人称的领格形式应该为 $=dzi^{55}=i^{55}$，如第一人称双数的领格形式理论上为 $α^{55}=dzi^{55}=i^{55}$，但此处根据实际发音进行处理。具体情况可参阅第一章第二节关于尔苏语音变的讨论。

（3）第一人称有自我和非我的区分。所谓"自我"是指言说者本人，"非我"是指言说者直接引述他人的话中的"我"。这种区分主要出现在传统故事中，在日常对话中出现的频率已经不是很高。例如：

a. ɑ⁵⁵　　　　　kɑ³³tʂʰʅ³³　　tə⁵⁵　　　dɑ⁵⁵-kʰɑ⁵⁵tʰo⁵⁵=gə⁵⁵.

　1sg.SLF　　傻子　　　INDF　　向上－说＝PROS

　我来说个傻子的故事。

b. ɑ⁵⁵-ndʐo⁵⁵!　ɑ⁵⁵-ndʐo⁵⁵!　nə⁵⁵　io³³=vɑ³³　　　mɛ⁵⁵ntʂʰə⁵⁵　kɑ⁵⁵　　　də⁵⁵-tʂʰu⁵⁵…

　KIN－朋友　KIN－朋友　2sg　1sg.OTR＝NAGT　尾巴　　　CL：条状物　向上－拉

　朋友！朋友！你把我的尾巴拉出来……

上述例a中的ɑ⁵⁵"1sg.SLF"指代的是言说者，即准备说傻子故事的发音人本人；而例b中的io⁵⁵"1sg.OTR"指代的是神话故事中的角色，即一只尾巴被石头夹住的神猫。发音人在此以第一人称来模拟神猫的语气说话，而非指向发音人本人。

（4）第三人称有现存和非现存的区分。这种语言现象在代词的类型学文献中，我们还没有发现相关研究，同时我们也无法在汉语中找到更合适的词汇去概括它。这很可能是尔苏语独具的类型学特征。为称说方便，本书暂以"现存"和"非现存"来表述这种区分。所谓"现存"，指的是言说者在现实生活中存在的指称对象；而"非现存"指的是仅仅存在于言说者记忆中的，或者是言说者不喜欢且心理上排斥的指称对象。例如：

a. tʰə⁵⁵=nɛ³³,　　　ɑ⁵⁵=zl̩³³　　　　ȵi⁵⁵nuɑ⁵⁵　　tə⁵⁵.

　3sg.PRT＝TOP　1sg.SLF＝GEN：家　弟弟/妹妹　PART：陈述

　他是我的弟弟。

b. xi⁵⁵tsʅ⁵⁵　dʑi³³　zo³³=i⁵⁵kə⁵⁵=nɛ³³,　　　tə⁵⁵　do⁵⁵=i³³,　si⁵⁵pʰɛ⁵⁵tsʰɑ⁵⁵lɑ⁵⁵=kə⁵⁵　ȵi⁵⁵-nbɛ⁵⁵…

　兔子　　　也　3sg.NPRT＝AGT＝TOP　一　跳＝CSM　灌木丛＝LOC：里　　　向下－钻

　兔子呢，它也一跳，钻进了灌木丛……

上述例a中的tʰə⁵⁵"3sg.PRT"是指称发音人身边的对象；而例b中的zo³³"3sg.NPRT"是指称发音人记忆中的对象，即那只兔子。

（5）尔苏语的第三人称代词无性别的区分，也无有生和无生的区分。

（6）尔苏语并非严格意义上的主宾格语言，施事标记和非施事标记也并非成对出现，情况较为复杂，具体见Zhang（2016：168-175；190-196）。本书扼要概述如下：尔苏语小句中，如果主语和宾语均为名词，或者主语或宾语其中之一为名词，则主宾格不完全对应，故不能简单将尔苏语作为主宾格语言处理；如果主语和宾语均为人称代词，则完全对应。故此，本书在描写人称代词时，将担当主语的人称代词当成主格，担当宾语的人称代词当成宾格处理。具体而言，人称代词做宾格，由主格带非施事标记＝vɑ³³"＝NAGT"构成。例如：

ɑ⁵⁵　　　　na⁵⁵ = va³³　　dɑ⁵⁵-kɑ⁵⁵ = gə⁵⁵.

1sg.SLF　2sg = NAGT　向上－打 = PROS

我要打你。

2. 指示代词

尔苏语的核心指示代词只有近指的tʰə⁵⁵"DEM：这"，远指、更远指都是通过添加前缀形成。尔苏语的指示代词不是自由词素，必须与名词或量词共现才能在具体语境中使用。这是其和同音同形的第三人称单数tʰə⁵⁵"3sg"的本质区别。此外，指示代词没有数的区分，单指还是复指需要通过上下文界定。具体见下表：

表5-9　尔苏语的指示代词

距离	代词	汉义
近指	tʰə⁵⁵	这/这些
远指	ɑ⁵⁵-tʰə⁵⁵	那/那些
更远指	ɑː⁵⁵-tʰə⁵⁵	那/那些很远，通常看不见或仅存在于记忆中

由表5-9可见，尔苏语的指示代词有近指、远指和更远指的区分。远指通过在近指前加上前缀ɑ⁵⁵-"DIST-"实现，更远指则通过延长远指前缀ɑ⁵⁵-"DIST-"的发音实现。更远指在日常生活及语料中出现的频率较低。例如：

tʰə⁵⁵　　　　ŋuɑ³³ + ʂʅ⁵⁵ = bɛ³³　　tsɛi⁵⁵　　də⁵⁵-xə⁵⁵.

DEM：这　牛 + 肉：牛肉 = PL　真　　向上－香

这些牛肉真香。

ɑ⁵⁵-tʰə⁵⁵　　　　　　　za⁵⁵tsʰɛ⁵⁵　ta⁵⁵　ka⁵⁵　　　　　ɑ⁵⁵ = i⁵⁵　　　ta⁵⁵　ka⁵⁵.

DIST-DEM：这 < 那　裤子　　一　CL：条状物　1sg.SLF = GEN　一　CL：条状物

那条裤子是我的。

ɑː⁵⁵-tʰə⁵⁵　　　　　　nbi⁵⁵ = tɕo⁵⁵ = nɛ³³,　　si⁵⁵ + pu⁵⁵

REMT-DEM：这 < 那　山 = LOC：上 = TOP　木头 + CL：活的庄稼或植物 < 树

mɑ⁵⁵-dzo⁵⁵　　tə⁵⁵.

NEG-EXT　　PART：肯定

那山上没有树。（距离太远或者记忆太久远，并没有实际了解是否有树）

3. 反身代词

尔苏语的反身代词有两种组合方式：一种是主格或领格人称代词重叠形成，另一种是由主格人称代词与 io^{55}tsɛi^{55}"自己"组成的合成词构成。见表5-10：

表5-10 尔苏语的反身代词

人称	数			重叠	合成
第一人称	1sg（单数）	自我（SLF）		ɛi^{55}ɛi^{55}	a^{55} + io^{55}tsɛi^{55}
		非我（OTR）		io^{33}io^{33}	io^{33} + io^{55}tsɛi^{55}
	1dl（双数）	自我（SLF）		a^{55}=dzi^{55}a^{55}=dzi^{55}	a^{55}=dzi^{55} + io^{55}tsɛi^{55}
		非我（OTR）		io^{33}=dzi^{55}io^{33}=dzi^{55}	io^{33}=dzi^{55} + io^{55}tsɛi^{55}
	1pl（复数）	自我（SLF）		aɹ^{55}aɹ^{55}	aɹ^{55} + io^{55}tsɛi^{55}
		非我（OTR）		ioɹ^{33}ioɹ^{33}	ioɹ^{33} + io^{55}tsɛi^{55}
第二人称	2sg（单数）			n̠i^{55}n̠i^{55}	n̠i^{55}/nə^{55} + io^{55}tsɛi^{55}
	2dl（双数）			nə^{55}=dzi^{55}nə^{55}=dzi^{55}	nə^{55}=dzi^{55} + io^{55}tsɛi^{55}
	2pl（复数）			nəɹ^{55}nəɹ^{55}	nəɹ^{55} + io^{55}tsɛi^{55}
第三人称	3sg（单数）	现存（PRT）		tʰi^{55}tʰi^{55}	tʰi^{55}/tʰə^{5} + io^{55}tsɛi^{55}
		非现存（NPRT）			
	3dl（双数）	现存（PRT）		tʰə^{55}=dzi^{55}tʰə^{55}=dzi^{55}	tʰə^{55}=dzi^{55} + io^{55}tsɛi^{55}
		非现存（NPRT）			
	3pl（复数）	现存（PRT）		tʰəɹ^{55}tʰəɹ^{55}	tʰəɹ^{55} + io^{55}tsɛi^{55}
		非现存（NPRT）			

由表5-10可见，"非现存"系列的第三人称代词无对应的反身代词。重叠形式的反身代词和合成形式的反身代词在使用上无明显差异，依据个人风格或喜好确定。例如：

tʰə^{55}=kə^{55}　　　　　　ɛi^{55}~ɛi^{55}　　　　　　ŋa^{55}-ba^{55}n̠i^{55}　tə^{55}.

DEM：这 =LOC：里 < 这时　　1sg.SLF.GEN~RDUP:REFL　向外-休息　PART：陈述

这时候，我自己退休了。（直译：这时，我自己休息了。）

tʰə^{55}=kə^{55}　　　　　　a^{55} + io^{55}tsɛi^{55}　　ŋa^{55}-ba^{55}n̠i^{55}　tə^{55}.

DEM：这 =LOC：里 < 这时　　1sg.SLF + 自己　　向外-休息　　PART：陈述

这时候，我自己退休了。（直译：这时，我自己休息了。）

4. 疑问代词

（1）常用疑问代词

尔苏语的常用疑问代词如下表所示：

表5-11　尔苏语的疑问代词

疑问代词	语义
$sɛ^{55}$	谁
$ɑ^{55}nɛ^{55}$	什么
$kʰɑ^{55}$	哪
$tsʰo^{55}$	多少
$ŋɑ^{55}xɑ^{55}$	何时
$ɑ^{55}ndʑi^{55}$	怎么/为什么
$ɑ^{55}muɑ^{55}$	为什么

需要说明的是，上述疑问代词中，$sɛ^{55}$"谁"通常与名词或"数＋量"结构共现，是就具体指称对象进行的提问；$ɑ^{55}nɛ^{55}$"什么"既可以与名词或"数＋量"结构共现，就具体指称对象进行提问，也可以单独使用，就非具体指称对象进行提问；$kʰɑ^{55}$的语义内涵如果是"哪里"，可以单独使用，如果指"人或物"，通常与"数＋量"结构共现，就具体指称对象进行提问；$tsʰo^{55}$"多少"后面需要接具体的名词或量词，就指称对象的"量"进行提问，由于其本身具有数量的语义内涵，因此，它不和数词共现；其他的疑问代词和汉语相似，可以作为自由词素在语境中使用，不一定需要和其他词或结构共现。

（2）常用疑问代词举例

① $sɛ^{55}$"谁"。例如：

$sɛ^{55}$　　　$tə^{55}$　　wo^{55}　　$ndzo^{55}ndʐ^{55}$　　$z^{55}＝gə^{55}＝ɛ^{33}$?

ITRG：谁　一　　CL：个　书　　　　　买＝PROS＝ITRG

谁买书啊？

② $ɑ^{55}nɛ^{55}$"什么"。例如：

$ɑ^{55}nɛ^{55}$　　　su^{55}　　$tə^{55}$　　　i^{55}　　　$kɑ^{55}＝kə^{55}$　　　　　$dzo^{55}＝ɛ^{33}$?

ITRG什么　人　　INDF　房子　CL：条状物＝LOC：里　EXT＝ITRG

什么人在房子里？

$tʰə^{55}$　　　　$wo^{55}＝nɛ^{33}$,　　$ɑ^{55}nɛ^{55}$　　$tə^{55}$　　　wo^{55}?

DEM：这 CL：个＝TOP 什么 一 CL：个

这个是什么？

nə⁵⁵ ɑ⁵⁵nɛ⁵⁵ ŋu³³＝ɛ³³？

2sg ITRG：什么 做＝ITRG

你在干什么？

③ kʰɑ⁵⁵ "哪"。例如：

nə⁵⁵ kʰɑ⁵⁵ ʐʅ⁵⁵＝gə⁵⁵＝ɛ³³？

2sg ITRG：哪儿 去＝PROS＝ITRG

你去哪儿啊？

nə⁵⁵ su⁵⁵ kʰɑ⁵⁵ əɹ⁵⁵nbɑ⁵⁵ ȵɑ⁵⁵ gɑ⁵⁵＝ɛ³³？

2sg 人 ITRG：哪 种 最 喜欢＝ITRG

你最喜欢哪种人？

nə⁵⁵ wo⁵⁵ tʰɛi⁵⁵ iɑ⁵⁵-mɑ⁵⁵, nə⁵⁵ kʰɑ⁵⁵ tə⁵⁵ wo⁵⁵ xo⁵⁵＝ɛ³³？

二 CL：个 都 ADJ–好吃 2sg ITRG：哪 一 CL：个 要＝ITRG

两个都好吃，你要哪一个？

④ tsʰo⁵⁵ "多少"。例如：

su⁵⁵ tsʰo⁵⁵ wo⁵⁵ o⁵⁵tso⁵⁵ duɑ⁵⁵＝ɛ³³？

人 IRTG：多少 CL：个 西昌 去.PST＝ITRG

多少人去西昌啦？

nə⁵⁵ vu⁵⁵ tsʰo⁵⁵ ts̩ɑ⁵⁵ tsʰɛ⁵⁵ to⁵⁵＝tə⁵⁵＝ɛ³³？

2sg 酒 ITRG：多少 杯 喝 AUX：能＝PART：舒缓＝ITRG

你能喝多少杯酒啊？

⑤ ȵɑ⁵⁵xɑ⁵⁵ "何时"。例如：

nə⁵⁵ ȵɑ⁵⁵xɑ⁵⁵ vɑ⁵⁵kə⁵⁵ zʅ⁵⁵＝gə⁵⁵＝ɛ³³？

2sg ITRG：何时 越西 去.NPST＝PROS＝ITRG

你什么时候去越西啊？

⑥ ɑ⁵⁵ndʑi⁵⁵ "怎么/为什么"。例如：

nə⁵⁵ ɑ⁵⁵ndʑi⁵⁵ tʰə⁵⁵ nbi⁵⁵＝tɕʰo⁵⁵ dɑ⁵⁵-pɑ⁵⁵＝tə⁵⁵＝dɑ³³？

2sg ITRG：怎么 DEM：这 山＝LOC：上 向上–到达＝PART：舒缓＝ITRG

你怎么到这山上的啊？

nə⁵⁵ ɑ⁵⁵ndʑi⁵⁵ nbɛ⁵⁵＝tə⁵⁵＝ɛ³³？

2sg ITRG 哭＝PART：舒缓＝ITRG

你怎么哭了啊？或：你为什么哭啊？

⑦ $ɑ^{55}muɑ^{55}$ "为什么"。例如：

$nə^{55}$ $ɑ^{55}muɑ^{55}$ $ɑ^{55}=zʅ^{55}$ i^{55} $kɑ^{55}=tɕʰo^{55}$ $əɹ^{55}+kʰuɑ^{55}$

2sg ITRG：为什么 1sg.SLF＝GEN：家 房子 CL：条状物＝LOC：上 石＋大：石头

$tsɛ^{55}=ɛ^{33}$?

扔＝ITRG

你为什么往我家房顶上扔石头啊？

（3）差异和联系

尔苏语中，部分疑问代词有相同或相近的语义，其差异与联系可扼要概述如下：

① $sɛ^{55}$ "谁"和 $kʰɑ^{55}$ "哪"指"人"时的差异和联系

尔苏语中，$sɛ^{55}$ "谁"和 $kʰɑ^{55}$ "哪"与"数＋量"结构共现时都可以用来指"人"，汉译为"哪个/些人"。它们在语义上没有明显差异，但是，在语用上有一定差异。一般情况下，两者可以互换使用，但是，"$sɛ^{55}$-数＋量"可以表示反问，而"$kʰɑ^{55}$-数＋量"则不具备这方面的功能。此外，"$kʰɑ^{55}$-数＋量"可以表示以前听说过或了解过某人的一些情况，再予以提问。例如：

a. $sɛ^{55}$ $tə^{55}$ wo^{55} $nə^{55}=zʅ^{33}$ $ʔi^{55}zɑ^{55}$ $wo^{55}=ɛ^{33}$?

 ITRG：谁 一 CL：个 2sg＝GEN：家 儿子 CL：个＝ITRG

谁是你家儿子啊？

b. $kʰɑ^{55}$ $tə^{55}$ wo^{55} $nə^{55}=zʅ^{33}$ $ʔi^{55}zɑ^{55}$ $wo^{55}=ɛ^{33}$?

 ITRG：哪 一 CL：个 2sg＝GEN：家 儿子 CL：个＝ITRG

谁是你家儿子啊？

上述例a表明言说者对言说对象不是很满意或高兴。譬如，对方开玩笑说言说者是其儿子，言说者对其反问甚至诘问的语气，在这种情况下只能用 $sɛ^{55}$ "谁"；而例b就是正常的提问，譬如言说者想在众多人中找出对方的儿子，于是发问。

② $ɑ^{55}ndʑi^{55}$ "怎么/为什么"和 $ɑ^{55}muɑ^{55}$ "为什么"就原因提问时的差异和联系

尔苏语中，$ɑ^{55}ndʑi^{55}$ "怎么/为什么"和 $ɑ^{55}muɑ^{55}$ "为什么"都可以就事件发生的"原因"进行提问。一般情况下，两者可以互换使用，但是前者可以表达责备的意思，而后者单纯进行提问。例如：

a. $nə^{55}$ $ɑ^{55}ndʑi^{55}$ $tʰə^{55}dʑi^{55}$ $nə^{55}$-$ŋu^{55}=ɛ^{33}$?

 2sg ITRG：怎么 这样子 向下－做＝ITRG

你为什么这样子做？

b. nə⁵⁵　ɑ⁵⁵muɑ⁵⁵　　tʰə⁵⁵dʑi⁵⁵　nə⁵⁵-ŋu⁵⁵＝ɛ³³?

　2sg　ITRG：怎么　这样子　　向下-做＝ITRG

你为什么这样子做?

上述例 a 并非真的是就原因提问，有可能是言说者想表达责备的语义内涵，其本意是"你怎么能够这样子做！"因此，听话人需要根据具体情况对例 a 的语义作出合理的判断。而例 b 则无这种意味，完全是就事件发生的原因进行提问。

5. 不定代词

尔苏语的不定代词分为三种情况：部分疑问代词直接用为不定代词，部分疑问代词重叠后用为不定代词，以及专用的不定代词。

（1）疑问代词直接用为不定代词（见表 5-12）

表 5-12　尔苏语的疑问代词直接作为不定代词

疑问代词	语义
sɛ⁵⁵	无论谁
ɑ⁵⁵nɛ⁵⁵	无论什么
kʰɑ⁵⁵	无论哪里/个
tsʰo⁵⁵	无论多少
n̩ɑ⁵⁵xɑ⁵⁵	无论何时
ɑ⁵⁵ndʑi⁵⁵	怎样

例如：

sɛ⁵⁵　tə⁵⁵　wo⁵⁵　　iɑ⁵⁵-ntʂʰə⁵⁵,　sɛ⁵⁵　tə⁵⁵　wo⁵⁵　mi⁵⁵mi⁵⁵　lɑ⁵⁵＝gə⁵⁵.

谁　一　CL：个　ADJ-快　　谁　一　CL：个　肉　　来＝PROS

哪个快，哪个就有肉吃。（直译：无论谁快，无论谁来肉。）

ɑ⁵⁵nɛ⁵⁵　dʐɿ⁵⁵　buɑ⁵⁵tʂə⁵⁵,　ɑ⁵⁵nɛ⁵⁵　dʐɿ⁵⁵　lɑ⁵⁵　pʰɑ⁵⁵.

什么　吃　MOD：想　什么　吃　来　MOD：能

想吃啥就有啥。（直译：无论想吃什么，就能来什么吃。）

bɛ⁵⁵ɚ⁵⁵　　tɑ⁵⁵　kɑ⁵⁵＝nɛ⁵⁵,　　　tʰə⁵⁵　　kʰɑ⁵⁵　　　duɑ³⁵＝nɛ⁵⁵,

蛇　　一　CL：条状物＝TOP　3sg.PRT　无论哪里　去.PST＝PART：停顿

tʰə⁵⁵　　so⁵⁵pʰɛ⁵⁵　kʰə⁵⁵-lo⁵⁵.

3sg.PRT　前面　　向里-拦

一条蛇呢，无论它走到哪里，就把它拦在哪里。

（2）疑问代词重叠用为不定代词（见表5-13）

表5-13　尔苏语的疑问代词重叠作为不定代词

疑问代词	语义
$sɛ^{55}$~$sɛ^{55}$	任何人/人人
$ɑ^{55}nɛ^{55}$~$ɑ^{55}nɛ^{55}$	任何东西/事
$ɑ^{55}ndʐi^{55}$~$ɑ^{55}ndʐi^{55}$	各种方式
$k^hɑ^{55}$~$k^hɑ^{55}$	任何地方/到处
ts^ho^{55} CL~ts^ho^{55} CL	几个几个

例如：

$t^hə^{55}$　　　　$ɑ^{55}$=$vɑ^{55}$　　　　$dɑ^{55}$-$k^hɑ^{55}t^ho^{55}$=$gə^{55}$,　$sɛ^{55}$~ $sɛ^{55}$　　　　　$t^hə^{55}$=$kə^{55}$

3sg.PRT　1sg.SLF=NAGT　向上-说=PROG　　　谁~RDUP：任何人　DEM=LOC：里

$iɑ^{55}$-nts^hu^{55}=$tə^{55}$.

ADJ-好 =PART：陈述

他对我说，这儿任何人都好。

$ɑ^{55}nɛ^{55}$~$ɑ^{55}nɛ^{55}$　　　　$io^{55}tsei^{55}$　　　$nə^{55}$-$ŋu^{55}$.

什么~RDUP：任何事　自己　　　向下-做

任何事情都是自己做。

（3）专用不定代词

尔苏语中有一些词只作为不定代词使用，如$n̩o^{33}kuɑ^{33}$"全部"、su^{55}"人"、su^{55}+i^{55}"人家"。$n̩o^{33}kuɑ^{33}$"全部"可以用于指代任何指称对象的名词或代词，包括"人、物、事"等，它的主要作用是置于名词或代词之后作为名词的同位成分，对名词的数量进行补充说明和特别强调；su^{55}本来作为名词使用，意为"人"，但也可以作为不定代词使用，意为"有人/有些人、某人/某些人"；合成词su^{55}+i^{55}"人+家：人家"，其意义和汉语的"人家"相似，代指"别人"。例如：

pu^{55}　　$bɛ^{33}$　$n̩o^{33}kuɑ^{33}$　$t^hɛi^{55}$　$də^{55}$-dzu^{55}　$t^hə^{55}$-so^{55}=$ɑ^{35}$.

土豆　些　全部　　　都　向上-干　向他人-死=PFV

土豆全部干死了。

su^{55}　$tə^{55}$　$bɛ^{55}$　$t^hə^{55}$=$zʅ^{55}$　　　$iɑ^{55}vɑ^{55}$　dzo^{55}.

某人　一　些　3sg.PRT=GEN：家　　　EXT

有些人在他家。①

———————

① 此处的su^{55}不是表达"人"这一概念，而是代指特定的、言说者知道的一些人，因此作为不定代词处理。

su⁵⁵+i⁵⁵　　　　io⁵⁵ndʐɑ⁵⁵mo³³　　nɑ⁵⁵=vɑ⁵⁵　tsɛi⁵⁵　　mɑ⁵⁵-gɑ⁵⁵=tə⁵⁵.

人＋家：人家　雍扎嬷　　　　2sg＝NAGT　真　　　NEG－爱＝PART：陈述

人家雍扎嬷是真的不爱你。

6. 回指代词

尔苏语有两个可以互换使用的回指代词tʰə⁵⁵su⁵⁵和tsʰu⁵⁵"这样"。它们通常与"数＋量"结构共现，紧随其所指指称对象的名词之后，不仅有指代作用，还有强调作用。例如：

m⁵⁵　　tsʅ⁵⁵　　xi⁵⁵　　tsʅ⁵⁵　　tʰə⁵⁵su⁵⁵　　nə⁵⁵　　wo⁵⁵.

兄　　独　　妹　　独　　这样　　　二　　CL：个

孤零零的兄妹这样两个人。

si⁵⁵　　iɑ⁵⁵-ʂə⁵⁵　　kɑ⁵⁵　　　　tsʰu⁵⁵　　tɑ⁵⁵　　kɑ⁵⁵　　　　tɕi⁵⁵　　lɑ⁵⁵.

木头　　ADJ－长　　CL：条状物　　这样　　一　　CL：条状物　　拿　　来

拿一根这样长的木头来。

（二）代词的句法功能

和名词相似，代词在小句中承担和名词相似的功能，可以充当主语、宾语、定语等。语料中未见代词作为谓语使用的情况。

1. 做主语

tʰə⁵⁵　　　　　ŋɑ⁵⁵　　iɑ⁵⁵-nbo⁵⁵.

3sg.PRT　很　　ADJ－高

他很高。

2. 做宾语

su⁵⁵ŋo⁵⁵　　**tʰɑ⁵⁵**=vɑ³³　　　ntʂʰə⁵⁵~ntʂʰə⁵⁵　　vɑ⁵⁵kə⁵⁵　　zʅ⁵⁵=su⁵⁵.

明天　　3sg.PRT＝NAGT　快~RDUP：尽快　越西　　去.NPST＝CAUS

让他明天尽快去越西。

3. 做定语

tʰi⁵⁵　　　　　ŋuɑ³³　　də⁵⁵-zu⁵⁵　　bɛ⁵⁵　　tɕʰo⁵⁵pɑ⁵⁵　　iɑ⁵⁵-ndə⁵⁵.

3sg.PRT.GEN　牛　　向上－喂养　　些　　特别　　　ADJ－肥

他养的牛特别肥。

4. 做状语

nə⁵⁵-dzi⁵⁵　　nə⁵⁵　　wo⁵⁵　　**ŋɑ⁵⁵xɑ⁵⁵**　　lɑ⁵⁵　　tə⁵⁵　　bɛ³³?

2sg－DL　　二　　CL：个　何时　　来　　一　　些

你们俩什么时候一起来？

五 动词

（一）尔苏语动词的主要类别

1. 自主性动词

自主性动词描述的是由有生的施事者或主语有意识的发出的动作，同时这些动作也在有生的施事者或主语的可控范围之内，包括一些表达位移、动作行为、行为过程，以及言语活动的动词。例如：

də⁵⁵-to⁵⁵	向上－跳	də⁵⁵-tsʰu⁵⁵	向上－建（房屋等）
kʰa⁵⁵-ma⁵⁵	向内－睡觉	kʰa⁵⁵-so⁵⁵~so⁵⁵	向内－学~RDUP
da⁵⁵-la⁵⁵	向上－来	nə³³-nbɛ³³	向下－哭

2. 内在状态动词

内在状态动词指的是用于表达主语认知、感觉、情感一类的动词，其发生有可能受外界诱发，也可能源自主语的自主潜意识。例如：

də⁵⁵-xa⁵⁵sɛ³³	向上－明白	tʰə⁵⁵-dzʅ⁵⁵	向他人－听说
tʰə⁵⁵-mɛ⁵⁵	向他人－忘记	də⁵⁵-tɕi⁵⁵ma	向上－害怕
tʰə⁵⁵-ndo⁵⁵	向他人－看见	da⁵⁵-ga⁵⁵	向上－喜欢/爱

3. 现象动词

现象动词用于描述有生主语可以观察得到的现象，包括：（1）一些不可控动词、非自主动词；（2）揭示周边现象的动词，如物体姿态、天气、人体状况等；（3）一些非主语自愿发生的过程动词。例如：

ŋa⁵⁵-ba⁵⁵n̠i⁵⁵	向外－疲惫	də³³-n̠i³³	向上－生病
da⁵⁵-tsa⁵⁵	向上－挂	tʰə⁵⁵-mo⁵⁵	向他人－变老/死
da⁵⁵-kʰua⁵⁵	向上－大：长大	da⁵⁵-tsʰa⁵⁵	向上－热：变热

4. 判断系动词

尔苏语中，表达主语与谓语之间身份关系、属性关系和领有关系等三类关系的肯定句，以及表达属性关系的否定句，在日常生活使用时，基本不需要借助任何系动词来实现。但是通过咨询发音人，得知他们觉得使用系动词也未尝不可。但是，表达这三类关系的一般疑问句，以及表达身份关系和领有关系的否定句，则需要借助判断系动词 zʅ³³ "COP" 来实现。

（1）身份关系。例如：

tʰə⁵⁵   wo⁵⁵＝nɛ⁵⁵,   a⁵⁵＝zʅ⁵⁵   a⁵⁵-pa⁵⁵.

DEM：这 CL：个＝TOP 1sg.SLF＝GEN：家 KIN－爸爸

这位是我的爸爸。（直译：这个呢，我的爸爸。）

tʰə⁵⁵　　　wo⁵⁵=nε⁵⁵,　　a⁵⁵=zʅ³³　　　　　　a⁵⁵-pa⁵⁵　　　zʅ⁵⁵.

DEM：这　CL：个＝TOP　1sg.SLF＝GEN：家　KIN–爸爸　　COP

这位是我的爸爸。（直译：这个呢，是我的爸爸。）

tʰə⁵⁵　　　wo⁵⁵=nε⁵⁵,　　a⁵⁵=zʅ³³　　　　　　a⁵⁵-pa⁵⁵　　　ma⁵⁵-zʅ⁵⁵.

DEM：这　CL：个＝TOP　1sg.SLF＝GEN：家　KIN–爸爸　NEG–COP

这位不是我的爸爸。（直译：这个呢，不是我的爸爸。）

tʰə⁵⁵　　　wo⁵⁵=nε⁵⁵,　　nə⁵⁵=zʅ³³　　　a⁵⁵-pa⁵⁵　　　a⁵⁵=zʅ⁵⁵=ε³³?

DEM：这　CL：个＝TOP　2sg＝GEN：家　　KIN–爸爸　　ITRG＝COP＝ITRG

这位是你的爸爸吗?

（2）属性关系。例如：

tʰə⁵⁵=zʅ³³　　　　　zi³³i³³　ia⁵⁵-ntɕʰo⁵⁵=tə⁵⁵.

3sg.PRT＝GEN：家　女儿　ADJ–漂亮＝PART：陈述

他家女儿漂亮。

tʰə⁵⁵=zʅ³³　　　　　zi³³i³³　ia⁵⁵-ntɕʰo⁵⁵　　zʅ⁵⁵=tə⁵⁵.

3sg.PRT＝GEN：家　女儿　ADJ–漂亮　　COP＝PART：陈述

他家女儿漂亮。

tʰə⁵⁵=zʅ³³　　　　　zi³³i³³　ia⁵⁵-ntɕʰo⁵⁵　　ma⁵⁵-zʅ⁵⁵=tə⁵⁵.

3sg.PRT＝GEN：家　女儿　ADJ–漂亮　　NEG–COP＝PART：陈述

他家女儿并不漂亮。

tʰə⁵⁵=zʅ³³　　　　　zi³³i³³　ma⁵⁵-ntɕʰo⁵⁵=tə⁵⁵.

3sg.PRT＝GEN：家　女儿　ADJ–漂亮＝PART：陈述

他家女儿不漂亮。

tʰə⁵⁵=zʅ³³　　　　　zi³³i³³　ia⁵⁵-ntɕʰo⁵⁵=tə⁵⁵,　　　a⁵⁵=zʅ⁵⁵=ε³³?

3sg.PRT＝GEN：家　女儿　ADJ–漂亮＝PART：陈述　ITRG＝COP＝ITRG

他家女儿漂亮，是吗?

（3）领有关系。例如：

la⁵⁵　tʰə⁵⁵　　be³³=nε³³,　a⁵⁵=zʅ³³　　　　　tə⁵⁵　bε³³.

鸡　DEM：这 些＝TOP　1sg.SLF＝GEN：家　一　些

这些鸡是我家的。（直译：这些鸡呢，我家的一些。）

la⁵⁵　tʰə⁵⁵　　be³³=nε³³,　a⁵⁵=zʅ³³　　　　　tə⁵⁵　bε³³　zʅ⁵⁵.

鸡　DEM：这 些＝TOP　1sg.SLF＝GEN：家　一　些　COP

这些鸡是我家的。

la⁵⁵ tʰə⁵⁵ bɛ³³＝nɛ³³, a⁵⁵＝zʅ³³ tə⁵⁵ bɛ³³ ma⁵⁵-zʅ⁵⁵.

鸡　　DEM：这　些＝TOP　1sg.SLF＝GEN：家　一　　些　　NEG–COP

这些鸡不是我家的。

la⁵⁵ tʰə⁵⁵ bɛ³³＝nɛ³³, nə⁵⁵＝zʅ³³ tə⁵⁵ bɛ³³ a⁵⁵＝zʅ⁵⁵＝ɛ³³?

鸡　　DEM：这　些＝TOP　2sg＝GEN：家　一　些　ITRG＝COP＝ITRG

这些鸡是你家的，对吧？

5. 存在类和领有类动词

尔苏语的领有类动词和存在类动词在功能、语义等方面有所区分。其中，dzo⁵⁵、xa⁵⁵、dzɑ⁵⁵、no⁵⁵表示"存在"，而 bo⁵⁵表示"领有"。对此，张四红、余成林（2017）已作专文阐释，此处仅简单介绍。

（1）存在类和领有类动词与指称对象的关系

尔苏语的上述4个存在类动词和1个领有类动词可从如下三个维度对指称对象进行区分：生命度（有生命 vs.无生命）、概念（具体 vs.抽象）、活动性/移动性（可活动 vs.不可活动/可移动 vs.不可移动）。

尔苏语存在类领有类动词与指称对象属性之间的关系概括如表5-14，并分述如下：

表5-14　存在类和领有类动词与指称对象的关系

动词		指称对象		
		生命度	概念	活动性/移动性
存在	dzo⁵⁵	有生命（包括人类及动物）	具体	可活动/移动
		无生命（多指流体以及混于其他物体的对象）		
	dzɑ⁵⁵	无生命		
	xa⁵⁵	无生命（包括附着于其他物体的对象）		不可活动/移动
	no⁵⁵	无生命	抽象	不适用
领有	bo⁵⁵	无生命（包括珍贵的物品）	具体	可活动/移动

① dzo⁵⁵"EXT"所关涉的指称对象

dzo⁵⁵"EXT"主要用于表示有生命、具体且可移动/活动的指称对象的存在，包括人类及动物等。例如：

a⁵⁵　　　　də⁵⁵　　kə⁵⁵　　ŋua³³　　na⁵⁵　　ŋua³³　　dzo⁵⁵.

1sg.SLF　　家　　里　　牛　　两　　RPT：牛　　EXT

我家有两头牛。

dzo⁵⁵"EXT"也可以用于指示无生命的流体的存在，如水、血、汤等。例如：

tʰə⁵⁵　　dzo̠⁵⁵　　ka⁵⁵　　　　kə⁵⁵　　dzo̠⁵⁵　　ma⁵⁵-dzo⁵⁵＝a³⁵.

DEM：这　河　　CL：条状物　里　　水　　NEG-EXT＝PFV

这条河里没有水了。

当指称对象与其他物体混杂在一起时，如米粒里的沙子、肉里的骨头、汤菜里的固体食物等，也用dzo⁵⁵"EXT"来指示其存在。例如：

zu³³＋dzo̠⁵⁵　　　　kə⁵⁵　　əɹ⁵⁵ku⁵⁵-bɛ³³　　dzo⁵⁵.

鱼＋水＜鱼汤　　里　　骨头-PL　　EXT

鱼汤里有鱼刺。（直译：鱼汤里有骨头。）

② dza̠⁵⁵"EXT"所关涉的指称对象

dza̠⁵⁵"EXT"用于表示无生命、具体且可移动的指称对象的存在。例如：

a. ni⁵⁵　　　　mdzɻ⁵⁵　　a⁵⁵-kua⁵⁵　　o⁵⁵tɕa⁵⁵＋si⁵⁵　　　　tʂa⁵⁵ŋa⁵⁵　　dza̠⁵⁵.

　　2sg.GEN　猫　　DIST-北方　梨＋CL：棵＜梨树　　下　　EXT

你的猫在那北边的梨树下。（注：猫已死）

b. ni⁵⁵　　　　mdzɻ⁵⁵　　a⁵⁵-kua⁵⁵　　o⁵⁵tɕa⁵⁵＋si⁵⁵　　　　tʂa⁵⁵ŋa⁵⁵　　dzo⁵⁵.

　　2sg.GEN　猫　　DIST-北方　梨＋CL：棵＜梨树　　下　　EXT

你的猫在那北边的梨树下。（注：猫没死）

上述例a摘录于一篇民间故事，讲述的是一只猫被杀死后扔到了一棵梨树下。发音人只用了一个表示无生命的存在动词dza̠⁵⁵"EXT"，表示他说的是存在一只"死猫"。在调查过程中，基于例a，通过"诱导式调查"（elicitation），我们获得例b。所有发音人均表示例b完全可以使用，只是不适合这种语境。因为在他们的认知中，例b中使用dzo"EXT"表示的是一只"活猫"在梨树下。

③ xa⁵⁵"EXT"所关涉的指称对象

xa⁵⁵"EXT"用于表示无生命、具体且不可移动/活动的指称对象的存在，譬如房屋、村庄、植物等。例如：

a⁵⁵-tʰə⁵⁵　　　　nbi⁵⁵　　tɕʰo⁵⁵　　fu⁵⁵　　tə⁵⁵　　xa⁵⁵.

DIST-DEM：那　山　　上　　村庄　INDF　EXT

那山上有个村庄。

也可用于指示附着在其他物体上的无生命指称对象的存在，如衣物上的洞、植物的果实等。例如：

za⁵⁵tsʰɛ⁵⁵　kə⁵⁵　bɛ⁵⁵ku⁵⁵　tə⁵⁵　　xɑ⁵⁵.

裤子　　　里　洞　　　　INDF　EXT

裤子上有个洞。

a. si⁵⁵+pu⁵⁵　　　　　tɕʰo⁵⁵　kʰɑ⁵⁵li⁵⁵　nə⁵⁵　wo⁵⁵　xɑ⁵⁵.

木头+CL：棵＜树　上　　核桃　　　两　　CL：个　EXT

树上有两个核桃。

b. si⁵⁵+pu⁵⁵　　　　　tɕʰo⁵⁵　xuɑ⁵⁵=i⁵⁵　nə⁵⁵　wo⁵⁵　dzo⁵⁵.

木头+CL：棵＜树　上　　鸟=DIM　　两　　CL：个　EXT

树上有两只小鸟。

上述例 a 的指称对象为"核桃"且附着于（核桃）树，用了表示无生命的 xɑ⁵⁵"EXT"；而 b 的指称对象为"小鸟"且可活动，就必须用表示有生命的 dzo⁵⁵"EXT"。

值得注意的是，尽管天空中的太阳、星星、月亮、云彩等指称对象具有活动性，在尔苏语中仍然用 xɑ⁵⁵"EXT"。这说明在尔苏藏族的认知中，这些指称对象都是附着于天空的，是天空的一个部分。如下例所示：

tɑ⁵⁵ŋo⁵⁵　mɛ⁵⁵tɕo³³　kə⁵⁵　　tsə⁵⁵-bɛ³³　iɑ⁵⁵-mi⁵⁵　tə⁵⁵　bɛ³³　xɑ⁵⁵.

今天　　天空　　　里　　云-PL　　ADJ-多　一　　些　　EXT

今天天空有很多云。

④ ŋo⁵⁵"EXT"所关涉的指称对象

ŋo⁵⁵"EXT"用于指示无生命且抽象的指称对象的存在。由于尔苏语中，表达抽象概念的指称对象非常少，因此 ŋo⁵⁵"EXT"在语料中出现的频率要远低于其他表达存在类和领有类的动词。例如：

iɑ⁵⁵dzə⁵⁵-bɛ³³　su⁵⁵-bɛ³³　ko⁵⁵tsʰi⁵⁵-bɛ³³　sʅ³³　　　ɑ³³=ŋo⁵⁵=ɛ³³?

孩子-PL　　　人-PL　　生命-PL　　　　Ch：事　ITRG=EXT=ITRG

孩子和大人有（出）事吗？（直译：孩子们、大人们、生命们，有事吗？）

此外，一些看不见、摸不着的指称对象，如风、电、气息等，也用 ŋo"EXT"来表示其存在。这表明这类指称对象在尔苏藏族的认知中是抽象的事物。例如：

tɑ⁵⁵ŋo⁵⁵　mɛ³³əɹ³³　mɑ⁵⁵-ŋo⁵⁵.

今天　　　风　　　NEG-EXT

今天没有风。

⑤ bo⁵⁵"POSSV"所关涉的指称对象

领有动词 bo⁵⁵"POSSV"用于指示无生命、具体且可活动/移动的指称对象的存在，包括随新产品的出现带来的一些借词，如电视、钢笔、摩托车等。可见，与 bo^{55} 相关的指称对象非常广泛。例如：

ti^{55}xɑ^{55}＝nɛ^{33}　　ɑ^{55}nɛ^{55}　　lɑ^{55}　　bo^{55}.

现在＝TOP　　什么　　都　　POSSV

现在呢，什么都有。

与 bo^{55} "POSSV" 相关的指称对象还包括在尔苏藏族看来非常珍贵的东西，如金银细软等财物。例如：

tʰə^{55}　　　　ndzo^{33}mo^{33}　　wo^{55}　　n̩i^{55}　　nɑ^{55}　　kɑ^{55}　　　　bo^{55}.

DEM：这　官员　　　　CL：个　金子　两　　CL：条状物　POSSV

这个官员有两根金条。

（2）存在类和领有类动词的语义内涵与语序结构

余成林（2011）认为，藏缅语的存在动词既表示存在义，也表示领有义（存在＝领有）。黄成龙（2013）指出，藏羌彝走廊藏缅语的存在动词可以表示处所义、存在义和领有义（处所＝存在＝领有）。朱艳华（2012）则持有不同的观点，她认为藏缅语的存在动词多与处所动词同形（存在＝处所），而与领有动词相异，但也有表达处所义、存在义和领有义动词同形的可能（处所＝存在＝领有）。通过对尔苏语的深入考察，我们发现，该语言中上述 4 个存在类动词和 1 个领有类动词的语义内涵不尽相同，也和前期文献所述类型学特征不完全吻合。现以表 5-15 予以概括如下：

表 5-15　存在类和领有类动词的语义内涵

动词		处所	存在	领有
存在	dzo^{33}	＋	＋	＋
	xɑ^{33}	＋	＋	＋
	dzɑ^{33}	＋	＋	－
	n̩o^{33}	－	＋	＋
领有	bo^{33}	－	－	＋

表 5-15 表明，dzo^{55} "EXT" 和 xɑ^{55} "EXT" 都具有处所义、存在义和领有义（处所＝存在＝领有）；dzɑ^{55} "EXT" 具有处所义和存在义（即处所＝存在），但无领有义；n̩o^{55} "EXT" 具有存在义和领有义（存在＝领有），但无处所义；bo^{55} "POSSV" 仅有领有义，而无处所义和存在义。由此可见，尔苏语的存在类和领有类动词不仅涵盖了上述余成林（2011b）、朱艳华（2012）和黄成龙（2013）等文献所描述的藏缅语存在类动词的特征，

还具有他们所没有提到的特点，比较复杂。

黄成龙（2013）指出，在藏缅语中，通过句子论元位置的调整，可以分别表达"处所义""存在义"和"领有义"，并用如下公式来表示处所结构、存在结构和领有结构：

处所结构：存在物 + 处所 + 存在类动词

存在结构：处所 + 存在物 + 存在类动词

领有结构：领有者 + 被领有者 + 存在类动词①

该公式同样适用于尔苏语。在尔苏语的处所结构中，处所词在指称对象之后；在存在结构中，处所词在指称对象之前；在领有结构中，领有者总是出现在被领有者（指称对象）之前。下面以实例展示尔苏语中5个存在类和领有类动词所表达的语义内涵和语序结构关系。

① dzo^{55} "EXT" 的语义内涵和语序结构

dzo^{55} "EXT" 可以表达处所义。例如：

nbo^{33} $tə^{55}$ nbo^{33} $ɑ^{55}\text{-}tʰə^{55}$ nbi^{55} $tɕʰo^{55}$ dzo^{55}.

马　　一　　RPT：马　DIST-DEM：那 山　上　　EXT

一匹马在那山上。

将上例中的处所词"那山上"的位置挪到指称对象"一匹马"前，则可以表达存在义：

$ɑ^{55}\text{-}tʰə^{55}$ nbi^{55} $tɕʰo^{55}$ nbo^{33} $tə^{55}$ nbo^{33} dzo^{55}.

DIST-DEM：那 山　上　　马　　一　　RPT：马　EXT

那山上有一匹马。

dzo^{55} "EXT" 还可以表达领有义，在这种情况下，领有者置于被领有者（指称对象）之前。例如：

$ɑ^{55}$ nbo^{33} $tə^{55}$ nbo^{33} dzo^{55}.

1sg.SLF　马　　一　　RPT：马　EXT

我有一匹马。

② $xɑ^{55}$ "EXT" 的语义内涵和语序结构

$xɑ^{55}$ "EXT" 和 dzo^{55} "EXT" 的语义内涵和语序结构基本一致，只是，它的指称对象为无生命、具体且不可移动或活动的存在或领有。例如：

si^{55} $nə^{55}$ pu^{55} $ɑ^{55}\text{-}tʰə^{55}$ $kə^{55}$ $xɑ^{55}$.（注：处所义）

木头　两　　CL：棵　DIST-DEM：那 里　　EXT

两棵树在那里。

---

① 或"领有类动词"。——笔者注

a^{55}-t^{h}ə^{55}　　　kə^{55}　si^{55}　　nə^{55}　　pu^{55}　　xa^{55}.（注：存在义）

DIST-DEM：那　里　　木头　两　　CL：棵　EXT

那里有两棵树。

a^{55}　　　si^{55}　　　nə^{55}　　pu^{55}　　　xa^{55}.（注：领有义）

1sg.SLF　木头　两　　CL：棵　EXT

我有两棵树。

③ dʐa^{55}"EXT"的语义内涵和语序结构

dʐa^{55}"EXT"可以表达处所义和存在义，可按照上述公式，通过调整语序分别表达这两种含义。但是，dʐa^{55}"EXT"不能表达领有义。例如：

a. ʐuɑo^{55}　　si^{55}　wo^{55}　　bu^{55}dʑi^{55}　kə^{55}　dʐa^{55}.（注：处所义）

碗　　　三　CL：个　碗柜　　里　EXT

三只碗在柜子里。

b. bu^{55}dʑi^{55}　kə^{55}　ʐuɑo^{55}　si^{55}　wo^{55}　　dʐa^{55}.（注：存在义）

碗柜　　里　碗　　三　CL：个　EXT

柜子里有三只碗。

*c. a^{55}　　　ʐuɑo^{55}　si^{55}　wo^{55}　　dʐa^{55}.

　1sg.SLF　碗　　三　CL：个　EXT

我有三只碗。

上述例c是个不为发音人所接受的例句，因为dʐa^{55}"EXT"不能用于表达领有义。而"碗"是无生命、具体且可移动的指称对象，在这种语境中，只能用bo^{55}"POSSV"。

④ n̪o^{55}"EXT"的语义内涵和语序结构

n̪o^{55}"EXT"可以表达存在义和领有义，不能表达处所义。例如：

a^{55}　　　sɿ^{55}n̪i^{55}　　kə^{55}　ndzɿ^{33}ndza^{33}　　ma^{55}-n̪o^{55}.（注：存在义）

1sg.SLF　心　　里　想法　　　　NEG-EXT

我的心里没有想法。

*ndzɿ^{33}ndza^{33}　　a^{55}　　　sɿ^{55}n̪i^{55}　kə^{55}　ma^{55}-n̪o^{55}.

想法　　　　1sg.SLF　心　　里　NEG-EXT

想法没在我的心里。

上述例句显示，表达存在义时，处所词应置于指称对象之前。但是，n̪o"EXT"不能表达处所义，因此，不能像dʐo^{55}"EXT"、xa^{55}"EXT"、dʐa^{55}"EXT"那样，通过把指称对象置于处所词之前的方式来表达处所义。

在n̪o^{55}"EXT"表达领有义的领有结构中，领有者出现在被领有者（指称对象）之前。例如：

t^{h}ə^{55}　　　　tsʰo^{55}　　wo^{55}　　　sɛ^{33}　　la^{55}　　ma^{55}-n̠o^{55}=a^{35}.（注：领有义）

DEM：这 狗　　CL：个 气　都　　NEG–EXT＝PFV

这只狗都没气了。（注：指狗死了）

⑤ bo^{55}"POSSV"的语义内涵和语序结构

bo^{55}"POSSV"只能表达领有义，不能表达处所义和存在义。但和上述领有结构一样，领有者仍然出现在被领有者（指称对象）之前。例如：

tʰə ɹ^{55}　　　　ba^{55}dzə^{55}　　ma^{55}-bo^{55}=a^{35}.（注：领有义）

3pl.PRT　　钱　　　　　NEG–POSSV＝PFV

他们没有钱了。

6. 情态助动词

尔苏语中有一定数量的情态助动词。根据语义范畴，可以将其分为两大类：第一，义务情态助动词，包括义务情态 na^{55}pa^{55}"应该"、xo^{55}"应该/需要"，许可情态 ba^{55}n̠o^{55}"允许"；第二，动力情态助动词，包括能力情态 pʰa^{55}"能"、to^{55}"能"、ndzo^{55}"能/会"，意愿情态 li^{55}"愿意"，渴望情态 bua^{55}tʂə^{55}"想"，以及冒险情态 n̠o^{55}"敢"。

（1）义务情态助动词

①义务情态：na^{55}pa^{55}"应该"。例如：

nə^{55}　dzo^{55}lo^{55}　tə^{55}　bi^{55}　　dzɻ^{55}＝ta^{55}　na^{55}pa^{55}.

2sg　多　　　　一　　CL：口　吃＝NMLZ　MOD：应该

你应该多吃一口。

②义务情态：xo^{55}"应该/需要"。例如：

nə^{55}　za^{55}-ma^{55}　dzɻ^{55}　i^{55}　　xo^{55}.

2sg　饭–F　　吃　去　MOD：要

你应该/需要去吃饭了。

对比上述两例可以发现，虽然同为义务情态助动词，xo^{55}"应该/需要"的语气比 na^{55}pa^{55}"应该"弱，且更强调客观需要性，na^{55}pa^{55}"应该"则主观性更强。

③许可情态：ba^{55}n̠o^{55}"允许"

ba^{55}n̠o^{55}"允许"表示许可情态。值得一提的是，虽然通过诱导，发音人可以说该词，但在实际应用中，我们只见过其否定形式。例如：

*kʰa^{55}-ma^{55}　ba^{55}n̠o^{55}.

向里–睡觉　MOD：允许

允许（你）睡觉。

kʰa^{55}-ma^{55}　　ba^{55}＜ma＞n̠o^{55}.

向里－睡觉 MOD：允＜NEG＞许

（你）不许睡觉。

（2）动力情态助动词

①能力情态：$p^h\alpha^{55}$"能"、to^{55}"能"和$ndzo^{55}$"能／会"

$p^h\alpha^{55}$"能"和to^{55}"能"都可以表示能力情态。$p^h\alpha^{55}$"能"表示相对能力，亦即这种能力可能是指称对象通过主观努力可以提高的；而to^{55}"能"往往表示绝对能力，亦即天生的能力，这种能力即使指称对象做任何努力都不一定具备。通过观察我们发现，由于二者之间的语义差异比较微妙，它们在日常生活中经常被混用。而$ndzo^{55}$"能／会"则指通过后天学习获取的能力。例如：

$t^h\vartheta^{55}$　　　　$i\alpha^{55}dz\vartheta^{55}$　　$ndzo^{55}ndz\lgroup^{55}$　　$k^h\vartheta^{55}\text{-}lo^{55}$　　$i\alpha^{55}\text{-}li^{55}$　　$ma^{55}\text{-}p^h\alpha^{55}$.

DEM：这 孩子　　字　　　　　向内－写　ADJ－好　NEG－MOD：能

这孩子写不好字。（直译：这孩子不能写好字。暗指如果努力，可以写好）

$t^h\vartheta^{55}$　　　　$i\alpha^{55}dz\vartheta^{55}$　　$ndzo^{55}ndz\lgroup^{55}$　　$k^h\vartheta^{55}\text{-}lo^{55}$　　$ma^{55}\text{-}to^{55}$.

DEM：这 孩子　　　字　　　　　向内－写　　NEG－MOD：能

这孩子不会写字。（直译：这孩子不能写字。暗指天生不具备写字的能力）

io^{33}　　　　　ga^{55}　　　$ndzo^{55}=t\vartheta^{55}$.

1sg.OTR　唱歌　　MOD：会＝PART：陈述

我会唱歌。（注：指后天习得唱歌方法）

②意愿情态：li^{55}"愿意"

和上述$ba^{55}n o^{55}$"允许"相似，li^{55}"愿意"只限于否定句式，未见于其他句式。例如：

*$t^h\vartheta^{55}$　　　　$i\alpha^{55}dz\vartheta^{55}$　　$za^{55}\text{-}ma^{55}$　　$dz\lgroup^{55}$　　li^{55}.

DEM：这 孩子　　饭－F　　吃　　MOD：愿意

这孩子愿意吃饭。

$t^h\vartheta^{55}$　　　　$i\alpha^{55}dz\vartheta^{55}$　　$za^{55}\text{-}ma^{55}$　　$dz\lgroup^{55}$　　$ma^{55}\text{-}li^{55}$.

DEM：这 孩子　　饭－F　　吃　　NEG－MOD：愿意

这孩子不愿意吃饭。

③渴望情态：$bu\alpha^{55}t\textstyle\varsigma\vartheta^{55}$"想"。例如：

α^{55}　　　　　$ts^hi^{55}xi^{55}=n\varepsilon^{33}$,　　nbo^{33}　$n\vartheta^{55}$　nbo^{33}　　$d\vartheta^{55}\text{-}\textstyle\mathrm{z}u^{55}$　$bu\alpha^{55}t\textstyle\varsigma\vartheta^{55}$.

1sg.SLF　今年＝TOP　　　马　　二　RPT：马　向上－养　MOD：想

我今年想养两匹马。

④冒险情态：$n o^{55}$"敢"

$n o^{55}$"敢"可用于否定式、疑问式的句子，未见用于肯定式。例如：

tʂa⁵⁵ŋa⁵⁵=nɛ⁵⁵, tso⁵⁵pa⁵⁵ la⁵⁵ ma⁵⁵-n̥o⁵⁵.

后来＝TOP 强盗 来 NEG－MOD：敢

后来呢，强盗不敢来了。

nə⁵⁵ bɛ⁵⁵əɹ⁵⁵ ta⁵⁵ ka⁵⁵ kʰə⁵⁵-mi⁵⁵ a⁵⁵=n̥o⁵⁵=ɛ³³?

2sg 蛇 一 CL：条 向内－抓 ITRG＝MOD：敢＝ITRG

你敢抓一条蛇吗？

7. 轻动词

尔苏语中的动词 ŋu⁵⁵ "做" 是唯一的显性轻动词。它可以作为主要动词，独立做谓语使用，用以指代言说者不知道、不确定或不喜欢的行为。例如：

nə⁵⁵ a⁵⁵ndʑi⁵⁵ tʰə⁵⁵dʑi⁵⁵ ŋu⁵⁵=tə⁵⁵=ɛ⁵⁵?

2sg ITRG：怎么 这样 做＝PART：舒缓＝ITRG

你怎么这样做呢？

但语料显示，ŋu⁵⁵ "做" 在很多语境中本身无实际意义，通常放在名词、形容词和主动词后面，和这些词形成复合型的动词性谓语。例如：

zu⁵⁵~zu⁵⁵la⁵⁵~la⁵⁵ ŋu⁵⁵ 要和和气气

和谐~RDUP 语义强化~RDUP 做

ia⁵⁵-ntɕʰo⁵⁵ ŋu⁵⁵ 使……漂亮

ADJ－漂亮 做

da⁵⁵va⁵⁵ ŋu⁵⁵ 做客人

客人 做

ndza³³+mɛ⁵⁵ ŋu⁵⁵ 当兵

汉族＋军队：军队 做

dzo⁵⁵ ŋu⁵⁵ 住过

住 做

（二）动词的及物性

1. 及物动词

尔苏语中大部分自主性动词都是及物动词，带两个核心论元：施事论元和非施事论元。例如：

tʰə⁵⁵ nga⁵⁵mɛ⁵⁵ tsʰɛ⁵⁵=gə⁵⁵.

3sg.PRT 衣服 洗＝PROG

他在洗衣服。

2. 不及物动词

尔苏语中大部分表示内在状态、现象描述的动词都是不及物动词。不及物动词只带一个核心论元，通常充任不及物动词句的主语。例如：

guɑ³³　ʐo³³＝gɑ³⁵.

雨　　下＝IMMI

马上要下雨了。

此外，及物动词重叠表示相互意义时，也会转化成不及物动词。例如：

tʰə⁵⁵　　　nbo³³　　tʰɑ⁵⁵＝vɑ³³　　　də⁵⁵-gu⁵⁵＝ɑ³⁵.

DEM：这 马　　3sg.PRT＝NAGT　向上-踢＝PFV

这匹马踢了他。

nbo⁵⁵　　tʰə⁵⁵　　　nə⁵⁵　　nbo³³　　　də⁵⁵-gu⁵⁵~gu⁵⁵＝gə⁵⁵.

马　　　DEM：这 二　　RPT：马 向上-踢~RDUP：相互踢＝PROG

这两匹马在打架。（直译：这两匹马在相互踢。）

3. 及物性、不及物性兼用的动词

尔苏语中有部分动词既可以做及物动词，带两个核心论元；也可以做不及物动词，带一个核心论元。例如：

tʰə⁵⁵　　　su⁵⁵　　bɛ⁵⁵　　gɑ⁵⁵＝gə⁵⁵.

DEM：这 人　　些　　唱＝PROG

这些人在唱。

tʰə⁵⁵　　　su⁵⁵　　bɛ⁵⁵　　gɑ⁵⁵　tɑ⁵⁵　tsʰɑ⁵⁵　　gɑ⁵⁵＝gə⁵⁵.

DEM：这 人　　些　　歌　一　　CL：首 唱＝PROG

这些人在唱一首歌。

4. 双及物动词

双及物动词一般为言说类、施与类动词。这类动词通常带有三个论元，即施事核心论元、非施事核心论元、延展论元（extended arguement）。例如：

tʰə⁵⁵　　　lɑ⁵⁵　tə⁵⁵　wo⁵⁵　　ɑ⁵⁵＝vɑ³³　　　tɕʰi⁵⁵.

3sg.PRT　鸡　一　　CL：个 1sg.SLF＝NAGT　给

他（施事核心论元）给了我（延展论元）一只鸡（非施事核心论元）。

5. 延展性不及物动词（extended intransitive verb）

有些表示位移的不及物动词，如"来""去""到达"等，通常带两个论元：一个是不及物动词的核心论元；一个是表示位移目的地的非核心论元，即延展论元。例如：

tʰə⁵⁵   su⁵⁵n̥o⁵⁵   tʰə⁵⁵   fu⁵⁵ = kə⁵⁵   la⁵⁵ = gə⁵⁵.

3sg.PRT   明天   DEM：这 村子 = LOC：里 来 = PROS

他（主语核心论元）明天会来这个村子（延展论元）。

（三）动词的句法功能

动词在小句中的功能主要是作为谓语使用，如上述各例句所示。此处不再赘述。

六　形容词

（一）形容词的语义类别

尔苏语的形容词数量众多，其语义类别与 Dixon（2010b：73-74）从跨语言类型学视角提出的大部分形容词的语义类别相符。

1. 维度形容词（dimension）。例如：

iɑ⁵⁵-kʰuɑ⁵⁵	大	mɑ⁵⁵lɑ⁵⁵	小
iɑ⁵⁵-nbo⁵⁵	高	n̠i⁵⁵n̠i⁵⁵	低
iɑ⁵⁵-ʂə⁵⁵	长	dzo⁵⁵dzo⁵⁵	短

2. 年代形容词（age）。例如：

tʂʰo⁵⁵pʰɑ⁵⁵	小	mo⁵⁵mo⁵⁵	老
pʰɑ⁵⁵li⁵⁵	旧	ʂʅ⁵⁵tsuɑ⁵⁵	新
zɑ⁵⁵zɑ⁵⁵	嫩		

3. 生理/物理特形容词（physical property）。例如：

iɑ⁵⁵-ntɕʰo⁵⁵	漂亮	iɑ⁵⁵-nbu⁵⁵	壮
iɑ⁵⁵-ndzə⁵⁵	舒适	iɑ⁵⁵-tsʰuɑ⁵⁵	锋利
iɑ⁵⁵-mɑ⁵⁵	好吃	kʰɑ⁵⁵tʂɑ⁵⁵	健康

4. 人类品质形容词（human propensity）。例如：

iɑ⁵⁵-ŋɑ⁵⁵	坚强	iɑ⁵⁵-tɕo⁵⁵	乖
iɑ⁵⁵-ntʂʰə⁵⁵	聪明	iɑ⁵⁵-ntsʰu⁵⁵	（人心）好
iɑ⁵⁵-nkʰuɑ⁵⁵	熟练	iɑ⁵⁵-tsʅ⁵⁵	（人心）坏

5. 计量形容词（quantification）。例如：

iɑ⁵⁵-mi⁵⁵	多	n̠i⁵⁵n̠i⁵⁵	少
dɑ⁵⁵-bɑ⁵⁵	满	go⁵⁵go⁵⁵	空
iɑ⁵⁵-nɛ⁵⁵	重	go⁵⁵go⁵⁵	轻

6. 颜色形容词（color）。例如：

də⁵⁵-əɹ⁵⁵	白	də⁵⁵-pu⁵⁵kɑ³³	花
dɑ⁵⁵-nuɑ⁵⁵	黑	əɹ⁵⁵nbu⁵⁵	紫
də⁵⁵-ɲi⁵⁵	红	nuɑ⁵⁵nbu⁵⁵	蓝

7. 其他类形容词。例如：

价值形容词（value）　　　iɑ⁵⁵-li⁵⁵　　　好的/有用的

速度形容词（speed）　　　iɑ⁵⁵-ntʂʰə⁵⁵　　快

难度形容词（difficulty）　iɑ⁵⁵-ndzʅ⁵⁵　　难

此外，尔苏语的语义类别也与形态相关（见"第三章　第一节"）。

（二）形容词的比较结构

在尔苏语中，静态动词和形容词都可以作为"比较参数"（the parameter of comparison；Dixon 2010a：82）。形容词的比较结构有三种形式，即潜在比较、差比和平比。

1. 潜在比较

潜在比较指的是带 iɑ⁵⁵-"ADJ-"前缀的形容词用在句子中，自身就具有比较的含义。这种情况下，一般只出现被比较项，而比较基准一般蕴含在上下文之中，前缀 iɑ⁵⁵-"ADJ-"的功能近似于差比的标记。例如：

tʰə⁵⁵　　xuɑ⁵⁵＝i⁵⁵＝nɛ⁵⁵,　　iɑ⁵⁵-ntɕʰo⁵⁵　　tə⁵⁵　　wo⁵⁵.

DEM　　鸟＝DIM＝TOP　　ADJ-漂亮　　一　　CL：个

这只小鸟漂亮。

上例虽然翻译为"这只小鸟漂亮"。但是，在日常交际中，说话人向听话人传递的信息通常是将"这只小鸟"和其他的小鸟或参照物相比较，它更漂亮些。故此，我们将这种只出现被比较项而隐含了比较基准的比较结构称为潜在比较。

2. 差比

差比的基本结构为 NP₁，被比较项＋NP₂，比较基准＋tɕʰo⁵⁵"比……更"＋形容词比较参数，其含义可解读为"NP₁ 比 NP₂ 更……"。例如：

nə⁵⁵＝zʅ³³　　vɛ⁵⁵　bɛ³³　ɑ⁵⁵＝zʅ³³　　　　　tɕʰo⁵⁵　　iɑ³³-ndə³³　tə⁵⁵　bɛ³³.

2sg＝GEN：家　猪　些　1sg.SLF＝GEN：家　比……更　ADJ-肥　一　些

你家的猪猡比我家的更肥。

3. 平比

平比的基本结构为 NP₁被比较项＋NP₂比较基准 tɑ⁵⁵pɑ⁵⁵"与……一样"＋形容词/静态动词比较参数，其含义可解读为"NP₁ 与 NP₂ 一样……"。值得注意的是，在平比结构中，形容词的标志性前缀 iɑ⁵⁵-"ADJ-"需要省略，这进一步说明带 iɑ⁵⁵-"ADJ-"前缀的形容词自身就具有潜在比较的含义。例如：

| tʰɔ⁵⁵ | nbi⁵⁵ | la⁵⁵ | ɑ⁵⁵-tʰɔ⁵⁵ | | nbi⁵⁵ | ta⁵⁵pa⁵⁵ | nbo⁵⁵. |

DEM：这　山　　和　DIST-DEM：这＜那　　山　　与……一样　高

这座山和那座山一样高。

（三）形容词语义程度的强化

如前文所述，尔苏语形容词的形态主要有两种：带前缀 ia⁵⁵-"ADJ-"或 dɔ⁵⁵-"ADJ-"，以及叠音形式。形态不同，语义强化的方式也不一样。现分述如下：

1. 带前缀 ia⁵⁵-"ADJ-"或 dɔ⁵⁵-"ADJ-"形容词的语义强化

这类形容词的语义强化分两种情况：一种是在其前面加上附着词素 n̪a⁵⁵"＝很"或 gui⁵⁵"＝很"，两者语义相近，可互换使用；另一种是在后面加上附着词素 ＝tʰa⁵⁵tsa⁵⁵"＝太"。例如：

n̪a⁵⁵＝ia⁵⁵-kʰua⁵⁵	很大	gui⁵⁵＝ia⁵⁵-kʰua⁵⁵	很大
很＝ADJ-大		很＝ADJ-大	
ia⁵⁵-kʰua⁵⁵＝tʰa⁵⁵tsa⁵⁵	太大	n̪a⁵⁵＝ia⁵⁵-nbo⁵⁵	很高
ADJ-大＝太		很＝ADJ-高	
gui⁵⁵＝ia⁵⁵-nbo⁵⁵	很高	ia⁵⁵-nbo⁵⁵＝tʰa⁵⁵tsa⁵⁵	太高
很＝ADJ-高		ADJ-高＝太	
n̪a⁵⁵＝ia⁵⁵-ʂɔ⁵⁵	很长	gui⁵⁵＝ia⁵⁵-ʂɔ⁵⁵	很长
很＝ADJ-长		很＝ADJ-长	
ia⁵⁵-ʂɔ⁵⁵＝tʰa⁵⁵tsa⁵⁵	太长		
ADJ-长＝太			

2. 叠音形容词的语义强化

叠音形容词的语义强化通过在词尾加上 ＝la⁵⁵la⁵⁵ 形成。＝la⁵⁵la⁵⁵ 自身没有实际意义，其作用是将双音节叠音词变成四音节的连绵词，语音上更具美感，语义上同时得到强化。例如：

n̪i⁵⁵n̪i⁵⁵＝la⁵⁵la⁵⁵	很低	psʅ⁵⁵psʅ⁵⁵＝la⁵⁵la⁵⁵	很扁
低＝很		扁＝很	
dzo̠⁵⁵dzo̠⁵⁵＝la⁵⁵la⁵⁵	很短	tsʰi⁵⁵tsʰi⁵⁵＝la⁵⁵la⁵⁵	很细
短＝很		细＝很	
ɔɹ⁵⁵ɔɹ⁵⁵＝la⁵⁵la⁵⁵	很窄	n̪i⁵⁵n̪i⁵⁵＝la⁵⁵la⁵⁵	很浅
窄＝很		浅＝很	

（四）形容词的句法功能

1. 做名词词组中心词的后置修饰定语。例如：

xua⁵⁵ = i⁵⁵   ia⁵⁵-ntɕʰo⁵⁵   tə⁵⁵   wo⁵⁵　　　　　　　　　一只漂亮的小鸟

鸟 = DIM　ADJ-漂亮　一　CL：个

pu⁵⁵　ia⁵⁵-kʰua⁵⁵　tə⁵⁵　wo⁵⁵　　　　　　　　　　　　　一个大土豆

土豆　ADJ-大　　一　　CL：个

2. 做谓语。例如：

tʰə⁵⁵　　　　　tsʰo⁵⁵　wo⁵⁵ = nε⁵⁵　　ia⁵⁵-ntʂʰə⁵⁵ = tə⁵⁵.　　　　　这狗挺聪明。

DEM：这　狗　　　CL：个 = TOP　ADJ-聪明 = PART：陈述

七　副词

尔苏语中担当副词功能的词汇或结构比较多，如前述地点名词、时间名词、"数 + 动量"结构等，形容词也可以直接作为副词使用。例如：

tʰə⁵⁵　　　　　zu⁵⁵　wo⁵⁵ = nε⁵⁵,　　ia⁵⁵-li⁵⁵ = tə⁵⁵.

DEM：这　盆子　　CL：个 = TOP　ADJ-好 = PART：陈述

这盆子好好的。

ia⁵⁵dzə⁵⁵　tʰə⁵⁵　　　　wo⁵⁵　　ta⁵⁵no⁵⁵　kʰa⁵⁵-ma⁵⁵　ia⁵⁵-li⁵⁵.

孩子　　　DEM：这 CL：个　今天　　向内-睡觉　ADJ-好

这孩子今天睡得香。（直译：这孩子今天睡得好。）

上述第一个例子中，ia⁵⁵-li⁵⁵ "好" 作为形容词谓语使用；而在第二个例子中，ia⁵⁵-li⁵⁵ "好" 没有通过任何形态变化，直接作为副词使用，修饰动词。

由于上述原因，尔苏语中副词的数量比较少，使用频率也比较低。现分述如下：

（一）尔苏语副词的类别

1. 程度副词

尔苏语的程度副词包括前文描述的置于形容词之前或之后用于强化形容词语义的附着词素 na⁵⁵ "= 很" 或 gui⁵⁵ "= 很"、= tʰa⁵⁵tsa⁵⁵ "太" 等。这里不再赘述。

2. 方式副词

方式副词用于描述动作行为发生的方式，主要有：

za⁵⁵za⁵⁵	认真地	tɕi⁵⁵i⁵⁵	一直
la⁵⁵	仍然	tʰa⁵⁵kua⁵⁵	一直描述过往行为
to⁵⁵tua⁵⁵	互相	va⁵⁵tɕi⁵⁵	差点儿

例如：

tʰə⁵⁵ ia⁵⁵dzə⁵⁵ wo⁵⁵ tɕi⁵⁵i⁵⁵ nə³³-nbɛ³³~nə³³-nbɛ³³.

DEM：这 孩子　　CL：个 一直　　向下-哭~RDUP：哭了又哭

这孩子一直哭啊哭。

3. 范围副词

主要有 la⁵⁵"都"、tʰɛi⁵⁵"都"、ɳo⁵⁵kua⁵⁵"全部"等。其中，la⁵⁵"都"和 tʰɛi⁵⁵"都"的区别在于：前者在小句中的位置比较灵活，而后者通常置于做主语的名词词组之后。例如：

tʰə⁵⁵=dzi⁵⁵ nə⁵⁵ wo⁵⁵ tʰɛi⁵⁵ ta⁵⁵ɳo⁵⁵ vu⁵⁵ ŋa⁵⁵-ma⁵⁵-tsʰɛ⁵⁵.

3sg.PRT=DL 2sg CL：个 都 今天 酒 向外-NEG-喝

他们俩今天都没有喝酒。

nə⁵⁵ a⁵⁵nɛ⁵⁵ la⁵⁵ xo⁵⁵ bua⁵⁵tʂə⁵⁵.

2sg 什么 都 要 MOD：想

你什么都想要。

4. 时间副词

如前文所述，尔苏语中很多时间名词起到副词的作用，在小句中做状语。此外，也有一些只做时间副词的词，包括 tʰə⁵⁵tɕu⁵⁵a⁵⁵"从现在开始"、dzo⁵⁵kua⁵⁵"立刻"、ɳa⁵⁵xa⁵⁵"通常"等。例如：

io³³=dzi⁵⁵=nɛ³³, tʰə⁵⁵tɕu⁵⁵a⁵⁵=nɛ³³, ta⁵⁵ wa⁵⁵ dzo⁵⁵gə⁵⁵=tsʰua³⁵.

1sg.OTR=DL=TOP 从现在开始=PART：停顿 一 起 住=PROS=IMMI

从现在开始我们就要一起生活了。

5. 语气副词

尔苏语的语气副词主要有 tsɛ⁵⁵"真的"和 ndə⁵⁵ndə⁵⁵"认认真真的"等。例如：

a⁵⁵ tsɛ⁵⁵ ŋa⁵⁵-pa⁵⁵.

1sg.SLF 真的 向外-累

我真的累了。

（二）尔苏语副词的句法功能

充当状语是尔苏语副词的基本功能。例如：

so⁵⁵pʰɛ⁵⁵ tsʰo⁵⁵ wo⁵⁵=nɛ⁵⁵ li⁵⁵ga⁵⁵ ia⁵⁵-ntʂʰə⁵⁵, tʂa⁵⁵ŋa⁵⁵ tsʰo⁵⁵ wo⁵⁵=nɛ⁵⁵,

前面 几 CL：个=TOP 快走 ADJ-快 后面 几 CL：个=TOP

ʂʅ⁵⁵ʂʅ⁵⁵ dʑi⁵⁵va⁵⁵.

走 慢

前面几个走得快，后面几个走得慢。

八　其他词类

尔苏语还有连词、叹词、语气词、拟声词等其他词类。因其基本都是封闭性词类，且语法地位不够凸显，作用不够突出，本节从略。内容将分散在其他章节概述。

九　附加成分

尔苏语的附加成分可分为四个次类，即置于体词（即名词或代词）之后的附加成分、置于谓语中心词之后的体标记、致使标记、示证标记。

（一）体词的附加成分

1. 属格标记（GEN）$=i^{55}$ "$=$GEN" 和 $=z\textrm{l}^{33}$ "$=$GEN：家"

属格标记 $=i^{55}$ 类似于汉语的助词"的"。$z\textrm{l}^{33}$ 可以作为名词使用，意为"家"，作为属格标记使用，语义上类似于汉语中正在语法化的关系词"家"。但是，尔苏语中的 $=z\textrm{l}^{33}$ "$=$GEN：家"在领属/领有语境表达中，已经完全转化为属格标记使用，表示领属/领有关系。在汉语中，"我爸爸"和"我家爸爸"语义对等，可互换使用，都可以表示领属/领有关系；但在尔苏语中，不可以说"a^{55} a^{55}-pa^{55}"，只能说"$a^{55}=z\textrm{l}^{33}$ a^{55}-pa^{55}"。

$=z\textrm{l}^{33}$ 主要用于表述亲属关系，或家庭共有的财产，如房子、牲畜、家禽等；$=i^{55}$ 的使用范围更加广泛，除不适用于亲属关系外，其他能使用 $=z\textrm{l}^{33}$ 的语境均可以使用 $=i^{55}$。例如：

$a^{55}=z\textrm{l}^{33}$	a^{55}-pa^{55}	我的爸爸
1sg.SLF＝GEN：家	KIN－爸爸	

不可以说成：

*$a^{55}=i^{55}$	a^{55}-pa^{55}	我的爸爸
1sg.SLF＝GEN：家	KIN－爸爸	

属格标记 $=i^{55}$ 和 $=z\textrm{l}^{33}$ 的使用见如下示例：

$a^{55}=i^{55}$	$ndz\textrm{l}^{33}ndza^{33}$	我的想法
1sg.SLF＝GEN	想法	
$t^{h}\textrm{ə}^{55}=z\textrm{l}^{33}$	$zi^{33}i^{33}$	他的女儿
3sg.PRT＝GEN：家	女儿	
$su^{55}=i^{55}$	$k^{h}a^{55}z\textrm{l}^{55}$	人的命运
人＝GEN	命运	
$a^{55}=z\textrm{l}^{33}$	$p^{h}o^{55}za^{55}$	我的丈夫
1sg.SLF＝GEN：家	丈夫	

2. 话题标记 =nɛ³³ "=TOP" 及其他

尔苏语的话题标记放在体词之后，用于突出体词的话题地位。不过，在尔苏语的句子中，话题标记的使用并非是强制性的。例如：

si⁵⁵+pu⁵⁵ tʰə⁵⁵ bɛ³³=nɛ³³, ʂɑ⁵⁵+si⁵⁵ tə⁵⁵ bɛ³³.
木头+CL：活着的植物 DEM：这 些 =TOP 松+木头：松树 一 些
这些是松树。

si⁵⁵+pu⁵⁵ tʰə⁵⁵ bɛ³³, ʂɑ⁵⁵+si⁵⁵ tə⁵⁵ bɛ³³.
木头+CL：活着的植物 DEM：这 些 松+木头：松树 一 些
这些是松树。

此外，nɛ³³是尔苏语中非常重要的篇章话语标记，其功能非常多样，可以作为主从复合句字句间的边界标记、语气停顿标记、直接引语标记等使用。具体见Zhang（2016：489−490）。

3. 施事标记 =i⁵⁵kə⁵⁵ "=AGT"

尔苏语的施事标记 =i⁵⁵kə⁵⁵ "=AGT"，有两个自由变体，即 =i⁵⁵ "=AGT" 和 =kə⁵⁵ "=AGT"。两个变体都可以和 =i⁵⁵kə⁵⁵ "=AGT" 互换使用。尔苏语的施事标记并非在每一种语境中都要强制性使用。比如，在施事者非常明显的语境中，通常不用施事标记。例如：

ɑ⁵⁵ ngɑ⁵⁵mɛ⁵⁵ tə⁵⁵ pʰo⁵⁵ kʰə⁵⁵-zɻ⁵⁵=ɑ³⁵.
1sg.SLF 衣服 一 CL：套 向内−买 =PFV
我买了一套衣服。

但是，在无生命指称对象做施事者、非施事指称对象置于句首、非施事指称对象省略，以及特别强调施事者的句式中，必须使用施事标记。

（1）无生命指称对象做施事者。例如：

tə⁵⁵ ȵo⁵⁵=nɛ⁵⁵, mɛ⁵⁵+əɻ⁵⁵=kə⁵⁵ ndzo⁵⁵ndzɻ⁵⁵ tʰə⁵⁵
一 天 =PART：停顿 自然界+叫：风 =AGT 字 DEM：这
wo⁵⁵=nɛ⁵⁵, tʰə⁵⁵-tsɻ⁵⁵ tɕi⁵⁵ duɑ³⁵.
CL：个 =TOP 向他人−撕毁 拿 去.PST
一天，风把这个字撕毁拿走了。

（2）非施事指称对象置于句首。例如：

nə⁵⁵=zɻ³³ zi³³i³³ tʂə⁵⁵ ʂɻ⁵⁵ bɛ³³ ni⁵⁵=i⁵⁵ dɑ⁵⁵-bɑ⁵⁵=tsɑ³³=tə⁵⁵.
2sg=GEN：家 女儿 CL：双 肉 些 2sg=AGT 向上−背 =PFT=PART：陈述
你已经把你家一双女儿的肉背着。

（3）非施事指称对象省略。例如：

zi⁵⁵ntʂʰə⁵⁵mɑ⁵⁵＝i⁵⁵kə⁵⁵　　k⁻ʰə⁵⁵-dzo⁵⁵lo⁵⁵＝dʑɑ³³nɛ³³.

银彻玛＝AGT　　　　　向内-看＝EVID

据说银彻玛看了看。（注：省略了非施事指称对象——兹伽玛的孩子们）

（4）特别强调施事者。例如：

ɑ⁵⁵＝i⁵⁵kə⁵⁵　　　　tʰɑ⁵⁵＝vɑ³³　　　dɑ⁵⁵-kɑ³⁵.

1sg.SLF＝AGT　　3sg.PRT＝NAGT　向上-打.PFV

我把他打了。

4. 非施事标记＝vɑ³³“＝NAGT”

和施事标记相似，尔苏语的非施事标记也不是在每一种语境中都会强制性使用。例如：

tʰə⁵⁵　　　　su⁵⁵n̠o⁵⁵＝nɛ⁵⁵,　　　　　mɛ⁵⁵li⁵⁵　　dzə⁵⁵　　i⁵⁵＝gə⁵⁵.

3sg.PRT　明天＝PART：停顿　　　地　　挖　　去.NPST＝PROS

他明天去挖地。

但是，在下列语境中，必须强制性使用：

（1）省略施事者。例如：

ɑ⁵⁵＝vɑ³³　　　vɑ⁵⁵kə⁵⁵　dua⁵⁵＝i⁵⁵,　　　　dʑo⁵⁵　la⁵⁵＝tə⁵⁵＝dʑɑ⁵⁵.

1sg.SLF＝NAGT　越西　去.PST＝PART：停顿　回　来＝PART：陈述＝EVID：报告

说是（有人）叫我回来去越西。

ɑ⁵⁵　　　　vɑ⁵⁵kə⁵⁵　dua⁵⁵＝i⁵⁵,　　　　dʑo⁵⁵　　la⁵⁵＝tə⁵⁵＝dʑɑ⁵⁵.

1sg.SLF　越西　　去.PST＝PART:停顿　回　　来＝PART：陈述＝EVID：报告

说是我回来去越西。

上述第一个例子省略了施事者，ɑ⁵⁵“1sg.SLF”后面带了非施事标记，表明是其他人让“我”回来去越西；而第二个例子由于没有使用施事标记，则表达的是“我”自己回来去越西。

（2）人称代词做及物宾语使用。例如：

tʰə⁵⁵　　　　ɑ⁵⁵＝vɑ³³　　　dɑ⁵⁵-kʰɑ⁵⁵tʰo⁵⁵＝gə⁵⁵.

3sg.PRT　　1sg.SLF＝NAGT　向上-说＝PROG

他正在对我说话。

（3）致使结构中的被致使者。例如：

tɑ⁵⁵n̠o⁵⁵＝nɛ³³　ni⁵⁵　　　ŋua³³　ŋua³³　io³³＝z̩³³　　　　　ɑ⁵⁵fu³³fu³³＝vɑ³³

今天＝TOP　　2sg.GEN　牛　　RPT：牛　1sg.OTR＝GEN：家　阿芙芙＝NAGT

ku⁵⁵　i⁵⁵-su⁵⁵＝mɑ³²⁴.

放牧　去.NPST-CAUS＝PART：恳求

今天就让我家阿芙芙去放牛吧。

（4）人体部位的领有者做宾语。例如：

xi⁵⁵li⁵⁵ma⁵⁵＝va³³　　　pʰu⁵⁵　　　lua³⁵.

西丽玛＝NAGT　　脖子　　砍.PFV

把西丽玛的脖子砍了。

（5）直接引语省略言说动词。例如：

tɕʰa⁵⁵-pu⁵⁵＝nɛ³³,　　　　mo⁵⁵pa⁵⁵＝va³³,　　"io³³＝dzi⁵⁵　　npʰi⁵⁵　　tsʅ⁵⁵tsʅ⁵⁵＝gə⁵⁵＝tsʰua³⁵."

3sg.GEN-爷爷＝TOP　女婿＝NAGT　　1sg.OTR＝DL　捉迷藏　比试＝PROS＝IMMI

他岳父对女婿（说）："我俩马上比比捉迷藏。"

5. 陪同标记（COMI）＝pʰɛ⁵⁵ "COMI：跟"

陪同标记表示的是指称对象和其他对象一起，或被追随，其基本结构为指称对象A＋指称对象B＝pʰɛ⁵⁵ "COMI"，意为"指称对象A跟/向/随指称对象B"。例如：

a⁵⁵　　　　nə⁵⁵＝pʰɛ⁵⁵　　　ma⁵⁵-so⁵⁵so⁵⁵.

1sg.SLF　　2sg＝COMI　　　NEG-学习

我不会向你学习。

6. 比较标记＝pa⁵⁵ "COMP：与……一样"和＝tɕʰo⁵⁵ "COMP：比……更"

尔苏语有两个比较标记，＝pa⁵⁵和＝tɕʰo⁵⁵，它们分别与位格标记＝pa⁵⁵ "＝LOC：地方"和＝tɕʰo⁵⁵ "＝LOC：上"同形，表示平比和差比。具体见本章第一节关于形容词的描述，在此不再赘述。

7. 离格标记＝ta³³ "＝ABL：从"

离格标记表示指称对象从某个地方或位置离开。例如：

nbi⁵⁵　　wo⁵⁵＝tɕʰo⁵⁵＝ta³³　　　　　ia⁵⁵dzə⁵⁵　　tə⁵⁵　　bɛ⁵⁵　　na⁵⁵-la³⁵.

山　　CL:个＝LOC:上＝ABL:从　孩子　　一　　些　　向下-来.PFV

从山上下来了一群孩子。

8. 位格标记＝pa⁵⁵ "＝LOC：地方"

＝pa⁵⁵ "＝LOC：地方"指的是在某具体的指称对象附近的位置，但是，不能用于指人的指称对象。例如：

nga⁵⁵＝pa⁵⁵　　　　　　　　　　　　　门那儿

门＝LOC：地方

mɛ⁵⁵＋dʑi⁵⁵＝pa⁵⁵　　　　　　　　　火塘那儿

火＋关：火塘＝LOC：地方

la⁵⁵tɕi⁵⁵ku³³＝pa⁵⁵　　　　　　　　　拉吉沽那儿

拉吉沽 ＝LOC：地方

需要指出的是，＝pa⁵⁵与具体地名共现时，也可能指来自某个地方的人。例如：

la⁵⁵tɕi⁵⁵ku³³＝pa⁵⁵   拉吉沽那儿的人

拉吉沽 ＝LOC：地方

va⁵⁵kə⁵⁵＝pa⁵⁵   越西那儿的人

越西 ＝LOC：地方

9. 位格标记 ＝ʂə³³ "＝LOC：地方"

＝ʂə³³ "＝LOC：地方"指的是包括人在内的指称对象附近的位置。在它和非人的指称对象共现时，可与上述的 ＝pa⁵⁵ "＝LOC：地方"互换使用，使用风格因人而异。例如：

a⁵⁵-pa⁵⁵＝ʂə³³   爸爸那儿

KIN-爸爸 ＝LOC：地方

n̠a⁵⁵i⁵⁵ma³³＝ʂə³³   嬢依玛那儿

嬢依玛 ＝LOC：地方

si⁵⁵＋pu⁵⁵＝ʂə³³   树那儿

木头 ＋CL：活着的植物或庄稼 ＜ 树 ＝LOC：地方

10. 位格标记 ＝tɕʰo⁵⁵ "＝LOC：上"

＝tɕʰo⁵⁵ "＝LOC：上"指的是在某指称对象的上方。例如：

nbi⁵⁵＝tɕʰo⁵⁵   山上

山 ＝LOC：上

nga⁵⁵ nbu⁵⁵＝tɕʰo⁵⁵   门槛上

门   槛儿 ＝LOC：上

nbo³³ wo⁵⁵＝tɕʰo⁵⁵   马背上

马   CL：个 ＝LOC上

11. 位格标记 ＝tɕʰi⁵⁵kə⁵⁵ "＝LOC：边上"

＝tɕʰi⁵⁵kə⁵⁵ "＝LOC：边上"指的是在某指称对象的边上。例如：

nbi⁵⁵＝tɕʰi⁵⁵kə⁵⁵   山边

山 ＝LOC：边上

nga⁵⁵ nbu⁵⁵＝tɕʰi⁵⁵kə⁵⁵   门槛边

门   槛儿 ＝LOC：边上

nbo³³ wo⁵⁵＝tɕʰi⁵⁵kə⁵⁵   马边上

马   CL：个 ＝LOC：边上

12. 位格标记 ＝tʂa⁵⁵ŋa⁵⁵ "＝LOC：下面/下方"

$=$ tʂɑ⁵⁵ŋɑ⁵⁵ "$=$LOC：下边" 指的是在某指称对象的下面或下方。例如：

nbi⁵⁵ $=$ tʂɑ⁵⁵ŋɑ⁵⁵   山下面

山 $=$LOC：下面/下方

ngɑ⁵⁵ nbu⁵⁵ $=$ tʂɑ⁵⁵ŋɑ⁵⁵   门槛下面

门   槛儿 $=$LOC：下面/下方

nbo³³ wo⁵⁵ $=$ tʂɑ⁵⁵ŋɑ⁵⁵   马身子下面

马   CL：个 $=$LOC：下面/下方

13. 位格标记 $=$ kə⁵⁵ "$=$LOC：里面/内"

$=$ kə⁵⁵ "$=$LOC：里面/内" 表示的是在某指称对象的里面或者在某个时间范围内，使用范围非常广泛。与其共现的指称对象包括表示自然界、植物、人体部位、工具、时间等，还可以与指示代词、名物化名词共现。例如：

mε⁵⁵ $+$ tɕo⁵⁵ $=$ kə⁵⁵   天空里

自然界 $+$ 裹：天空 $=$LOC：里面/内

mi⁵⁵ $+$ ku⁵⁵ $=$ kə⁵⁵   喉咙里

喉 $+$ 洞：喉咙 $=$LOC：里面/内

nə⁵⁵ bu⁵⁵tʂʰə⁵⁵ $=$ kə⁵⁵   两年里

二   年 $=$LOC：里面/内

（二）谓词附加成分

谓词附加成分包括名物化标记（见第三章第二节）、体标记、致使标记、示证标记等。此处主要描述体标记和示证标记。

1. 体标记

（1）完整体标记 $=$ ɑ³⁵ "$=$PFV"

完整体是指把事件作为整体来看，而不考虑时间的延续性和一致性。尔苏语的完整体标记为 $=$ ɑ³⁵ "$=$PFV"。但是，如果谓语中心词为行为动词，则单个 $=$ ɑ³⁵ "$=$PFV" 就不足以表示完整体，行为动词必须带上趋向前缀。例如：

iɑ⁵⁵dzə⁵⁵   tə⁵⁵   dzu̠⁵⁵-mɑ⁵⁵   tə⁵⁵   kʰə⁵⁵-mi⁵⁵ $=$ ɑ³⁵.

孩子   INDF   狐狸-F   INDF   向内-抓 $=$PFV

有个孩子抓了只狐狸。

完整体很容易与过去时混淆。其实不然，完整体只是将发生的事件作为整体看待，和时的概念无关。例如：

nə⁵⁵   nə⁵⁵-i⁵⁵ $=$ ɑ³⁵   kʰə⁵⁵-dzo⁵⁵lo⁵⁵   ɑ³³nε³³,   xɑ⁵⁵sε⁵⁵ $=$ gə⁵⁵.

2sg   向下-去.NPST $=$PFV   向内-看   LINK：之后 明白 $=$PROS

你去看了之后，就明白了。

上例中，言说者只是把"去"这个动作当作整体来看，只有完成这个动作之后，才能去看，才能最终明白。此句所述动作均未发生，而是在言说者说完之后才可能去执行。句子整体时间逻辑为未来，因此，用了将行体标记，但是，"去"仍然作为完整体处理。

（2）完成体标记 =tsɑ³³ "=PFT"

完成体表示过去发生的事情对现在产生的结果或影响，或现在仍然在持续发生。与完整体相似，如果谓语中心词是行为动词，则小句不仅需要用完成体标记 =tsɑ³³ "=PFT"，行为动词也必须使用趋向前缀，才能表示完成体的概念。例如：

xuɑ⁵⁵fu⁵⁵ =kɑ⁵⁵kɑ⁵⁵   nɑ⁵⁵   pɑ⁵⁵   kʰɑ⁵⁵-sɑ⁵⁵=tsɑ³³.

海棠 =NCL：不规则圆形体   二   CL：球珠状   向内-留下印记 =PFT

已经结了两个海棠果。

值得注意的是，在尔苏语中，如果小句的主语是人称代词，则第一人称不能用完成体标记 =tsɑ³³ "=PFT"，但第二、三人称可以用。例如：

ɑ⁵⁵   vɑ⁵⁵kə⁵⁵   duɑ³⁵.

1sg.SLF   越西   去.PST

我去了越西。

*ɑ⁵⁵   vɑ⁵⁵kə⁵⁵   duɑ³⁵=tsɑ³³.

1sg.SLF   越西   去.PST=PFT

我已经去了越西。

nə⁵⁵   vɑ⁵⁵kə⁵⁵   duɑ³⁵=tsɑ³³.

2sg   越西   去.PST=PFT

你已经去了越西。

tʰə⁵⁵   vɑ⁵⁵kə⁵⁵   duɑ³⁵=tsɑ³³.

3sg.PRT   越西   去.PST=PFT

他已经去了越西。

（3）经验体标记 =tɕʰi⁵⁵ "=EXP"

=tɕʰi⁵⁵ "=EXP"表示动作行为的主体曾经有过某种经验，或做过某种动作，或曾经历过某种事件，可以用于各种人称。例如：

ɑ⁵⁵   bo⁵⁵kʰuɑ⁵⁵=pɑ⁵⁵=ʂə⁵⁵   ʒɿ⁵⁵=tɕʰi⁵⁵.

1sg.SLF   大龙塘 =LOC：地方 =LOC：地方   去.NPST=EXP

我去过大龙塘。

nə⁵⁵　　　　bo⁵⁵kʰuɑ⁵⁵=pɑ⁵⁵=ʂə⁵⁵　　　　　　ʒʅ⁵⁵=ɑ⁵⁵=tɕʰi⁵⁵=ε³³?

2sg　　　大龙塘＝LOC：地方＝LOC：地方　　去.NPST＝ITRG＝EXP＝ITRG

你去过大龙塘吗？

tʰə⁵⁵　　　　bo⁵⁵kʰuɑ⁵⁵=pɑ⁵⁵=ʂə⁵⁵　　　　　　ʒʅ⁵⁵=tɕʰi⁵⁵.

3sg.PRT　大龙塘＝LOC：地方＝LOC：地方　　去.NPST＝EXP

他去过大龙塘。

（4）状态变化体标记＝i³³"＝CSM"

所谓状态变化体，指的是所述事件的状态或性质发生了变化。尔苏语中通过体标记＝i³³"＝CSM"和动词趋向前缀协同实现。状态变化体表达的语义内涵和完整体有相似之处，均为对完整事件进行标记。但是，前者侧重于表明状态或性质发生变化的过程，而后者只强调事件的整体。由于状态变化体表明事件状态或性质发生变化的过程，通常需要通过较长的上下文才能理解。例如：

mi⁵⁵npʰu⁵⁵　　tɑ⁵⁵　　pɑ⁵⁵　　　　tʰə⁵⁵-pu⁵⁵=i³³.　　mi⁵⁵npʰu⁵⁵　　tɑ⁵⁵　　pɑ⁵⁵

珠子　　　一　　　CL：球珠状　向他人-变＝CSM　珠子　　　一　　CL：球珠状

tʰə⁵⁵-pu⁵⁵　　ɑ³³nε³³,　　　tʂɑ⁵⁵ŋɑ⁵⁵=nε³³,　tʂʅ⁵⁵=kə⁵⁵　　　　nɑ⁵⁵-kuɑ⁵⁵.

向他人-变　LINK：之后　后来＝TOP　　　柜子＝LOC：里　向下-装。

（小鸟）变成了一枚珠子。变成了一枚珠子之后，后来呢，放到了柜子里。

（5）进行体标记＝gə⁵⁵"＝PROG"

进行体表示动作或事件正在进行，通过谓词中心词后加上＝gə⁵⁵"＝PROG"来表示。需要注意的是，尔苏语小句的主语为第一人称时，如果是指言说者本人，则进行体不需要任何标记；反之，如果是言说者引述他人话语，则需要使用进行体标记。小句的主语为第二人称时，通常为疑问式，不论是日常对话还是引述，均不需要进行标记。小句的主语为第三人称时，不分文体，即不论是日常对话还是引述，均需要进行标记（见表5-16）。

表5-16　进行体标记与人称的关系

人称 文体	第一人称	第二人称	第三人称
日常对话	不标记	不标记	＝gə⁵⁵
引述文体	＝gə⁵⁵		

日常对话示例如下：

ɑ⁵⁵　　　　tʰi⁵⁵+xɑ⁵⁵　　　　　　　ngɑ⁵⁵mε⁵⁵　　tsʰε⁵⁵.

1sg.SLF　DEM：这＋时间＜现在　衣服　　　洗

我现在正在洗衣服。（第一人称不标记）

nə⁵⁵   tʰi⁵⁵+xɑ⁵⁵   ngɑ⁵⁵mɛ⁵⁵   tsʰɛ⁵⁵=ɑ³³?

2sg   DEM：这+时间<现在 衣服   洗

你现在正在洗衣服啊？（第二人称不标记）

tʰə⁵⁵   tʰi⁵⁵+xɑ⁵⁵   ngɑ⁵⁵mɛ⁵⁵   tsʰɛ⁵⁵=gə⁵⁵

3sg.PRT   DEM：这+时间<现在 衣服   洗=PROG

他现在正在洗衣服。（第三人称需要标记）

引述文体示例如下：

甲①：iɑ⁵⁵dzə⁵⁵   iɑ⁵⁵dzə⁵⁵, nə⁵⁵   ɑ⁵⁵nɛ⁵⁵   ŋu⁵⁵=ɛ³³?

　　孩子   孩子   2sg   ITRG：什么 做=ITRG

　　孩子，孩子，你在干什么呀？（第二人称不标记）

乙：io³³=nɛ³³   tʰə⁵⁵=kə⁵⁵   mɛ⁵⁵+li⁵⁵   tə⁵⁵   sɿ³³

　　1sg.OTR=TOP   DEM：这=LOC：里 自然界+地：土地   一   CL：点

　　də⁵⁵-ndzə⁵⁵=gə⁵⁵=do³²⁴.

　　向下-挖=PROG=PART：肯定

　　我啊，正在这里挖点儿地哦。（第一人称需要标记）

tʰə⁵⁵   əɹ⁵⁵ndzə⁵⁵   bɛ⁵⁵,   tʰəɹ⁵⁵   ɑ⁵⁵-tʰə⁵⁵=kə⁵⁵

DEM：这 龙   些   3pl.PRT   DIST-DEM：这<那=LOC：里

dɑ⁵⁵-kɑ⁵⁵~kɑ⁵⁵=gə⁵⁵.

向上-打~RDUP：相互打=PROG

它们这些龙在那里打架。（第三人称需要标记）

（6）将行体标记=gə⁵⁵ "=PROS"

尔苏语中的将行体标记与进行体标记同形，但其语义内涵表示的是在未来特定的时间将会发生某行为或事件。进行体标记和将行体标记=gə⁵⁵ "=PROS"不仅可以从语义上区分，也可以从句法结构上区分。如上文所述，进行体标记有人称和文体的差异，而将行体则无这种区别。无论何种人称和文体，只要是将行体，就都必须进行标记。例如：

ɑ⁵⁵   su⁵⁵ɳo⁵⁵   pu⁵⁵   tsʅ⁵⁵   i⁵⁵=gə⁵⁵.

1sg.SLF 明天   土豆   种   去.NPST=PROS

我明天去种土豆。

---

① 此处甲、乙分别代表正在进行对话的人物。

$nə^{55}$　$su^{55}n̥o^{55}$　pu^{55}　$tʂʅ^{55}$　i^{55}　　　$a^{55}=gə^{55}=ɛ^{55}?$

2sg.　明天　　土豆　种　去.NPST　ITRG＝PROS＝ITRG

你明天去种土豆吗？

$tʰə^{55}$　　$su^{55}n̥o^{55}$　pu^{55}　$tʂʅ^{55}$　$i^{55}=gə^{55}.$

3sg.PRT　明天　　土豆　种　去.NPST＝PROS

他明天去种土豆。

（7）即行体标记＝$tsʰua^{35}$"＝IMMI"和＝ga^{35}"＝IMMI"

即行体表示某种行为或事件即刻、马上就要发生。尔苏语中的即行体视人称的不同而使用不同的标记。第一人称用将行体和即行体的组合＝$gə^{55}=tsʰua^{35}$"＝PROS＝IMMI"，第二人称用＝$tsʰua^{35}$"＝IMMI"，而第三人称用＝ga^{35}"＝IMMI"。例如：

a^{55}　　　$kʰa^{55}\text{-}ma^{55}=gə^{55}=tsʰua^{35}.$

1sg.SLF　向内－睡觉＝PROS＝IMMI

我马上去睡觉。

$nə^{55}$　　$kʰa^{55}\text{-}ma^{55}=tsʰua^{35}.$

2sg　向内－睡觉＝IMMI

你快去睡觉。

$tʰə^{55}$　　$kʰa^{55}\text{-}ma^{55}=ga^{35}.$

3sg.PRT　向内－睡觉＝IMMI

他马上去睡觉。

（8）持续体标记＝$sɛ^{33}$"＝CONT"

持续体表示某状态持续存在，或某事件在之前发生，到言说者阐述时依然在进行。持续体通过谓词中心词附加持续体标记＝$sɛ^{33}$"＝CONT"来表达。例如：

$a^{55}\text{-}ga^{55}$　　　$a^{55}\text{-}wa^{55}$　　$ka^{55}=zʅ^{33}$　　　　$tsotʂʰa^{55}=pa^{55}$　　la^{55}　$tə^{55}$　mo^{55}

DIST－靠山方　KIN－奶奶　CL：条状物＝GEN：家　晒场＝LOC：地方　都　一　遗体

$dza^{55}=sɛ^{33}.$

EXT＝CONT

山上那老奶奶家晒场边那一具遗体还在呢。

2. 致使标记-su^{55}

致使标记-su^{55}是尔苏语中为数不多的后缀而非附着词素。其功能是使一部分不及物动词、形容词、存在动词等实现价变，转变其及物性，由不及物转为及物。例如：

$tʰə^{55}\text{-}so^{55}$　　　死　　　⟶　　$tʰə^{55}\text{-}so^{55}\text{-}su^{55}$　　　使/让……死

向他人－死　　　　　　　　　　向他人－死－CAUS

na^{55}-la^{55}	下来	→	na^{55}-la^{55}-su^{55}	使/让……下来	
向下－来			向下－来－CAUS		
ia^{55}-li^{55}	好	→	ia^{55}-li^{55}-su^{55}	使/让……好	
ADJ－好			ADJ－好－CAUS		
ia^{55}-ntɕʰo^{55}	漂亮	→	ia^{55}-ntɕʰo^{55}-su^{55}	使/让……漂亮	
ADJ－漂亮			ADJ－漂亮－CAUS		

3. 示证标记

示证范畴是主要用于传达信息来源的语法范畴，表明言语信息获取的方式。尔苏语有比较完整的示证范畴系统，除亲知示证，如亲见、亲听、亲闻、通用常识等不需要任何标记外，其他的如推断、转述、引述等均需要通过示证标记来表达。关于尔苏语的示证范畴系统，Zhang（2014）已经有详细描述，此处仅做简要描写。

尔苏语的转述、引述示证范畴标记均由言说动词语法化演变而成，并且尚在演变的过程中，因此出现比较多的自由变体，例如＝dʑɛ^{324}、＝dʑi^{55}gə^{55}、＝dʑɑ^{33}、tʰə^{55}-ɑ^{55}-dʑɑ^{33}、tʰə^{55}-ɑ^{55}-dʑɛ^{324}、tʰə^{55}-ɑ^{55}-dʑi^{55}gə^{55}等。在下列例句中，随机根据语料选用其中之一进行例证。

（1）推断示证标记＝pɑ^{33}"EVID：推断"。例如：

mɛ^{33}＋tɕo^{33}　　　　　su^{55}ȵo^{55}　　tʰə^{55}-pʰu^{55}＝gə^{55}＝pɑ^{33}.

自然界＋裏：天空　明天　　　向他人－变＝PROS＝EVID：推断

明天要变天吧。

（2）转述示证标记＝dʑɛ^{324}"EVID：转述"。例如：

tʰə^{55}　　　　ia^{55}ȵo^{55}　　kuɑ^{55}ʂɑ^{55}　　duɑ^{55}＝dʑɛ^{324}.

3sg.PRT　　昨天　　　街上　　　　去.PST＝EVID：转述

（据说）他昨天去街上了。

（3）引述示证标记＝dʑɑ^{33}"EVID：引述"。例如：

ɑ^{55}-pu^{55}＝nɛ^{33},　　　"nɑ^{55}-kɑ^{55}　ŋə^{55}-dʐ̩^{55}＝gə^{55}"＝dʑɑ^{33}.

KIN－爷爷＝TOP　向下－杀　向外－吃＝PROS＝EVID：引述

老爷爷说："（把牛）杀了吃。"

短语

尔苏语的短语主要包括名词性短语和动词性短语两类。

一 名词性短语

（一）名词性短语的类型

根据名词性短语中心词的不同，可将其分为普通名词中心词短语、专有名词中心词短语、代词中心词短语、名物化词中心词短语、时间名词中心词短语、无中心词名词短语等不同的类型。

1. 以普通名词为中心词的短语

普通名词中心词短语是尔苏语中最常见的名词性短语，中心词可以涵盖各种名词次类，如亲属称谓、人体部位、植物、动物、自然界等等名词。例如：

$mε^{33} + tço^{33}$　　　　wo^{55}　　　　　　　天空

自然界 + 裹：天空　CL：个

$psŋ^{55}\text{-}mɑ^{55}$　$tə^{55}$　wo^{55}　　　　　　　一只青蛙

青蛙–F　　一　　CL：个

dzo^{55}　$nɑ^{55}$　$kɑ^{55}$　　　　　　　两条河

河　　二　　CL：条状物

2. 以专有名词为中心词的短语

专有名词中心词短语的中心词不是很多，通常是光杆名词自身就直接作为名词短语使用。但是，尔苏语的专有名词也可为指示代词和量词所修饰，组成短语。例如：

tʰə⁵⁵　　　tɕʰo⁵⁵li⁵⁵ma⁵⁵　wo⁵⁵　　　　　　　　这个雀丽玛

DEM：这　雀丽玛　　　CL：个

3. 以代词为中心词的短语

代词中心词短语的中心词可进一步分为人称代词、指示代词、不定代词、返指代词、疑问代词等。例如：

tʰə⁵⁵＝dzi⁵⁵　　nə⁵⁵　wo⁵⁵　　　　　　　　他们俩

3sg.PRT＝DL　二　CL：个

tʰə⁵⁵　　　　na⁵⁵　pa⁵⁵　　　　　　　　　　这两个

DEM：这　二　CL：球珠状

tsʰu⁵⁵　　ta⁵⁵　ka⁵⁵＝kə⁵⁵　　　　　　　　这样一个（房子）里

这样　　一　CL：条状物＝LOC：里

sɛ⁵⁵　　　tə⁵⁵　wo⁵⁵　　　　　　　　　　　谁/哪一个

ITRG：谁　一　　CL：个

4. 以名物化词为中心词的短语

zɿ⁵⁵＝ta⁵⁵　　ta⁵⁵　ka⁵⁵　　　　　　　　　一条凳子

坐＝NMLZ　一　CL：条状物

tsʰɛ⁵⁵＝li⁵⁵　　na⁵⁵　zu³³　　　　　　　　　两盆喝的

喝＝NMLZ　二　CL：盆

5. 以时间名词为中心词的短语

上述短语都是中心词与"数＋量"结构共现。而如前文所述，时间名词有其特殊性，其自身既可以作为名词中心词使用，又可以作为量词使用。它们也是尔苏语中唯一的一类可以直接和数词连用，而且置于数词之后的名词，构成"数＋时间名词"的名词短语。

tə⁵⁵　　no⁵⁵　　　　　　　　　　　　　　一天

一　　天

si⁵⁵　　ła⁵⁵　　　　　　　　　　　　　　三个月

三　　月

ŋua⁵⁵　butsʰə⁵⁵　　　　　　　　　　　　　五年

五　　年

6. 无中心词的名词短语

在名词性短语中，上述各类中心词省略的情形下，尔苏语中可以出现一些表面上看似无中心词的名词短语，包括无中心词形容词型短语、无中心词动词型短语、无中心词"数＋量"型短语等。例如：

zʐ³³i³³ ia⁵⁵-ntɕʰo⁵⁵ tʰa⁵⁵   pa⁵⁵   这漂亮的女儿

女儿   ADJ–漂亮   DEM：这 CL：可爱的人或动物

ia⁵⁵-ntɕʰo⁵⁵ tʰa⁵⁵   pa⁵⁵   这漂亮的（女儿）

ADJ–漂亮   DEM：这 CL：可爱的人或动物

əɹ⁵⁵dzə⁵⁵ ma⁵⁵-ba⁵⁵ni⁵⁵ bɛ³³   不听话的龙

龙   NEG–听话   些

ma⁵⁵-ba⁵⁵ni⁵⁵ bɛ³³   不听话的（龙）

NEG–听话   些

su⁵⁵ si⁵⁵ wo⁵⁵ ma⁵⁵-pɛ⁵⁵, tsʰɛ⁵⁵tsʰɛ⁵⁵ wo⁵⁵   si⁵⁵ pɛ⁵⁵.

人   三   CL：个 NEG–够   十   CL：个 才 够

三个人不够，十个人才够。

si⁵⁵   wo⁵⁵   ma⁵⁵-pɛ⁵⁵, tsʰɛ⁵⁵tsʰɛ⁵⁵ wo⁵⁵   si⁵⁵ pɛ⁵⁵.

三   CL：个 NEG–够   十   CL：个 才   够

三个（人）不够，十个才够。

（二）名词性短语的语序结构

尔苏语是典型的SOV型语言，因此无论是名词性短语还是动词性短语，其基本规律都是中心词前置。名词性中心词是名词性短语的核心，修饰性成分以后置为主，但也有少量修饰性成分可以前置。按照名词性短语相关成分出现的先后顺序，名词性短语的语序结构应为：领有性短语→指示代词/方向名词→修饰性名词→**名词性中心词**→小称标记→名词性状标记词→形容词程度强化副词→返指代词→形容词→数词→表数量词→格标记→话题标记。

相关说明：

1. 上述语序结构只是阐明了尔苏语名词性短语各个成分之间可能的共现方式和顺序，并非意味着所有成分都必须出现。

2. 所谓名词性中心词不一定指的是名词，而可能是上述名词性短语类型中的名词、代词等各种词类的一种。

3. 最典型、出现频率最高的名词性短语为名词性中心词→形容词→数词→表数量词。例如：

su⁵⁵ ia⁵⁵-nbo⁵⁵ tə⁵⁵ wo⁵⁵   一个高个子的人

人   ADJ–高   一   CL：个

（三）名词性短语的内部结构关系

名词性短语相互之间的关系有领有关系、并列关系、同位关系等。现分述如下：

1. 领有关系

名词性短语的领有关系可以分为两类：可让渡关系和不可让渡关系。可让渡关系指的是领有者和被领有者之间的领有关系可能会发生变化，甚至分裂；不可让渡关系指领有者和被领有者之间的领有关系恒久而不可分离。本章第二节已经指出，尔苏语中有两个可以表示领有关系的领属标记 =i^{55} "=GEN" 和 =z̩^{33} "=GEN：家"，并对其差异和联系进行了对比，在此不再赘述。

（1）可让渡领有关系

可让渡领有关系包括亲属关系、财产关系、地点/位置关系等。这类关系都是有标记的，即领有者和被领有者之间需要加上领属标记。例如：

ve^{55}mɑ^{55}tɕʰo^{55}dzu^{33}=z̩^{33} zi^{33}i^{33} bε^{33} 外玛雀珠的女儿们

外玛雀珠=GEN：家   女儿   些

mu^{55}ɬi^{55}=i^{55} lɑ^{55} tə^{55} wo^{55} 木乃的一只鸡

木乃=GEN   鸡   一   CL：个

i^{55}ntʂʰə^{55}mɑ^{55}=i^{55} dzo^{55} tɕʰi^{55}=ta^{55} 银彻玛背水的地方

银彻玛=GEN   水   背=NMLZ：特定活动场所

（2）不可让渡领有关系

不可让渡领有关系包括身体部位、部分与整体、排泄物等。这些领有关系通常是无标记的，即领有者和被领有者之间无需领属标记，其领有的语义内涵需要通过语境判断。例如：

iɑ^{55}dzə^{55} vu^{33}liε^{33} wo^{55} 孩子的头

孩子   头   CL：个

si^{55} kɑ^{55}tsɑ^{55} 树枝

树   枝杈

ŋuɑ^{55} tso^{55} 牛屎

牛   屎

2. 并列关系

所谓并列关系，指的是两个或两个以上的名词性短语以特定的词序共现，每个名词性短语都有不同的指称值或语义内涵。尔苏语名词性短语的并列关系可分为联合并列型和选择并列型两类。

（1）联合并列型

联合并列型名词性短语指的是两个或两个以上的指称对象共现，处于对等的句法地位，在小句中担当同一成分。根据是否使用连接词，可以进一步分为三种类型：无连接词型，即两个或两个以上的名词性短语之间没有连接词，如下面的第一例；单一连接词型，即两个或两个以上的名词性短语之间只使用一个并列关系连接词 la^{55} "CO"，如下面的第二例；多连接词型，即成并列关系的每个名词性短语后都带有一个并列关系连接词 la^{55} "CO"，如下面的第三例：

vɛ^{55}　　vu^{33}liɛ^{33}　　tə^{55}　　po^{55},　　　　vɛ^{55}　　sʐ^{55}psʐ^{55},　　vɛ^{55}　　ntsʰa^{55},　　vɛ^{55}　　n̻o^{55}...

猪　　脑袋　　　一　　CL：包/套　猪　　舌头　　　猪　　肝　　　猪　　肠子

tə^{55}　　sʐ^{33}　　　　la^{55}　　tʰa^{55}-tʂʰa^{33}　　ma^{55}-pʰa^{55}.

一　　CL：点　都　　向他人–差　　NEG–MOD：能

一副猪脑袋，猪舌头、猪肝、猪肠子……，一点儿都不能差。

ti^{55}+xa^{55}=nɛ^{55},　　　　　　aɹ^{55}　　　əɹ^{55}su^{55}　　bɛ^{55}=nɛ^{55},　　zʐ^{55}=ta^{55},

DEM：这+时间：现在=TOP　1pl.SLF　尔苏　　些=TOP　坐=NMLZ：地方<椅子

ma^{55}=ta^{55}　　　　　　　la^{55}　　vu^{55}+dzi^{55},　　a^{55}nɛ^{55}　　la^{55}　bo^{55}.

睡=NMLZ：地方<床　CO：和　头+关：枕头　无论什么　都　POSSV：有

现在呢，我们尔苏呢，椅子、床和枕头等等什么都有了。

mɛ^{55}tʂə^{55}　　la^{55}　　ndzʐ^{55}+pi^{55}　　la^{55}　　dʐu^{55}kʰua^{55}　　la^{55}　　ʔi^{55}tʂʰu^{55}　　la^{55}

干草　　　CO：和　麦+糠：麦麸　CO：和　筷子　　　CO：和　汤勺　　　CO：和

xo^{55}=tə^{55}.

需要=PART：陈述

干草、麦麸、筷子、汤勺等等都是要的。

（2）选择并列型

尔苏语的选择并列型名词性短语必须由并列连词 la^{55} "CO" 实现，即两个或两个以上的名词性短语间必须用 la^{55} "CO" 连接。此时 la^{55} "CO" 的语义发生了变化，不再是"和"的意思，而是"或/还是"的意思。例如：

pu^{55}　　la^{55}　　zʐ^{55}mi^{55}　　a^{55}nɛ^{55}　　kʰə^{55}-tʂʐ^{55}　　dzi^{55}　　pʰa^{55}.

土豆　　CO：或　玉米　　无论什么　　向内–种　　也　　MOD：能

种土豆或种玉米，无论什么都行。

3. 同位关系

所谓同位关系是指两个或两个以上的名词性短语以特定的词序共现，共同指向同一个或同一类指称对象。例如：

tʰə^{55}　　za^{55}-ma^{55}+dzʐ^{55}=ta^{55}　　　　　　　　wo^{55},　　tʰə^{55}　　　　ma^{55}-li^{55}　　wo^{55}

DEM　饭–F+吃=LOC：地方<饭馆　个　　DEM：这　NEG–好　CL：个

这家饭馆，味道不好的一家

nua⁵⁵　tə⁵⁵,　　əɹ⁵⁵su⁵⁵　tə⁵⁵,　　tʰə⁵⁵　　　　nə⁵⁵　wo⁵⁵

彝族　INDF　尔苏　　INDF　DEM：这　二　CL：个

一个彝族，一个尔苏，这两个

二　动词性短语

尔苏语动词性短语的基本功能是在小句中做谓语。名词性短语中心词存在不同的类型，相对复杂；比较而言，动词性短语的类型比较简单，其核心词只有一种词类，即动词。本节将重点探讨动词性短语的语序结构、连动式，以及动词性短语相互之间的共现关系。

（一）动词性短语的语序结构

动词性短语的核心词为动词，在其前后均可能存在修饰成分。按照不同修饰成分出现的词序，可将动词性短语大致概括为如下序列：副词→数词→动量词→趋向前缀→禁止标记/否定标记→**核心动词**→致使标记→体/态标记→示证标记→（语气）助词。

需要指出的是，上述语序只是勾画了尔苏语动词性短语的基本语序结构，并非每个节点都同时出现。例如：

n̠i⁵⁵　la⁵⁵=kə⁵⁵　　　　bɛ⁵⁵ɹ⁵⁵　tɑ⁵⁵　kɑ⁵⁵　　　**dzo⁵⁵**.

草　丛=LOC：里　蛇　　　一　　CL：条状物　EXT

草丛里有条蛇。

tʰə⁵⁵　　i⁵⁵pʰa⁵⁵　**də⁵⁵-n̠i⁵⁵**　ia⁵⁵-zʅ⁵⁵=tsa³³=dzɛ³²⁴.

3sg.PRT　肚子　　向上–疼　ADJ–厉害＝PFT＝EVID：转述

他肚子疼得厉害。

（二）连动式

所谓连动式，是指一系列动词连用，相互之间没有任何显性标记以表明并列、主从、句法依赖等关系，共享核心论元和时、体、态等标记，并且协同作为单一事件谓语在小句中使用，包括对称性和非对称性连动式两种（Aikhenvald, 2006）。

1. 对称性连动式

在对称性连动式中，所有的动词均为开放性词类，都有明确的语义内涵，相互协同指同一事件，共同担当谓语。例如：

tsʰo⁵⁵-i⁵⁵　　tɑ⁵⁵　pa⁵⁵　　　　kʰə⁵⁵-mi⁵⁵　də⁵⁵-ʒu⁵⁵=a³⁵=dzɛ³²⁴.

狗–DIM　一　　CL：可爱的人或动物　向内–抓　向上–养＝PFV＝EVID：转述

（据说他）抓了一只小狗养了。（直译：说是抓养了一只小狗。）

2. 非对称性连动式

非对称性结构往往是由一个来自开放性词类的主要动词（major verb）和一个源于封闭

性词类的次要动词（minor verb）构成，后者的作用是修饰前者。例如：

ɑ⁵⁵＝nɛ⁵⁵,　　　　　ndzo⁵⁵ndʐ̩⁵⁵　　so⁵⁵　　lɑ³⁵.

1sg.SLF＝TOP　字　　　　学　　来.PFV

我来上学了。（直译：我呢，来学字了。）

（三）动词性短语之间的关系

尔苏语动词性短语之间的关系主要是并列关系。和名词性短语的并列关系相似，也可以分为联合并列型和选择并列型两种。

1. 联合并列型

动词性短语的联合并列型，即两个或两个以上的动词性短语之间并列共现，不使用连接词。例如：

n̩ə⁵⁵＝i⁵⁵kə⁵⁵　　dɑ⁵⁵-kɑ⁵⁵　　nə⁵⁵-nbɛ⁵⁵~nə⁵⁵-nbɛ⁵⁵　　　　tsɑ⁵⁵　　dzo⁵⁵　lɑ⁵⁵.

2sg＝AGT　　向上–打　向下–哭~RDUP：哭了又哭　转　　回　　来

你把（他们）打得哭个不停，他们就转回来了。

需要指出的是，联合并列型动词性短语间的关系在表象上和上述连动式基本一致，但和连动式并不是同一种语法现象。如上所述，在连动式中，几个动词性短语共现，表述的是同一事件，同做谓语，共享核心论元和时、体、态标记等。如例"（据说他）抓了一只小狗养了"中，kʰə⁵⁵-mi⁵⁵"向内–抓"和də⁵⁵-ʐu⁵⁵"向上–养"共享核心施事论元tʰə⁵⁵"他"与核心非施事论元tsʰo⁵⁵"狗"，而且"抓来小狗抚养"是同一个事件。而在例"你把（他们）打得哭个不停，他们就转回来了"中，动词性短语dɑ⁵⁵-kɑ⁵⁵"向上–打"的核心施事论元为n̩ə⁵⁵"你"，其他动词性短语的核心施事论元为承接上下文省略的"他们"；此外，"打"和"哭着转回来"是两个不同的事件。因此在此例中动词性短语只能是联合并列型关系。

2. 选择并列型

选择并列型关系的动词性短语之间需要有连词lɑ⁵⁵"CO：或者/还是"连接。例如：

iɛ⁵⁵xi⁵⁵＋so⁵⁵xi⁵⁵＝nɛ⁵⁵,　　su⁵⁵　tə⁵⁵　　dzo⁵⁵＝sɛ⁵⁵　　　　lɑ⁵⁵　　tʰə⁵⁵-so⁵⁵　　lɑ⁵⁵

去年＋前年：过去＝TOP　人　　INDF　活＝CONT：还　CO：还是　向他人–死　都

xɑ⁵⁵＜mɑ⁵⁵＞sɛ⁵⁵＝ɑ³⁵.

知＜NEG＞道＝PFV

过去的时候，一个人是生还是死都不知道。

第三节

句子

一　句子成分

尔苏语的句子成分主要有主语、谓语、宾语、定语、状语等。其中，主语、谓语是主干成分。

（一）句子成分举例①

1. 主语

主语一般由上述各种不同类型的名词性短语来充当。例如：

su⁵⁵　　**tʰə⁵⁵**　　　　**wo⁵⁵**　　zๅ⁵⁵ndə⁵⁵　　əɹ⁵⁵ʂa⁵⁵　　xa⁵⁵＜ma⁵⁵＞sɛ⁵⁵＝tə⁵⁵.

人　　DEM：这　CL：个　真的　　　政策　　　知＜NEG＞道＝PART：陈述

这个人真不懂道理。

2. 谓语

谓语主要由动词性词组充当，如下面的第一例；也可以由名词性词组充当，如下面的第二例；还可以由形容词充当，如下面的第三例：

a⁵⁵　　　　a⁵⁵nɛ⁵⁵　　la⁵⁵　**dzๅ⁵⁵**　**bua⁵⁵tʂə⁵⁵**.

1sg.SLF　无论什么　都　吃　　MOD：想

我什么都想吃。

a⁵⁵-tʰə⁵⁵　　　　　wo⁵⁵＝nɛ⁵⁵,　**a⁵⁵＝zๅ⁵⁵**　　　　　**a⁵⁵-pu⁵⁵**.

DIST–DEM：这＜那　CL：个＝TOP　1sg.SLF＝GEN：家　KIN–爷爷

那个是我的爷爷。

---

① 每个例句中相应的句子成分以加粗字体表示。

tɑ⁵⁵xuɑ⁵⁵　　ɬɑ⁵⁵-pʰɛ⁵⁵　　wo⁵⁵　　　tse⁵⁵　　**iɑ⁵⁵-kʰuɑ⁵⁵.**

今晚　　　　月亮–M　　CL：个　真　　ADJ–大

今晚的月亮真大。

3. 宾语

与主语相似，宾语一般也由各种不同类型的名词性短语充当。例如：

n̠i⁵⁵=i⁵⁵kə⁵⁵　　tʰə⁵⁵　　**vu⁵⁵**　**tʂʰɑ⁵⁵**　**ɑ⁵⁵=vɑ³³**　　　　ku⁵⁵.

2sg＝AGT　　DEM：这　酒　　CL：杯　1sg.SLF＝NAGT　给……喝

你把那杯酒给我喝。

4. 定语

定语主要由形容词充当，充当定语的形容词后置，如下面的第一例；或者由"数＋量"结构充当，也同样置于名词性中心词之后，如下面的第二例；也会出现由名词性短语充当的情形，但名词性短语担当定语，置于名词中心词之前，如下面的第三例：

tʰə⁵⁵　　　　mi⁵⁵to⁵⁵　**iɑ⁵⁵-ntɕʰo⁵⁵**　be³³　sɑ⁵⁵ntsʰo⁵⁵ko⁵⁵=i⁵⁵　tə⁵⁵　be³³.

DEM：这　花　　　ADJ–漂亮　些　桑措果＝GEN　　　一　些

这些漂亮的花是桑措果的。

iɑ⁵⁵dʐə⁵⁵　**si⁵⁵**　**wo⁵⁵**　　iɑ⁵⁵n̠o⁵⁵　vɑ⁵⁵kə⁵⁵　　duɑ³⁵=dʑɛ³²⁴.

孩子　　　三　　CL：个　昨天　　越西　　去.PST＝EVID：转述

（据说）有三个孩子昨天去越西了。

ɑ⁵⁵　　　**si⁵⁵**　　zŋ⁵⁵=tɑ⁵⁵　　　　　tɑ⁵⁵　ka⁵⁵　　xo⁵⁵.

1sg.SLF　木头　坐＝NMLZ：地方＜凳子　一　CL：条状物　需要

我需要一张木凳子。

需要说明的是，这些不同类型的定语并不互相排斥，偶尔甚至会出现所有类型在同一个小句中出现的情形。例如：

ɑ⁵⁵　　　　**ʂə³³**　ngɑ⁵⁵　**iɑ⁵⁵-ndə⁵⁵**　**tɑ⁵⁵**　**ngɑ⁵⁵**　　kʰə⁵⁵-zŋ⁵⁵=ɑ³⁵.

1sg.SLF　铁　门　　　ADJ–结实　一　RPT：门　向内–买＝PFV

我买了一扇结实的铁门。

5. 状语

尔苏语中的副词主要做状语使用，修饰形容词或动词，如下面的第一例；大部分形容词可以直接做状语修饰谓语动词，如下面的第二例：

si⁵⁵＋pu⁵⁵　　　　　　　　tʰə⁵⁵　　　pu⁵⁵　　　　　　　　　**tsɛ⁵⁵** iɑ⁵⁵-nbo⁵⁵.

木头＋CL：活着的植物或庄稼　DEM：这　RPT：活着的植物或庄稼　真　ADJ–高

这棵树真高。

mu⁵⁵ɬi⁵⁵　vu⁵⁵　tʰə⁵⁵-zʅ⁵⁵　**ia⁵⁵-nbu⁵⁵**　la⁵⁵~la⁵⁵=gə⁵⁵.

木乃　　　酒　　向他人–醉　ADJ–壮/狠　叫~RDUP：吵闹＝PROG

木乃酒醉得厉害，正在闹。

此外，一些名词性短语也可以充任时间状语、地点状语、来源状语、工具状语等。例如：

ta⁵⁵ŋo⁵⁵　mɛ³³＋tɕo³³　a⁵⁵ndʑi⁵⁵　tʰi⁵⁵　da⁵⁵-tsʰa⁵⁵.

今天　　自然界＋裹：天　怎么　　如此　向上–热

今天天怎么这么热！

tsa⁵⁵tsi⁵⁵=tɕʰo⁵⁵　bɛ⁵⁵＋io⁵⁵　　tə⁵⁵　　dzo⁵⁵.

墙壁＝LOC：上　虫子＋蝇：苍蝇　INDF　EXT

墙上有个苍蝇。

（二）语序

尔苏语是典型的SOV语言：中心词前置，并带标记；谓词置于句末，并带有体貌、示证标记等。例如：

a⁵⁵　　　za⁵⁵-ma⁵⁵　dzʅ⁵⁵=gə⁵⁵,　nə⁵⁵　vu⁵⁵　ŋə⁵⁵-tsʰɛ⁵⁵.

1sg.SLF　饭–F　　　吃＝PROS　2sg　酒　向外–喝

我吃饭，你喝酒。

二　单句

（一）根据谓语性质划分

根据谓语的性质，单句可以分为动词性谓语句、名词性谓语句和形容词性谓语句三类。

1. 动词性谓语句。例如：

tʰə⁵⁵　　　nbi⁵⁵=tɕʰo⁵⁵　　si⁵⁵　tʂʅ⁵⁵　dua³⁵.

3sg.PRT　山＝LOC：上　树　砍　　去.PST

他去山上砍树了。

2. 名词性谓语句。例如：

a⁵⁵=zʅ⁵⁵　　　　a⁵⁵-pa⁵⁵　wo⁵⁵=nɛ⁵⁵,　tʰi⁵⁵　　xə⁵⁵mo⁵⁵　wo⁵⁵.

1sg.SLF＝GEN：家　KIN–爸爸　CL：个＝TOP　3sg.PRT.GEN　舅舅　　CL：个

我家爸爸是他的舅舅。

3. 形容词性谓语句。例如：

a⁵⁵-tʰə⁵⁵　　　　　　　su⁵⁵　wo⁵⁵　ia⁵⁵-bi⁵⁵=ta⁵⁵tsa⁵⁵.

DIST–DEM：这＜那　人　CL：个　ADJ–胖＝太

那个人太胖了。

（二）根据语气划分

根据句子的语气，单句可以分为陈述、疑问、祈使等主要类型。

1. 陈述句

陈述句包括肯定陈述句和否定陈述句两种。现分述如下：

（1）肯定陈述句

肯定陈述句为 SOV 语序。例如：

$t^hə^{55}$　　　　ts^hi^{55}　　$zo^{55}+z_l^{55}+nə^{55}$　　　　wo^{55}　　　$də^{55}$-$ʒu^{55}$＝$tʂa^{55}$.

3sg.PRT　　山羊　　四＋十＋二：四十二　CL：个　向上–养＝PFT

他养了四十二只山羊。

陈述句中，发音人习惯性地带上一个语气助词 ＝$tə^{55}$ "＝PART：陈述" 以表示在陈述某件事情。＝$tə^{55}$ "＝PART：陈述" 在肯定陈述句中多见，偶尔也出现在否定陈述句中。例如：

$t^hə^{55}$　　　　$ŋua^{33}$　　wo^{55}　　t^hi^{55}　　　　$də^{55}$-xo^{55}　　ma^{55}-la^{55}＝$tə^{55}$.

DEM：这　牛　　CL：个　3sg.PRT.GEN　　向上–赶　NEG–来＝PART：陈述

这头牛是他赶回来的。

（2）否定陈述句

否定陈述句通过否定前缀 ma^{55}- "NEG–" 实现。

尔苏语否定的方式比较多样。如果动词性谓语句中，动词带有趋向前缀，则 ma^{55}- "NEG–" 置于趋向前缀和根词之间。例如：

ia^{55}-$ʂə^{55}$　　$tə^{55}$　　p^hu^{55}　　　　　na^{55}＝va^{33}　　t^ha^{55}-ma^{55}-ndo^{55}＝a^{35}.

ADJ–长　　一　　CL：一段时间　2sg＝NAGT　向他人–NEG–见到＝PFV

很长一段时间没有见到你了。

如果动词不带前缀，譬如存在动词，则 ma^{55}- "NEG–" 可直接置于动词前形成否定。例如：

a^{55}＝$nɛ^{33}$　　　　a^{55}-pa^{55}　　$dʑi^{33}$　　ma^{55}-dzo^{55},　　a^{55}-pa^{55}　　$dʑi^{33}$　　ma^{55}-dzo^{55}.

1sg.SLF＝TOP　　KIN–爸爸　也　　NEG–EXT　KIN–妈妈　也　　NEG–EXT

我既没有爸爸也没有妈妈。

如果动词性谓语带有体态标记，则直接否定体态标记。例如：

a^{55}　　　　za^{55}-ma^{55}　　dz_l^{55}　　ma^{55}-$gə^{55}$.

1sg.SLF　　饭–F　　吃　　NEG–PROS

我不吃饭。

如果是形容词型谓语句，则将形容词前缀转换成否定前缀 ma^{55}- "NEG–"，变成否定前缀直接否定形容词词根。例如：

t^hə⁵⁵　　　ŋua³³　　　ŋua³³　　　ma⁵⁵-k^hua⁵⁵.

DEM：这　牛　　　RPT：牛　NEG–大

这头牛不大。

如果是名词性谓语句，则需要加上判断系词z̩⁵⁵"COP"，再在判断系词前加上否定前缀ma⁵⁵-"NEG–"。例如：

t^hə⁵⁵　　　wo⁵⁵=nε³³,　　a⁵⁵=z̩³³　　　a⁵⁵-pu⁵⁵　　ma⁵⁵-z̩⁵⁵=tə⁵⁵.

DEM：这　CL：个＝TOP　1sg.SLF＝GEN：家　KIN–爷爷　　NEG–COP＝PART：陈述

这个不是我家爷爷。

2.疑问句

尔苏语的疑问句可根据结构形式分为特指问句、是非问句、选择问句、反问句等次类。

（1）特指问句

特指问句由本章第一节所述疑问代词实现。例如：

a⁵⁵=z̩³³　　　　　a⁵⁵-pa⁵⁵　　mi⁵⁵=su⁵⁵,　　sε⁵⁵　　　tə⁵⁵　　wo⁵⁵=ε³³?

1sg.SLF＝GEN：家　KIN–爸爸　吞＝NMLZ：人　ITRG：谁　一　　CL：个＝ITRG

把我爸爸吞下去的，是哪一个？

t^hə⁵⁵　　　nts^hu⁵⁵=nε³³,　　a⁵⁵nε⁵⁵　　mi⁵⁵to⁵⁵　tə⁵⁵　　nts^hu⁵⁵=da³³?

DEM：这　CL：朵＝TOP　ITRG：什么　花　　　　一　　CL：朵＝ITRG

这朵花是什么花啊？

（2）是非问句

是非问句由疑问标记＝a⁵⁵＝和ε³³协同实现。其中，＝a⁵⁵＝的位置比较灵活，和上述否定前缀ma⁵⁵-"NEG–"在句子中的位置以及组合方式比较相似。例如：

mε³³＋tɕo³³　　　　　　da⁵⁵=a⁵⁵=np^hi⁵⁵=ε³³?

自然界＋裏：天空　　　向上＝ITRG＝冷＝ITRG

天冷吗？

nə⁵⁵　　za⁵⁵　　t^ha⁵⁵=va³³　　ko⁵⁵i⁵⁵　a⁵⁵=gə⁵⁵=ε³³?

2sg　去　　3sg.PRT＝NAGT　叫　　ITRG＝PROS＝ITRG

你去叫他吗？

（3）选择问句

选择问句一般是由言说者提供两个可选项，让听话人做出选择。表示两个可选项的短语之间需要用la⁵⁵"CO：或者/还是"衔接。例如：

nə⁵⁵＝nε³³, ɑ⁵⁵mu⁵⁵ lɑ⁵⁵ mu⁵⁵ɬi⁵⁵＝ε³³?

2sg＝TOP 阿木 CO：还是 木乃＝ITRG

你是阿木还是木乃啊？（"阿木""木乃"既可用于人名，也可译作"老大""老二"用于排序）

nə⁵⁵ zɿ⁵⁵＝gə⁵⁵ lɑ⁵⁵ mɑ⁵⁵-gə⁵⁵＝ε³³?

2sg 去.NPST＝PROS CO：还是 NEG–PROS＝ITRG

你去还是不去啊？

（4）反问句

反问句通常紧随陈述句，但说话时在反问句和陈述句之间有个停顿。从语义视角看，反问句并不是典型的问句，因为言说者尽管提出了问题，但一般并不期待听话人予以回答。例如：

tʰə⁵⁵ iɑ⁵⁵dzə⁵⁵ wo⁵⁵ ndzo⁵⁵ndzɿ⁵⁵ so⁵⁵ iɑ⁵⁵-li⁵⁵, mɑ⁵⁵-zɿ⁵⁵＝ε³³?

DEM：这 孩子 CL：个 字 学 ADJ–好 NEG–COP＝ITRG

这孩子成绩好，不是吗？（直译：这孩子字学得好，不是吗？）

3.祈使句

祈使句用于言说者表达命令、要求等需要。尔苏语中的祈使句可以分为命令式、禁止式和恳求式三种。

（1）命令式

命令式用于言说者命令或要求听话人执行某行为的语境，因此，基本都使用行为动词。尔苏语中，用于命令式的行为动词需要使用趋向前缀，而且在这种语境中，趋向前缀已经失去表达趋向的意义，而被视为命令式的标记。此外，命令式通常省略主语；如果使用主语，则表明其或用于多个听话人的场合，或言说者需要缓和口气。例如：

nə⁵⁵-zɿ⁵⁵!

向下–坐

坐！

nə⁵⁵ nə⁵⁵-zɿ⁵⁵!

2sg 向下–坐

你坐！

（2）禁止式

禁止式用于言说者命令或要求听话人不要执行某行为的语境。禁止式需要使用禁止标记-tʰɑ⁵⁵-"–PHTV–"来实现，该标记要置于趋向前缀和根词之间。例如：

nə⁵⁵＝nε³³, io³³＝i⁵⁵ ʂɿ³³＝nε³³, ŋɑ⁵⁵-tʰɑ⁵⁵-dzɿ⁵⁵.

2sg＝TOP 1sg.SLF＝GEN 肉＝TOP 向外–PHTV–吃

你不要吃我的肉。

（3）恳求式

恳求式用于言说者以礼貌的方式或诚恳的态度请求听话人执行或不要执行某行为的语境，通常是通过句末标记＝mɑ³²⁴"＝RQT"来实现。例如：

nə⁵⁵　　tʰi⁵⁵　　　　tʂɑ⁵⁵ŋɑ⁵⁵＝nɛ⁵⁵,　　dɑ⁵⁵-tʰɑ⁵⁵-ʐu⁵⁵＝ɑ³⁵＝mɑ³²⁴.

2sg　DEM：这　以后＝TOP　　　向上–PHTV–养＝PFV＝RQT

你这以后呢，就不要养（狗）了，好吧。

三　复句

尔苏语的复句类型比较多，也比较繁杂，每种复句的类型均存在各种不同的具体语言现象。本节拟抽取典型的复句格式并通过例句予以展示。

根据语义–句法界面的互动情况，尔苏语的复句大致可分为两大类：复杂句（complex sentences）与复合句（compound sentences）。复杂句指的是两个或两个以上的小句连用，具有平行、对等的语义–句法地位，包括并列关系复句、倚变关系复句、顺承关系复句、转折关系复句、选择关系复句等；复合句指的是两个或两个以上的小句套连用，在语义–句法层面，以其中一个小句为主句，其他小句对主句进行补充说明且不具有独立的句子的句法地位，包括定语从句、状语从句和补语从句等。

（一）复杂句

1. 并列关系复杂句

并列关系复杂句中，各个分句之间的关系是并列或者相对的。例如：

tə⁵⁵　wo⁵⁵＝nɛ⁵⁵,　　so⁵⁵＝pʰɛ⁵⁵　　gɑ⁵⁵＝gə⁵⁵,　tə⁵⁵　wo⁵⁵＝nɛ⁵⁵,　　tʂɑ⁵⁵ŋɑ⁵⁵

一　CL：个＝TOP　前＝LOC：方位　唱＝PROG　一　CL：个＝TOP　后面

to⁵⁵~to⁵⁵＝gə⁵⁵.

跳~RDUP：跳舞＝PROG

一个在前面唱歌，一个在后面跳舞。

2. 倚变关系复杂句

倚变关系复杂句采用表示事物质量联动关系的条件倚变句式，即"越……越……"，旨在表达一种相互依存、相互适应的"有比例倚变关系"。尔苏语中通过重叠两个小句谓语动词的趋向前缀来实现（张四红、王轩，2017）。例如：

tsi⁵⁵　　nə⁵⁵~nə⁵⁵-ʂɻ⁵⁵＝nɛ³³,　tsi⁵⁵　　ŋə⁵⁵~ŋə⁵⁵-ndə⁵⁵.

头发　向下~RDUP＝TOP　头发　向外~RDUP–好

头发越梳呢，头发就越好。

3. 顺承关系复杂句

顺承关系复杂句中，动作或事件按照先后关系的顺序排列：表示发生在前的动作或事件的小句排列在前，一般不带体貌标记，而是带话题标记＝nɛ³³"＝TOP"；表示发生在后的小句排列在后，可以带体貌标记，并且以 dzi⁵⁵gə⁵⁵"就"来表示顺承关系。例如：

ta⁵⁵   ma⁵⁵   kʰə⁵⁵-tsʰo⁵⁵＝nɛ³³,   m̩⁵⁵gu⁵⁵＝va³³   kʰə⁵⁵-zo⁵⁵＝a³⁵   dzi⁵⁵gə⁵⁵.

一   CL：箭 向内－射出＝TOP   额头＝NAGT   向内－射中＝PFV   就

一箭射出了之后，就射中了额头。

4. 转折关系复杂句

转折关系复杂句中，两个或两个以上的小句连用，但表示相对或相反的语义关系。最常见的是用 da³³"CO：虽然"连接。例如：

tʰə⁵⁵   ga⁵⁵ma⁵⁵   ma⁵⁵la⁵⁵ka³³＝tə⁵⁵   da³³,   so³³mo³³   ia⁵⁵-dzo⁵⁵＝tə⁵⁵.

3sg.PRT 个头   小＝PART：陈述   CO：虽然 力气   ADJ–EXT＝PART：陈述

他虽然个头小，却很有力气。

5. 选择关系复杂句

选择关系复杂句表示言说者提供两种或者两种以上的情况供听话人选择。尔苏语用 la⁵⁵"CO：或者/还是"连接。例如：

nə⁵⁵ vu⁵⁵ tʰa⁵⁵   tʂaɹ⁵⁵   ŋə⁵⁵-tsʰɛ⁵⁵ la⁵⁵   a⁵⁵   tʰa⁵⁵   tʂaɹ⁵⁵   tsʰɛ⁵⁵＝gə⁵⁵?

2sg 酒 DEM：这 CL：盅 向外－喝 CO：还是 1sg.SLF DEM：这 CL：盅 喝＝PROS

是你喝这盅酒还是我喝？

（二）复合句

如上所述，复合句中有主句和从句之分，下面按照从句的分类进行描述和例举。所有示例中，从句加粗表示。

1. 定语从句

定语从句在复句中主要做定语使用。例如：

nbo³³   əɹ⁵⁵   tʂʰɿ̩⁵⁵＝su⁵⁵＝nɛ³³,   tə⁵⁵＋no⁵⁵＋no⁵⁵   tʰə⁵⁵   xua⁵⁵＝i⁵⁵

马   草   割＝NMLZ：人＝TOP   一＋天＋天：每天 DEM：这 鸟＝DIM

wo⁵⁵   si³³   tsɿ⁵⁵~tsɿ⁵⁵.

CL：个 只   玩~RDUP：相互玩

这个割马草的人天天和这只小鸟玩。

2. 状语从句

状语从句在复句中做状语使用，包括条件状语从句、时间状语从句和因果状语从句等三个次类。

（1）条件状语从句

尔苏语的条件状语从句以连接词 $t^h\vartheta^{55}$ 或 $t^h\vartheta^{55}n\varepsilon^{55}$ "LINK：如果"进行连接。

在现实条件句中，当满足某种条件，某行为或事件将顺应发生。例如：

$n\vartheta^{55}$　$t\alpha^{55}\eta o^{55}$　$i\alpha^{55}$=$v\alpha^{33}$　dzo^{55}=$g\vartheta^{55}$　$t^h\vartheta^{55}n\varepsilon^{55}$,　$i\alpha^{55}dz\vartheta^{55}$　wo^{55}　$t^h\vartheta^{55}$-$si^{55}\eta u^{55}$.

2sg　今天　家＝NAGT　EXT＝PROS　LINK：如果　孩子　CL：个　向他人–照料

如果你今天在家待着的话，（你就）照顾孩子吧。

非现实条件句中，当在人们的想象中、预测中或与事实相反的假设中满足某条件，某行为或事件将顺应发生。例如：

$t^h\vartheta^{55}$　$b\alpha^{55}\eta i^{55}$　$m\alpha^{55}$-li^{55}　$t^h\vartheta^{55}n\varepsilon^{55}$,　da^{55}-$nt\underset{.}{s}^h a^{55}$!

3sg.PRT　听话　NEG–好　LINK：如果　向上–（用棍子）打

如果他不好好听话，打（他）！

（2）时间状语从句

时间状语从句可以分为如下三种：

先后时间关系状语从句，即前一事件或行为发生，后一事件或行为随之发生。主要通过连接词 $\alpha^{33}n\varepsilon^{33}$ "LINK：……之后"来实现。例如：

$z\alpha^{55}$-$m\alpha^{55}$　$k^h\vartheta^{55}$-$t\underset{.}{s}\vartheta^{55}$　$\alpha^{55}n\varepsilon^{55}$,　$\underset{.}{s}\vartheta^{55}$＋$dzo^{55}$　$t\vartheta^{55}$　$b\varepsilon^{55}$　$k^h\vartheta^{55}$-$t\underset{.}{s}^h\vartheta^{55}$=$i^{55}$.

饭–F　向内–煮　LINK：之后　跳蚤＋汤：跳蚤汤　一　些　向内–煮＝CSM

饭做好了之后，又煮了一些用跳蚤做的汤。

共时时间关系状语从句，即两个或两个以上小句所述事件或行为同时发生。主要通过连接词 $x\alpha^{55}$ 或 $x\alpha^{55}n\varepsilon^{33}$ "LINK：时候"来实现。例如：

$n\vartheta^{55}$　$z\underset{.}{\textbf{i}}^{55}$　$\underset{.}{s}\textbf{i}^{55}$　$dz\underset{.}{\textbf{i}}^{55}$　vu^{55}　$ts^h\varepsilon^{55}$　$x\alpha^{55}n\varepsilon^{33}$,　io^{33}=$v\alpha^{33}$　$m\alpha^{55}$-$k^h a^{55}t^h o^{55}$.

2sg　家　肉　吃　酒　喝　LINK：时候　1sg.OTR＝NAGT　NEG–说

你家吃肉喝酒的时候，不和我说。

分界时间关系状语从句，即以前一事件或行为发生的时间为临界点，后一事件或行为也要发生。主要通过连接词 $d\vartheta^{55}si^{55}$ 或 $d\vartheta^{55}si^{55}n\varepsilon^{33}$ "LINK：直到……时候"来实现。例如：

$t^h i^{55}$　$t^h\vartheta^{55}$-$si^{55}\eta u^{55}$=a^{35}　$d\vartheta^{55}si^{55}$,　$t^h\vartheta^{55}$　do^{55}=$k\vartheta^{55}$

DEM：这样　向他人–照料＝PFV　LINK：直到……时候　3sg.PRT　家＝LOC：里

$t\vartheta^{55}$-mo^{55}-su^{55}=a^{35}.

向他人–死–CAUS＝PFV

就这样照料着他，让他在他们家故去。

（3）因果关系状语从句

因果关系从句中，一个小句表示原因，另一个小句表示结果。例如：

tʰə⁵⁵   də⁵⁵-ŋi⁵⁵=ɑ³⁵   buɑ³³nɛ³³,   mɑ⁵⁵-lɑ³⁵.

3sg.PRT   向上–生病＝PFV   LINK：因为   NEG–来.PFV

他因为生病了，没来。

tʰə⁵⁵   də⁵⁵-ŋi⁵⁵=ɑ³⁵,   tə⁵⁵tə⁵⁵i³³   mɑ⁵⁵-lɑ³⁵.

3sg.PRT   向上–生病＝PFV   LINK：因此   NEG–来.PFV

他生病了，因此没来。

bɛ⁵⁵əɹ⁵⁵   tɑ⁵⁵   kɑ⁵⁵   kʰə⁵⁵-dzo⁵⁵lo⁵⁵=ɑ⁵⁵,   də⁵⁵-tɕi⁵⁵mɑ⁵⁵   dʑi⁵⁵gə⁵⁵.

蛇   一   CL：条状物   向内–看＝PFV   向上–害怕   LINK：因此

看到了一条蛇，所以害怕。

以上例三个复句分别用 buɑ³³nɛ³³ "LINK：因为"、tə⁵⁵tə⁵⁵i³³ "LINK：因此"、dʑi⁵⁵gə⁵⁵ "LINK：从而/因此（同时有顺承之意）" 来表示因果关系。

3. 宾语从句

尔苏语中，有些谓语动词不仅可以接名词性短语作为核心论元，还可以接内嵌的小句作为核心论元。这些动词包括言说类动词（如下面的第一例）、感知类动词（如下面的第二例）、心理状态动词（如下面的第三例）等。这种内嵌的小句即为宾语从句，一般都是作为宾语核心论元。

① "nə⁵⁵   ɑ⁵⁵nɛ⁵⁵   ŋo⁵⁵=nɛ³³,   ɑ⁵⁵nɛ⁵⁵   ɑɹ⁵⁵=vɑ³³

2sg   无论什么   EXT＝TOP   无论什么   1pl.SLF＝NAGT

dɑ⁵⁵-kʰɑ⁵⁵-tʰo⁵⁵=mɑ³²⁴." =dʑɑ⁵⁵.

向上–说＝RQT＝EVID：引述

你无论有什么就和我们说什么。（直译：你对我们说无论什么有。）

② ɑ⁵⁵   iɑ⁵⁵dʑə⁵⁵   nə⁵⁵   wo⁵⁵   tsu⁵⁵~tsu⁵⁵=tɑ³³   tʰə⁵⁵-ndo⁵⁵=ɑ³⁵.

1sg.SLF 孩子   二   CL：个   打~RDUP：相互打＝CPZ   向他人–看见＝PFV

我看见两个孩子在打架。

③ ɑ⁵⁵   i⁵⁵   iɑ⁵⁵-mi⁵⁵   ŋə⁵⁵-tsʰɛ⁵⁵   xɑ⁵⁵,   gɑ⁵⁵mɑ⁵⁵   mɑ⁵⁵-kʰɑ⁵⁵tʂɑ⁵⁵=gə⁵⁵

1sg.SLF 香烟   ADJ–多   向外–喝   LINK：……时候   身体   NEG–健康＝PROS

də⁵⁵-dʑi⁵⁵mɑ⁵⁵.

向上–害怕

我担心烟抽太多了，身体会不好。

第六章 语料

说明：

第一节收录《中国语言资源调查手册·民族语言（藏缅语族）》中的语法例句，共100条，均附视频。视频目录与《中国语言资源调查手册·民族语言（藏缅语族）》语法例句条目一致。第二节收录调查点当地的歌谣、故事等口头文化内容，均附音视频。音视频目录与相关内容标题一致。

所有例句均先列调查条目（普通话说法），再列音标和汉译。普通话同一例句在民族语言中有两种及以上说法的，按自然度和常用度降序排列。

第一节

语法例句

001 老师和学生们在操场上玩。

xɑ⁵⁵~xɑ⁵⁵=su⁵⁵ tə⁵⁵ lɑ⁵⁵ so⁵⁵~so⁵⁵=su⁵⁵ bɛ³³

教~RDUP=NMLZ：老师 INDF CO：和 学~RDUP=NMLZ：学生 些

tso⁵⁵tʂʰə⁵⁵=kə⁵⁵ gɑ⁵⁵~gɑ⁵⁵=gə⁵⁵.

晒场=LOC：里 玩~RDUP=PROG

002 老母猪下了5头小猪崽。

vɛ⁵⁵-mɑ⁵⁵ wo³³ vɛ⁵⁵=i⁵⁵ ŋuɑ³³ wo³³ də⁵⁵-ʂu⁵⁵=tsɑ³³.

猪–F CL：个 猪=DIM 五 CL：个 向上–生=PFT

vɛ⁵⁵-mɑ⁵⁵ tə³³ wo³³ vɛ⁵⁵=i⁵⁵ ŋuɑ³³ wo³³ də⁵⁵-ʂu⁵⁵=tsɑ³³.

猪–F INDF CL：个 猪=DIM 五 CL：个 向上–生=PFT

vɛ⁵⁵-mɑ⁵⁵ tə³³ wo³³ vɛ⁵⁵=i⁵⁵ ȵɑ³³ȵɑ³³ ŋuɑ³³ wo³³ də⁵⁵-ʂu⁵⁵=tsɑ³³.

猪–F 一 CL：个 猪=DIM 小 五 CL：个 向上–生=PFT

003 我爸爸教他们的孩子说汉语。

ɑ⁵⁵=zɿ⁵⁵ ɑ⁵⁵-pɑ⁵⁵ wo⁵⁵ tʰəɹ⁵⁵=i⁵⁵ iɑ⁵⁵dzə⁵⁵ bɛ³³=vɑ³³

1sg.SLF=GEN KIN–爸爸 CL：个 3pl.PRT=GEN 孩子 些=NAGT

ndzɑ³³+fu³³ xɑ⁵⁵~xɑ⁵⁵=gə⁵⁵.

汉族+话：汉语 教~RDUP=PROG

tʰəɹ⁵⁵=i⁵⁵ iɑ⁵⁵dzə⁵⁵ bɛ³³=vɑ³³ ɑ⁵⁵=zɿ⁵⁵ ɑ⁵⁵-pɑ⁵⁵ wo⁵⁵

3pl.PRT=GEN 孩子 些=NAGT 1sg.SLF=GEN KIN–爸爸 CL：个

ndza⁵⁵ + fu³³ xa⁵⁵~xa⁵⁵ = gə⁵⁵.

汉族 + 话：汉语 教~RDUP = PROG

004 村子里事事都有人做。①

fu⁵⁵ = kə⁵⁵ sʅ³³ bɛ³³ ŋo³³kua³³ ŋu⁵⁵ = su⁵⁵ dzo⁵⁵.

村子 = LOC：里 事情 些 全部 做 = NMLZ EXT

fu⁵⁵ = kə⁵⁵ ɑ⁵⁵nɛ⁵⁵~ɑ⁵⁵nɛ⁵⁵ bɛ³³ sʅ³³ ŋo³³kua³³ ŋu⁵⁵ = su⁵⁵ dzo⁵⁵.

村子 = LOC 什么~RDUP：无论什么 些 事 全部 做 = NMLZ EXT

005 咱们今天上山去吧!

ɑɻ⁵⁵ tɑ⁵⁵ŋo⁵⁵ nbi⁵⁵ = tɕʰo⁵⁵ zʅ⁵⁵ = gə⁵⁵!

1pl.SLF 今天 山 = LOC：上 去.NPST = PROS

ɑɻ⁵⁵ tɑ⁵⁵ŋo⁵⁵ nbi⁵⁵ = tɕʰo⁵⁵ zʅ⁵⁵ = nɛ⁵⁵!

1pl.SLF 今天 山 = LOC：上 去.NPST = PART：肯定

006 你家有几口人?

nə⁵⁵ də⁵⁵ su⁵⁵ tʂʰo⁵⁵ wo⁵⁵ dzo⁵⁵ = to³³?

2sg 家 人 ITRG CL：个 EXT = ITRG

nə⁵⁵ də⁵⁵ su⁵⁵ tʂʰo⁵⁵ wo⁵⁵ tɑ⁵⁵ tsɑ⁵⁵

2sg 家 人 ITRG CL：个 一 CL：盘根错节交织在一起的人/物

dzo⁵⁵ = to³³?

EXT = ITRG

007 你自己的事情自己做。

ɲi⁵⁵ sʅ³³ bɛ³³ ɲi⁵⁵~ɲi⁵⁵ nə³³-ŋu³³.

2sg.GEN 事情 些 2sg.GEN~RDUP：你自己 向下-做

008 这是我的手镯,那是你的手镯。

lə⁵⁵tʂu⁵⁵tʰɑ⁵⁵ kɑ⁵⁵ ɑ⁵⁵ = i⁵⁵ kɑ⁵⁵, ɑ⁵⁵-tʰɑ⁵⁵

手镯 DEM：这 CL：条状物 1sg.SLF = GEN CL：条状物 DIST-DEM：这 < 那

kɑ³³ ɲi⁵⁵ = i⁵⁵ kɑ⁵⁵.

CL：条状物 2sg = GEN CL：条状物

009 这件事情他们说自己去解决。

tʰəɻ⁵⁵ = i⁵⁵ kʰɑ⁵⁵tʰo³³ = i³³ sʅ³³ tʰə⁵⁵ bɛ³³ io⁵⁵dzɛ³³~io⁵⁵dzɛ³³

3pl.PRT = GEN 说 = PART：舒缓 事情 DEM：这 些 自己~RDUP

---

① 原例句为"村子里事事都有人做,人人都很高兴",但发音人只说了前半句。后半句"人人都很高兴"的说法
为 ŋo³³kua³³tʰə⁵⁵-gi⁵⁵ = ɑ³⁵。

da⁵⁵-kʰa⁵⁵tʰo³³＝dʑɛ³²⁴.

向上－说：解决＝EVID：转述

010 他是谁?

tʰə⁵⁵　　　sɛ⁵⁵　　　　tə⁵⁵　wo³³＝ɛ³³?

3sg.PRT　ITRG：谁　一　CL：个＝ITRG

tʰə⁵⁵　　　kʰa⁵⁵＝ti⁵⁵　　　　　　　tə⁵⁵　　wo³³＝ɛ³³?

3sg.PRT　ITRG：哪＝PART：舒缓　一　　CL：个＝ITRG

011 你想吃点什么? 我什么也不想吃!

nə⁵⁵　a⁵⁵nɛ⁵⁵　　　tə⁵⁵　sʅ³³　　　dzʅ⁵⁵　bua⁵⁵dzə⁵⁵＝ɛ³³?　　a⁵⁵　　　a⁵⁵nɛ⁵⁵

2sg　ITRG：什么　一　CL：点　吃　MOD：想＝ITRG　1sg.SLF　无论什么

dzʅ⁵⁵　　bua⁵⁵＜ma⁵⁵＞dzə⁵⁵!

吃　　　MOD：渴＜NEG＞望

nə⁵⁵　a⁵⁵nɛ⁵⁵　　　tə⁵⁵　sʅ³³　　　dzʅ⁵⁵　bua⁵⁵dzə⁵⁵＝ɛ³³?　a⁵⁵　　　a⁵⁵nɛ⁵⁵　　　la⁵⁵

2sg　ITRG：什么　一　CL：点　吃　MOD：想＝ITRG 1sg.SLF　无论什么　都

dzʅ⁵⁵　　bua⁵⁵＜ma⁵⁵＞dzə⁵⁵!

吃　　　MOD：渴＜NEG＞望

012 他们从哪儿来的?

tʰəɹ⁵⁵　　　kʰa⁵⁵　　　　dzo⁵⁵　la⁵⁵　tə⁵⁵　bɛ³³?

3pl.PRT　ITRG：哪里　住　来　一　　些.ITRG

tʰəɹ⁵⁵　　　a⁵⁵-nɛ⁵⁵　　　tə⁵⁵＝kə⁵⁵　　　　　dzo⁵⁵　la⁵⁵　tə⁵⁵　bɛ³³?

3pl.PRT　ITRG－什么　INDF＝LOC：里　住　来　一　　些.ITRG

013 你想怎么样?

nə⁵⁵　a⁵⁵nɛ⁵⁵　ŋu⁵⁵　bua⁵⁵tʂə⁵⁵＝ɛ³³?

2sg　ITRG　做　MOD：想＝ITRG

014 你家有多少头牛?

nə⁵⁵　də⁵⁵　ŋua³³　tʂʰo⁵⁵　　　ŋua⁵⁵　　dzo⁵⁵＝ɛ³³?

2sg　家　牛　ITRG：多少 RPT：牛　EXT＝ITRG

015 客人什么时候到?

da⁵⁵va⁵⁵　bɛ⁵⁵　ɳa⁵⁵xa⁵⁵　　　pa⁵⁵＋la⁵⁵＝gə⁵⁵＝dʑɛ³³?

客人　　些　ITRG：何时　地点＋来：到达＝PROS＝EVID：转述.ITRG

da⁵⁵va⁵⁵　bɛ⁵⁵　ɳa⁵⁵xa⁵⁵　　　pa⁵⁵＋la⁵⁵＝gə⁵⁵＝dʑɛ³²⁴?

客人　　些　ITRG：何时　地点＋来：到达＝PROS＝EVID：转述.ITRG

016 今天的会就开到这里。

ta⁵⁵n̠o⁵⁵　　mo⁵⁵ngɑ⁵⁵　　tʰə⁵⁵=kə⁵⁵　　　　　dɑ⁵⁵-pɑ⁵⁵-su⁵⁵=ɑ³⁵.

今天　　　聚集　　　DEM：这＝LOC：里　向上-地方：到达-CAUS＝PFV

017 粮食运来后，就分给大家。

pa⁵⁵~pa⁵⁵　　　dɑ⁵⁵-ntsʰɑ⁵⁵　　tɕi⁵⁵　　lɑ⁵⁵=nɛ³³,　　n̠o³³kuɑ³³　　nə⁵⁵-nbzɹ̩³³~nbzɹ̩³³=ɑ³⁵.

粮食~RDUP　　向上-拉　　拿　　来＝PAUS　　全部　　　向下-分~RDUP＝PFV

018 人家的事情咱们别多管。

su⁵⁵+i⁵⁵　　　　sɹ̩³³　bɛ³³,　ɑɹ⁵⁵　　　n̠o³³kuɑ³³　　kʰɑ⁵⁵-tʰɑ⁵⁵-bɑ⁵⁵n̠i⁵⁵.

人＋家：别人　事情　些　1pl.SLF　全部　　　向内-PHTV-管理

ɑɹ⁵⁵　　　n̠o³³kuɑ³³　　su⁵⁵+i⁵⁵　　　　sɹ̩³³　bɛ³³　kʰɑ⁵⁵-tʰɑ⁵⁵-bɑ⁵⁵n̠i⁵⁵.

1pl.SLF　全部　　　人＋家：别人　事情　些　向内-PHTV-管理

019 这件事我也不清楚，你去问别人吧！

sɹ̩³³　tʰɑ⁵⁵　　　kɑ⁵⁵　　　　　ɑ⁵⁵　dʑi³³　xa⁵⁵＜ma⁵⁵＞sɛ⁵⁵,　nə⁵⁵　za⁵⁵　su⁵⁵=va⁵⁵

事情　DEM：这　CL：条状物　1sg.SLF　也　明＜NEG＞白　2sg　去　人＝NAGT

kʰə⁵-mə⁵⁵ntɕʰi⁵⁵!

向内-问

020 今天是2015年10月1日。

ta⁵⁵n̠o⁵⁵=nɛ³³　əɹ⁵⁵li̊³³i⁵⁵wu⁵⁵　niɑ̃³³　　　sɹ̩⁵⁵　　yɛ⁵⁴　　i³³　　xɔ⁵⁴.

今天＝TOP　　Ch：2015　　Ch：年　Ch：10　Ch：月　Ch：1　Ch：号

021 那个老太太94岁了，是我年龄的两倍左右。

ɑ⁵⁵-tʰə⁵⁵　　　　ɑ⁵⁵-wa⁵⁵　　wo³³　　ngə⁵⁵　zɹ̩⁵⁵　zo³³　kʰə⁵⁵-zɹ̩³³=ɑ³⁵,

DIST-DEM：这＜那　KIN-奶奶　CL：个　九　十　四　向内-增长＝PFV

ɑ⁵⁵=i⁵⁵　　　　tsʰɹ̩⁵⁵pʰo⁵⁵=tɕʰo³³　nə⁵⁵　　ngu⁵⁵　ia⁵⁵-kʰuɑ⁵⁵.

1sg.SLFN＝GEN　年龄＝LOC：上　二　　倍　ADJ-大

022 山下那群羊有108只。

nbi⁵⁵　nbɑ⁵⁵　ɑ⁵⁵-tʰə⁵⁵　　　　io⁵⁵　bu⁵⁵　ta⁵⁵　za⁵⁵　lɑ⁵⁵　　ʒɹ̩⁵⁵　wo⁵⁵　dzo⁵⁵.

山　　根　　DIST-DEM：这＜那　绵羊　群　一　百　CO：和　八　CL：个　EXT

023 我排第一，你排第二，他排老末。

ɑ⁵⁵　　　tsɹ̩⁵⁵　şo³³,　nə⁵⁵　tʂɑ⁵⁵ŋɑ⁵⁵,　tʰə⁵⁵　　　tsɹ̩⁵⁵　tʂɑ⁵⁵ŋɑ⁵⁵.

1sg.SLF　最　前　2sg　后　　　3sg.PRT　最　后

024 我今天买了一只鸡、两条鱼、三斤肉。

ɑ⁵⁵　　　ta⁵⁵n̠o⁵⁵,　la⁵⁵　tə⁵⁵　wo⁵⁵,　zu³³　na⁵⁵　ka⁵⁵,　　　vɛ⁵⁵+şɹ̩⁵⁵

1sg.SLF　今天　　　鸡　一　CL：个　鱼　两　CL：条状物　猪＋肉：猪肉

si⁵⁵   tʂə⁵⁵   kʰə⁵⁵-zɻ̩⁵⁵＝a³⁵.

三   CL：斤   向内−买−PFV

025 这本书我看过三遍了。

ndzo⁵⁵ndzɻ̩⁵⁵ tʰə⁵⁵   pu⁵⁵   a⁵⁵   si⁵⁵ tʂaɻ⁵⁵   kʰə⁵⁵-dzo⁵⁵lo⁵⁵＝a³⁵.

字   DEM：这 CL：紧密相关的事物 1sg.SLF三 VCL：次向内−看＝PFV

026 你数数看，这圈里有几头猪？

nə⁵⁵   tə⁵⁵   sɻ̩³³   nə⁵⁵-tə³³,   tʰə⁵⁵   vɛ⁵⁵＋dʑi⁵⁵＝kə⁵⁵   vɛ⁵⁵ tsʰo⁵⁵

2sg   一   CL：点 向下−计算 DEM：这 猪＋关：猪圈＝LOC：里 猪 ITRG：多少

wo⁵⁵   dzo⁵⁵   sɻ̩³³?

CL：个 EXT   Ch：是

027 这两把雨伞是我的。

tʰə⁵⁵   sa⁵⁵   nə⁵⁵ pu⁵⁵   a⁵⁵＝i⁵⁵   nə⁵⁵ pu⁵⁵.

DEM：这 Ch：伞 二 CL：紧密相关的事物 1sg.SLF＝GEN 二 CL：紧密相关的事物

028 他每年都回家。

tʰə⁵⁵   tə⁵⁵   bu⁵⁵tʂʰə³³   ȵo⁵⁵   zɻ̩³³   ia⁵⁵   dzo⁵⁵   la⁵⁵.

3sg.PRT 一   年   每   家   家   回   来

029 他要去街上买肉。

tʰə⁵⁵   kua⁵⁵ʂa³³   sɻ̩³³   zɻ̩⁵⁵＝gə⁵⁵.

3sg.PRT 街上   肉   买＝PROS

030 我正在山上砍柴。

a⁵⁵   nbi⁵⁵＝tɕʰo⁵⁵   si⁵⁵   tʂɻ̩⁵⁵.

1sg.SLF 山＝LOC：上 木头   砍

031 昨天我背粮食去了。

a⁵⁵   ia⁵⁵ȵo⁵⁵   pa⁵⁵~pa⁵⁵   ba⁵⁵   dua³⁵.

1sg.SLF 昨天   粮食~RDUP 背   去.PST

032 你们俩一定要好好学习。

nə⁵⁵＝dzi⁵⁵ nə⁵⁵ wo⁵⁵   a⁵⁵ndʑi⁵⁵＝a⁵⁵   xo⁵⁵   do⁵⁵sa⁵⁵ ŋu⁵⁵＝a³³

2sg＝DL 2sg CL：个 无论如何＝PART：劝诫   MOD：要 认真 做＝PFV

kʰə⁵⁵-so⁵⁵~so⁵⁵.

向内−学~RDUP

033 他们看电影去了。

tʰəɻ⁵⁵   tiã³³iĩ³³   dzo³³lo³³ dua³⁵.

3pl.PRT Ch：电影 看   去.PST

034　他在山上看见过野牛。

tʰə⁵⁵　　　nbi⁵⁵=tɕʰo⁵⁵　　ŋo⁵⁵=pʰɛ⁵⁵+ŋuɑ³³　　　　ta⁵⁵　ŋuɑ³³

3sg.PRT　山=LOC：上　外=LOC：方位＋牛：野牛　一　RPT：牛

tʰə⁵⁵-ndo⁵⁵=ɑ³⁵=dʐɛ³²⁴.

向他人-看见=PFV=EVID：转述

035　你们今后一定要互相学习，互相帮助，互敬互爱！

nəɹ⁵⁵　tʰi³³　　tʂaŋa⁵⁵=nɛ³³,　ɑ⁵⁵ntɕi⁵⁵=ɑ⁵⁵　　　　　xo⁵⁵　　to⁵⁵tuɑ⁵⁵na⁵⁵-

2pl　DEM：这以后=TOP　无论如何=PART：劝诫　　MOD：要　相互　向下-

xa³³~xa³³,　　to⁵⁵tuɑ⁵⁵　kʰa³³-va³³~va³³,　to⁵⁵tuɑ⁵⁵　tʰə⁵⁵-si⁵⁵ŋu³³,　to⁵⁵tuɑ⁵⁵　ia⁵⁵-tsʅ³³

教~RDUP　相互　　帮助~RDUP　相互　　向他人-照顾　相互　　ADJ-尊敬

nə⁵⁵-ŋu⁵⁵!

向下-做

036　请你帮他把衣服收起来。

nə⁵⁵　za⁵⁵　tʰi⁵⁵　　　　nga⁵⁵mɛ⁵⁵　bɛ³³　kʰə⁵⁵-tsʰʅ⁵⁵=ta³³.

2sg　去　3sg.PRT.GEN　衣服　　些　向内-收拾=PART：礼貌请求

nə⁵⁵　za⁵⁵　tʰi⁵⁵　　　va⁵⁵ka⁵⁵　nga⁵⁵mɛ⁵⁵　bɛ³³

2sg　去　3sg.PRT.GEN　关于　　衣服　　些

kʰə⁵⁵-tsʰʅ⁵⁵=ta³³.

向内-收拾=PART：　礼貌请求

037　地震把新修的路震垮了。

mɛ⁵⁵+da⁵⁵~da⁵⁵=i⁵⁵　　　　　əɹ⁵⁵-pʰa⁵⁵　na⁵⁵-ntsʰa⁵⁵　bɛ³³　də⁵⁵-zʅ³³kua³⁵.

自然界＋抖动~RDUP：地震=AGT　路-M　向下-修　　些　向上-搞烂.PFV

038　你们俩把鸡杀了。

nə⁵⁵=dzi⁵⁵　nə³³　wo³³　la⁵⁵　wo⁵⁵　nə⁵⁵-sʅ⁵⁵.

2sg=DL　2sg　CL：个　鸡　CL：个　向下-杀

039　你看见那个乞丐了吗？

nə⁵⁵　ɑ⁵⁵-tʰə⁵⁵　　　ko³³~ko³³=su³³=va³³　　　tʰa⁵⁵-ɑ⁵⁵=ndo⁵⁵=ɛ³³?

2sg　DIST-DEM：这＜那　空~RDUP=NMLZ：乞丐=NAGT　向内-ITRG=看见=ITRG

040　他笑了。我把他的孩子逗笑了。

tʰə⁵⁵　　də⁵⁵-əɹ⁵⁵=ɑ³⁵.　ɑ⁵⁵=i⁵⁵kə⁵⁵　tʰi⁵⁵　　　ia⁵⁵dzə⁵⁵　　kʰə⁵⁵-

3sg.PRT　向上-笑=PFV　1sg.SLF=AGT　3sg.PRT.GEN　孩子　　　向内-

tsɿ³³~tsɿ³³=i⁵⁵　　　　　　　　də⁵⁵-əɹ⁵⁵=ɑ³⁵.

逗弄~RDUP：不停逗弄=CSM　向上-笑=PFV

041　那个猎人进来以后又出去了，随后拿回来一只野鸡。

ɑ⁵⁵-tʰə⁵⁵　　　　　　　　ɲi⁵⁵+tʂɑ⁵⁵=su⁵⁵　　　　kʰɑ⁵⁵-lɑ³⁵,　　kʰɑ⁵⁵-lɑ⁵⁵

DIST-DEM：这<那　　野兽+找=NMLZ：猎人　　向内-来.PFV　　向内-来

tʂɑ⁵⁵ŋɑ⁵⁵=nε³³,　　ŋɑ⁵⁵-duɑ³⁵,　　ŋɑ⁵⁵-duɑ³⁵　　tʂɑ⁵⁵ŋɑ⁵⁵=nε³³,　　tsɑ⁵⁵xɑ⁵⁵　　tə⁵⁵

后来=TOP　　向外-去.PST　　向外-去.PST　　后来=TOP　　野鸡　　INDF

kʰə⁵⁵-tɕi⁵⁵　　lɑ⁵⁵.

向内-拿　　来

042　我亲眼看见那只花狗跳上跳下，可好玩了。

ɑ⁵⁵　　tʰə⁵⁵-ndo⁵⁵=ɑ³⁵,　ɑ⁵⁵-tʰə⁵⁵　　　　tsʰo⁵⁵　də⁵⁵-bu⁵⁵　dzi⁵⁵-to⁵⁵

1sg.SLF　向内-看=PFV　DIST-DEM：这<那狗　　ADJ-花　斜上-跳

ɲi⁵⁵-to⁵⁵　tsʰo⁵⁵=pɑ⁵⁵　　　　　ɡɑ⁵⁵~ɡɑ⁵⁵　　　iɑ³³-tsə³³.

斜下-跳　ITRG：多少=COMP：与……一样　玩~RDUP　　ADJ-好

043　朝上背四十米，朝下背五十米。

dzi⁵⁵-duɑ⁵⁵　xɑ⁵⁵,　　　　zo³³　zɿ⁵⁵　li⁵⁵　dɑ⁵⁵-bɑ³⁵,　　ɲi⁵⁵-lɑ⁵⁵　xɑ⁵⁵,

斜上-去.PST　LINK：时候　四　十　里①　向上-背.PFV　斜下-来　LINK：时候

ŋuɑ³³　zɿ⁵⁵　li⁵⁵　dɑ⁵⁵-bɑ³⁵.

五　十　里　向上-背.PFV

044　这个东西拿来拿去太麻烦了，你别拿了。

tʰə⁵⁵　　　ngɑ⁵⁵ngu³³　tɕi⁵⁵　lɑ⁵⁵　sε³³,　tɕi⁵⁵　duɑ⁵⁵　　sε³³,　gui⁵⁵　iɑ³³-ndzɿ³³

DEM：这东西　　拿　来　又　拿　去.PST　又　太　ADJ-难

nə⁵⁵　tɕi⁵⁵　lɑ⁵⁵　mɑ⁵⁵-xo⁵⁵=ɑ³⁵.

2sg　拿　来　NEG-MOD：要=PFV

045　那个穿破烂衣服的人一会儿过来，一会儿过去，到底在做什么？

ɑ⁵⁵-tʰə⁵⁵　　　　ngɑ⁵⁵mε⁵⁵　pʰɑ⁵⁵li⁵⁵　də⁵⁵-zɿ⁵⁵=tsɑ³³　pʰsɿ³³,　　　　　　　tə⁵⁵

DIST-DEM：这<那衣服　破旧　　向上-穿=PFT　CL：让人不喜欢的人/物　一

ku⁵⁵tsɑ³³=nε⁵⁵　kuɑ⁵⁵-lɑ⁵⁵　sε³³,　tə⁵⁵　ku⁵⁵tsɑ³³　ŋuɑ⁵⁵-duɑ⁵⁵　　sε³³.　tʰə⁵⁵

阵子=TOP　向北-来　又　一　阵子　向南-去.PST　又　3sg.PRT

ɑ⁵⁵nε⁵⁵　　　ŋu⁵⁵=tə⁵⁵=ε³³?

ITRG：什么　做=PART：的=ITRG

---

① 此句发音人口误，将"米"说成"里"。

046 他是藏族，不是回族。

tʰə⁵⁵　　　pʰʂʅ⁵⁵　tə⁵⁵,　　xui⁵⁵tsu⁵⁵　tə⁵⁵　　　ma⁵⁵-zʅ³³.

3sg.PRT　藏族　INDF　Ch：回族　INDF　NEG-COP：是

047 他家有三个孩子，一个在学校，一个在家里，还有一个已经工作了。

tʰə⁵⁵　　　də⁵⁵ ia⁵⁵dzə⁵⁵ si⁵⁵ wo⁵⁵　dzo³³,tə⁵⁵ wo⁵⁵=nɛ³³,　so⁵⁵~so⁵⁵=ta⁵⁵

3sg.PRT 家　孩子　三　CL：个 EXT 一　CL：个=TOP　学~RDUP=LOC:地方＜学校

=kə⁵⁵　　dzo⁵⁵,　tə⁵⁵　wo⁵⁵　　ia⁵⁵=va⁵⁵　dzo⁵⁵,　tə⁵⁵　wo⁵⁵=nɛ³³,　　kõ⁵⁵tso⁵⁵

=LOC：里　EXT　一　CL：个　家=NAGT　EXT　一　CL：个=TOP　Ch：工作

ŋu³³　dua³⁵.

做　　去.PST

048 我们很愿意听爷爷讲故事。

a⁵⁵-pu⁵⁵　iɛ⁵⁵　xi⁵⁵ xa³³,　　　　aɻ⁵⁵　　　gui⁵⁵　ba³³ɲi³³　bua⁵⁵dzə⁵⁵.

KIN-爷爷　过去　说　LINK：时候 1pl.SLF　最　　听　　　MOD：想

049 这只狗会咬人。

tʂʰo⁵⁵　tʰə⁵⁵　　　　wo⁵⁵　　su⁵⁵　tʂʅ⁵⁵　ndzo³³=tə³³.

狗　　DEM：这 CL：个 人　咬　　MOD：会=PART：陈述

050 她不敢一个人睡觉。

tʰə⁵⁵　　　tə⁵⁵　wo⁵⁵　si³³ kʰa⁵⁵-ma⁵⁵　ma⁵⁵-ŋo⁵⁵=tə⁵⁵.

3sg.PRT　一　　CL：个 只　向内-睡　NEG-MOD：敢=PART：陈述

051 你能来吗？我能来。

nə⁵⁵　la⁵⁵　a⁵⁵=pʰa⁵⁵=tə³³=ɛ³³?　　　　　pʰa⁵⁵.

2sg　来　ITRG=MOD：能=PART：的=ITRG　　MOD：能

052 这些人我恨透了。

a⁵⁵　　　su⁵⁵　　tʰə⁵⁵　　　bɛ³³=va³³　ŋa⁵⁵　də⁵⁵-ko⁵⁵.

1sg.SLF　人　DEM：这 些=NAGT　很　向上-恨

su⁵⁵　tʰə⁵⁵　　　bɛ³³　a⁵⁵　　ŋa⁵⁵　də⁵⁵-ko⁵⁵　tə⁵⁵　　bɛ³³.

人　DEM：这　些　1sg.SLF　很　向上-恨　一　　些

053 阿木家的稻子收完了，木乃家的稻子还没有收完。

a⁵⁵mu⁵⁵=zʅ³³　ndza³³　bɛ³³ tʂʰʅ⁵⁵ka⁵⁵　tʰə⁵⁵-tɕu⁵⁵=a³⁵,　mu⁵⁵ɬi⁵⁵=zʅ³³　ndza³³

阿木=GEN：家　稻子　些　收割　向他人-完=PFV 木乃=GEN：家稻子

bɛ³³　tʂʰʅ⁵⁵ka⁵⁵　tʰa⁵⁵-ma³³-tɕu⁵⁵　sɛ⁵⁵.

些　收割　向他人-NEG-完　还

054 我找了一遍又一遍，终于找着了。

a⁵⁵ na⁵⁵-tʂɑ⁵⁵~na⁵⁵-tʂɑ⁵⁵ = i³³ tʰi⁵⁵ + xa⁵⁵ = nɛ⁵⁵

1sg.SLF　向下-找~RDUP：找了又找 =CSM　DEM：这＋时候：这时 =TOP

na⁵⁵-tʂɑ⁵⁵ la³⁵.

向下-找　来.PFV

055 你先休息一会儿，我试着跟他谈谈。

nə⁵⁵ tə⁵⁵ sɿ⁵⁵ ŋa⁵⁵-ba⁵⁵ȵi⁵⁵ = a³³, a⁵⁵ = kə⁵⁵ la⁵⁵ tʰa⁵⁵ = va³³

2sg　一　CL：点　向外-休息 =PART：舒缓　1sg.SLF =AGT　来　3sg.PRT =NAGT

tə⁵⁵ sɿ³³ kʰə⁵⁵-ʂɿ⁵⁵pi⁵⁵ = a⁵⁵ da⁵⁵-kʰa⁵⁵tʰo³³.

一　CL：点　向里-尝试 =PART：舒缓　向上-说

056 他们边唱边跳，玩得可高兴了。

tʰəɹ⁵⁵ gɑ⁵⁵ = i⁵⁵ ŋu⁵⁵ = nɛ⁵⁵ to⁵⁵~to⁵⁵ ŋu⁵⁵ = i⁵⁵,

3pl.PRT　唱 =PART：停顿　做 =TOP　跳~RDUP：跳了又跳　做-PART：停顿

tʂʰo⁵⁵ = pa⁵⁵ tʰə⁵⁵-gə⁵⁵ = tsa³³ = i³³.

ITRG：多少 =COMP：与……一样　向他人-高兴 =PFT =PART：停顿

057 吃的穿的都不愁。

dzɹ⁵⁵ = li⁵⁵ zʅ⁵⁵ = li⁵⁵ na⁵⁵-ma⁵⁵-kə⁵⁵.

吃 =NMLZ：用途　穿 =NMLZ：用途　向下-NEG-愁

058 这些猪呢，肥的宰掉，瘦的放到山上去。

vɛ⁵⁵ tʰə⁵⁵ bɛ⁵⁵, ia⁵⁵-ndə⁵⁵ bɛ⁵⁵ = nɛ³³ na⁵⁵-ka⁵⁵, ŋa⁵⁵~ŋa⁵⁵ bɛ⁵⁵ = tə⁵⁵

猪　DEM：这 些　ADJ-肥　些 =TOP　向下-杀　瘦~RDUP：很瘦 些 =PART：的

nbi⁵⁵ = tɕʰo⁵⁵ da⁵⁵-tʂɑ⁵⁵.

山 =LOC：上　向上-赶

059 他的脸红起来了。

tʰə⁵⁵ vu⁵⁵miɛ⁵⁵ wo⁵⁵ də⁵⁵-ȵi⁵⁵ = ka⁵⁵ da⁵⁵-la³⁵.

3sg.PRT　脸　　CL：个　ADJ-红 =PART：语气强化 向上-来.PFV

tʰə⁵⁵ vu⁵⁵miɛ⁵⁵ wo⁵⁵ = nɛ³³ də⁵⁵-ȵi⁵⁵ = ka⁵⁵ da⁵⁵-la³⁵.

3sg.PRT　脸　　　CL：个 =TOP　ADJ-红 =PART：语气强化　向上-来.PFV

060 碗里的饭装得满满的。

zุɑo⁵⁵ = kə⁵⁵ za⁵⁵-ma⁵⁵ bɛ⁵⁵ na³³-kua³³ = i³³ da⁵⁵-ba⁵⁵ = tʰa⁵⁵tsa³³.

碗 =LOC：里　饭-F　　些　　向下-装 =CSM　向上-满 = 太

061 山边的雪是白的，山坡上的雪更白，而山顶的雪最白。

nbi⁵⁵+nba⁵⁵　　zɿ⁵⁵ bɛ³³,də⁵⁵-əɹ⁵⁵, nbi⁵⁵+gu⁵⁵ɬa⁵⁵　　zɿ³³ bɛ³³,ndʐo⁵⁵lo⁵⁵ ia⁵⁵-də⁵⁵-əɹ⁵⁵,

山+根：山边 雪　些 ADJ-白 山+中间：山坡雪 些 多　　　　ADJ-ADJ-白

nbi⁵⁵+vu⁵⁵liɛ⁵⁵　　zɿ³³　bɛ⁵⁵,　ȵa⁵⁵　də⁵⁵-əɹ⁵⁵.

山+头：山顶　雪　　些　　最　　ADJ-白

062 这把刀好是好，就是太贵了点。

ba⁵⁵tʂa⁵⁵　tʰə⁵⁵　　tɕi⁵⁵,　　　　ia⁵⁵-li⁵⁵~ia⁵⁵-li⁵⁵=nɛ³³,　tʰə⁵⁵-pʰɛ⁵⁵　kʰua⁵⁵=tʰa⁵⁵tsa³⁵.

刀　　　　DEM：这CL：有柄工具 ADJ-好~RDUP=TOP　向他人-要价 大=太

063 弄坏了人家的东西是一定要赔偿的。

su⁵⁵=i⁵⁵　ngɑ⁵⁵ngu³³　　da⁵⁵-pʰa⁵⁵　a⁵⁵nɛ⁵⁵　　　su⁵⁵=i⁵⁵　va³³ka³³

人=GEN　东西　　　　　向上-破　LINK：之后 人=GEN　关于

tʰə⁵⁵-tʂʰə⁵⁵=gə⁵⁵=tə⁵⁵.

向他人-赔偿=PROS=PART：陈述

064 他经常去北京出差。

tʰə⁵⁵　　　　ȵa⁵⁵xa³⁵　pɛi³³tɕĩ³³　tʂʰu⁵⁵tʂʰɛ⁵⁵　dua³⁵.

3sg.PRT　经常　　Ch：北京　Ch：出差　　去.PST

065 昨天他答应了我的要求，说是明天再来玩。

tʰə⁵⁵　　　ia⁵⁵ȵo⁵⁵　a⁵⁵=va³³　　ŋə⁵⁵-zɿ⁵⁵tʂa⁵⁵=i⁵⁵,　su⁵⁵ȵo⁵⁵　ga⁵⁵~ga⁵⁵

3sg.PRT 昨天　1sg.SLF=NAGT 向外-答应=CSM 明天　　玩~RDUP：持续玩

la⁵⁵　tʂʰa⁵⁵npʂɿ⁵⁵=tsa³³.

来　　说定=PFT

066 我一会儿就回来。

a⁵⁵　　　tə⁵⁵　　ku⁵⁵tsa³³=nɛ³³　dʐo⁵⁵　la⁵⁵=gə⁵⁵.

1sg.SLF　一　阵子=TOP　　回　　来=PROS

a⁵⁵　　　　tə⁵⁵　　ku⁵⁵tsa³³　dʐo⁵⁵　la⁵⁵=gə⁵⁵.

1sg.SLF　一　阵子　　　回　　来=PROS

067 村主任可是个好人。

tsʰuẽ⁵⁵tʂaŋ⁵⁵　　　tʰə⁵⁵　　wo⁵⁵=nɛ³³　　ȵa⁵⁵　ia³³-li³³=tə⁵⁵.

Ch：村主任（村长）DEM：这 CL：个=TOP　很　　ADJ-好=PART：陈述

068 这条鱼至少有五斤重。

zu³³　tʰa⁵⁵　　ka⁵⁵　ŋua³³ tʂə⁵⁵ tʂa⁵⁵ŋa⁵⁵ na⁵⁵-la⁵⁵ ma⁵⁵-gə⁵⁵=tə⁵⁵.

鱼 DEM：这 CL：条状物 五　斤　下面　　向下-来 NEG-PROS=PART：陈述

zu³³ tʰa⁵⁵ ka⁵⁵ n̠a⁵⁵ n̠i³³~n̠i³³ dʑi³³ ŋua³³ tʂə⁵⁵

鱼 DEM：这 CL：条状物 很 少~RDUP 也 五 斤

dzo̠⁵⁵-gə⁵⁵＝tə⁵⁵.

EXT-PROS＝PART： 陈述

069 这条河最多有五米宽。

dzo̠⁵⁵ tʰa⁵⁵ ka⁵⁵ n̠a⁵⁵ ia⁵⁵-fi⁵⁵ dʑi³³ ŋua³³ mi⁵⁵ dzo⁵⁵.

河 DEM：这 CL：条状物 很 ADJ-宽 也 五 米 EXT

070 他全家人我都熟悉。

tʰa⁵⁵ də⁵⁵ ta⁵⁵ tsa⁵⁵ n̠o³³kua³³ a⁵⁵ xa⁵⁵sɛ⁵⁵.

3sg.PRT 家 一 CL：盘根错节交织在一起的人/物 全部 1sg.SLF 理解

071 妈妈不会来了。妈妈还没来。你别回去了。

a⁵⁵-ma⁵⁵ dʑo³³ la⁵⁵ ma⁵⁵-ga³⁵. a⁵⁵-ma⁵⁵ dʑo⁵⁵ ma⁵⁵-la⁵⁵ sɛ⁵⁵. nə⁵⁵

KIN-妈妈 回 来 NEG-IMMI KIN-妈妈 回 NEG-来 还 2sg

dʑo⁵⁵ i⁵⁵ ma⁵⁵-xo⁵⁵＝a³⁵.

回 去.NPST NEG-MOD：要＝PFV

072 客人们都在悄悄议论这件事情。

da⁵⁵va⁵⁵ bɛ⁵⁵, za³³na⁵⁵ ŋu³³＝i³³, sɿ⁵⁵ tʰa⁵⁵ ka⁵⁵

客人 些 悄悄地 做＝PART：停顿 事情 DEM：这 CL：条状物

kʰa⁵⁵tʰo⁵⁵＝gə⁵⁵.

说＝PROG

073 你们究竟来了多少人？

nəɹ⁵⁵ tɕiu⁵⁵tɕĩ⁵⁵ su⁵⁵ tʂʰo⁵⁵mia⁵⁵ la⁵⁵ tə⁵⁵ bɛ³³?

2pl Ch：究竟 人 ITRG：多少 来 一 些.ITRG

074 他不去也行，但你不去不行。

tʰə⁵⁵ ma⁵⁵-dua⁵⁵ dʑi³³ li⁵⁵, nɛ⁵⁵ ma⁵⁵-dua⁵⁵ ma⁵⁵-li⁵⁵.

3sg NEG-去.PST 也 MOD：允许 2sg NEG-去.PST NEG-MOD：允许

075 这是我的衣服，那是你的衣服，床上摆着的是人家的。

tʰə⁵⁵ bɛ³³ a⁵⁵＝i⁵⁵ nga³³mɛ³³ bɛ³³, a⁵⁵-tʰa⁵⁵ bɛ⁵⁵

3sg.PRT 些 1sg.SLF＝GEN 衣服 些 DIST-DEM：这＜那 些

n̠i⁵⁵＝i⁵⁵ bɛ⁵⁵, i⁵⁵＝ta⁵⁵＝tɕʰo⁵⁵ dʑa⁵⁵-su⁵⁵＝tsa³³ bɛ³³

2sg＝GEN 些 睡觉＝NMLZ：地方＝LOC：上 EXT-CAUS＝PFT 些

su⁵⁵＋i⁵⁵ tə³³ bɛ⁵⁵.

人＋家：别人 一 些

076 猎人杀死了兔子。兔子被猎人杀死了。

ɲi⁵⁵+tʂa⁵⁵=su⁵⁵　　　　xi⁵⁵tsɿ⁵⁵　wo⁵⁵　　vu³³　da⁵⁵-ka³⁵.

野兽＋找＝NMLZ：猎人　兔子　　CL：个　头　　向上-打.PFV

ɲi⁵⁵+tʂa⁵⁵=su⁵⁵=kə⁵⁵=nɛ³³　　　　　xi⁵⁵tsɿ⁵⁵　wo⁵⁵　　vu³³　da⁵⁵-ka³⁵.

野兽＋找＝NMLZ：猎人＝AGT＝TOP　兔子　　CL：个　头　　向上-打.PFV

xi⁵⁵tsɿ⁵⁵　wo⁵⁵　　ɲi⁵⁵+tʂa⁵⁵=su⁵⁵=kə⁵⁵　　　vu³³　da⁵⁵-ka³⁵.

兔子　　CL：个　野兽＋找＝NMLZ：猎人＝AGT　头　　向上-打.PFV

077 他给了弟弟一支笔。

tʰə⁵⁵　ɲi⁵⁵nua⁵⁵=va⁵⁵　pi³³　　ta⁵⁵　ka⁵⁵　　tʰə⁵⁵-tɕʰi⁵⁵=a³⁵.

3sg.PRT　弟弟＝NAGT　Ch：笔　一　CL：条状物　向他人-给＝PFV

078 妈妈给我缝了一件新衣服。

a⁵⁵-ma⁵⁵　　a⁵⁵=i⁵⁵　　va⁵⁵ka⁵⁵,　nga⁵⁵mɛ⁵⁵　ʂɿ⁵⁵tsua⁵⁵　ta⁵⁵　tsʰa⁵⁵

KIN-妈妈　1sg＝GEN　帮助　　衣服　　新　　　一　CL：片状物

na⁵⁵-ntsʰa³⁵.

向下-修

079 学生们用毛笔写字。我用这把刀切肉。

so⁵⁵~so⁵⁵=su⁵⁵　　　bɛ⁵⁵　mɔ³³pi³³=la⁵⁵ŋu⁵⁵i³³　dzo⁵⁵ndzɿ⁵⁵　lo⁵⁵.　a⁵⁵

学~RDUP＝NMLZ：学生　些　Ch：毛笔＝INST：用　字　　写　1sg.SLF

ba⁵⁵tʂa⁵⁵　tʰə⁵⁵　tɕi⁵⁵=la⁵⁵ŋu⁵⁵i³³　　　　ʂɿ³³　na⁵⁵-lua⁵⁵~lua³⁵.

刀　　DEM：这　CL：有柄工具＝INST：用　肉　向下-砍~RDUP.PFV

080 人们用铁锅做饭。

su⁵⁵　bɛ⁵⁵　ʂə⁵⁵　dzo⁵⁵=la⁵⁵ŋu⁵⁵i³³　za⁵⁵-ma⁵⁵　ntsʰə⁵⁵.

人　些　铁　锅＝INST：用　饭-F　煮

081 树上拴着两匹马。

si⁵⁵+pu⁵⁵　　　　　pu⁵⁵=va³³　　　　　　nbo³³　nə⁵⁵　nbo³³

木头＋CL：活的植物或庄稼　RPT：活的植物或庄稼＝NAGT　马　二　RPT：马

kʰə⁵⁵-pʰtsɿ⁵⁵=tsa³³.

向内-拴＝PFT

082 水里养着各种各样的鱼。

dzo⁵⁵=kə⁵⁵　　zu³³　a⁵⁵nɛ⁵⁵　　ɑɹ⁵⁵nba⁵⁵　la⁵⁵　də⁵⁵-zu⁵⁵=tsa³³.

水＝LOC：里　鱼　无论什么　种类　　都　向上-养＝PFT

083 桌子下躺着一只狗。

tʂo⁵⁵tsɿ⁵⁵=tʂɑ⁵⁵ŋɑ⁵⁵　　　tsʰo⁵⁵　　tə⁵⁵　　ŋɑ⁵⁵-tʂɑ⁵⁵=tsɑ³³.

Ch：桌子＝LOC：下面　狗　　一　　向外-躺＝PFT

084 山上到山下有三十多里地。

nbi⁵⁵+vu³³liɛ³³ kʰə⁵⁵-tsʰu⁵⁵, nbi⁵⁵+nbɑ⁵⁵　　pɑ⁵⁵+duɑ⁵⁵　　ɑɹ⁵⁵-pʰɑ⁵⁵ sɑ⁵⁵tsʰɿ⁵⁵ li³³　　xɑ⁵⁵.

山＋头：山顶 向内-开始 山＋根：山脚　地方＋去.PST　路-M　　三十　　Ch：里 EXT

nbi⁵⁵+vu³³liɛ³³　kʰə⁵⁵-tsʰu⁵⁵,　　nbi⁵⁵+nbɑ⁵⁵　　pɑ⁵⁵+duɑ⁵⁵　　ɑɹ⁵⁵-pʰɑ⁵⁵　　sɑ⁵⁵tsʰɿ⁵⁵

山＋头：山顶　　向内-开始　　山＋根：山脚　地方＋去.PST　　路-M　　　　三十

li³³　　dzo⁵⁵.

Ch：里　EXT

085 哥哥比弟弟高多了。

vɛ⁵⁵nuɑ⁵⁵　　wo⁵⁵　　n̩i⁵⁵nuɑ⁵⁵=tɕʰo⁵⁵　　　　lɑ⁵⁵　　iɑ⁵⁵-nbo⁵⁵.

哥哥　　　　CL：个 兄弟＝COMP：比……更　都　ADJ-高

086 小弟跟爷爷上山打猎去了。

n̩i⁵⁵nuɑ⁵⁵　　mɑ⁵⁵mɑ⁵⁵kɑ⁵⁵　　wo⁵⁵　　ɑ⁵⁵-pu⁵⁵=pʰɛ⁵⁵　　　nbi⁵⁵=tɕʰo⁵⁵　n̩i⁵⁵+tʂɑ⁵⁵

弟弟　　　　小　　　　CL：个KIN-爷爷＝COMI　山＝LOC：上　野兽＋找：打猎

duɑ³⁵.

去.PST

087 今天、明天、后天都有雨，爷爷和奶奶都不能出门了。

tɑ⁵⁵n̩o⁵⁵, su⁵⁵n̩o⁵⁵　lɑ⁵⁵　　ndʐɿ⁵⁵so⁵⁵　lɑ⁵⁵　guɑ³³　dzo⁵⁵. ɑ⁵⁵-pu⁵⁵　ɑ⁵⁵-wɑ⁵⁵

今天　明天　　CO：和 后天　　都　雨　EXT　KIN-爷爷　KIN-奶奶

bɛ³³　n̩o⁵⁵=pʰɛ⁵⁵　　ŋə⁵⁵-i⁵⁵　　mɑ⁵⁵-pʰɑ⁵⁵.

些　外面＝LOC：方位　向外-去.NPST　NEG-MOD：能

088 买苹果或香蕉都可以。

pʰi³³ko³³　kʰə⁵⁵-ʐɿ⁵⁵　dzi³³　pʰɑ⁵⁵,　ɕaŋ⁵⁵tɕiɔ⁵⁵　kʰə⁵⁵-ʐɿ⁵⁵　dzi³³　pʰɑ⁵⁵.

Ch：苹果　向内-买　也　MOD：能　Ch：香蕉　向内-买　也　MOD：能

089 哎呦！好疼！

ɑ⁵⁵po³³!　　tʂʰu⁵⁵=pɑ⁵⁵　　　　　　də³³-n̩i³³!

哎呦　　DEM：这样＝COMP：与……一样　向上-疼

090 昨天丢失的钱找到了吗？

iɑ⁵⁵n̩o⁵⁵　ŋə⁵⁵-ʂɿ⁵⁵tɕi⁵⁵　bɑ⁵⁵tʂə⁵⁵　bɛ³³　nɑ⁵⁵-tʂɑ⁵⁵=ɑ⁵⁵=lɛ³³?

昨天　　向外-丢失　钱　　些　向下-找＝ITRG＝Ch：了.ITRG

091　他们早已经走了吧？

t^{h}ə$ɹ^{55}$　　　ŋɑ^{55}xɑ^{55}　　lɑ^{55}　　　duɑ^{35}=pɑ^{33}?

3pl.PRT　　　早　　　都　　去.PST＝EVID：推断

t^{h}ə$ɹ^{55}$　　　ŋɑ^{55}xɑ^{55}　　lɑ^{55}　　　duɑ^{35}?

3pl.PRT　　　早　　　都　　去.PST

092　我走了以后，他们又说了什么？

ɑ^{55}=i^{55}　　　　duɑ^{55}　tʂɑ^{55}ŋɑ^{55}, t^{h}ə$ɹ^{55}$,　　mo^{33}, ɑ^{55}nɛ^{55}　tə^{55}　bɛ^{55}　dɑ^{55}-k^{h}ɑ^{33}t^{h}o^{33}

1sg.SLF＝GEN　去.PST　后来　　　3pl.PRT　又　什么　一　些　向上–说

sɛ^{33}?

又

093　叔叔昨天在山上砍柴的时候，看见了一只大大的野猪。

ɑ^{55}-pɑ^{55}=ŋɑ^{55}　　　iɑ^{55}no^{55}　nbi^{55}=tɕ^{h}o^{55}　si^{55}　tʂ$ʅ^{55}$　xɑ^{55},　　　vɛ^{55}tsʅ^{55} iɑ^{55}-pi^{33}

KIN–爸爸＝DIM　昨天　　山＝LOC：上　木头　砍　LINK：时候　野猪　ADJ–壮

kɑ^{33}　　　　　t^{h}ə^{55}-ndo^{55}=ɑ^{35}=dʑi^{55}gə^{55}.

CL：条状物　向他人–看见＝PFV＝EVID：转述

094　藏族住在上游，纳西族住在下游。

p^{h}ʂʅ^{55}　bɛ^{55}　gɑ^{55}xɛ^{33}-kɑ^{33}xɛ^{33}　dzo^{55}, nɑ^{33}ɕi^{33}tsu^{33}　bɛ^{33}　nɑ^{33}xɛ^{33}-kɑ^{33}xɛ^{33}　dzo^{55}.

藏族　　些　斜上方–方向　　　EXT　Ch：纳西族　些　斜下方–方向　　　EXT

095　他不单会说，而且也很会做。

t^{h}ə^{55}　k^{h}ɑ^{55}t^{h}o^{33}　dʑi^{33}　iɑ^{55}-k^{h}uɑ^{33}, nə^{55}-ŋu^{55}=kə^{55}　　　dʑi^{33}　dɑ^{55}-pɑ^{33}.

1sg.SLF　说　　　也　ADJ–大　向下–做＝LOC：里　也　向上–地点：达到

096　是扎西留下，还是卡佳留下？

tsɑ^{55}ɕi^{55}=vɑ^{33}　　dzo^{55}-su^{55}=gə^{55}　　lɑ^{55}　　　k^{h}ɑ^{55}tɕɑ^{55}=vɑ^{33}　dzo^{55}-su^{55}=gɛ^{33}?

Ch：扎西＝NAGT EXT–CAUS＝PROS CO：还是 Ch：卡佳＝NAGT EXT–CAUS＝PROS

097　虽然我也不想去，但又不便当面说。

ɑ^{55}　　　zʅ^{55}　　　　buɑ^{55}<mɑ^{55}>dzə^{55}　　miɑ^{55}　ŋɑ^{55}　k^{h}ɑ^{55}t^{h}o^{55}　　mɑ^{55}-tsɛ^{55}.

1sg.SLF　去.NPST　MOD：渴<NEG>望　面　　门　　说　　　　　　NEG–方便

098　因为我实在太累了，所以一点都不想去。

ɑ^{55}　　　gui^{55}　lɑ^{55}　ŋɑ^{55}-pɑ^{55}　buɑ^{55}nɛ^{33},　　tə^{55}　sʅ^{55}　　　lɑ^{55}　zʅ^{33}

1sg.SLF　太　　都　向外–累　LINK：因为　一　CL：点　都　去.NPST

buɑ^{55}<mɑ^{55}>dzə^{55}.

MOD：渴<NEG>望

099　如果天气好，我们就收玉米去。

mɛ³³＋tɕo³³　　　wo³³　　ŋə⁵⁵-ndə⁵⁵　tʰə³³nɛ³³,　　ɑɹ⁵⁵　　zɑ⁵⁵　zɻ⁵⁵mi⁵⁵　ko⁵⁵

自然界＋裹：天　CL：个　向外–好　LINK：如果　1pl.SLF　去　Ch:玉米　掰

i⁵⁵＝gə⁵⁵.

去.NPST＝PROS

100　我们现在多积肥，是为了明年多打粮食。

ɑɹ⁵⁵　　　　tʰi⁵⁵＋xɑ⁵⁵　　　　lɑ⁵⁵　　iɑ⁵⁵-mi³³　　tɑ⁵⁵　　kʰɑɹ⁵⁵

1pl.SLF　DEM：这＋时＜现在　肥料　ADJ–多　一　CL:粉末状物体，量少

nɑ⁵⁵-zɑ³³＝nɛ³³,　　so⁵⁵xi⁵⁵＝nɛ³³　pɑ⁵⁵~pɑ⁵⁵　　iɑ⁵⁵-mi⁵⁵　tɑ⁵⁵　pɑɹ⁵⁵

向下–收集＝TOP　明年＝TOP　粮食~RDUP　ADJ–多　一　CL:粉末状物体，量少

lɑ⁵⁵-su⁵⁵＝gə⁵⁵.

来＝CAUS＝PROS

第二节

话语材料

说明：

本节语料均为发音人在自然放松的状态中根据本人记忆所唱、所述，部分地方存在少量语病或语义逻辑错误。为展现语言的实际面貌，均真实记录并转写。

故事译文是对发音人讲的故事的重新整理，对少量发音失误、逻辑不当的地方进行了调整。此外，在尔苏语的传统故事中，发音人引述故事中的角色的话语，基本上不直接指明言说者，而是使用由言说动词演化出的示证标记来表示。这些言说动词正在语法化的过程中，因此，出现多个自由变体。本译文仅供参考，如需了解尔苏语原貌，请参阅语料逐句标注内容。

一　歌谣^①

1．婚礼祝酒词

iɛ!　　vu　　ndə!

耶　　酒　　好

耶！好酒！

iɛ!　　vu　　mɑ!

耶　　酒　　美味

耶！美酒！

o!　　so＝i　　　　　i　　　　ŋə-tsʰɛ＝i　　　　i　　　ia-mɑ　　　dʑi　zɛ;

哦　　前面＝GEN　香烟　向外-喝＝CSM　香烟　ADJ-美味　也　哉

哦！前面抽香烟，香烟也美味；

o!　　n̠o＝i　　　　lɑtʂ̩　　ŋə-tsʰɛ＝i　　　　lɑtʂ̩　　ia-mɑ　　　dʑi　zɛ.

哦　　后面＝GEN　白酒　向外-喝＝CSM　白酒　ADJ-美味　也　哉

哦！后面喝白酒，白酒也美味。

ɛ!　　tə　　ndzo　　ŋə-tsʰɛ＝do,

哎呀　一　CL：口　向外-喝＝PART：劝说

哎呀！来喝一口吧，

o!　　si＋ndzi＋dʑan̠o　　　　　　　dɑ-ŋua＝dʑɛ.

哦　　树＋杈＋树浆：树上的琼浆　向上-发出……味道＝EVID：转述

哦！有如树上琼浆。

ɛ!　　tə　　ndzo　　ŋə-tsʰɛ＝do,

哎呀　一　CL：口　向外-喝＝PART：劝说

哎呀！来喝一口吧，

o!　　ɹdzɹɛ＝i　　tso　　dɑ-ŋua　　　　　　　　dʑi　zɛ.

哦　　龙＝GEN　胆　向上-发出……味道　也　哉

哦！又如天上龙胆汁。

ɛ!　　tə　　ndzo　　ŋə-tsʰɛ＝do,

哎呀　一　CL：口　向外-喝＝PART：劝说

哎呀！来喝一口吧，

---

① 歌谣部分不标注声调。

lo=kə   bzʅ-ma=i   bzʅ+lə   da-ŋua   dʑi   zɛ.

山岩＝LOC：里 蜜蜂－F＝GEN 蜜蜂＋液体：蜂蜜 向上－发出…… 味道 也 哉

还像悬崖上的蜜蜂产的蜂蜜。

o!   nə   a=dʑi   nə   pu   si da-kʰatʰo=do.

哦 2sg 1sg.SLF＝DL 二 CL：紧密联系的事物 只 向上－说＝PART：陈述

哦！我来说说你我两家。①

o!   nə   də   dʑima②   si da-kʰatʰo dʑi   zɛ,

哦 2sg 家族 吉满 只 向上－说 也 哉

哦！只说说你吉满家,

o!   a   də   pʰao③   si da-kʰatʰo dʑi   zɛ.

哦 1sg.SLF 家族 抛喔 只 向上－说 也 哉

哦！只说说我抛喔家。

o!   xə=dʑa   a   xə nba ʂua ma-xo   dʑi   zɛ,

哦 舅＝EVID：转述 啊 舅 根 评说 NEG－MOD：要 也 哉

哦！不需要理舅舅家的根源,

ɛ!   ndza=dʑa   a   ndza nba ʂua ma-xo   dʑi   zɛ.

哎 姑＝EVID：转述 啊 姑 根 评说 NEG－MOD：要 也 哉

哎！也不需要理姑姑家的根源。④

o!   xə   nə-pu~pu=tsa=do,

哦 舅 向下－交叠~RDUP＝PFT＝PART：陈述

哦！舅舅家亲上加亲,

ɛ!   ndza nə-tsʰɛ~tsʰɛ=tsa   dʑi   zɛ.

哎 姑 向下－交叠~RDUP＝PFT 也 哉

哎！姑姑家也是亲上加亲。

ɛ!   loatua   dʑi-tsʅ=do,

哎 罗阿图 斜上－放＝PART：陈述

哎！放在罗阿图⑤,

---

① 唱婚礼祝酒词的时候，新娘、新郎两家亲戚都在场。

② dʑima是王姓在尔苏语里的发音。

③ pʰao是黄姓在尔苏语里的发音。

④ 尔苏有姑舅结亲的传统风俗。

⑤ 罗阿图：地名，尔苏传说中一个美好的地方。

xə ŋu ia-pʰa   xə nə-ŋu＝tsɑ＝dʑɛ;

舅 做 ADJ-MOD：能 舅 向下-做＝PFT＝EVID：转述

已经做舅当然能做舅；

o! loɑtuɑ   ɳi-tsʅ＝do,

哦 罗阿图   斜下-放＝PART：陈述

哦！放在罗阿图,

ndza ŋu ia-pʰa   ndza nə-ŋu＝tsɑ＝dʑɛ.

姑 做 ADJ-MOD：能 姑   向下-做＝PFT＝EVID：转述

已经做姑当然能做姑。①

o! a＝zʅ   muɬi-za   nə-zʅ   wa   i-ma＝dzi＝do,

哦！1sg.SLF＝GEN 木乃-M 2sg＝GEN Ch：王 Ch：英-F＝DL＝PART：陈述

哦！我家木乃你家王英②俩,

o! pʰa-i   tsʰo   nə-tə＝i,   tsʰo   də-dzə＝tsɑ＝dʑɛ,

哦 爸爸-GEN 年龄 向下-计算＝CSM 年龄 向上-合适＝PFT＝EVID：转述

哦！算了爸爸的年龄,年龄相配,

o! mɑ-i   əʅ   nə-tə＝i   əʅ   ŋə-dzə＝tsɑ＝dʑɛ.

哦 妈妈-GEN 属相 向下-计算＝CSM 属相 向上-合适＝PFT＝EVID：转述

哦！算了妈妈的属相,属相相配。

ɛ! tʂu əʅ pa＝kə＝do,   tʂu nua ntsʰi də-ŋu＝do,

哎 豆 白 斗＝里＝PART：陈述 豆 黑 挑选 向上-做＝PART：陈述

哎！犹如在白豆子斗里挑黑豆子,

o! xə nə-ŋu＝i   ndza nə-ŋu＝tsɑ＝dʑɛ.

哦 舅 向下-做＝CSM 姑   向下-做＝PFT＝EVID：转述

哦！结了这门姑舅亲。(直译：做了舅,做了姑。)

ɛ! io əʅ bu＝kə＝do,   io nua ntsʰi də-ŋu＝do,

哎 羊 白 群＝里＝PART：陈述 羊 黑 挑选 向上-做＝PART：陈述

哎！犹如在白羊群里挑黑羊,

o! xə nə-ŋu＝i   ndza nə-ŋu＝tsɑ＝dʑɛ.

哦 舅 向下-做＝CSM 姑   向下-做＝PFT＝EVID：转述

---

① 本段主要是说两家是姑舅结亲,非常合适。

② 尔苏语在借汉语时,鼻韵尾经常脱落,故"王英"的发音变成了wa i。

哦！结了这门姑舅亲。

ɛ! ntʂʰə ɹɛ pa＝kə＝do, dzɑsu ntsʰi də-ŋu＝do,
哎 米 白 斗＝里＝PART：陈述 稻谷 挑选 向上－做＝PART：陈述

哎！犹如在白米斗里挑稻谷，

o! xə nə-ŋu＝i ndza nə-ŋu＝tsa＝dʑɛ.
哦 舅 向下－做＝CSM 姑 向下－做＝PFT＝EVID：转述

哦！结了这门姑舅亲。

o! xə＋ndza＝i nba a ʂɭ＝do,
哦 舅＋姑：结亲＝CSM 根 啊 梳理＝PART：陈述

哦！结亲要理根，

o! xi tʂʰɭ＝i vu a ʂɭ＝dʑɛ,
哦 竹子 砍＝CSM 头 啊 梳理＝EVID：转述

哦！犹如砍竹子要砍头，

o! ndzi dʑə ɹɛ a dʑə＝dʑɛ,
哦 荞麦 磨 白 啊 磨＝EVID：转述

哦！犹如磨荞麦要磨白，

ɛ! ŋua la＝i ntɕʰi a la＝dʑɛ.
哎 牛 耕地＝CSM 边 啊 耕地＝EVID：转述

哎！犹如耕地要耕边。

o! tʂʰəŋua si tɕʰo na-ma-sa＝i kʰa-ma-na,
哦 栅栏 三 拍 向下－NEG－留下印记＝CSM 向内－NEG－牢固

哦！栅栏不拍三下不会牢，

ɛ! tʂʰəŋua si tɕʰo na-sa la kʰa-na＝tsa dʑi zɛ.
哦 栅栏 三 拍 向下－留下印记 啦 向内－牢固＝PFT 也 哉

哦！栅栏拍了三下就会牢。

o! vai si gu da-ma-gu＝i da-ma-lə,
哦 绳索 三 搓 向上－NEG－搓＝CSM 向上－NEG－搓紧

哦！绳索不搓三下不会紧，

vai si gu də-gu la də-lə dʑi zɛ.
绳索 三 搓 向上－搓 啦 向上－搓紧 也 哉

绳索搓了三下就会紧。

o! tʂʰəpsʅ si pu dɑ-mɑ-xo=i kʰɑ-mɑ-ngə,

哦 围墙 三 层 向上－NEG－编＝CSM 向上－NEG－耐用

哦！围墙①不编三层不会耐用，

tʂʰəpsʅ si pu də-xo lɑ kʰə-ngə dʑi zɛ.

围墙 三 层 向上－编 啦 向内－耐用 也 哉

围墙编了三层就会紧。

o! aɲo lɑ=tɑ ndzʐi lɑ=do,

哦 姑姑 来＝ABL：从 侄女 来＝PART：陈述

哦！姑姑从哪来侄女②就从哪来，

ɛ! gozʅ lɑ=tɑ go-mɑ lɑ dʑi zɛ,

哎！连枷 来＝ABL：从 连枷－F：连枷杆 来 也 哉

哎！连枷从哪来连枷杆也就从哪来，

ɛ! ʂopɛ lɑ=tɑ ndzʐotsʰi③ lɑ dʑi zɛ,

哎 羊毛毡 来＝ABL：从 草籽 来 也 哉

哎！羊毛毡从哪来草籽也就从哪来，

ɛ! ɲi nbɑ i ndzo ŋu nə-pʰʂʅ~pʰʂʅ,

哎 草 根 咿 MOD：会 做 向下－拴~RDUP：紧紧地拴

哎！就如草根那样盘根错节，

ɛ! pandzu i ndzo ŋu nə-pu~pu=ɑ.

哎 荞麦馍 咿 MOD：会 做 向下－重叠~RDUP：层层相叠＝PFV

哎！就像荞麦馍那样层层相叠。

o! pʰunba④ ndə=i si wo=do,

哦 八字 好＝GEN 三 CL：个＝PART：陈述

哦！八字相配有三轮，

o! kati⑤ ndə=i tsʰasa wo dʑi zɛ.

哦 命运 好＝GEN 十三 CL：个 也 哉

哦！命运相合也有十三轮。

---

① 此处"围墙"实际指竹篱笆。

② 姑舅亲中，侄女也是姑姑的儿媳。

③ ndzʐo⁵⁵tsʰi⁵⁵是一种特别黏的野草籽。

④ pʰu⁵⁵nba⁵⁵是尔苏算命的一种算法。

⑤ ka⁵⁵ti⁵⁵是尔苏算命的一种算法。

o!　n̠o＝i　　　　　　si　ɬa　　la　ia-ndə,

哦　（植物）萌芽＝GEN　三　月①　鸡　ADJ-肥

哦！春天三月鸡已肥，

o!　la　tsʰʅ　pu　　bɛ　ia-n̠o＝do,

哦　鸡　胛骨　翅膀　些　ADJ-EXT＝陈述

哦！鸡胛鸡肉皆肥美，

o!　xə　la　　ndza＝pa　　　mo　kua　la　i　tʂə　　　　kua

哦　舅　CO：和　姑＝LOC：之间　调解人　装　来　咿　CO：调解人　装

la＝tsa　dʑi　zɛ；

来＝PFT　也　哉

哦！姑舅两家也就有了调解人②；

o!　la　tsʰʅ　pu　　bɛ　ma-n̠o＝do,

哦　鸡　胛骨　翅膀　些　NEG-EXT＝陈述

哦！鸡胛鸡肉若不肥，

o!　xə　la　　ndza＝pa　　　mo　　ma-n̠o　i　tʂə　　ma-n̠o

哦　舅　CO：和　姑＝LOC：之间　调解人　NEG-EXT　咿　调解人　NEG-EXT

＝tsa　dʑi　zɛ.

＝PFT　也　哉

哦！姑舅两家也就没了调解人。

o!　ndza＝i　　　si　ɬa　　ŋua　ia-ndə,

哦　稻子＝GEN　三　月　牛　ADJ-肥

哦！夏天三月牛已肥，

o!　ŋua　tsʰʅ　　tsʰʅ　ɾɛ　　ia-n̠o＝do,

哦　牛　胛骨　胛骨　骨头　ADJ-EXT＝陈述

哦！牛胛骨肉皆肥美，

o!　xə　la　　ndza＝pa　　　mo　kua　la　i　tʂə　　　　kua

哦　舅　CO：和　姑＝LOC：之间　调解人　装　来　咿　CO：调解人　装

la＝tsa　dʑi　zɛ；

来＝PFT　也　哉

————————

① 尔苏语和汉语对应的四季名称，此处"萌芽的三个月"实指春天，如下夏、秋、冬相同。

② mo⁵⁵la⁵⁵tʂə⁵⁵是尔苏藏族的民间调解人、说和人，此处为了歌曲的韵味分开表述，同时隐喻肥美的鸡肉可作为
礼物成为两家联系的纽带。

哦！姑舅两家也就有了调解人；

o! ŋua tsʰʅ tsʰʅ əɹ ma-n̠o＝do,
哦 牛 胛骨 胛骨 骨头 NEG-EXT＝陈述

哦！牛胛骨肉不肥，

o! xə la ndza＝pa mo ma-n̠o i tʂə ma-n̠o
哦 舅 CO：和 姑＝LOC：之间 调解人 NEG-EXT 咿 调解人 NEG-EXT

＝tsa dʑi zɛ.
＝PFT 也 哉

哦！姑舅两家也就没了调解人。

o! ko＝i si ła io ia-ndə,
哦 落叶＝GEN 三 月 绵羊 ADJ-肥

哦！秋天三月羊已肥，

ɛ! da tsʰʅ tsʰʅ ɹə ia-n̠o＝do,
哎 公羊① 胛骨 胛骨 骨头 ADJ-EXT＝陈述

哦！羊胛骨肉皆肥美，

o! xə la ndza＝pa mo kua la i tʂə kua
哦 舅 CO：和 姑＝LOC：之间 调解人 装 来 咿 CO：调解人 装

la＝tsa＝dʑɛ；
来＝PFT＝EVID：转述

哦！姑舅两家也就有了调解人；

ɛ! da tsʰʅ tsʰʅ ɹə ma-n̠o＝do,
哎 公羊 胛骨 胛骨 骨头 NEG-EXT＝陈述

哎！羊胛骨肉若不肥，

o! xə la ndza＝pa mo ma-n̠o i tʂə ma-n̠o
哦 舅 CO：和 姑＝LOC：之间 调解人 NEG-EXT 咿 调解人 NEG-EXT

＝tsa＝dʑɛ.
＝PFT＝EVID：转述

哦！姑舅两家也就没了调解人。

ɛ! tʰsu＝i si ła vɛ ia-ndə,
哎 冷＝GEN 三 月 猪 ADJ-肥

_____

① 阉割后，只用于长膘的羊。

哎！冬天三月猪已肥，

ɛ! vɛ tsʰɿ nɑ＋nbo ia-n̥o＝do,

哎 猪 胖骨 耳朵＋聋：耳聋① ADJ–EXT＝陈述

哎！猪胖骨肉肥美，

o! xə la ndzɑ＝pa mo kua la i tʂə kua

哦 舅 CO：和 姑＝LOC：之间 调解人 装 来 咿 CO：调解人装

la＝tsa＝dʑɛ；

来＝PFT＝EVID：转述

哦！姑舅两家也就有了调解人；

o! vɛ tsʰɿ nɑ＋nbo ma-n̥o＝do,

哦 猪 胖骨 耳朵＋聋：耳聋 NEG–EXT＝陈述

哦！猪胖骨肉不肥，

ɛ! xə la ndzɑ＝pa mo ma-n̥o i tʂə ma-n̥o

哎 舅 CO：和 姑＝LOC：之间 调解人 NEG–EXT 咿 调解人 NEG–EXT

＝tsa＝dʑɛ.

＝PFT＝EVID：转述

哎！姑舅两家也就没了调解人。

o! tsʰɿ la dʑi＝pa mo ma-n̥o i tʂə ma-n̥o＝do,

哦 妻 CO：和 夫＝LOC：之间 调解人 NEG–EXT 咿 调解人 NEG–EXT＝PART：陈述

哦！夫妻之间没有调解人，

o! i＝ta ntʂʰə ka mo nə-ŋu i tʂə nə-ŋu

哦 睡觉＝NMLZ：床 窝 CL：条状物 调解人 向下–做 咿 调解人 向下–做

＝tsa＝dʑɛ.

＝PFT＝EVID：转述

哦！被窝就是调解人。

ɛ! kə la xua＝pa mo ma-n̥o i tʂə ma-n̥o＝ɑ,

哎 鹰 CO：和 雀＝LOC：之间 调解人 NEG–EXT 咿 调解人 NEG–EXT＝PFV

哎！鹰和雀之间没有调解人，

ɛ! ndzu wo xua ka ku~ku mo nə-ŋu

哎！高寒地带 CL：个 桦树 CL：条状物 弯~RDUP：弯弯曲曲 调解人 向下–做

---

① 此处以夸张的手法表明猪肉长太多，以至于把耳朵塞满导致耳聋。

i   tʂə   nə-ŋu＝tsa＝dʑɛ.

咿   调解人   向下-做＝PFT＝EVID：转述

哎！高高的山上的弯弯桦树就是调解人。

ɛ!   la ku la ka   la ia-ntɕʰo   i   ia-ti＝ma.

哎   鸡 喂 鸡 CL：条状物 鸡 ADJ-漂亮   咿   ADJ-肥美＝RQT

哎！养鸡就要把鸡养得漂漂亮亮，肥肥美美。①

ɛ!   ta ŋua so~so   za ŋua bu   o,

哎   一 牛   学~RDUP   百 牛   成为 哦

哎！教会一头牛能带会百头牛，

ɛ!   za ŋua so~so   nbo nbo tʂə tʂə i n̥o   la＝gə   dʑi zɛ,

哎   百 牛   学~RDUP   万   万   千   千   咿 财神   来＝PROS   也   哉

哎！教会百头牛就是来了万万千千财神，

ɛ!   nbo＝kə   ŋua n̥i ba   la＝gə   dʑi zɛ.

哎   沟＝LOC：里 牛   黄 满   来＝PROS   也   哉

哎！沟沟里到处都是黄牛。（直译：沟里来满了黄牛。如下相似排比例句意思相似）

ɛ!   la ku la ka   la ia-ntɕʰo   i   ia-ti＝ma.

哎   鸡 喂 鸡 CL：条状物 鸡 ADJ-漂亮   咿   ADJ-肥美＝RQT

哎！养鸡就要把鸡养得漂漂亮亮，肥肥美美。

ɛ!   tə nbo so~so   za nbo bu   o,

哎   一 马   学~RDUP   百 马   成为 哦

哎！教会一匹马能带会百匹马，

ɛ!   za nbo so~so   nbo nbo tʂə tʂə i n̥o   la＝gə   dʑi zɛ,

哎   百 马   学~RDUP   万   万   千   千   咿 财神   来＝PROS   也   哉

哎！教会百匹马就是来了万万千千财神，

ɛ!   tsʰɛ pʰu tsʰɛ kua ngə tsʰo＝kə   i   nbo ba la＝gə

哎！洼地 小   洼地 大   九   CL：块＝LOC：里   咿   马   满 来＝PROS

dʑi zɛ.

也   哉

哎！九块大洼小洼里到处是马。

ɛ!   la ku la ka   la ia-ntɕʰo   i   ia-ti＝ma.

哎   鸡 喂 鸡 CL：条状物 鸡 ADJ-漂亮   咿   ADJ-肥美＝RQT

---

① 本句为起兴句，并无实际意义。

哎！养鸡就要把鸡养得漂漂亮亮，肥肥美美。

ɛ!　　tə　　vε　　so~so　　za　　vε　　bu　　　o,
哎　　一　　猪　　学~RDUP　　百　　猪　　成为　　哦

哎！教会一头猪能带会百头猪，

ɛ!　za　vε　so~so　　nbo　nbo　tʂə　tʂə　i　ŋo　　la＝gə　　dʑɪ　zɛ,
哎　百　猪　学~RDUP　万　万　千　千　咿　财神　来＝PROS　也　哉

哎！教会百头猪就是来了万万千千财神，

ɛ!　xɑɹpi　pʰatsʰi　i　ve　bə　ba　la＝gə　　dʑɪ　zɛ.
哎　荒坡　荒地　　咿　猪　些　满　来＝PROS　也　哉

哎！荒坡荒地上到处都是猪。

ɛ!　la　ku　la　ka　　　la　ia-ntɕʰo　i　ia-ti＝ma.
哎　鸡　喂　鸡　CL：条状物　鸡　ADJ–漂亮　咿　ADJ–肥美＝RQT

哎！养鸡就要把鸡养得漂漂亮亮，肥肥美美。

ɛ!　tə　la　so~so　　za　la　bu　　o,
哎　一　鸡　学~RDUP　百　鸡　成为　哦

哎！教会一只鸡能带会百只鸡，

ɛ!　za　la　so~so　　nbo　nbo　tʂə　tʂə　i　ŋo　la＝gə　　dʑɪ　zɛ,
哎　百　鸡　学~RDUP　万　万　千　千　咿　财神　来＝PROS　也　哉

哎！教会百只鸡就是来了万万千千财神，

ɛ!　tsotʂʰə　kʰua　la　ɹ　ba　la＝gə　　dʑi　zɛ.
哎　晒场　　大　鸡　白　满　来＝PROS　也　哉

哎！大晒场上到处都是鸡。

o!　nə＝zɿ　　i＝ga　　　muami　tsʰuli　wa＝do,
哦　2sg＝GEN：家　房子＝LOC：后面　财宝　　土　　Ch：挖＝PART：陈述

哦！你家房后挖财宝就像挖土一样，

o!　nə＝zɿ　　i＝ga　　　muami　tsʰuli　ma-wa
哦　2sg＝GEN：家　房子＝LOC：后面　财宝　　土　　NEG–Ch：挖

tʰə＝do,
LINK：如果＝PART：陈述

哦！如果你家房后挖财宝不像挖土一样，

o!　nə＝zɿ　　i＝i　　　xuɑ-su　　xuɑ-ma　　tsʰɛnə　nuɑ　i
哦　2sg＝GEN：家　房子＝LOC：下面　田地–M：大田　田地–F：小田　十二　田地　咿

wa＝tɑ　　　　　　lɑ　xo＝dʑɛ.

Ch：挖＝ABL：从　来　MOD：要＝EVID：转述

哦！就像从你家房子下面十二块大田小田里翻田一样。

o!　nə＝zɿ　　　　i＝i　　　　xuɑ-su　　xuɑ-mɑ　tsʰɛnə　nux　i

哦　2sg＝GEN：家　房子＝LOC：下面　田地-M：大田　田地-F：小田　十二　田地　咿

wa＝tɑ　　　　　　mɑ-lɑ　　tʰə＝do,

Ch：挖＝ABL：从　NEG-来　LINK：如果＝PART：陈述

哦！如果不像从你家房子下面十二块大田小田里翻田一样，

ɛ!　zɑ　ntsʰo　kʰuɑ　su　　　i　ndzo　　　ŋu　tɕʰi　lɑ

哎　百　海子　大　DEM：这样　咿　MOD：会　做　积水　来

xo＝ɑ,

MOD：要＝PFV

哎！就像一百个大海要积水这样来，

ɛ!　zɑ　ntsʰo　kʰuɑ　su　　　i　ndzo　　　ŋu　nbzɿ　lɑ

哎　百　海子　大　DEM：这样　咿　MOD：会　做　漫水　来

xo＝ɑ,

MOD：要＝PFV

哎！就像一百个大海要漫水这样来，

ɛ!　zɑ　ntsʰo　kʰuɑ　su　　　i　ndzo　　　ŋu　zʑə　lɑ

哎　百　海子　大　DEM：这样　咿　MOD：会　做　流出　来

xo　　　dʑi　zɛ.

MOD：要　也　哉

哎！就像一百个大海要流出这样来。

o!　zɑ　ntsʰo　kʰuɑ　su　　　i　ndzo　　　ŋu　tɕʰi　mɑ-lɑ

哦　百　海子　大　DEM：这样　咿　MOD：会　做　积水　NEG-来

nbzɿ　mɑ-lɑ　zʑə　mɑ-lɑ　　tʰə＝do,

漫水　NEG-来　流出　NEG-来　LINK:如果＝PART：陈述

哦！如果不像一百个大海积水、漫水、流出这样来，

o!　nə＝zɿ　　　　i＝ɡa　　　　xuɑ＋pu　　　　　　　　i

哦　2sg＝GEN：家　房子＝LOC：后面　索玛＋CL：活着的植物或庄稼＜索玛树　咿

ndzo　　　ŋu　vi　lɑ　xo＝ɑ,

MOD：会　做　开花　来　MOD：要＝PFV

哦！就像你家房后索玛树要开花一样来，

o!	nə＝zʅ		i＝ɡɑ		xuɑ＋pu		i
哦	2sg＝GEN：家	房子＝LOC：后面		索玛＋CL：活着的植物或庄稼＜索玛树		咿

ndzo	ŋu	ntɕʰo	lɑ	xo＝ɑ,
MOD：会 做	漂亮	来	MOD：要＝PFV	

哦！就像你家房后索玛树要漂亮一样来，

o!	xuɑ＋pu		i	ndzo	ŋu	ʂə	lɑ	xo
哦	索玛＋CL：活着的植物或庄稼＜索玛树	咿	MOD：会 做	长	来	MOD：要		

dʑi	zɛ.
也	哉

哦！就像索玛树要生长一样来。

o!	xuɑ＋pu		i	ndzo	ŋu	vi	mɑ-lɑ
哦	索玛＋CL：活着的植物或庄稼＜索玛树	咿	MOD：会 做	开花	NEG-来		

ntɕʰo	mɑ-lai	ʂə	mɑ-lɑ	tʰə＝do,
漂亮	NEG-来	长	NEG-来	LINK：如果＝PART：陈述

哦！如果不像索玛树要开花、要漂亮、要生长一样来，

o!	nə＝zʅ		i＝ɡɑ		xi＋pu		i
哦	2sg＝GEN：家	房子＝LOC：后面		竹子＋CL：活着的植物或庄稼＜竹子		咿

ndzo	ŋu	zɑ	lɑ	xo＝ɑ,
MOD：会 做	繁殖	来	MOD：要＝PFV	

哦！就像你家房后竹子要繁殖一样来，

o!	nə＝zʅ		i＝ɡɑ		xi＋pu		i
哦	2sg＝GEN：家	房子＝LOC：后面		竹子＋CL：活着的植物或庄稼＜竹子		咿

ndzo	ŋu	ntɕʰo	lɑ	xo＝ɑ,
MOD：会 做	漂亮	来	MOD：要＝PFV	

哦！就像你家房后竹子要漂亮一样来，

o!	xi＋pu		i	ndzo	ŋu	ʂə	lɑ	xo
哦	竹子＋CL：活着的植物或庄稼＜竹子	咿	MOD：会 做	长	来	MOD：要		

dʑi	zɛ.
也	哉

哦！就像竹子生长一样来。

o!	xi＋pu		i	ndzo	ŋu	za	ma-la,
哦	竹子＋CL：活着的植物或庄稼	＜竹子	咿	MOD：会	做	繁殖	NEG−来

哦！不像竹子繁殖一样来，

o!	xi＋pu		i	ndzo	ŋu	ntɕʰo	ma-la,
哦	竹子＋CL：活着的植物或庄稼	＜竹子	咿	MOD：会	做	漂亮	NEG−来

哦！不像竹子漂亮一样来，

o!	xi＋pu		i	ndzo	ŋu	ʂə	ma-la
哦	竹子＋CL：活着的植物或庄稼	＜竹子	咿	MOD：会	做	长	NEG−来

tʰə＝do,
LINK：如果＝PART：陈述

哦！如果不像竹子生长一样来，

o!	nə＝zl̩	i＝ɡa	su＋pu		i
哦	2sg＝GEN：家	房子＝LOC：后面	杉树＋CL：活着的植物或庄稼	＜杉树	咿

ndzo	ŋu	za	la	xo＝a,
MOD：会	做	繁殖	来	MOD：要＝PFV

哦！就像你家房后杉树要繁殖一样来，

o!	nə＝zl̩	i＝ɡa	su＋pu		i
哦	2sg＝GEN：家	房子＝LOC：后面	杉树＋CL：活着的植物或庄稼	＜杉树	咿

ndzo	ŋu	ntɕʰo	la	xo＝a,
MOD：会	做	漂亮	来	MOD：要＝PFV

哦！就像你家房后杉树要漂亮一样来，

o!	su＋pu		i	ndzo	ŋu	ʂə	la	xo
哦	杉树＋CL：活着的植物或庄稼	＜杉树	咿	MOD：会	做	长	来	MOD：要

dʑi	zɛ.
也	哉

哦！就像杉树要生长一样来。

ɛ!	ndzu	wo	də-duɑ＝do,
哎	高山	CL：个	向上−去.PST＝PART：陈述

哎！到高山上去，

o!	xi	əɹ	xi	xɑndʑə＝do.
哦	竹子	白	竹	竿＝PART：陈述

哦！（砍）白竹子（做）竿竿①，

o! tɑ ka na ka=do,

哦 一 CL：条状物 二 CL：条状物 ＝PART：陈述

哦！一根两根，

o! tə ntsʰ ɿ nə ntsʰ ɿ=do,

哦 一 挑选 二 挑选 ＝PART：陈述

哦！左挑右挑，

o! za la ʒɻ ka za la ʒɻ tsʰi nə-tɕi la

哦 百 CO：和 八 CL：条状物 百 CO：和 八 CL：捆 向下-拿 来

xɑ=do,

LINK：时候 ＝PART：陈述

哦！拿下来一百零八根，一百零八捆的时候，

tə tsʰi ta ka na-ma-pʰi i tɕinba.

一 CL：捆 一 CL：条状物 向下-NEG-爆裂 咿 金巴

从每捆中挑出一根完好无缺的做金巴用。（直译：一捆一根没爆裂做金巴。）

ndzu wo tɕinba ia-la ŋo=tsa=sɛ=dzɛ.

高山 CL：个 金巴 ADJ-来 EXT＝PFT＝CONT：还 ＝EVID：转述

有关高山金巴的故事还有很多。（直译：高山金巴还有的来。）

ɛ! nua tʂʰa kʰa-dua=do,

哎 彝族 城市 向内-去.PST＝PART：陈述

哎！到彝族城市里，

i bu si tsʰi=do,

木勺 雕花 三 CL：捆 ＝PART：陈述

（买了）三捆雕花木勺，

o! tə ntsʰ ɿ nə ntsʰ ɿ=do,

哦 一 挑选 二 挑选 ＝PART：陈述

哦！左挑右挑，

o! za la ʒɻ ka za la ʒɻ tsʰi ŋə-tɕi la

哦 百 CO：和 八 CL：条状物 百 CO：和 八 CL：捆 向外-拿 来

xɑ=do,

LINK：时候 ＝PART：陈述

_____

① 此处指做杆杆酒的竿子。

哦！拿下来一百零八根，一百零八捆的时候，

tə   tsʰi   ta   ka   na-ma-pʰi   i   tɕinba.
一   CL：捆 一   CL：条状物 向下－NEG－爆裂 咿   金巴

从每捆中挑出一根完好无缺的做金巴用。

ndzu   wo   tɕinba ia-la   ŋo＝tsa＝sɛ＝dʑɛ.
高山   CL：个 金巴   ADJ－来   EXT＝PFT＝CONT：还＝EVID：转述

有关高山金巴的故事还有很多。

ɛ!   ndza tʂʰa   kʰa-dua＝do,
哎   汉族 城市   向内－去.PST＝PART：陈述

哎！到汉族①城市里，

ɛ!   pʰzʐ-ma   ʂapʰi＝do,
哎   藏族－F：藏女 酒盘＝PART：陈述

哎！（去买）藏族女人的酒盘，

də-zu   nə-zu＝do,
向上－相向而行 向下－相向而行＝PART：陈述

转来转去，

za   la   ʐ   zu   ŋə-tɕi   la   xa＝do,
百   CO：和 八   CL：相向而行 向外－拿   来   LINK：时候＝PART：陈述

转了一百零八趟的时候，

tə   zu   na-ma-pʰi   i   tɕinba.
一   CL：相向而行   向下－NEG－爆裂 咿   金巴

用一趟完好无缺的做金巴用。

ndzu   wo   tɕinba ia-la   ŋo＝tsa＝sɛ＝dʑɛ.
高山   CL：个 金巴   ADJ－来   EXT＝PFT＝CONT：还＝EVID：转述

有关高山金巴的故事还有很多。

ɛ!   mɛ   a   tʂʐ＝zʐ   mɛ   xa
哎   自然界/天   啊   星星＝M：男星星 自然界/天   EXT

哎！天上的星爸爸在天上，

mɛ   a   tʂʐ＝zʐ   lo   mɛ
自然界/天   啊   星星＝M：男星星 用手精心写或画或绣的痕迹   自然界/天

---

① 此处发音人有误，其实应该是藏族。

ȵokuɑ＝tɕʰo　　　　na-kɑ＝tsɑ＝dʑɛ.

全部＝LOC：上　向下-绣花＝PFT＝EVID：转述

天上的星爸爸绣满整个天空。

ɛ!　dzo＝kə　　　　zu-mɑ　　　bɛ　　əɹ　dzo＝kə　　　dzo　dʑi　zɛ,

哎　水＝LOC：里 鱼-F：母鱼 肚子　白　水＝LOC：里 EXT　也　哉

哎！水里肚子白了的鱼①妈妈也在水里,

ɛ!　dzo＝kə　　　　zu-mɑ　　　bɛ　　əɹ　lo　　　　　　　　　mɛ

哎　水＝LOC：里 鱼-F：母鱼 肚子　白　用手精心写或画或绣的痕迹 自然界/天

wo　　　ȵokuɑ＝tɕʰo　　　　na-kɑ＝tsɑ＝dʑɛ.

CL：个　全部＝LOC：上　向下-绣花＝PFT＝EVID：转述

哎！水里肚子白了的鱼妈妈绣满整个水里。

ɛ!　nə＝zʅ　　　　　wa　i-mɑ　　la　　ɑ＝zʅ　　　　　muɬi-zɑ＝dzi

哎　2sg＝GEN：家 Ch：王 Ch：英-F　CO：和 1sg.SLF＝GEN：家　木乃-F＝DL

dʑi＝do,

也＝PART：陈述

哎！你家王英和我家木乃俩也是（天生一对）,

o!　pʰɑ＝i　　　　tɕʰo　　nə-tə＝i　　　　　tɕʰo　　iɑ-dzə＝tsɑ＝dʑɛ,

哦　爸爸＝GEN　八字　向下-计算＝CSM　八字　ADJ-相配＝PFT＝EVID：转述

哦！算了爸爸的八字,八字很相配,

o!　mɑ＝i　　　　əɹ　　nə-tə＝i　　　　əɹ　　iɑ-dzə＝tsɑ＝dʑɛ.

哦　妈妈＝GEN　属相　向下-计算＝CSM　属相　ADJ-相配＝PFT＝EVID：转述

哦！算了妈妈的属相,属相很相配。

ɛ!　tsʰo　　　　tsʅ　lə　zʅ　　tsʅ　lə,

哎　人（彝语）生　嘞 男人　生　嘞

哎！生子生儿子,

ɛ!　gu②　　tsʅ　lə　ma　　tsʅ　la＝gə＝dʑɛ.

哎　牲口　生　嘞 女性　生　来＝PROS＝EVID：转述

哎！生牲口会生来母牲口。

o!　nə＝zʅ　　　　　xuakə　　pʰu　əɹ＋tsʰi　　　ɑ　　pʰu　　ba　la

哦　2sg＝GEN：家　xuɑ55kə55　老人　路＋细：过道 啊　老人　满　来

---

① 肚子白了的鱼：很肥的鱼。

② 此处 gu55 是 zʅ55gu55 "牲口" 的简化表达。

xo＝dʑɛ;

MOD：要 ＝EVID：转述

哦！你家去 xua⁵⁵kə⁵⁵① 的老人过道要来满老人；

o!	nə＝z̩	n̠ikua	pa	əɹ＋tsʰi	a	pa	ba	la
哦	2sg＝GEN：家 n̠i⁵⁵kua⁵⁵	粮食	路＋细：过道	啊	粮食	满	来	

xo＝dʑɛ;

MOD：要 ＝EVID：转述

哦！你家去 n̠i⁵⁵kua⁵⁵ 的堆粮食过道要来满粮食；

o!	nə＝z̩	n̠ipu	z̩	əɹ＋tsʰi	a	z̩	ba	la
哦	2sg＝GEN：家 n̠i⁵⁵pu⁵⁵	男人	路＋细：过道	啊	男人	满	来	

xo＝dʑɛ;

MOD：要 ＝EVID：转述

哦！你家去 n̠i⁵⁵pu⁵⁵ 的男人过道要来满男人；

o!	nə＝z̩	dʑin̠i	zi	əɹ＋tsʰi	a	zi	ba	la
哦	2sg＝GEN：家 dʑi⁵⁵n̠i⁵⁵	女人	路＋细：过道	啊	女人	满	来	

xo＝dʑɛ;

MOD：要 ＝EVID：转述

哦！你家去 dʑi⁵⁵n̠i⁵⁵ 的女人过道要来满女人；

o!	nə＝z̩	dʑiŋua	gu	əɹ＋tsʰi	a	gu	ba	la
哦	2sg＝GEN：家 dʑi⁵⁵ŋua⁵⁵	牲口	路＋细：过道	啊	牲口	满	来	

xo＝dʑɛ;

MOD：要 ＝EVID：转述

哦！你家去 dʑi⁵⁵ŋua⁵⁵ 的牲口过道要来满牲口；

o!	tsotṣʰə	kʰua	a	la	ɹe	ba	la	xo＝dʑɛ;
哦	晒场	大	啊	鸡	白	满	来	MOD：要 ＝EVID：转述

哦！大晒场要来满白鸡；

o!	dzo＋dʑi＝kə＝i		gu	ba	la	xo＝dʑɛ.
哦	牲口（统称）＋关：牲圈＝LOC：里＝GEN		牲口	满	来	MOD：要 ＝EVID：转述

哦！牲圈里要来满牲口。

---

① 此处及下述室内方位的名称和功能在汉语里无直接对应的词汇，其语义内涵和功能见第三章第四节。

ε! tə tɕo n̥o-ma kʰə-po kə-zi tə n̥o = do,

哎 一 结束 太阳-F：日子 向内-成家 向内-成家 一 天 = PART：陈述

哎！终于成家①的一天，

ε! vu = (v)a tindʐ̩ sa,

哎！头 = NAGT 官帽 戴

哎！头戴官帽，

ε! nga② = (v)a ləntsʰa zɛ,

哎 身体 = NAGT 官印 哉

哎！身配官印。

ε! xanualəgu tə mi xa；

哎 哈努了姑 一 Ch：名 EXT

哎！一有哈努了姑③之名气；

ε! lolodziwo nə mi xa；

哎 啰啰儿无 二 Ch：名 EXT

哎！二有啰啰儿无④之名气；

ε! tʂʰəndzusantʂʰa la si mi xa = tə.

哎 Ch：成都商场 都 三 Ch：名 EXT = PART：陈述

哎！三有成都商场之名气。

so də-dz̩ so da-kʰua,

先 向上-生 先 向上-变大

先养孩子先长大，

dəsinɛ, ɛ, ndza ndzomo = pʰɛ ngə ts̩~ts̩ i ngə

然后 哎 汉族 官员 = COMI：跟 九 比~RDUP：比赛 咿 九

la~la,

叫~RDUP：竞争

然后，哎，和汉族官员好好比一比，拼一拼，（直译：跟汉族官员九比赛九竞争。）

dəsinɛ, o, ʔiza tʂ̩ = i su ta ntʂʰa so

然后 哦 儿子 星星 = GEN 人 一 CL：可爱的人或动物 先

---

① "成家"本来应该是 kʰə⁵⁵-po⁵⁵zi⁵⁵，此处为了押韵，分开唱。

② 此处 nga⁵⁵ 是 nga⁵⁵me⁵⁵ "衣服/身体"的简化表达。

③ 哈努了姑：一个很有名气的地名。

④ 啰啰无儿：一座很有名气的高山。

latua＝gə＝dʑigə,　　　　　　　mo!

出生＝PROS＝EVID：转述　　PART：赞叹

然后，哦，早生一个儿子，星星的人！

o!　la　ʂua!

哦　来　唰

哦！来唰！

（王忠权演唱，2010年10月）

2．对歌

tsʰava　na-la　a-tɕa　xi　do　ɛ①　ka,　　gə＝tɕʰo　si　kʰua

对面　向下-来　KIN-表亲　嘻　哆　哎　CL：条　山＝LOC：上　树　大

xanə　　　do　ɛ＝su?　tsʰava　nə-la　a-tɕa　do　ɛ　ka②.

ITRG：什么　哆　哎-CAUS　对面　向下-来　KIN-表亲　哆　哎　CL：条

对面过来的表哥，山上的大树像什么样？ 对面过来的表哥啊。

tsʰɛva③　ŋ④

对面　嗯

tsʰava　ŋə-la　a-tɕa　do　ɛ-ma,　a　gə＝tɕʰo　　si　kʰua　lala

对面　向外-来　KIN-表亲　哆　哎-F　啊　山坡＝LOC：上　树　大　摇晃

do　i＝gə.

哆　咿＝PROG

对面过来的表妹，山上的大树正在摇摇晃晃。

tsʰava　na-la　a-tɕa　do　ɛ　ka,　si　du　əɹkʰua　xanə

对面　向下-来　KIN-表亲　哆　哎　CL：条　三　角　石头　ITRG：什么

do　ɛ＝su?　tsʰava　nə-la　a-tɕa　do　ɛ　ka.

AUX：能　哎＝CAUS　对面　向下-来　KIN-表亲　哆　哎　CL：条

对面过来的表哥，三角的石头能做什么？ 对面过来的表哥啊。

---

① 衬词 xi "嘻"、do "哆"、ɛ "哎"、i "咿"、xa "哈" 等在歌谣中被插入词语 a⁵⁵-tɕa⁵⁵ka⁵⁵ "表哥"、a⁵⁵-tɕa⁵⁵-ma⁵⁵ "表妹"、ia⁵⁵-ndzə⁵⁵ "舒适的" 等中，起到补充音节的作用，以达到音律和谐之美。

② ka⁵⁵ 本义是做类别词 "条" 使用。后渐渐引申为指雄性或男性，通常置于表示雄性或男性的名词后，如本歌谣中的 a⁵⁵-tɕa⁵⁵ka⁵⁵ "表哥"，以及故事《兄妹俩和野猪婆》中的男性人名 ɲa⁵⁵i⁵⁵ka⁵⁵ "嬢依嘎"。在本歌谣中，依然对译为其本义 "CL：条"。

③ 此处为发音人口误，实际应为 tsʰava。

④ 此处为发音人咳嗽中断，无实际意义。

tsʰava   ŋə-la   a-tɕa   do   ɛ   -ma, si   du   əɹkʰɑu do ia-   do i

对面   向外-来   KIN-表亲   哆   哎   -F   三   角   石头   抱   ADJ-   哆   咿

ndzə,   tsʰava   ŋə-la   a-tɕa   do   ɛ①   -ma.

舒适   对面   向外-来   KIN-表亲   哆   哎   -F

对面过来的表妹，三角的石头可以抱起来，对面过来的表妹啊！

tsʰava   na-la   a-tɕa   xi   ɛ   ka,   zo   du   əɹkʰɑu xanɛ   do

对面   向下-来   KIN-表亲   嘻   哎   CL：条   四   角   石头   ITRG：什么   哆

ɛ   =su?   tsʰava   nə-la   a-tɕa   do   ɛ   ka.

哎   -CAUS   对面   向下-来   KIN-表亲   哆   哎   CL：条

对面过来的表哥，四角的石头能做什么？对面过来的表哥啊。

tsʰava   ŋə-la   a-tɕa   do   ɛ   -ma, zo   du   əɹkʰɑu dzo ia-   do i

对面   向外-来   KIN-表亲   哆   哎   -F   四   角   石头   切   ADJ-   哆   咿

ndzə,   tsʰava   ŋə-la   a-tɕa   do   ɛ   -ma.

舒适   对面   向外-来   KIN-表亲   哆   哎   -F

对面过来的表妹，四角石头切起来很方便，对面过来的表妹啊。

tsʰava   nə-la   a-tɕa   xi   do   ɛ   ka,   nbo-pʰa   tʰə-mo   do

对面   向下-来   KIN-表亲   嘻   哆   哎   CL：条 马-M   向他人-老   哆

xanə   do   ɛ   =su?   tsʰava   nə-la   a-tɕa   do   ɛ   ka.

ITRG：什么   哆   哎   =CAUS   对面   向下-来   KIN-表亲   哆   哎   CL：条

对面过来的表哥，公马老了会怎样？对面过来的表哥啊。

tsʰava   ŋə-la   a-tɕa   do   ɛ   -ma, nbo   kʰua②   nbo-pʰa   tʰə-mo

对面   向外-来   KIN-表亲   哆   哎   -F   马   大   马-M   向他人-老

nkʰua   ŋa-   la   do   i   tsʰa.

蹄   向外-   啦   哆   咿   Ch：长

对面过来的表妹，公马老了蹄子就变长。

tsʰava   ŋa-la   a-tɕa   xi   do   ɛ   ka,   ŋua-zι   tʰə-mo   do

对面   向外-来   KIN-表亲   嘻   哆   哎 CL：条 牛-M   向他人-老   哆

xanə   do   ɛ   =su?   tsʰava   nə-la   a-tɕa   do   ɛ   ka.

ITRG：什么   哆   哎   =CAUS   对面   向下-来   KIN-表亲   哆   哎   CL：条

---

① 此位发音人有时念ɛ"哎"开口度较小，听着像i。

② 此处为发音人口误，该句实际并无nbo kʰua一词。

对面过来的表哥，公牛老了会怎样？对面过来的表哥啊。

tsʰava ŋə-la a-tɕa do ɛ -ma, ŋua-zɿ tʰə-mo lo ŋə- do
对面 向外-来 KIN-表亲 哆 哎 -F 牛-M 向他人-老 角 向外- 哆

i ʂə.
咿 长

对面过来的表妹，公牛老了角变长。

tsʰava ŋa-la a-tɕa xi do ɛ ka, ɹɪkʰua tʰə-mo do
对面 向外-来 KIN-表亲 嘻 哆 哎 CL：条 石头 向他人-老 哆

xanə do ɛ =su? tsʰava nə-la a-tɕa do ɛ ka.
ITRG：什么 哆 哎 =CAUS 对面 向下-来 KIN-表亲 哆 哎 CL：条

对面过来的表哥，石头老了会怎样？对面过来的表哥啊。

tsʰava ŋə-la a-tɕa do ɛ -ma, ɹɪkʰua tʰə-mo ku ŋə- do i tsi.
对面 向外-来 KIN-表亲 哆 哎 -F 石头 向他人-老 咕 向外- 哆 咿 开裂

对面过来的表妹，石头老了会"咕"地一声开裂。

tsʰava nə-la a-tɕa xi do ɛ ka, tʂʰatʂʰa tʰə-mo do
对面 向下-来 KIN-表亲 嘻 哆 哎 CL：条 喜鹊 向他人-老 哆

xanə do ɛ =su? a tsʰava nə-la a-tɕa do ɛ ka.
ITRG：什么 哆 哎 =CAUS 啊 对面 向下-来 KIN-表亲 哆 哎 CL：条

对面过来的表哥，喜鹊老了会怎样？对面过来的表哥啊。

tsʰava ŋə-la a-tɕa do ɛ -ma, tʂʰatʂʰa tʰə-mo vu də- do i ɹ.
对面 向外-来 KIN-表亲 哆 哎 -F 喜鹊 向他人-老 头 向上- 哆 咿 白

对面过来的表妹，喜鹊老了头变白。

tsʰava na-la a-tɕa xi do ɛ ka, kaɹ tʰə-mo
对面 向下-来 KIN-表亲 嘻 哆 哎 CL：条 乌鸦 向他人-老

xanə do ɛ =su? a tsʰava nə-la a-tɕa do ɛ ka.
ITRG：什么 哆 哎 =CAUS 啊 对面 向下-来 KIN-表亲 哆 哎 CL：条

对面过来的表哥，乌鸦老了会怎样？对面过来的表哥啊。

tsʰava ŋə-la a-tɕa do ɛ -ma, kaɹ tʰə-mo vu na- do i
对面 向外-来 KIN-表亲 哆 哎 -F 乌鸦 向他人-老 头 向下- 哆 咿

gua.
秃

对面过来的表妹，乌鸦老了头变秃。

tsʰava na-la   a-tɕa   xi do ka,   ngə nbi nə-tʂə   xanə
对面   向下-来 KIN-表亲 嘻 哆 CL：条九   山   向下-隔离   ITRG：什么

do ɛ =su?   tsʰava nə-la   a-tɕa   do ɛ ka.
哆 哎 =CAUS 对面   向下-来 KIN-表亲   哆 哎 CL：条

对面过来的表哥，隔了九座山会怎样？对面过来的表哥啊。

tsʰava   ŋə-la   a-tɕa   do ɛ -ma,   ngə nbi nə-tʂə   do do
对面   向外-来 KIN-表亲 哆 哎 -F   九   山   向下-隔离   哆 眼

ma-ndo   ɛ =pʰa.   tsʰava   ŋə-la   a-tɕa   do ɛ -ma.
NEG-看见   哎 =AUX：能 对面   向外-来 KIN-表亲 哆 哎 -F

对面过来的表妹[1]，隔了九座山就会看不见。对面过来的表妹啊。

tsʰava   ŋə-la   a-tɕa   do ɛ -ma[2],   ngə dzo nə-tʂə   xanə
对面   向外-来 KIN-表亲 哆 哎 -F   九   河   向下-隔离   ITRG：什么

do ɛ =su?   tsʰava   nə-la   do a-tɕa   do ɛ ka.
哆 哎 =CAUS 对面   向下-来 哆 KIN-表亲 哆 哎 CL：条

对面过来的表妹，隔了九条河会怎样啊？对面过来的表哥啊。

tsʰava na-la   a-tɕa   do ɛ ka,   ngə dzo nə-tʂə   dzʐ ma-do
对面   向下-来 KIN-表亲 哆 哎 CL：条 九   河   向下-隔离   话 NEG-听

ɛ =pʰa.   tsʰava nə-la   do a-tɕa   do ɛ ka.
哎 =AUX：能 对面   向下-来 哆 KIN-表亲 哆 哎 CL：条

对面过来的表哥，隔了九条河就会听不见。对面过来的表哥啊。

tsʰava na-la   a-tɕa   xi do ka,   xa zɻndəʂaə xanə   do
对面   向下-来 KIN-表亲 嘻 哆 CL：条 哈 微笑肤白 ITRG：什么 哆

ɛ =su?   tsʰava   ŋə-la   a-tɕa   do ɛ ka.
哎 =CAUS 对面   向外-来 KIN-表亲   哆 哎 CL：条

对面过来的表哥，一个人肤白貌美会怎样？对面过来的表哥啊。

tsʰava   ŋə-la   a-tɕa   do ɛ -ma,   xa zɻndəʂaə   go
对面   向外-来 KIN-表亲 哆 哎 -F   哈 微笑肤白   胸腔的气息

ma-   do i   dzo.
NEG-   哆 咟 EXT

对面过来的表妹，肤白貌美的人无神气。

---

① 实际应为"表哥"。

② 此处为发音人口误，实际应为 ka⁵⁵ "CL：条"，表示男性。

tsʰava ŋa-la a-tɕa do ɛ ka, la-pʰɛ baku xanə do
对面 向外-来 KIN-表亲 哆 哎 CL：条 鸡-M 花 ITRG：什么 哆
ɛ =su? tsʰava nə-la do a-tɕa do ɛ ka.
哎 =CAUS 对面 向下-来 哆 KIN-表亲 哆 哎 CL：条
对面过来的表哥，花公鸡会怎样？对面过来的表哥啊。

tsʰava ŋə-la do a-tɕa do ɛ -ma, la-pʰɛ baku do ʂ̩ ma-
对面 向外-来 哆 KIN-表亲 哆 哎 -F 鸡-M 花 哆 肉 NEG-
do ɛ xa. tsʰava ŋə-la do a-tɕa do ɛ -ma.
哆 哎 EXT 对面 向外-来 哆 KIN-表亲 哆 哎 -F
对面过来的表妹，花公鸡没有肉。对面过来的表妹啊。

tsʰava na-la a-tɕa xi do ka, pʰai nə-ʂ̩ xanə
对面 向下-来 KIN-表亲 嘻 哆 CL：条 爸爸 向下-辛苦 ITRG：什么
do o =su? tsʰava nə-la do a-tɕa do ɛ ka.
哆 哦 =CAUS 对面 向下-来 哆 KIN-表亲 哆 哎 CL：条
对面过来的表哥，爸爸辛辛苦苦为了谁？对面过来的表哥啊。

tsʰava na-la a-tɕa xa do ɛ ka, pʰai nə-ʂ̩ z̩
对面 向下-来 KIN-表亲 哈 哆 哎 CL：条 爸爸 向下-辛苦 儿子
də- do ɛ zu. tsʰava nə-la a-tɕa do ɛ ka.
向上- 哆 哎 养 对面 向下-来 KIN-表亲 哆 哎 CL：条
对面过来的表哥，爸爸辛辛苦苦为养儿子。对面过来的表哥啊。

tsʰava na-la do a-tɕa do ɛ ka, mai nə-ʂ̩ xanə do
对面 向下-来 哆 KIN-表亲 哆 哎 CL：条 妈妈 向下-辛苦 ITRG：什么 哆
o =su? tsʰava nə-la a-tɕa do ɛ ka.
哦 =CAUS 对面 向下-来 KIN-表亲 哆 哎 CL：条
对面过来的表哥，妈妈辛辛苦苦为了谁？对面过来的表哥啊。

tsʰava na-la do a-tɕa do ɛ ka, mai nə-ʂ̩ zɛ
对面 向下-来 哆 KIN-表亲 哆 哎 CL：条 妈妈 向下-辛苦 女儿
də- do ɛ zu. tsʰava ŋa-la a-tɕa do ɛ ka.
向上- 哆 哎 养 对面 向外-来 KIN-表亲 哆 哎 CL：条
对面过来的表哥，妈妈辛辛苦苦为养女儿。对面过来的表哥啊。

tsʰava ŋa-la do a-tɕa do ɛ ka, pʰai tuaku xanə do
对面 向外-来 哆 KIN-表亲 哆 哎 CL：条 爸爸 怀抱 ITRG：什么 哆

ε　　=su?　　tsʰava　　nə-la　　　do　a-tɕa　　　do　ka.
哎　　=CAUS　对面　　向下-来　　哆　KIN-表亲　哆　CL：条

对面过来的表哥，爸爸怀抱抱的谁？对面过来的表哥啊。

tsʰava　ŋə-la　　a-tɕa　　　do　ε　-ma,　pʰai　tuaku　zɹ　　tua　do　i　do.
对面　向外-来　KIN-表亲　哆　哎　-F　　爸爸　怀抱　儿子　抱　哆　咿　哆

对面过来的表妹，爸爸怀抱抱的是儿子。

tsʰava　ŋa-la　　do　a-tɕa　　do　ε　ka,　mai　tuaku　xanə
对面　向外-来　哆　KIN-表亲　哆　哎　CL：条　妈妈　怀抱　ITRG：什么

do　ε　　=su?　　tsʰava　　ŋa-la　　a-tɕa　　　do　ε　ka.
哆　哎　=CAUS　对面　　向外-来　KIN-表亲　哆　哎　CL：条

对面过来的表哥，妈妈怀抱抱的谁？对面过来的表哥啊。

tsʰava　ŋa-la　　a-tɕa　　　do　ε　-ma,　mai　　tuaku　zε　　tua　do　i　do.
对面　向外-来　KIN-表亲　哆　哎　-F　　妈妈　怀抱　女儿　抱　哆　咿　哆

tsʰava　　ŋa-la　　　a-tɕa　　　do　ε　-ma.
对面　　向外-来　KIN-表亲　哆　哎　-F

对面过来的表妹，妈妈怀抱抱的是女儿。对面过来的表妹啊。

tsʰava　ŋa-la　　do　a-tɕa　　do　ε　ka,　zɹntʂʰa　də-zu　　xanə
对面　向外-来　哆　KIN-表亲　哆　哎　CL：条　儿子　　向上-养　ITRG：什么

do　　=gə?　　tsʰava　　na-la　　　a-tɕa　　　do　ε　　ka.
哆　=PROS　对面　　向下-来　KIN-表亲　哆　哎　CL：条

对面过来的表哥，养了儿子干什么？对面过来的表哥啊。

tsʰava　ŋə-la　　　do　a-tɕa　　　do　ε　-ma,　zɹntʂʰa　də-zu　　zε　ʂu　do
对面　向外-来　哆　KIN-表亲　哆　哎　-F　　儿子　　向上-养　妻子　娶　哆

i　　=gə.　　tsʰava　　ŋə-la　　　a-tɕa　　　do　ε　-ma.
咿　=PROS　对面　　向外-来　KIN-表亲　哆　哎　-F

对面过来的表妹，养了儿子要娶媳妇。对面过来的表妹啊。

tsʰava　ŋa-la　　do　a-tɕa　　do　ε　ka,　　zɹntʂʰa　də-zu　xə　tʂa　do
对面　向外-来　哆　KIN-表亲　哆　哎　CL：条　儿子　　向上-养　亲家　找　哆

ε　　=gə.　　tsʰava　　na-la　　　a-tɕa　　　do　ε　　ka.
哎　=PROG　对面　　向下-来　KIN-表亲　哆　哎　CL：条

对面过来的表哥，养了儿子找亲家。对面过来的表哥啊。

tsʰava   na-la   do   a-tɕa   do   ɛ   ka,   zintʂʰa   də-zu   xanə
对面   向下－来   哆   KIN－表亲   哆   哎   CL：条   女儿   向上－养   ITRG：什么
do   o   ＝su?   tsʰava   na-la   a-tɕa   do   ɛ   ka.
哆   哦   ＝CAUS   对面   向下－来   KIN－表亲   哆   哎   CL：条

对面过来的表哥，养了女儿干什么？对面过来的表哥啊。

tsʰava   ŋə-la   a-tɕa   do   ɛ   -ma,   zintʂʰa   də-zu   ndza   tʂa   do
对面   向外－来   KIN－表亲   哆   哎   －F   女儿   向上－养   婆家   找   哆
i   ＝gə.   tsʰava   ŋə-la   a-tɕa   do   ɛ-ma.
咿   ＝PROS   对面   向外－来   KIN－表亲   哆   哎－F.

对面过来的表妹，养了女儿要找婆家。对面过来的表妹啊。

zʴtʂʰa   də-zu   do   xə   tʂa   do   ɛ   ＝gə,   xə   na-tʂa   do   xə
儿子   向上－养   哆   亲家   找   哆   哎   ＝PROS   亲家   向下－找   哆   亲家
ŋə-   do   ɛ   ntɕʰo.   tsʰava   nə-la   a-tɕa   do   ɛ   ka.
向外－ 哆   哎   美满   对面   向下－来   KIN－表亲   哆   哎   CL：条

养了儿子找亲家，找了亲家变美满。对面过来的表哥啊。

zintʂʰa   də-zu   do   ndza   tʂa   do   ɛ   ＝gə,   ndza   na-tʂa   do   ndza
女儿   向上－养   哆   婆家   找   哆   哎   ＝PROS   婆家   向下－找   哆   婆家
ŋə-   do   ɛ   ntɕʰo.   tsʰava   na-la   a-tɕa   do   ɛ   ka.
向外－ 哆   哎   美满   对面   向下－来   KIN－表亲   哆   哎   CL：条

养了女儿找婆家，找了婆家变美满。对面过来的表哥啊。

zʴntʂʰa   də-zu   do   ngə   i   də-tʰu＝a,   ngə   i   də-tʰu   fu   ŋə-   do
儿子   向上－养   哆   九   家   向上－变＝PFV   九   家   向上－变   村庄   向外－ 哆
ɛ   ntɕʰo.   tsʰava   ŋə-la   a-tɕa   do   ɛ   ka.
哎   美满   对面   向外－来   KIN－表亲   哆   哎   CL：条

养了儿子变成了九户人家，九户人家就变成了漂亮的村庄。对面过来的表哥啊。

zintʂʰa   də-zu   do   ngə   fu   do   ɛ   tʂʰa,   ngə   fu   kʰa-tʂʰa   fu   ŋə-   do
女儿   向上－养   哆   九   村   哆   哎   嫁   九   村   向内－嫁   村   向外－ 哆
ɛ   ntɕʰo.   tsʰava   na-la   a-tɕa   do   ɛ   ka.
哎   美满   对面   向下－来   KIN－表亲   哆   哎   CL：条

养了女儿嫁入九个村庄，嫁入九个村庄村村变美满。对面过来的表哥啊。

tsʰava   na-la   do   a-tɕa   do   ɛ   ka,   sanbadədzə   xanə   do
对面   向下－来   哆   KIN－表亲   哆   哎   CL：条   幸福美满   ITRG：什么 哆

ε   =su?   tshava   na-la   a-tɕa   do   ε   ka.

哎   =CAUS   对面   向下–来   KIN–表亲   哆   哎   CL：条

对面过来的表哥，幸福美满是啥样？对面过来的表哥啊。

tshava   na-la   do   a-tɕa   do   ε   ka,   sanbadədzə   ga~ga

对面   向下–来   哆   KIN–表亲   哆   哎   CL：条   幸福美满   玩~RDUP：不停地玩

do   ε   =gə.   tshava   na-la   a-tɕa   do   ε   ka.

哆   哎   =PROG   对面   向下–来   KIN–表亲   哆   哎   CL：条

对面过来的表哥，幸福美满就是快乐地玩耍。对面过来的表哥啊。

tshava   na-la   do   a-tɕa   do   ε   ka,   sanbudətʂhə   do   xanə

对面   向下–来   哆   KIN–表亲   哆   哎   CL：条   幸福美满   哆   ITRG：什么

do   ε   =su?   tshava   nə-la   a-tɕa   do   ε   ka.

哆   哎   =CAUS   对面   向下–来   KIN–表亲   哆   哎   CL：条

对面过来的表哥，幸福美满是啥样？对面过来的表哥啊。

（黄阿果子、王忠权演唱，2016年10月）

二　故事

兄妹俩和野猪婆①

a⁵⁵   iε⁵⁵-xi⁵⁵＋so⁵⁵-xi⁵⁵   iε⁵⁵＋so⁵⁵-xa⁵⁵＝tə⁵⁵   do⁵⁵-xi⁵⁵＝gə⁵⁵   khɑ⁵⁵-pɑ⁵⁵ȵi⁵⁵

1sg.SLF 过去–年＋前–年：过去 过去＋前–时候＝PART：肯定 向上–说＝PROS 向内–听

＝su⁵⁵＝gə⁵⁵   nəɹ⁵⁵＝va³³.   iε⁵⁵＋so⁵⁵-xa⁵⁵＝nε⁵⁵,   iε⁵⁵-xi⁵⁵＋so⁵⁵-xi⁵⁵

＝CAUS＝PROS   2pl＝NAGT   过去＋前–时候：过去＝PART：停顿   过去–年＋前–年：过去

＝nε⁵⁵,   ε³³,   m̩⁵⁵pha⁵⁵   xi³³ma³³   na⁵⁵   ntʂha⁵⁵＝nε⁵⁵,

＝TOP   PART：犹豫 兄弟   姐妹   二   CL：较小可爱人物＝TOP

ε³³,   m̩⁵⁵pha⁵⁵＝nε³³   ȵa⁵⁵ï⁵⁵ka³³   xi⁵⁵＝tə⁰＝dʑε³²⁴,   xi⁵⁵ma⁵⁵

PART：停顿 兄弟＝TOP   嬢依嘎②   叫＝PART：肯定＝EVID：转述   姐妹

---

① 此故事为尔苏民间流传最广的经典传统故事，译文尽量忠于发音人讲述的原意，未进行进一步加工、润色。一

方面，以尊重发音人的劳动；另一方面，也便于读者了解该语言的濒危情况和本体特征。

② "嬢依嘎"为男性人名。

= nɛ³³　　　　　ȵa⁵⁵i⁵⁵ma³³　　xi⁵⁵ = tə⁰ = dʑɛ³²⁴.　　　　　　　　m̥⁵⁵pʰa⁵⁵　xi³³ma³³　na⁵⁵
= TOP　　　　　嬢依玛①　　　叫 = PART：肯定 = EVID：转述　　兄弟　　姐妹　　二

ntʂʰa⁵⁵　　　　　　dzo⁵⁵ = dʑɛ³²⁴.　　　ɛ³³　　　　　ma⁵⁵mo⁵⁵ tə⁵⁵　dzo⁵⁵ = dʑɛ³²⁴.
CL：娇小可爱的人物 EXT = EVID：转述　PART：停顿　母亲　　　INDF EXT = EVID：转述

我来说一个过去的故事给你们听。过去，有兄妹两人。哥哥叫嬢依嘎，妹妹叫嬢依玛。
（说是）有兄妹二人。还有一个母亲。

ma⁵⁵mo⁵⁵ = nɛ⁵⁵　a⁵⁵-ga⁵⁵　　xə⁵⁵mo⁵⁵ = ʂə⁵⁵　　　ɛ³³,　　　　　vɛ⁵⁵ vu³³liɛ³³ pɛ³³ = gə⁵⁵
母亲 = TOP　　方向－山后　舅舅 = LOC：地方 PART：停顿　猪　脑壳　　送 = PROS

= dʑa³³.　　　　dua³³ = nɛ³³,　　　"ɛ³³,　　　　　ȵa⁵⁵i⁵⁵ka⁵⁵　　　ȵa⁵⁵i⁵⁵ma⁵⁵,
= EVID：引述　去.PST = PART：停顿　PART：提醒　嬢依嘎　　　　嬢依玛

nə⁵⁵ = tsi⁵⁵　nə⁵⁵-i⁵⁵　　　kʰə⁵⁵-ndzu⁵⁵ = ma³²⁴."　　"ma⁵⁵ia⁵⁵, an³³,　　　　nə⁵⁵ = ʐ̩⁵⁵
2sg = DL　　向下－去.NPST　向内－看守 = PART：亲昵　妈妈　　PART：停顿　2sg = GEN

xə⁵⁵mo⁵⁵ = pa⁵⁵ = ʂə³³　　　　vɛ⁵⁵　vu⁵⁵liɛ⁵⁵ pɛ⁵⁵ dua⁵⁵ = i⁵⁵,　　pa³³la³³ = nɛ³³,　　an³³,
舅舅 = LOC：村庄 = LOC：地方 猪　脑壳　　送 去.PST = CSM 回来 = PART：停顿　PART：停顿

a⁵⁵-nɛ⁵⁵~a⁵⁵-nɛ⁵⁵　　　　　　tɕi⁵⁵　la⁵⁵　　nəɹ⁵⁵ = ʂə³³　　tɕi⁵⁵　　la⁵⁵ = gə⁵⁵.
ITRG－什么~ITRG－什么：无论什么 拿　来　　2pl = LOC：地方　拿　　来 = PROS

nə⁵⁵ = dzi⁵⁵　ia⁵⁵　　dzʐ̩⁵⁵　la³³ = gə³³.　　nə⁵⁵ = dzi⁵⁵ = nɛ³³　　do⁵⁵　　　　i⁵⁵
2sg = DL　　家里　吃　　来 = PROS　　2sg = DL = TOP　　认真地　　　房子

kʰə⁵⁵-ndzu⁵⁵ = ma³²⁴." = dʑa³³nɛ³³.　　　"o⁵⁵!　　ma⁵⁵ia⁵⁵, nə⁵⁵　dua⁵⁵　la⁵⁵　ʂ̩⁵⁵　dua⁵⁵
向内－看守 = PART：亲昵 = EVID：转述　PART：顿悟 妈妈　　2sg　去.PST 来　快　去.PST

la⁵⁵　ʂ̩⁵⁵　　la⁵⁵ = ma²³⁴!" = dʑa³³.　　　tʰə⁵⁵ = dzi⁵⁵　dua⁵⁵ = dʑɛ³²⁴.
来　快　　来 = PART：亲昵 = EVID：引用 3sg = DL　　去.PST = EVID：转述

母亲呢，准备把猪头送到山后那边的舅舅家去。去了，"哎，嬢依嘎、嬢依玛，你们俩
下来在家看门吧。""妈妈（我），唵，把猪脑壳送到你舅舅那儿，回家的时候呢，（把舅舅）
唵，给你们的东西都拿回来。给你们俩在家里吃。你们俩在家好好地看家。""哦！妈妈，
你快去快回，回来嘛！"他俩就这样去（看家）了。

dua³³ = nɛ³³,　　　　ɛ⁵⁵,　　　　　a⁵⁵-tʰə⁵⁵　　　ɛ⁵⁵,　　　　　dzu³³i³³
去.PST = PART：停顿　PART：停顿 DIST－DEM：那 PART：停顿 PART：可怜巴巴的

ma⁵⁵mo⁵⁵　　= nɛ³³　　　　dua³³ = i³³.　　o⁵⁵,　　　vɛ⁵⁵　vu³³liɛ³³　da⁵⁵-pa³³ = i⁵⁵
妈妈　　　= PART：停顿　去.PST = CSM PART：停顿　猪　脑壳　　向上－背 = CSM

duɑ⁵⁵ =nɛ³³,　　　　　　　a⁵⁵-tʰə⁵⁵　　　　　　ʑɹ⁵⁵pʰɑ⁵⁵　tə⁵⁵　tsi³³=kə³³=pɑ⁵⁵

去.PST　=PART：停顿　DIST-DEM：那　路　　一　　段=LOC：里=LOC：地方

duɑ³³=nɛ³³,　　　　si⁵⁵lɑ⁵⁵　　=kə⁵⁵=pɑ⁵⁵　　　　　　duɑ³³=nɛ³³,

去.PST=PART：停顿　树丛　　=LOC：里=LOC：地方　去.PST=PART：停顿

o³⁵,　　　　　tsʅ³³su³³i³³=nɛ³³,　ɛ³⁵,　　　　a⁵⁵-gɑ⁵⁵　　xə³³mo³³=ʂə³³　　pɑ⁵⁵

PART：停顿　开始=PART：停顿　PART：停顿　方向-山后　舅舅=LOC：地方　地方

duɑ⁵⁵=dzɛ⁰.　　　　　　　　　　　a⁵⁵-gɑ⁵⁵　　xə³³mo³³=ʂə³³　　pɑ⁵⁵

去.PST=PART：停顿=EVID：转述　方向-山后　舅舅=LOC：地方　　地方

duɑ⁵⁵=nɛ³³,　　　　dzu⁵⁵i⁵⁵　　vɛ³³　vu⁵⁵liɛ⁵⁵　pɛ³³　duɑ³³=nɛ³³,

去.PST=PART：停顿　PART：可怜巴巴的　猪　脑壳　送　去.PST=PART：停顿

a⁵⁵-nɛ⁵⁵~a⁵⁵-nɛ⁵⁵,　　　　　ɛ³³,　　　　tɕi⁵⁵　　lɑ⁵⁵=i⁵⁵.　　n̥ɑ⁵⁵i⁵⁵kɑ³³

ITRG-什么~ITRG-什么：无论什么　PART：停顿　拿　来=CSM　嬢依嘎

n̥ɑ⁵⁵i⁵⁵mɑ³³=dzi⁵⁵=vɑ³³　tsʅ³³　lɑ⁵⁵=gə⁵⁵=dʐɑ³³.　　lɑ⁵⁵=nɛ³³,　　tʰɑɹ⁵⁵,

嬢依玛=DL=NAGT　　喂　来=PROS=EVID：引述　来=PART：停顿　PART：无奈

n̥ɑ⁵⁵i⁵⁵mɑ³³　n̥ɑ⁵⁵i⁵⁵kɑ³³=dzi³³=nɛ³³,　　ia⁵⁵　dzo⁵⁵.　nɛ⁵⁵,　　ʑɹ⁵⁵pʰɑ⁵⁵　tə⁵⁵

嬢依玛　　嬢依嘎=DL=PART：停顿　家里　住　PART：停顿　道路　　一

tsi⁵⁵=kə³³　　pɑ⁵⁵　　lɑ⁵⁵=nɛ³³,　　dzu³³i³³　　　ma⁵⁵mo³³=nɛ³³,

段=LOC：里　地方　来=PART：停顿　PART：可怜巴巴的　妈妈=PART：停顿

tʰɑɹ⁵⁵,　　　a⁵⁵-tʰə⁵⁵　　　vɛ⁵⁵-ma⁵⁵tɕo³³tʂu³³　　　　tə⁵⁵

PART：无奈　　DIST-DEM：那　　猪-F雀珠：外玛雀珠①　　　INDF

də⁵⁵-tsu⁵⁵tsu⁵⁵=a⁵⁵=dzɛ²³⁴,　　　　ʑɹ⁵⁵pʰɑ⁵⁵=kə⁵⁵.

向上-遇见=PART：停顿=EVID：转述　路=LOC：里

　　去了后，哎，那个妈妈就去了。哦，背着猪脑壳去的时候呢，走了一段路，到了一个森林里了呢，哦，开始，哎，就到了山后舅舅家那儿了。到了山后舅舅那儿呢，把猪脑壳送去了呢，哎，把回礼都拿回来了。这样子回来后，给嬢依嘎、嬢依玛俩人吃。哎，嬢依玛和嬢依嘎俩呢，在家里。然后，到了一段路上呢，这个妈妈呢，哎，在路上就遇到了外玛雀珠。

　　vɛ⁵⁵-ma⁵⁵tɕʰo³³tʂu³³　　tə⁵⁵　də⁵⁵-tsu⁵⁵tsu⁵⁵　a³³nɛ³³,　　tsʅ³³su³³i³³=nɛ³³,　　tʰi⁵⁵

　　猪-F雀珠：外玛雀珠　INDF　向上-遇见　LINK：之后　开始=PART：停顿　DEM

=a⁵⁵=dzɛ³²⁴:　　　　　　"nə⁵⁵　　kʰɑ⁵⁵　　　zʅ⁵⁵=gə⁵⁵=do⁵⁵=ɛ³³?"

=PART：停顿=EVID：转述　2sg　ITRG：哪儿　去.NPST=PROG=ITRG=ITRG

———————

① 故事中的"外玛雀珠"为音译，其本意为"野猪婆"。

=dʑɑ³³nɛ³³. "o⁵⁵! ɑ⁵⁵ ɑ⁵⁵-ga⁵⁵ xə⁵⁵mo⁵⁵=ʂə⁵⁵ vɛ⁵⁵ vu³³liɛ³³ pɛ³³
=EVID：引述 PART：停顿 1sg.SLF 方向-山后 舅舅=LOC：地方 猪 脑壳 送

dua⁵⁵=i⁵⁵. ɛ³³, tʰɑɹ⁵⁵, ɑ⁵⁵=i³³ ia⁵⁵dʑə⁵⁵ na⁵⁵ pa⁵⁵
去.PST=CSM PART：无奈 PART：无奈 1sg.SLF=GEN 孩子 两 CL：小巧而可爱

si⁵⁵ ia⁵⁵dʑə⁵⁵. ɛ³³, ia⁵⁵ dʑo⁵⁵=gə⁵⁵=do³²⁴." =dʑɑ³³nɛ³³. o⁵⁵! vɛ⁵⁵
只 孩子 PART：无奈 家 回=PROS=PART：肯定 =EVID：引述 PART：停顿 猪

-ma⁵⁵tɕʰo³³tʂu³³=nɛ³³, tʰa⁵⁵=va³³ tʰi⁵⁵=a³³=dʑɛ³²⁴: "nə⁵⁵tʰə⁵⁵=kə⁵⁵
-F雀珠：外玛雀珠=TOP 3sg=NAGT DEM=PART：停顿 =EVID：转述 2sg DEM=LOC：里

ŋa⁵⁵-pa⁵⁵ɲi⁵⁵ sɛ⁵⁵ ŋa⁵⁵-pa⁵⁵ɲi⁵⁵ sɛ⁵⁵. nə⁵⁵ ɑ⁵⁵ndə⁵⁵ pi⁵⁵pi⁵⁵=gə⁵⁵=ɛ³³? la⁵⁵,
向外-休息 还 向外-休息 还 2sg ITRG：怎么 着急=PROG=ITRG 来

io⁵⁵=ʂə³³ ga⁵⁵~ga⁵⁵ la⁵⁵ sɛ⁵⁵ tə⁵⁵ sɿ³³ ŋa⁵⁵-pa⁵⁵ɲi⁵⁵ sɛ³³." "ma⁵⁵-ga⁵⁵
1sg.OTR=LOC 玩~RDUP 来 还 一 CL：点 向外-休息 还 NEG-玩

=to³²⁴, me³³ na⁵⁵-nkʰua⁵⁵ ɛ³³, tə⁵⁵ ku⁵⁵tsa³³=nɛ³³, me³³ na⁵⁵-nkʰua⁵⁵
=PART：确定 天 向下-黑 PART：停顿 一 会儿=PART：停顿 天 向下-黑

mia⁵⁵ ma⁵⁵-ndo⁵⁵. ɑ⁵⁵=nɛ³³ dʑo⁵⁵ i⁵⁵ ma⁵⁵-to⁵⁵=tə⁵⁵."
脸 NEG-看见 1sg.SLF=TOP 回 去.NPST NEG-AUX：能 =PART：陈述

遇到了外玛雀珠之后呢，开始呢，这样说："你去哪里啊？""哦！我给山后舅舅家送猪脑壳。哎，哎，我的两个孩子，只有我的两个孩子（在家里）。哎，（我）正往回赶呢。"哦！外玛雀珠呢，这样对她说："你在这里休息休息。你怎么着急忙慌的呢？来，还是来我这儿玩玩吧。""不玩了，天黑了。一会儿，天完全黑下来了（直译：黑得都看不见脸了），我就回不去了。"

tʰɑɹ³³, ɑ⁵⁵dʑo⁵⁵①, ia⁵⁵dʑə⁵⁵ na⁵⁵ pa⁵⁵ si⁵⁵ ia⁵⁵ dʑo⁵⁵=dʑɑ³³.
PART：无奈 插入语：你看 孩子 两 CL：娇小可爱 只 家里 住=EVID：转述

o⁵⁵! xə⁵⁵nɛ³³, tʰə⁵⁵=kə⁵⁵=ta⁵⁵=nɛ⁵⁵ ɲ̩⁵⁵,
PART：顿悟 PART：无奈 DEM=LOC：里=LOC：地方=PART：停顿 PART：停顿

ɑ⁵⁵-tʰə⁵⁵ vɛ⁵⁵-ma⁵⁵tɕʰo³³tʂu³³=nɛ³³, tʰa⁵⁵=va³³ tʰi⁵⁵=a³³=dʑɛ³²⁴,
DIS-DEM：那 猪-F雀珠：外玛雀珠=TOP 3sg=NAGT DEM=PART：停顿 =EVID：引述

vɛ⁵⁵-ma⁵⁵tɕʰo³³tʂu³³=nɛ³³, o⁵⁵, nɛ⁵⁵, an³³, "la⁵⁵, io³³=dzi⁵⁵
猪-F雀珠：外玛雀珠=TOP PART：停顿 PART：无奈 PART：停顿 来 1sg.OTR=DL

_____

① ɑ⁵⁵dzo⁵⁵ "你看"用于向人指示不在自己身边的事物，或呈现不属于自己思想的东西。

ŋə⁵⁵ wo⁵⁵　　tɕʰi⁵⁵pi⁵⁵ ta⁵⁵ ka⁵⁵　　to⁵⁵, ə³³,　　　　bo⁵⁵+dzo⁵⁵　　ta⁵⁵ ka⁵⁵　　to⁵⁵=gə⁵⁵."
两　CL：泛指 田埂　一　CL：条 跳　　PART：思考 沟+河：小溪 一　CL：条 跳=PROG

tʰi⁵⁵=a³³=dzɛ³²⁴.　　　　bu⁵⁵tsi⁵⁵ da⁵⁵-kʰa⁵⁵tʰo⁵⁵=gə⁵⁵　tʰi⁵⁵=a³³=nɛ³³,
DEM=PART：停顿 =EVID：转述 这样　向上-说=PROG　　DEM=PART：停顿 =PART：停顿

bo⁵⁵+dzo⁵⁵　　ka⁵⁵=kə⁵⁵　　　ŋə⁵⁵-to⁵⁵　a⁵⁵nɛ³³,　　ve⁵⁵-ma⁵⁵tɕʰo³³tʂu³³=nɛ³³,
沟+河：小溪　CL：条=LOC：里 向外-跳　LINK：之后　猪-F雀珠：外玛雀珠=PART：停顿

a⁵⁵ndʑi⁵⁵　　ŋə⁵⁵-to³²⁴,　tʰə⁵⁵　na⁵⁵i⁵⁵ka³³　na⁵⁵i⁵⁵ma³³　tɕʰia⁵⁵　　ma⁵⁵=va³³
ITRG：怎么　向外-跳　DEM　嬢依嘎　嬢依玛　3sg.GEN　　妈=NAGT

kʰə⁵⁵-ʂʅ⁵⁵　　ma⁵⁵-to⁵⁵=dʑi⁵⁵gɛ⁵⁵.　　kʰua⁵⁵-to³²⁴,　na⁵⁵i⁵⁵ka³³　tɕia⁵⁵,①
向内-比试　　NEG-AUX：能=EVID：转述 向北-跳　　嬢依嘎　　3sg.GEN

ŋa⁵⁵i⁵⁵ka³³　na⁵⁵i⁵⁵ma³³　tɕʰia⁵⁵=ma⁵⁵　ia⁵⁵-ŋə⁵⁵;　　ŋua⁵⁵-to³²⁴,　na⁵⁵i⁵⁵,②
嬢依嘎　　嬢依玛　　3sg.GEN=妈 ADJ-厉害　往南-跳　　　嬢依

na⁵⁵i⁵⁵ka³³　na⁵⁵i⁵⁵ma³³　tɕʰia⁵⁵=ma⁵⁵　ia⁵⁵-ŋə⁵⁵.
嬢依嘎　　嬢依玛　　3sg.GEN=妈　ADJ-厉害

　　哎，你看，只有两个孩子待在家里。哦！哎，这时候呢，那个外玛雀珠呢，这样对她说，外玛雀珠呢，哦，呢，唵，"来，我们俩来跳过这个田埂，呃，跳过这条小溪。"这样说的时候呢，准备跳过小溪的时候呢，外玛雀珠无论怎么跳都比不过这嬢依嘎和嬢依玛的妈妈。往北跳，嬢依嘎、嬢依玛他们的妈妈厉害；往南跳，还是嬢依嘎嬢依玛他们的妈妈很厉害。

　　xə⁵⁵nɛ⁵⁵,　　tʂa⁵⁵ŋa⁵⁵=nɛ³³, ve⁵⁵-ma⁵⁵tɕʰo³³tʂu³³=nɛ³³　tʰə⁵⁵=a³³=dzɛ⁰:
　　PART：无奈 后来=TOP　猪-F雀珠：外玛雀珠=TOP DEM=PART：停顿 =EVID：转述

"a⁵⁵ia⁵⁵!　　a⁵⁵　　　a⁵⁵　　　to⁵⁵　ŋə⁵⁵-to⁵⁵=i⁵⁵　　la⁵⁵　kʰə⁵⁵-ʂʅ⁵⁵　ma⁵⁵-to⁵⁵!
PART：惊讶 PART：那 1sg.SLF　跳　向外-跳=CSM　都　向里-比 NEG-MOD：能

a⁵⁵=dzi⁵⁵　nə⁵⁵ wo⁵⁵　nga⁵⁵mɛ⁵⁵=bɛ⁵⁵ tʰa³³-kua³³, də³³-ndʐʅ³³ndʐʅ³³,a⁵⁵=gə⁵⁵=ɛ⁵⁵?"
1sg.SLF=DL 两　CL：个 衣服=PL　向他人-脱 向上-交换　ITRG=PROG=ITRG

tʰi⁵⁵=a⁵⁵=dzɛ³²⁴=dʐa³³nɛ⁵⁵.　　　　xə³³nɛ⁵⁵,　　　nga⁵⁵mɛ⁵⁵=bɛ⁵⁵ tʰa³³-kua³³,
DEM=PART：停顿 =EVID：转述 =EVID：转述 PART：无奈 衣服=PL　　　向他人-脱

də³³-ndʐʅ³³ndʐʅ³³=a⁵⁵=dzɛ⁵⁵. də³³-ndʐʅ³³ndʐʅ³³　a⁵⁵nɛ⁵⁵,　　o⁵⁵,　　　tʂa⁵⁵ŋa⁵⁵=nɛ³³,
向上-换=PFV=EVID：转述 向上-换　　　LINK：之后 PART：顿悟 后来=TOP

---

① 此处为发音人口误。

② 此处为发音人口误。

vɛ⁵⁵-ma⁵⁵tɕʰo³³tʂu³³　　　ngɑ³³me³³=bɛ³³=nɛ³³　　li⁵⁵pi⁵⁵　tə⁵⁵　bɛ⁵⁵=dʑɑ³³.　　ma⁵⁵-ʐʅ⁵⁵
猪-F雀珠：外玛雀珠　衣服=PL=TOP　　　重　　一　　些=EVID：转述　NEG-COP

=ɑ⁵⁵?　li⁵⁵pi⁵⁵　tə⁵⁵　bɛ⁵⁵　ɑ³³nɛ³³,　　　də⁵⁵-ʐʅ⁵⁵　xɑ⁵⁵,　li⁵⁵pi⁵⁵　tə⁵⁵　bɛ⁵⁵　ɑ³³nɛ³³,
=ITRG　重　　一　　些　　LINK：之后　向上-穿　时候　重　　一　　些　　LINK：之后

ɛ³³,　　　　ɑ⁵⁵-tʰə⁵⁵　　　n̩a⁵⁵i⁵⁵ka³³　n̩a⁵⁵i⁵⁵ma³³　tɕʰia⁵⁵　　　ma⁵⁵　　wo⁵⁵=nɛ³³
PART：叹息 DIST-DEM：那 孃依嘎　　孃依玛　　　3sg.GEN　妈　　CL：个=TOP

vɛ⁵⁵-ma⁵⁵tɕʰo³³tʂu³³　ngɑ³³me³³=bɛ³³　də⁵⁵-ʐʅ⁵⁵　ɑ³³nɛ³³,　　o⁵⁵,　　ŋə⁵⁵-to⁵⁵-i⁵⁵
猪-F雀珠：外玛雀珠　衣服=PL　　向上-穿　LINK：之后　PART：顿悟 向外-跳-CSM

bo⁵⁵+dzo⁵⁵　ka⁵⁵=kə⁵⁵,　　nə⁵⁵-zɛ⁵⁵=ɑ³³=dʑɛ³²⁴　　ŋə⁵⁵-to⁵⁵　ma³³-sa³³
沟+河：小溪 CL：条=LOC：里 向下-沉=PFV=EVID：转述 向外-跳 NEG-留下印记

=tɕʰi⁵⁵　　ne⁵⁵,　　　vɛ⁵⁵-ma⁵⁵tɕʰo³³tʂu³³=ne³³　ŋə⁵⁵-to⁵⁵　ŋa³³-sa³³=tɕʰi⁵⁵
=LOC：边 PART：停顿 猪-F雀珠：外玛雀珠=TOP　向外-跳　向外-留下印记=LOC：边

ɑ³³nɛ³³,　　o⁵⁵,　　　tʂa⁵⁵ŋa⁵⁵=ne³³,　n̩a⁵⁵i⁵⁵ka³³　n̩a⁵⁵i⁵⁵ma³³　wo³³　　ɛ³³,
LINK：之后　PART：顿悟 后来=TOP　　　孃依嘎　　　孃依玛　　　CL：个　PART：停顿

ɛ³³,　　　tɕʰia⁵⁵=ma⁵⁵　　wo⁵⁵,　　　ne³³,　　　vɛ⁵⁵-ma⁵⁵tɕʰo³³tʂu³³=kə⁵⁵
PART：停顿　3sg.GEN=妈　　CL：个　　PART：停顿　猪-F雀珠：外玛雀珠=AGT

nə³³-ntʂʰʅ³³　　ŋə⁵⁵-dzʅ⁵⁵=ɑ⁵⁵=dʑɛ³²⁴.
向下-剖开　向外-吃=PFV=EVID：转述

　　哎，后来呢，外玛雀珠这样说道："哎呀！那比跳又比不过你！我们俩把衣服脱了，换着穿，怎么样？"这样子说道。这样子呢，把衣服脱了，换着穿。换了之后呢，哦，后来呢，外玛雀珠的那些衣服有些重。不是吗？有些重之后呢，穿着的时候，有些重之后呢，哎，那孃依嘎孃依玛他们的妈妈穿上了外玛雀珠的衣服之后呢，哦，准备跳过小溪的时候，就没有跳过去，掉下去了。外玛雀珠跳过了小溪之后呢，后来呢，孃依嘎和孃依玛的，哎，外玛雀珠就把他们的妈妈杀死吃掉了。

nə³³-ntʂʰʅ³³　ŋə⁵⁵-dzʅ⁵⁵　ɑ³³nɛ⁵⁵,　　　ɛ³²⁴,　　　　li⁵⁵,①　tʰaɹ³³,　　　　n̩⁵⁵,
向下-剖开　向外-吃　LINK：之后　PART：停顿　PART　PART：无奈　PART：停顿

ɑ⁵⁵-tʰə⁵⁵　　　tʰaɹ⁵⁵=bɛ⁵⁵　da³³-pa³³=i³³=ne³³,　　　　ɛ⁵⁵,　　　ia⁵⁵dzə⁵⁵=bɛ⁵⁵
DIST-DEM：那 那些=PL　向上-背=CSM=PART：停顿 PART：停顿 孩子=PL

_____
① 此处为发音人口误。

kʰa^{55}　　dzo^{55}　tə^{55}　bɛ^{33}=dʑa^{33}nɛ^{33}.　"io^{55}　ia^{55}dʑɵ^{55}=bɛ^{55}　ia^{55}[1]，　ia^{55}dʑɵ^{55}
ITRG：哪里　住　一　些＝EVID：转述　1sg.OTR　孩子＝PL　孩子　孩子

na^{55}　ntʂʰa^{55}　　ia^{55}　dzo=su^{55}=tsa^{55}."　ɛ^{33},　　"a^{55}tʰə^{55}　　ŋa^{55}i^{55}ka^{33},
两　CL：娇小可爱　家里　住＝CAUS＝PFT　PART：停顿　DIST-DEM：那　嬢依嘎

ɛ^{33},　　ʔi^{55}za^{55}=nɛ^{33}　ŋa^{55}i^{55}ka^{33}　xi^{55}=tə^{55};　　zi^{33}i^{33}=nɛ^{33},　ŋa^{55}i^{55}ma^{33}
PART：停顿　儿子＝TOP　嬢依嘎　叫＝PART：陈述　女儿＝TOP　嬢依玛

xi^{55}=tə^{55}."　　tʰi^{55}=a^{55}=dʑɛ^{324}=dʑa^{33}nɛ^{33}.　　　　　ŋa^{55}i^{55}ka^{33}　ŋa^{55}i^{55}ma^{33}
叫＝PART：陈述 DEM＝PART：停顿＝EVID：转述＝EVID：转述 嬢依嘎　嬢依玛

ɛ^{33}=dzi^{55}=va^{33}=nɛ^{33},　　　　　ia^{55}　　dzo^{55}=su^{33}　a^{33}nɛ^{33},　　t hə^{55}
PART：停顿＝DL＝NAGT＝PART：停顿 家里　住＝CAUS　　LINK：之后　　DEM

vɛ^{55}-ma^{55}tɕʰo^{33}tʂu^{33}=kə^{55}=nɛ^{55},　　ɛ^{55},　　ɛ^{33},　　tɕʰia^{55}=ma^{55} wo^{55}
猪-F雀珠：外玛雀珠＝AGT＝PART：停顿 PART：停顿 PART：停顿 3g.GEN＝妈 CL：个

nə^{55}-ntʂʰʅ^{55}　ŋə^{55}-dʑ=a^{55},　　si^{33}nɛ^{55},　　tɕʰia^{55}=ma^{55}　wo^{55}　nə^{55}-də^{55}=i^{55},
向下-剖开　向外-吃＝PFV　LINK：然后　3sg.GEN＝妈　CL：个 向下-算＝CSM

ɛ^{33},　　tɕʰia^{55}=ma^{55}　wo^{55}　pa^{55}bu^{55}=kə^{33}　　ʂʅ^{55}　va^{33}　vu^{55}　va=bɛ^{33}
PART：停顿 3sg.GEN＝妈　CL：个　Ch：背篓＝LOC：里　肉　背　酒　背＝PL

da^{33}　pɛ^{33}　tɕi^{55}　dua^{55}=dʑɛ^{324}　　　tɕi^{55}　dua^{55},　　nɛ^{55},　　　tʰə^{55}=i^{55}kə^{55}
背　送　拿　去.PST＝EVID：转述　拿　去.PST　PART：停顿　3sg＝AGT

ŋə^{55}-dʑʅ^{55}=a^{55},　　si^{33}nɛ^{33},　　dua^{33}=nɛ^{33},　　ŋa^{55}i^{55}ka^{33}　　ŋa^{55}i^{55}ma^{33}
向外-吃＝PFV　LINK：然后　去.PST＝PART：停顿　嬢依嘎　　嬢依玛

=ʂə^{33}　　　　dua^{33}=dʑɛ^{324}.
=LOC：地方　去.PST＝EVID：转述

杀死吃了之后，哎，这样子，哎，背了那些东西，哎，孩子都待在哪儿呢？"我让两个孩子在家里待着。"哎，"那嬢依嘎，哎，儿子呢，叫嬢依嘎；女儿呢，叫嬢依玛。"据说是这样子说的。让嬢依嘎和嬢依玛俩待在家里后呢，这个外玛雀珠呢，哎，哎，把他们的妈妈杀死吃了，然后，他们的妈妈呢，装成了他们的妈妈，哎，把他们妈妈背篓里的一背肉和一背酒都拿走了。拿去了，她把（他们妈妈）吃了，然后，就朝嬢依嘎嬢依玛家走去了。

ŋa^{55}i^{55}ka^{33}　　ŋa^{55}i^{55}ma^{33}=ʂə^{33}　　dua^{33}=nɛ^{33},　　　o^{55},　　　ə^{55},
嬢依嘎　　嬢依玛＝LOC：地方　去.PST＝PART：停顿 PART：停顿　PART：停顿

---

① 此处为发音人口误。

"n̠a⁵⁵i⁵⁵ka³³　n̠a⁵⁵i⁵⁵ma³³,　nga⁵⁵　wo⁵⁵　　tʰə⁵⁵-tsu⁵⁵,　　ma⁵⁵ia⁵⁵　　kʰa⁵⁵-la⁵⁵." = dʑa³³nɛ³³.
嬢依嘎　　　嬢依玛　　　门　　CL：个　向他人-开　　妈妈　　　向内-来 =EVID：引述

"o⁵⁵,　　　　a⁵⁵ = i⁵⁵　　a⁵⁵-ma⁵⁵　　zⱬ³³　　la⁵⁵　　zⱬ³³　　tʰə³³nɛ³³,　　　ɛ³³,
PART：停顿　1sg.SLF　KIN-妈　　COP　　或　　COP　　LINK：如果　PART：停顿

lə⁵⁵ndzu⁵⁵　　　　lə⁵⁵ngua³³　　　tsʰⱬ⁵⁵n̠i⁵⁵ntɕʰo⁵⁵lo⁵⁵　　ŋa⁵⁵-la⁵⁵　　　　ŋə⁵⁵
手镯　　　　　　戒指　　　　　　拟声：叮叮当当　　　　向外-来　　　　　向外

-i = a⁵⁵ = tə⁵⁵,　　　　　si⁵⁵nɛ⁵⁵,　　　ɛ³³,　　　a⁵⁵-ma⁵⁵　　wo⁵⁵　　a⁵⁵-ma⁵⁵
-去.NPST =PFV =PART：肯定 LINK：然后　PART：停顿 KIN-妈妈 CL：个 KIN-妈妈

= tə⁵⁵."　　　tʰi⁵⁵ = a³³ = dʑa³³nɛ³³.　　　　　　o⁵⁵,　　　　lə⁵⁵ndzu⁵⁵　　lə⁵⁵ngua³³
=PART：陈述 DEM =PART：停顿 =EVID：转述 PART：停顿　手镯　　　　戒指

tsⱬ⁵⁵n̠i⁵⁵ntɕʰo⁵⁵lo⁵⁵　　ŋə⁵⁵-i⁵⁵　　　dʑi³³　　n̠i⁵⁵-i⁵⁵　　　dʑi³³　　ma⁵⁵-bo⁵⁵ = a³⁵
拟声：叮叮当当　　向外-去.NPST　也　　向斜下-去.NPST　也　　NEG-EXT =PFV

= dʑi³³gə⁵⁵.　　　vɛ⁵⁵-ma⁵⁵tɕʰo³³tʂu³³ = nɛ³³,　　mo³⁵,　　tʂa⁵⁵ŋa⁵⁵ = nɛ³³,　　n̠a⁵⁵i⁵⁵ka³³,
=EVID：转述　猪-F雀珠：外玛雀珠 =TOP　又　　后来 =TOP　　嬢依嘎

nga⁵⁵　　wo⁵⁵　　tʰə⁵⁵-tsu⁵⁵;　　n̠a⁵⁵i⁵⁵ma³³　nga⁵⁵　　wo⁵⁵　　tʰə⁵⁵-tsu⁵⁵!　　ma⁵⁵ia⁵⁵
门　　CL：个　向他人-打开　嬢依玛　　门　　CL：个　向他人-打开　　妈妈

kʰa⁵⁵-la⁵⁵." = dʑa³³nɛ³³.　　"ɛ⁵⁵,　　　　a⁵⁵ = i⁵⁵　　　a⁵⁵-ma⁵⁵　　zⱬ³³　　la⁵⁵　　zⱬ³³
向内-来 =EVID：引述　　PART：停顿　1sg.SLF =GEN　KIN-妈　　COP　　或　　是

tʰə³³nɛ³³,　　ɛ³³,　　　lə⁵⁵ʂu⁵⁵,　　tʰaɹ³³,　　ɛ³³,　　　lə⁵⁵ʂu⁵⁵　　ka³³
LINK：如果　PART：停顿　手指　　PART：无奈　PART：停顿　手指　　CL：条

ŋə⁵⁵-xo⁵⁵ = a³³,　　ɛ⁵⁵,　　a⁵⁵ⱬ⁵⁵　kʰa⁵⁵-la⁵⁵,　ə³⁵,　　kʰə⁵⁵-ɹɛ⁵⁵lia⁵⁵ = gə⁵⁵
向外-伸 =PART：祈使 PART：停顿 快点儿　向内-来　PART：停顿 向内-抚摸 =PROS

= tə⁵⁵ = to³⁵." = dʑa³³nɛ³³.
=PART：肯定 =PART：请求 =EVID：转述

往嬢依嘎和嬢依玛家去的时候呢，哦，说道："嬢依嘎、嬢依玛，把门打开，妈妈要进来。""哦，如果是我妈妈来了呢，哎，手镯、戒指叮叮当当地响着进来的，然后，哎，才是我妈。"这样子想。哦，（但是呢，外玛雀珠）来来回回走都没有手镯、戒指叮叮当当的声音。后来呢，外玛雀珠又叫道："嬢依嘎，把门打开；嬢依玛，把门打开！让妈妈进来。""哎，如果是我妈妈的话，哎，手指，哎，哎，把手指伸过来吧，哎，快伸进来，呃，给我们摸一摸。"

mo³⁵,　a⁵⁵-tʰə⁵⁵　　　　vɛ⁵⁵-ma⁵⁵tɕʰo³³tʂu³³ = kə⁵⁵ = nɛ³³,　　　　　　　ɛ³³,　　　lə⁵⁵ʂu⁵⁵
又，　DIST-DEM：那 猪-F雀珠：外玛雀珠 =AGT =PART：停顿　PART：停顿 手臂

ka³³　　　　ŋɔ⁵⁵-xo³³　　kʰə⁵⁵-tɕi⁵⁵la⁵⁵＝i⁵⁵,　　a⁵⁵-tʰə⁵⁵　　　　　ɳa⁵⁵i⁵⁵ka³³　　wo⁵⁵＝nɛ³³,

CL：条　　向外－伸　　向内－拿来＝CSM　DIST-DEM：那　嬢依嘎　　　　CL：个＝TOP

ɛ³³,　　　　　　ɳa⁵⁵i⁵⁵ka³³："ɳi⁵⁵　　　　lə⁵⁵①　　　lə⁵⁵su⁵⁵　　ka³³　　ŋɔ⁵⁵-xo⁵⁵　　tɕi⁵⁵

PART：停顿　嬢依嘎　　2sg.GEN　手　　手指　　CL：条　向外－伸　拿

la⁵⁵!"＝dzɑ³³nɛ³³. ve⁵⁵-ma⁵⁵tɕʰo³³tʂu³³＝kə³³　　kʰə⁵⁵-tʂ⁵⁵＝a⁵⁵＝dzɛ³²⁴＝dzɑ³³nɛ³³.

来＝EVID：引述　猪-F雀珠：外玛雀珠＝AGT　向内－咬＝PFV＝EVID：转述＝EVID：转述

lə⁵⁵su⁵⁵　ka³³　　tʰə⁵⁵-tʂ⁵⁵　　tʰə⁵⁵-to³³＝a⁵⁵　　dzi⁵⁵gə⁵⁵　nɛ³³.　　　　tʂa⁵⁵ŋa⁵⁵＝nɛ³³,

手指　　CL：条　向他人－咬　向他人－断＝PFV　就　　PART：停顿　后来＝TOP

ɳa⁵⁵i⁵⁵ka³³＝nɛ³³, də⁵⁵-dzi³³ma³³~də⁵⁵-dzi³³ma³³＝nɛ³³,　　　ve⁵⁵-ma⁵⁵tɕʰo³³tʂu³³＝va³³

嬢依嘎＝TOP　　向上－害怕~RDUP：非常害怕＝PART：停顿　猪-F雀珠：外玛雀珠＝NAGT

də⁵⁵-dzi³³ma³³＝nɛ³³.　　　tʂa⁵⁵ŋa⁵⁵＝nɛ³³,　　　　tʰi⁵⁵＝a⁵⁵＝dzɛ³²⁴,

向上－害怕＝PART：停顿　　后来＝TOP　　　　　DEM＝PART：停顿＝EVID：转述

ɛ³³,　　　ɳi⁵⁵,②　ɛ³³,　　　tʂa⁵⁵ŋa⁵⁵＝nɛ³³,　tʰə⁵⁵-tsʰu⁵⁵　kʰa³³-la³³　dzi⁵⁵gə⁵⁵.

PART：停顿 2sg　PART：停顿 后来＝TOP　　向他人－开　向内－来　就

kʰa⁵⁵-la⁵⁵＝nɛ³³,　　　ɛ³³,　　　tʰə⁵⁵　　ɳa⁵⁵i⁵⁵ka³³＝nɛ³³　tə⁵⁵　sʐ⁵⁵＝ɛ⁵⁵

向内－来＝PART：停顿 PART：停顿 DEM：这　嬢依嘎＝TOP　　一　点＝PART：停顿

ka³³tʂʰʐ³³＝tə⁵⁵＝gə⁵⁵sə⁵⁵,　　　ɳa⁵⁵i⁵⁵ma³³＝nɛ³³　tə⁵⁵　sʐ⁵⁵　ia³³-ntʂʰə³³.

傻＝PART：肯定＝PART：确定　嬢依玛＝TOP　　一　点　ADJ－聪明

　　　后来，那外玛雀珠呢，哎，把手臂伸进来了，那个嬢依嘎呢，哎，嬢依嘎说道："把你的手指伸进来！"外玛雀珠把他咬了。手指就被咬断了。后来呢，嬢依嘎呢，就非常害怕，外玛雀珠让（他俩）害怕了呢。后来呢，这样子说，哎，哎，后来呢，就开门进来了。进来后，哎，这个嬢依嘎有一点儿傻乎乎的，嬢依玛有一点儿聪明。

　　ɛ³³,　　　　ɳa⁵⁵i⁵⁵ka³³　la⁵⁵　ɳa⁵⁵i⁵⁵ma³³＝dzi³³＝nɛ³³＝ɛ³³,　　　də³³-dzi³³ma³³,

　　PART：停顿　嬢依嘎　　和　嬢依玛＝DL＝TOP＝PART：停顿　向上－害怕

dua⁵⁵-i⁵⁵　　kʰa⁵⁵-ma⁵⁵　　dua⁵⁵＝dzɛ³²⁴.　　　　　ɳi⁵⁵③　o⁵⁵,　　　　tʰaɹ⁵⁵,

去.PST－CSM　向内－睡觉　去.PST＝EVID：转述　2sg　PART：停顿　PART：无奈

kʰa⁵⁵-ma⁵⁵　dua⁵⁵＝dzɑ⁵⁵.　　nɛ⁵⁵,　　　"sɛ⁵⁵　　tə⁵⁵　wo⁵⁵　io³³＝ʂə³³

向内－睡觉　去.PST＝EVID：转述　PART：停顿 ITRG：谁　一　CL：个　1sg.OTR＝LOC：地方

---

① 此处为发音人口误。

② 此处为发音人口误。

③ 此处为发音人口误。

io³³=ʂə⁵⁵　　　　　　ma⁵⁵=gə⁵⁵=ɛ³³?"　=dʑa³³nɛ³³.　　"a⁵⁵-wa⁵⁵,"　　ɛ³³,
1sg.OTR＝LOC：地方　　睡＝PROS＝ITRG＝EVID：引述　KIN－婆婆　　PART：停顿

ȵa⁵⁵i⁵⁵ma³³=nɛ³³　　　　tʰi⁵⁵=a⁵⁵=dʑɛ³²⁴,　　　　"a⁵⁵-wa⁵⁵,　a⁵⁵=nɛ³³
嬢依玛＝TOP　　　　　DEM＝PART：停顿＝EVID：转述　KIN－婆婆　1sg.SLF＝TOP

ȵi⁵⁵　　　dzo⁵⁵dzo⁵⁵=ʂə³³　　　ma⁵⁵=gə⁵⁵."　tʰi⁵⁵=a⁵⁵=dʑi³³gə³³.
2sg.GEN　脚＝LOC：地方　　睡＝PROS　DEM＝PART：停顿＝EVID：转述

ȵa⁵⁵i⁵⁵ka³³=nɛ³³,　ɛ³³:　　"a⁵⁵-wa⁵⁵,　a⁵⁵=nɛ³³　ȵi⁵⁵①　nə⁵⁵=ʂə⁵⁵
嬢依嘎＝TOP　　PART：停顿　KIN－婆婆　1sg.SLF＝TOP　2sg.GEN　2sg＝LOC：地方

ma⁵⁵=gə⁵⁵.　nə⁵⁵=ʂə⁵⁵　　　ma⁵⁵=gə⁵⁵."　tʰi⁵⁵=a⁵⁵=dʑa³³.
睡＝PROS　2sg＝LOC　　睡＝PROS　DEM＝PART：停顿＝EVID：转述

ȵa⁵⁵i⁵⁵ka³³=nɛ³³,　tə⁵⁵　　ʂ̩⁵⁵　　ka³³tʂ̩³³=tə⁵⁵.　a³³nɛ³³=dʑa³³nɛ³³
嬢依嘎＝TOP　　一　　　点　　傻＝PART：肯定　LINK：之后＝EVID：转述

nkʰua⁵⁵=nɛ⁵⁵,　ȵa⁵⁵i⁵⁵ka³³=ʂə³³　kʰa⁵⁵-ma⁵⁵　a³³nɛ³³,　ȵa⁵⁵i⁵⁵ka³³,　ɛ³³,
黑＝PART：停顿　嬢依嘎＝LOC：地方　向内－睡　LINK：之后　嬢依嘎　　PART：停顿

a⁵⁵dzo⁵⁵,　　tʰə⁵⁵　　an⁵⁵=va³³　　nə⁵⁵-ntʂʰ̩³³　ŋə⁵⁵-dʑ̩⁵⁵=a³³=nɛ³³.
插入语：你看　DEM：这　PART：停顿＝NAGT　向下－剖开　向外－吃＝PFV＝PART：停顿

vu³³liɛ³³,　wo⁵⁵　　vu³³liɛ³³　si³³　ŋə⁵⁵-li⁵⁵　dʑ̩⁵⁵=a⁵⁵=dʑa³³,　　ma⁵⁵-z̩⁵⁵=a³³?
脑壳　　CL：个　脑壳　　只　向外－剩下　吃＝PFV＝EVID：引述　NEG－COP＝ITRG

哎，嬢依嘎和嬢依玛俩呢，害怕了，就去睡觉了。哦，只好去睡觉了。（外玛雀珠）说道："你哪一个到我这儿睡啊？""婆婆，"哎，嬢依玛呢，这样子说道，"婆婆，我到你脚头睡吧。"这样说。嬢依嘎说道："婆婆，我到你边上睡，到你边上睡。"嬢依嘎呢，有一点儿傻乎乎的。黑了后，在嬢依嘎那儿睡了之后，哎，你看，就把这嬢依嘎杀死吃了。这脑壳，吃得只剩下脑壳了。这样子，不是吗？

vu³³liɛ³³　si³³　ŋə⁵⁵-li⁵⁵　　dʑ̩⁵⁵　a⁵⁵nɛ³³,　　ɛ⁵⁵,　　a⁵⁵-tʰɛ³³　　vu³³liɛ³³　wo⁵⁵
脑壳　　只　向外－剩下　吃　LINK：之后　PART：停顿　DIST－DEM：那　脑壳　　CL：个

si³³　ŋə⁵⁵-li⁵⁵　　a⁵⁵nɛ³³,　　tʰə⁵⁵-tsɛi⁵⁵　kʰa⁵⁵-dua⁵⁵=dʑɛ³²⁴.　tʰə⁵⁵-tsɛi⁵⁵
只　向外－剩下　LINK：之后　向他人－掉　向内－去.PST＝EVID：转述　向他人－掉

ȵa⁵⁵i⁵⁵②　ȵa⁵⁵i⁵⁵ma³³=ʂə³³　kʰua⁵⁵-ku⁵⁵　a³³nɛ³³,　ɛ³³,　"ȵa⁵⁵i⁵⁵ma³³
嬢依　嬢依玛＝LOC：地方　向北－到　LINK：之后　PART：思考　嬢依玛

---

① 此处为发音人口误。

② 此处为发音人口误。

ȵa⁵⁵i⁵⁵ma³³,　　ȵa⁵⁵i⁵⁵ma³³,　　ε³³,　　　　　dʐ˞⁵⁵①　　ȵi⁵⁵　　　a⁵⁵-ma⁵⁵=i⁵⁵

嬢依玛　　　　嬢依玛　　　　PART：停顿　　线团　　2sg.GEN　　KIN-妈 =GEN

dʐ⁵⁵=pu⁵⁵li⁵⁵li⁵⁵　　　wo⁵⁵　　tʰə⁵⁵-tsei⁵⁵　　kʰa⁵⁵-dua³⁵,　　kʰa⁵⁵-ta⁵⁵-ə˞⁵⁵lia⁵⁵,

线团 =NCL：圆滚滚　　CL：个　　向他人-扔　　向内-去.PST　　向内-PHTV-摸

də⁵⁵-gu⁵⁵=i⁵⁵　　　　ŋa⁵⁵-la⁵⁵=su⁵⁵."　　　　tʰi⁵⁵=a⁵⁵=dʑi³³gə⁵⁵.

向上-踢 =CSM　　　向外-来 =CAUS　　　　DEM =PART：停顿 =EVID：转述

"o⁵⁵!"=dʑa³³nε⁵⁵.　　　　　　zo³³=i⁵⁵kə⁵⁵=nε³³　　　　　　ȵa⁵⁵i⁵⁵ma³³

PART：应承 =EVID：引述　　3sg.NPRT =AGT =PART：停顿　　　嬢依玛

=kε⁵⁵=nε³³,　　　　kə⁵⁵-ə˞⁵⁵lia⁵⁵=nε³³,　　　　o⁵⁵!　　　m̩³⁵,②　　a⁵⁵-tʰə⁵⁵

=AGT =PART：停顿　　向内-摸 =PART：停顿　　PART：顿悟　　嗯　　DIST-DEM

m̩⁵⁵pʰa⁵⁵　　wo⁵⁵=ε⁵⁵　　　　　ȵa⁵⁵i⁵⁵ka³³　　　wo³³=ε³³　　　　　　vu³³liε³³

哥哥　　　CL：个 =PART：停顿　　嬢依嘎　　CL：个 =PART：停顿　　脑壳

wo³³=dʑa³³,　　　ma⁵⁵-z˞⁵⁵=a³³? =dʑa³³nε³³.　　　ε⁵⁵,　　　a⁵⁵-tʰə⁵⁵

CL：个 =EVID：转述　NEG-COP =ITRG =EVID：转述　PART：停顿　DIST-DEM：那

tʰa˞⁵⁵　　ȵa⁵⁵i⁵⁵ma³³=nε³³,　　"o⁵⁵,　　　ȵ⁵⁵,　　　a⁵⁵-wa⁵⁵,　　ŋa⁵⁵-dua⁵⁵."

PART：无奈　嬢依玛 =TOP　　PART：应承　PART：迟疑 KIN-婆婆　向外-去.PST

=dʑa³³nε³³.　　　ε⁵⁵,　　　"ŋa⁵⁵-dua⁵⁵."=dʑa³³.　　　də⁵⁵-gu⁵⁵

=EVID：引述　　PART：停顿　　向外-去.PST =EVID：引述　　向上-踢

ŋa⁵⁵-dua⁵⁵=nε³³,　　　　　m̩⁵⁵pʰa⁵⁵　　wo³³　　vu³³liε³³　　wo³³=nε³³,

向外-去.PST =PART：停顿　哥哥　　CL：个　脑壳　　CL：个 =PART：停顿

ε³³,　　　　　ȵa⁵⁵i⁵⁵ma³³=nε³³　　nbε⁵⁵=dʑε³²⁴.

PART：停顿　嬢依玛　　　　哭 =EVID：转述

吃得只剩脑壳了之后，哎，只剩下那脑壳了之后呢，掉到了（嬢依玛那边）里面去了。掉到了嬢依玛那儿了之后，哎，"嬢依玛，嬢依玛，嬢依玛，哎，你妈妈圆圆的线团掉了，掉到（你那边）去了，不要摸，把它踢过来。"这样子说。"好的！"这样子答应道。她嬢依玛呢，把它摸了摸呢，哦！原来是哥哥嬢依嘎的脑袋，不是吗？说是这个样子。哎，那嬢依玛呢，"好的，嗯，婆婆啊，（线团）过去了。"这样说。哎，"过去了。"这样说道。踢过去了呢，嬢依玛（知道是）哥哥的脑壳，哎，就哭了。

---

① 此处为发音人口误。

② 此处为发音人口误。

miɑ⁵⁵bo⁵⁵　　tʰɑ⁵⁵-dzɑ⁵⁵dzɑ⁵⁵　　nbɛ³³　　ɑ³³nɛ³³,　　　　də³³-dʑi³³mɑ³³　　nbɛ³³=nɛ⁵⁵.

眼泪　　　　向他人-涌出　　哭　　LINK：之后　向上-害怕　哭=PART：停顿

wɑ⁵⁵!　　　ŋɑ⁵⁵i⁵⁵mɑ³³=nɛ⁵⁵　　tʰə⁵⁵=kə⁵⁵=tɑ⁵⁵=nɛ⁵⁵,　　　　　　　"ɑ⁵⁵-wɑ⁵⁵!

PART：顿悟　孃依玛=TOP　　　DEM=LOC：里=LOC：地方=PART：停顿　KIN-婆婆

ɑ⁵⁵=nɛ⁵⁵　　　　ɛ⁵⁵　　　　tso⁵⁵　　tə⁵⁵　　bo⁵⁵=do³⁵!"　　　tʰi⁵⁵=ɑ⁵⁵

1sg.SLF=TOP　PART：停顿　大便　INDF　EXT=PART：肯定　DEM=PART：停顿

=dʑɛ⁰.　　"ɛ³³,　　　　tso⁵⁵　　tə⁵⁵　　bo⁵⁵=nɛ⁵⁵,　　　　ŋə⁵⁵-i⁵⁵　　　ɑ⁵⁵

=EVID：转述　PART：停顿　大便　　INDF　　EXT=PART：停顿　向外-去.NPST　DIST

-tʰə⁵⁵　　　　ɑn³³　　dʑi⁵⁵　　ŋuɑ⁵⁵xi⁵⁵　　nə⁵⁵-pʰsʅ⁵⁵."　tʰi⁵⁵=ɑ⁵⁵=dʑi³⁵gə³⁵.

-DEM：那　PART：思考　火塘　下位　　向下-扔　　DEM=PART：停顿=EVID：转述

ɑ⁵⁵mɛ⁵⁵①　ɑ⁵⁵　　　o⁵⁵,　　　ɛ⁵⁵,　　　　"o³⁵!　　dʑi⁵⁵　　kuɑ⁵⁵i⁵⁵　　nə⁵⁵-pʰsʅ⁵⁵."

口误　　1sg.SLF　PART：停顿　PART：停顿　PART：惊讶　火塘　上位　向下-扔

tʰi⁵⁵=ɑ⁵⁵=dzɛ³²⁴,　　　　　　 tsʅ⁵⁵so⁵⁵i⁵⁵=nɛ⁵⁵,　　　"dʑi⁵⁵　　kuɑ⁵⁵i⁵⁵　　nə⁵⁵=pʰsʅ⁵⁵."

DEM=PART：停顿=EVID：转述　最开始=PART：停顿　火塘　　上位　　向下-扔

tʰi⁵⁵=ɑ⁵⁵=dzɛ³²⁴.　　　　　　"ɛ⁵⁵,　　　　dʑi⁵⁵　　kuɑ⁵⁵i⁵⁵=nɛ³³　io⁵⁵=zʅ³³

DEM=PART：停顿=EVID：转述　　PART：停顿　火塘　上位=TOP　1sg.OTR=GEN

ɑ⁵⁵-pɑ⁵⁵　　　=i⁵⁵　　　ndzə⁵⁵　　tsʰu⁵⁵=tɑ⁵⁵=kə⁵⁵=do³²⁴."

KIN-爸爸　　=GEN　　矛枪　　竖着放=LOC：地方=LOC：里=PART：肯定

tʰi⁵⁵=ɑ⁵⁵=dzɛ³²⁴.　　　　　"ɛ⁵⁵,　　　　dʑi⁵⁵　　ȵi⁵⁵　　　nə⁵⁵-psʅ⁵⁵."

DEM=PART：停顿=EVID：转述　　PART：停顿　火塘　右手位　向下-扔

tʰi⁵⁵=ɑ⁵⁵=dʑi⁵⁵gə⁵⁵　　　　　"dʑi⁵⁵　ȵi⁵⁵　　nə⁵⁵-psʅ⁵⁵=nɛ³³,　　　　ɑ⁵⁵=zʅ⁵⁵

DEM=PART：停顿=EVID：转述　火塘　右手位　向下-扔=PART：停顿　1sg.SLF=GEN

ɑ⁵⁵-mɑ⁵⁵　　　　　ɛ³³　　　　　tʰɑɹ⁵⁵　　　　　ɑ⁵⁵-tʰə⁵⁵

KIN-妈妈　　　　PART：停顿　　　PART：无奈　　　DIST-DEM：那

tʂʰə⁵⁵tʂʰə⁵⁵=tɑ⁵⁵=kə⁵⁵=do³²⁴."　　　tʰi⁵⁵=ɑ⁵⁵=dʑi⁵⁵gə⁵⁵.　　　"dʑi⁵⁵

做饭=LOC：地方=LOC：里=PART：肯定　DEM=PART：停顿=EVID：转述　火塘

ŋuɑ⁵⁵i⁵⁵　　nə⁵⁵-psʅ⁵⁵."=dzɑ³³nɛ³³.　"dʑi⁵⁵　ŋuɑ⁵⁵i⁵⁵=nɛ³³,　　io⁵⁵　　　ɛ³³

下位　　向下-扔=EVID：引述　火塘　下位=PART：停顿　1sg.OTR　PART：停顿

tʰɑɹ⁵⁵　　ɑ⁵⁵-tʰə⁵⁵　　io⁵⁵=zʅ⁵⁵　　vɛ⁵⁵=i⁵⁵　ɛ³³　　lɑ⁵⁵=i⁵⁵,　　vɛ⁵⁵=i⁵⁵

PART：无奈　DIST-DEM　1sg.OTR=GEN　猪-GEN　PART：停顿　鸡=GEN　　猪=GEN

---

① 此处为发音人口误。

la⁵⁵=i⁵⁵   to⁵⁵~to⁵⁵=ta³³=kə³³."   tʰi⁵⁵=a⁵⁵=dzɛ³²⁴.

鸡=GEN　跳~RDUP：不停地跳=LOC：地方=LOC：地方　DEM=PART：停顿=EVID：转述

　　　泪如泉涌之后，害怕得哭呢。哇！嬢依玛这个时候呢，这样子说："婆婆啊！我要拉屎了呢！""哎，有屎呢，要到火塘下方去拉。"这样子说。"哦！拉到火塘上位那儿吧。"一开始又这样子说，"拉到火塘上位。"这样子说。"哎，火塘上位是我爸爸放矛枪的地方。"这样子说道。"那就拉到火塘右手位吧。"这样子说。"在火塘右手位拉呢，那是我妈妈那做饭地方。"这样子说。"在火塘下位拉。"这样子说。"火塘下位那个地方呢，我那儿是我家猪和鸡，猪和鸡乱蹦乱跳的地方。"这样子说。

nε⁵⁵,　　　"a⁵⁵-wa⁵⁵,　nə⁵⁵　tɕi⁵⁵i⁵⁵　tɕu⁵⁵　ma⁵⁵-li⁵⁵　tʰə³³nə³³,　　nə⁵⁵　　pzɿ⁵⁵

PART：停顿 KIN-婆婆　2sg　这样　这样　NEG-好　LINK：如果，　2sg　绳子

ta⁵⁵　ka⁵⁵　io³³=va³³　　kʰə⁵⁵-pʰzɿ⁵⁵=a³³,　　pzɿ⁵⁵　　ka⁵⁵　　la⁵⁵ŋu⁵⁵=a³³

一　CL：条 1sg.OTR=NAGT　向内-拴=PFV　绳子　CL：条　用=PFV

io⁵⁵　　dzo⁵⁵dzo⁵⁵　ka⁵⁵　kʰə⁵⁵-pʰzɿ⁵⁵　a⁵⁵nε⁵⁵,　io⁵⁵　ŋə⁵⁵-i⁵⁵=a⁵⁵

1sg.OTR　脚　　　CL：条　向内-拴　LINK：之后　1sg.OTR　向外-去.NPST=PFV

mo⁵⁵xa⁵⁵　　ngɑ⁵⁵=n̠o⁵⁵　　pʰsɿ⁵⁵=gə⁵⁵."　tʰi⁵⁵=a⁵⁵=dzɑ³³nε³³.

没关系　　　门=LOC：外　　拉=PROS　　　DEM=PART：停顿=EVID：转述

zo³³=i⁵⁵kə⁵⁵=nε³³　　　pzɿ⁵⁵　ka⁵⁵=i³³　　ε³³　　　dzo⁵⁵dzo⁵⁵=va³³

3sg.NPRT=AGT=PART：停顿　绳子　CL：条=INST：用　PART：停顿　脚=NAGT

kʰə³³①　kʰə⁵⁵-pʰzɿ⁵⁵=gə⁵⁵　=dzɑ³³nε³³.　　o⁵⁵,　　a⁵⁵-tʰə⁵⁵　vε⁵⁵-ma⁵⁵tɕʰo³³tʂu³³

向内　向内-拴=PROG　=EVID：转述　PART：停顿 DIST-DEM 猪-F雀珠：外玛雀珠

dzo⁵⁵dzo⁵⁵=va³³　kʰə⁵⁵-pʰzɿ⁵⁵=su⁵⁵=a⁵⁵=dzɛ³⁵.　　　pzɿ⁵⁵　ka⁵⁵　pzɿ⁵⁵　ka⁵⁵

脚=NAGT　　　向内-拴=CAUS=PFV=EVID：转述　　绳子　CL：条 绳子 CL：条

vε⁵⁵-ma⁵⁵tɕʰo³³tʂu³³　　dzo⁵⁵dzo⁵⁵=va³³　kʰə⁵⁵-pʰzɿ⁵⁵=a⁵⁵=tə⁵⁵.　　　si⁵⁵nε⁵⁵,

猪-F雀珠：外玛雀珠　　脚=NAGT　　　向内-拴=PFV=PART：肯定　LINK：然后

tɕi⁵⁵　dua⁵⁵=i³³,　　　a⁵⁵dzo⁵⁵,　　tʰə⁵⁵　　du³³la⁵⁵tsa⁵⁵=va⁵⁵.

拿　　去.PST=CSM　插入语：你看　DEM：这　碾锤=NAGT

iε⁵⁵xi⁵⁵+so⁵⁵xi⁵⁵=nε³³,　　du³³　bo³³　tə⁵⁵　bε³³,　du³³la³³　du³³　tsu³³　la⁵⁵tʰa⁵⁵

去年+前年：以前=PART：停顿　石臼　EXT　一　些　碾锤　石臼　砸　磨子

dzə⁵⁵=dzɑ⁵⁵,　　du³³la⁵⁵tsa⁵⁵　du³³　du³³　dzə⁵⁵　ka⁵⁵=va⁵⁵　kʰə⁵⁵-pʰzɿ⁵⁵=a⁵⁵

碾=EVID：转述　碾锤　　　石臼　石臼　磨　CL：条=NAGT　向内-拴=PFV

---

① 此处为发音人口误。

dzi³⁵gə³⁵.　　dʑa³³nɛ³³,　　　　tʰa⁵⁵　　　ka⁵⁵　　　kʰə⁵⁵-pʰʐ̩⁵⁵　a³³nɛ³³,　　　də⁵⁵-ŋo⁵⁵ŋo⁵⁵
就　　　　EVID：转述　　DEM：这　CL：条　向内-拴　　LINK：之后　向上-捡

a³³nɛ³³,　　　tʰi⁵⁵=a⁵⁵=dʑɛ³²⁴.　　　　　　　　　"ŋ̩a⁵⁵i⁵⁵ka³³,　　o³⁵,
LINK：之后　　DEM：这=PART：停顿=EVID：转述　　嬢依嘎　　　PART：纠错

ŋ̩a⁵⁵i⁵⁵ma³³!"=dʑa³³nɛ³³,　　　　"ŋ̩³⁻⁵ʔi!"=dʑa³³nɛ³³,　　　　"kua⁵⁵tõ⁵⁵"
嬢依玛=EVID：引述　　　　　　PART：惊奇=EVID：转述　　　　拟声：咣咚

tʰi⁵⁵=a⁵⁵=dʑi³⁵gə³⁵.　　　　　　　"ŋ̩a⁵⁵i⁵⁵ma³³!　　　　a⁵⁵nɛ⁵⁵
DEM=PART：停顿=EVID：转述　　　嬢依玛　　　　　　ITRG：什么

ŋu⁵⁵=tə⁵⁵=da³³?"=dʑa³³nɛ³³.　　　"ŋ̩³⁻⁵ʔi!　　　　　kua⁵⁵tõ⁵⁵!"
做=的=ITRG：诘问=EVID：引述　　PART：惊奇　　　拟声：咣咚

tʰi⁵⁵=a⁵⁵=dʑa⁰.
DEM：这=PART：停顿=EVID：转述

　　　然后说道："婆婆，如果你不相信的话呢，你用一根绳子把我拴着，用一根绳子把我的脚拴住之后呢，我到门外拉没关系的。"她就用绳子把脚拴起来。哦，就用绳子（的另一头）把外玛雀珠的脚拴了。用一根绳子把外玛雀珠的脚拴住了。然后，拿去了，你看，拴在这个碾锤上了。以前呢，有石臼这些，用石臼和磨子脱粒，就把绳子拴在碾锤上了。在这个上面拴了之后，拉了下之后，这样子说。"嬢依嘎，哦不，嬢依玛！"接着叫道，"嗯？！"又接着听到"咣咚"一声，就是这样子。"嬢依玛，你在搞什么鬼？"接着就听到"嗯？！咣咚"的一声，就这个样子。

　　　o³⁵,　　　　nɛ⁵⁵,　　　tʂa⁵⁵ŋa⁵⁵=nɛ³³,　"ɛ³³,　　　　ŋua⁵⁵li⁵⁵　ʂ̩⁵⁵　dʐ̩⁵⁵=li⁵⁵,
　　　PART：停顿　PART：顿悟　后来=TOP　　PART：停顿　骂人语气　肉　吃=NMLZ
ŋua⁵⁵li⁵⁵　ʂo⁵⁵　tsʰɛ⁵⁵=li⁵⁵,　kʰa⁵⁵　　　dua⁵⁵=tə⁵⁵=li⁵⁵?"=dʑa⁵⁵nɛ⁵⁵.
骂人语气　血　喝=NMLZ　ITRG：哪儿　去.PST=PART：停顿=PART：疑问=EVID：转述
ŋa⁵⁵=ŋ̩o⁵⁵　　　ŋa⁵⁵-dua⁵⁵,　　　zo³³=i⁵⁵gə⁵⁵=nɛ³³　　　　　a⁵⁵-tʰə⁵⁵
门=LOC：外面　向外-去.PST　3sg.NPRT=AGT=PART：停顿　DIST-DEM：那
ŋa⁵⁵ŋ̩o⁵⁵=nɛ⁵⁵　　an⁵⁵,　　　o⁵⁵la⁵⁵si³³pu⁵⁵　tə⁵⁵　pu⁵⁵　xa⁵⁵=dʑɛ³²⁴.　　　ɛ³³,
门=LOC：外=TOP　PART：停顿　杉树　　　　一　RPT　EXT=EVID：转述　PART：停顿
tʂa⁵⁵ŋa⁵⁵=nɛ⁵⁵　nkʰua⁵⁵liɛ⁵⁵ma³³　tə⁵⁵　xa⁵⁵=tə⁵⁵=dʑi³⁵gə⁵⁵=dʑa⁵⁵nɛ⁵⁵.
下面=TOP　　水氹　　　　　一　EXT=PART：肯定=EVID：转述=EVID：转述
ŋ̩a⁵⁵i⁵⁵ma³³　wo³³=nɛ⁵⁵,　　o⁵⁵la⁵⁵si³³pu³³=tɕʰo³³　də⁵⁵-nbɛ⁵⁵=dʑɛ³²⁴.　　　o⁵⁵la⁵⁵si³³pu³³　tə⁵⁵
嬢依玛　　CL：个=TOP　杉树=LOC：上　　向上-钻=EVID：转述　杉树　　　　　一

pu^{55} =tɕʰo^{33} də^{55}-nbɛ^{55} a^{33}nɛ^{33},   "an^{33},   ngua^{55}lɛ^{55} ʂ^{55} dʐ^{55}=li^{55},

RPT =LOC：上 向上-钻 LINK：之后 PART：停顿 骂人语气 肉 吃=NMLZ

ngua^{55}lɛ^{55} ʂo^{55} tsʰɛ^{55}=li^{55}, kʰa^{55} dua^{55}=tə^{55}=li^{55}?"=dʐa^{33}nɛ^{33}.

骂人语气 血 喝=NMLZ ITRG：哪儿 去.PST=PART：停顿=PART：疑问=EVID：转述

ɛ^{33},   ŋa^{55}i^{55}ma^{33}=nɛ^{55},   o^{55}la^{55}si^{33}pu^{33}=tɕʰo^{33} dzo^{55} a^{33}nɛ^{33},   o^{55},

PART：停顿 嬢依玛=TOP   杉树=LOC：上   待 LINK：之后 PART：停顿

tʂa^{55}ŋa^{55}=i^{33} so^{33}=nɛ^{33},   ŋa^{55}-la^{55}=nɛ^{33},   ve^{55}-ma^{55}tɕʰo^{55}tʂu^{33}

后来=GEN   早晨=PART：停顿   向外-来=PART：停顿   猪-F雀珠：外玛雀珠

=nɛ^{33},   ŋa^{55}i^{55}ka^{33}=i^{33} ve^{55}ɳo^{55}=bɛ^{55},   ŋə^{55}-tɕi^{55} la^{55}=i^{55} dzo^{55}kua^{55}

=TOP   嬢依嘎=GEN   肠=PL   向外-拿   来=CSM   快速地

dzo^{55}li^{55}ma^{55}=kə^{55}=ta^{55} na^{33}=ntsʰa^{33}=i^{33}. ɛ^{33},   də^{55}-ʂu^{55}ʂu^{55} də^{55}-ʂu^{55}ʂu^{55}

水汰=LOC：里=LOC：地方 向下-修理=CSM PART：停顿 向上-梳理 向上-梳理

na^{33}-ntsa^{35} dzo^{55}kua^{55} tsʰɛ^{55}=gə^{55} dʑi^{35}gə^{35}. tsʰɛ^{55}=gə^{55} a^{33}nɛ^{33},

向下-修理   快速地   洗=PROG 就   洗=PROG LINK：之后

ŋa^{55}i^{55}ma^{33}=nɛ^{33}, tʰi^{55}=a^{55}=dʑɛ^{324}.   ɳi^{55}-to^{55}to^{55} tʰə^{55}-ndo^{55}

嬢依玛=TOP   DEM：这=PART：停顿=EVID：转述 向斜下-盯着看 向他人-看见

a^{33}nɛ^{33},   ɛ^{33},   mia^{55}bo^{55} ta^{55} pa^{55} na^{55}-tʂa^{55} na^{55}-la^{55}=dʑɛ^{324}.

LINK：之后 PART：停顿 眼泪   一 CL：颗粒状 向下-掉 向下-来=EVID：转述

"o^{55},   ta^{55}ɳo^{55}=nɛ^{33},   mɛ^{55} ɳo^{55} gu^{55} la^{55}=gə^{55}=tə^{55},

PART：停顿 今天=TOP 晴 天 出来 来=PROG=PART：肯定

la^{55} gua^{55} ɳo^{55} gu^{55}=gə^{55}=tə^{55}=tʰa^{33}?"=dʐa^{33}.

都 雨 天 出来=PROG=PART：肯定=PART：停顿=EVID：转述

dʑi^{55}-to^{55}~to^{55}=a^{33},   tɕi^{55}, ma^{55}-z^{55}=a^{33}? dʑi^{55}-to^{55}~to^{55}

斜上-看~RDUP：盯着看=PART：停顿 这样子 NEG-COP=ITRG 斜上-看~RDUP：盯着看

a^{33}nɛ^{33},   o^{35},   tʰə^{55}-ndo^{55}=a^{55} dʑi^{33}, ma^{55}-z^{33}=a^{33}? tʰə^{55}-ndo^{55}

LINK：之后 PART：停顿 向他人-看见=PFV 就   NEG-COP=ITRG 向他人-看见

a^{33}nɛ^{33},   "xɛ^{55},   ngua^{55}li^{55} ʂ^{55} dʐ^{55}=li^{55}, ngua^{55}li^{55} ʂo^{55} tsʰɛ^{55}=li^{55},

LINK：之后 PART：惊讶 骂人语气 肉 吃=NMLZ 骂人语气 血 喝=NMLZ

nə^{55} a^{55}ndʑi^{55} tʰə^{55}=kə^{55} də^{55}-nbɛ^{55}=tsa^{33}=ɛ^{33}?"

2sg   ITRG：怎么   DEM：这=LOC：里   向上-钻=PFT=ITRG

tʰi^{55}=a^{55}=dʐa^{33}nɛ^{33}.   "ɛ^{33},   a^{55}-wa^{55},   tʰə^{55}=kə^{55}

DEM：这=PART：停顿=EVID：转述 PART：停顿 KIN-婆婆 DEM：这=LOC：里

ma⁵⁵ma⁵⁵　ta⁵⁵　pa⁵⁵　　　xa⁵⁵.　ɑ⁵⁵　　　ma⁵⁵ma⁵⁵　nə⁵⁵-to⁵⁵　na⁵⁵=va⁵⁵　gu⁵⁵=la⁵⁵=gə⁵⁵
果子　　　一　CL：颗　EXT　1sg.SLF　果子　　向下-摘　2sg＝NAGT　喂＝来＝PROS

=do³²⁴."　　　tʰi⁵⁵=a⁵⁵=dʑa⁰=dʑa⁵⁵nɛ⁵⁵,　　　　　　"ɛ³³,　　　　nə⁵⁵
=PART：肯定　DEM：这＝PART：停顿＝EVID：转述＝EVID：转述　PART：停顿　2sg

io³³=nɛ³³　　　də⁵⁵-mi⁵⁵　ma⁵⁵-to⁵⁵,　　　nə⁵⁵　kʰə⁵⁵-ia⁵⁵　a⁵⁵-pa⁵⁵=i³³　dʑi⁵⁵
1sg.OTR＝TOP　向上-抓　NEG-AUX：能　2sg　向内-家　KIN-爸爸＝GEN　火塘

kua⁵⁵,　a⁵⁵-pa⁵⁵=i³³,　　dʑə⁵⁵　tsʰu⁵⁵=ta⁵⁵=kə³³　　dʑə⁵⁵　ka⁵⁵
上位　KIN-爸爸＝GEN　矛枪　竖着放＝LOC：地方＝LOC：里　矛枪　CL：条

ŋə⁵⁵-tɕi⁵⁵　la⁵⁵.　a⁵⁵　　tɕʰi⁵⁵　la⁵⁵=nɛ⁵⁵,　a⁵⁵=i⁵⁵kə⁵⁵　　ma⁵⁵ma⁵⁵　pa⁵⁵　　nə⁵⁵-to⁵⁵=a⁵⁵,
向外-拿　来　1sg.SLF　送　来＝TOP　1sg.SLF＝AGT　果子　　CL：颗　向下-摘＝PFV

na⁵⁵　　　gu⁵⁵=gə⁵⁵　=do³²⁴."　　　tʰi⁵⁵=a⁵⁵=dʑɛ³²⁴=dʑa³³nɛ³³.
2sg.NAGT　喂＝PROS　＝PART：肯定　DEM：这＝PART：停顿＝EVID：转述＝EVID：转述

　　哦，后来呢，"哎，你这个坏东西，你到哪儿去了？"到门外去了，她那门外呢，有一棵杉树。哎，下面有一个水氹。嬢依玛钻到一棵杉树上。钻到了一棵杉树上之后呢，"唵，你这个坏东西，你去哪儿了呢？"哎，嬢依玛待在杉树上之后呢，哦，第二天早晨，外玛雀珠出来了，（把）嬢依嘎的肠子，拿出来在水氹里快速地洗。哎，就飞快地边梳理边清洗边吃了起来。在洗的时候呢，这样子说吧，嬢依玛仔细看，看到了之后，哎，就掉下了一滴眼泪。"哦，这晴天出来，怎么下起了雨？"就朝上仔细看了看，这样子，不是吗？仰头看了又看之后，哦，就看见了，不是吗？看见了之后呢，"哎呀，你这个千刀万剐的，你怎么躲在这里啊？"这样子说。"哎，婆婆，这儿有个果子。我摘下来给你吃。"这样子说，"哎，你不能够到我，你到我的爸爸的火塘上位，我爸爸的，把放矛枪那儿的那杆枪拿来给我呢。我把那颗果子摘下来，喂给你吃。"这样子说。

tʂa⁵⁵ŋa⁵⁵=nɛ³³,　kʰa⁵⁵-dua⁵⁵=i⁵⁵,　　nɛ⁵⁵,　　　　vɛ⁵⁵-ma⁵⁵tɕʰo³³tʂu³³=nɛ³³,　kʰa⁵⁵-dua⁵⁵
后来＝TOP　　向内-去.PST＝CSM　PART：停顿　猪-F雀珠：外玛雀珠＝TOP　向内-去.PST

=i⁵⁵,　　ɛ³³,　　　tɕʰia³³　　pu⁰,①　tɕʰia⁵⁵　　pa⁵⁵　wo⁵⁵=i⁵⁵　　　ndʑə⁵⁵　ka⁵⁵
=CSM　PART：停顿　3sg.GEN　爸爸　3sg.GEN　爸爸　CL：个＝GEN　矛枪　　CL：条

ŋə⁵⁵-tɕi⁵⁵　la⁵⁵=nɛ³³.　　ɛ³³,　　　nə³³,　　　tʰa⁵⁵　　də⁵⁵-tɕʰi⁵⁵　nɑ⁵⁵i⁵⁵ma³³
向外-拿　来＝PART：停顿　PART：停顿　PART：停顿　3sg.NAGT　向上-给　嬢依玛

=va³³　　də⁵⁵-tɕʰi⁵⁵　a⁵⁵nɛ⁵⁵,　　ndʑə⁵⁵　ka⁵⁵=kə³³　　　ma⁵⁵ma⁵⁵　pa⁵⁵　　nə³³-to³³
=NAGT　向上-给　LINK：之后　矛枪　　CL：条＝AGT　果子　　CL：颗　向下-摘

ɑ⁵⁵nɛ³³,　　　　ndzɔ⁵⁵　vu³³liɛ³³＝vɑ³³　kʰɑ³³-sɑ³³＝i⁵⁵.　　　　"ɑ⁵⁵-wɑ⁵⁵,　mɑ⁵⁵mɑ⁵⁵　pɑ⁵⁵

LINK：之后　矛枪　头＝NAGT　　向内-留下印记＝CSM　KIN-婆婆　果子　　CL：颗

nɑ⁵⁵-duɑ⁵⁵,　　sʐ̩³³m̥⁵⁵pʰɑ⁵⁵　dɑ⁵⁵-xɑ⁵⁵　　kʰə⁵⁵-tʰu⁵⁵."＝dʑɑ³³nɛ³³.　ndzɔ⁵⁵　vu³³liɛ³³＝vɑ³³

向下-去.PST　嘴巴　　向上-张开　向内-接住＝EVID：转述　矛枪　头＝NAGT

kʰɑ³³-sɑ³³＝i³³　　　　dzo⁵⁵kuɑ⁵⁵　mɑ⁵⁵mɑ⁵⁵　pɑ⁵⁵,　ɛ³³,　　ndzɔ⁵⁵　vu³³liɛ³³

向内-留下印记＝CSM　快速地　　果子　　CL：颗　PART：停顿　矛枪　头

＝vɑ³³　　kʰɑ³³-sɑ³³＝tə⁵⁵,　　　　si³³nɛ³³,　　ɛ⁵⁵,　　　ɑ⁵⁵-tʰə⁵⁵　　vɛ⁵⁵

＝NAGT　向内-留下印记＝PART：肯定　LINK：然后　PART：停顿　DIST-DEM：那　猪

-mɑ⁵⁵tɕʰo³³tʂu³³　　sʐ̩³³m̥⁵⁵pʰɑ⁵⁵＝kə⁵⁵,　　dʑi³³-xɑ³³＝su³³　ɑ³³nɛ³³,　　kʰə⁵⁵

-F雀珠：外玛雀珠　嘴巴＝LOC：里　　向斜上-张开＝CAUS　LINK：之后　　向内

-nɑ⁵⁵-tsɑ⁵⁵tsɑ⁵⁵＝nɛ³³,　　　　vɛ⁵⁵-mɑ⁵⁵tɕʰo³³tʂu³³＝nɛ³³,　tʰə⁵⁵-so³³＝ɑ³³＝dzɛ³²⁴.

-向下-速度飞快刺＝PART：停顿　猪-F雀珠：外玛雀珠＝TOP　向他人-死＝PFV＝EVID：转述

　　后来呢，那个外玛雀珠呢，就进去了，把她爸爸的矛枪拿来了。哎，就把矛枪递给了
孃依玛之后，（孃依玛）把果子摘下来之后，把矛头插进去了。"婆婆，果子来了，把嘴巴
张开接住。"很快地将果子插在矛枪头上，哎，将矛枪头插进去了，然后，哎，插进那外玛
雀珠嘴巴里，让她张开嘴之后，飞快地刺入，外玛雀珠呢，很快就死了。

　　nɛ³³,　　　　　so⁵⁵pʰɛ⁵⁵＝nɛ⁵⁵,　tʰi⁵⁵＝ɑ⁵⁵＝dzɛ³²⁵.　　　　　"ɑn³³,

　　PART：停顿　前面＝TOP　　DEM：这＝PART：停顿＝EVID：转述　PART：停顿

nguɑ⁵⁵lɛ⁵⁵　sʐ̩⁵⁵　dzʐ̩⁵⁵＝li⁵⁵,　nguɑ⁵⁵lɛ⁵⁵　so⁵⁵　tsʰɛ⁵⁵＝li⁵⁵.　nə⁵⁵　ɑ⁵⁵＝vɑ⁵⁵　　ɻ̩⁵⁵ɻ̩⁵⁵　kʰə⁵⁵

骂人语气　肉　吃＝NMLZ　骂人语气　血　喝＝NMLZ　2sg　1sg.SLF＝NAGT　陷阱　向内

-tsʐ̩⁵⁵　tʰi³³　　tʰə⁵⁵nɛ⁵⁵,　　ɛ³³,　　　　nə⁵⁵　ɑ⁵⁵＝vɑ³³　　dzɑ⁵⁵　kʰə⁵⁵-ŋu⁵⁵＝ɑ⁵⁵

-放　DEM：这　LINK：如果　PART：停顿　2sg　1sg.SLF＝NAGT　诅咒　向内-做＝PFV

nə⁵⁵　ɑ⁵⁵＝vɑ⁵⁵　　ɻ̩⁵⁵ɻ̩⁵⁵　kʰə⁵⁵-tsʐ̩⁵⁵　tʰi³³　　tʰə⁵⁵nɛ⁵⁵,　　ɛ³³,　　　nɛ⁵⁵,

2sg　1sg.SLF＝NAGT　陷阱　向内-放　DEM：这　LINK：如果　PART：停顿　PART：停顿

ɑ⁵⁵lo⁵⁵,　　　　　　　　　tʰə⁵⁵＝kə⁵⁵,　　　　ɛ³³,　　　　so³³＝nɛ³³,

插入语：提醒注意身边的事物或自身的思想　DEM：这＝LOC：里　PART：停顿　血＝TOP

kʰuɑ⁵⁵　　tʰə⁵⁵-pu⁵⁵＝gə⁵⁵;　　ɑn³³,　　　ɑn³³,　　　ɑ⁵⁵-tʰə⁵⁵,　　ɛ³³,

海洋　　　向他人-变＝PROS　PART：停顿　PART：停顿　DIST-DEM：那　PART：停顿

lo³³＝nɛ³³　　tʂʰu⁵⁵　　tʰə⁵⁵-bu⁵⁵＝gə⁵⁵;　　ɛ³³,　　　ʐ̩⁵⁵＝li⁵⁵＝bɛ³³＝nɛ³³①,　　ɬɑ⁵⁵

肉＝TOP　　冰雹　　　向他人-变＝PROS　PART：停顿　穿＝NMLZ＝PL＝TOP　　毒草

---

① 此为发音人口误，实际应为"头发"。

tʰə⁵⁵-bu³³=gə³³."=dʑɑ³³.　　　　tʰə⁵⁵dʑi⁵⁵　　da⁵⁵-kʰɑ⁵⁵tʰo⁵⁵=nɛ⁵⁵.
向他人-变=PROS=EVID：转述　这样子　　　向上-说=PART：停顿

哎，前面呢，这样子说道。"唵，你这个千刀万剐的。如果你要陷害我，哎，如果你陷害我的话，哎，你看，这儿，哎，血呢，将会变成海洋；唵，唵，那些肉呢，将会变成冰雹；哎，穿的①呢，将会变成毒草。"这样子说的。

o⁵⁵,　　　　tʂa⁵⁵ŋa⁵⁵=nɛ³³, n̠ia⁵⁵i⁵⁵ma³³=i⁵⁵kə⁵⁵=nɛ³³, ma⁵⁵ma⁵⁵ pa⁵⁵,　　a⁵⁵dzo⁵⁵,
PART：停顿 后来=TOP　嬢依玛=AGT=TOP　　果子　　CL：颗 插入语：你看

tʰə⁵⁵　　ndzɻ⁵⁵ vu³³lie³³=va³³ kʰa⁵⁵-sa⁵⁵=i⁵⁵.　　　ɛ³³,　　ve⁵⁵-ma⁵⁵tɕʰo³³tʂu³³
DEM：这 矛枪　头=NAGT　向内-留下印记=CSM PART：停顿 猪-F 雀珠：外玛雀珠

sɻ⁵⁵m̩⁵⁵pʰa⁵⁵=kə⁵⁵ na⁵⁵tsa⁵⁵tsa⁵⁵=nɛ⁵⁵.　　　　ve⁵⁵-ma⁵⁵tɕʰo³³tʂu³³=nɛ³³,　tʰə⁵⁵-so⁵⁵
嘴巴=LOC：里　向下-速度飞快地刺=PART：停顿 猪-F 雀珠：外玛雀珠=TOP 向他人-死

a³³nɛ³³,　　　tʰaɻ³³,　　　a⁵⁵-tʰə⁵⁵　　　o³⁵,　　　ve⁵⁵-ma⁵⁵tɕʰo³³tʂu³³
LINK：之后　　PART：迟疑　DIST-DEM：那　　PART：停顿　猪-F 雀珠：外玛雀珠

da⁵⁵-kʰa⁵⁵tʰo³³=bɛ³³ pa³³pa³³. o³⁵,　　　şo³³=bɛ³³=nɛ³³,kʰua⁵⁵ tə⁵⁵ tʰə⁵⁵-pu⁵⁵=a³³
向上-说=PL　　一样　　PART：停顿 血=PL=TOP　海洋 INDF 向他人-变=PFV

=dʑɻ⁵⁵gə⁵⁵;　　an³³,　　　a⁵⁵-tʰə⁵⁵　　　tʰaɻ⁵⁵,　　tsi⁵⁵=bɛ⁵⁵=nɛ³³,　ła⁵⁵
=EVID：转述　PART：停顿 DIST-DEM：那　PART：停顿　头发=PL=TOP　毒草

tʰə⁵⁵-du⁵⁵=a³³=dʑi³³gə³³;　　an³³,　　lo³³=nɛ³³, tʂʰu⁵⁵ tʰə⁵⁵-bu⁵⁵=a³³=dʑi³³gə³³
向他人-变=PFV=EVID：转述 PART：停顿 肉=TOP　冰雹 向他人-变=PFV=EVID：转述

=dʑɑ³³nɛ³³.　　"o⁵⁵la⁵⁵si³³pu³³　bi⁵⁵=i⁵⁵　　bi⁵⁵=i⁵⁵,　　o⁵⁵la⁵⁵si³³pu³³　kʰua⁵⁵=i⁵⁵
=EVID：转述 杉树　　　　粗=CSM　　粗=CSM　　杉树　　　　变大=CSM

kʰua⁵⁵=i⁵⁵."=dʑɑ³³nɛ³³.　　o⁵⁵la⁵⁵si³³pu³³ pu³³=nɛ³³,　　o³⁵!　　ŋə⁵⁵-ŋə⁵⁵-kʰua⁵⁵
变大=CSM=EVID：转述　杉树　　　RPT：棵=TOP PART：惊讶 向外-向外-大

~ŋə⁵⁵-ŋə⁵⁵-kʰua⁵⁵,　ŋə⁵⁵-ŋə⁵⁵-bi⁵⁵~ŋə⁵⁵-ŋə⁵⁵-bi⁵⁵　a³³nɛ³³,　　ɛ³³,　　tʰə⁵⁵
~RDUP　　　　　向外-向外-粗~RDUP　　　　　LINK：之后　PART：停顿 DEM：这

n̠a⁵⁵i⁵⁵ma³³=nɛ³³,　na⁵⁵-la⁵⁵　　ma⁵⁵-to⁵⁵=a⁵⁵=dʑɛ³²⁴.
嬢依玛=TOP　　　向下-来　　NEG-AUX：能=PFV=EVID：转述

哦，后来呢，你看，嬢依玛把果子插到矛枪头上了。哎，飞快地戳到外玛雀珠嘴里了。外玛雀珠死了后，那个，哦，和那外玛雀珠说的一样。哦，那些血呢，就变成了海洋；唵，那些头发呢，就变成了毒草；唵，肉呢，就变成了冰雹。"杉树变粗变粗，杉树变大变大。"

---

① 实际为"头发"。

那棵杉树呢，哦！变得越来越大、越来越粗之后呢，哎，这个孃依玛呢，（就）下不来（了）。

na⁵⁵-la⁵⁵　　ma⁵⁵-to⁵⁵　　　　a³³nɛ³³,　　　　a⁵⁵-tʰə⁵⁵　　　　　mo³⁵　　　　tə⁵⁵
向下-来　　NEG-AUX：能　　LINK：之后　　DIST-DEM：那　　CO：又　　一

so⁵⁵=tə⁵⁵=kə⁵⁵=nɛ³³, tsʰo³³+sa⁵⁵=su³³,　　　　　　　　li⁵⁵li⁵⁵zʅ³³,　　ɛ³³,
早上=PART：肯定=LOC：里=TOP狗+打猎-NMLZ：猎人　男人　　　　PART：停顿

tə⁵⁵　wo⁵⁵=nɛ³³　　şu⁵⁵za⁵⁵　də⁵⁵-ɹ⁵⁵　　də⁵⁵-zʅ⁵⁵=tsa³³=tə⁵⁵=dʑi⁵⁵gə⁵⁵,　　　　tə⁵⁵
一　CL：个=TOP　披毡　　ADJ-白色　向上-穿=PFT=PART：肯定=EVID：转述　一

wo⁵⁵=nɛ³³　　　şu⁵⁵za⁵⁵　da⁵⁵-nua⁵⁵　zʅ⁵⁵=tsa³³=tə⁵⁵=dʑi⁵⁵gə⁵⁵.　　　　　ɛ³³,
CL：个=TOP　披毡　　ADJ-黑色　穿=PFT=PART：肯定=EVID：转述　PART：停顿

tsʰo³³+sa⁵⁵=su³³　　　nə⁵⁵　wo⁵⁵　kʰa⁵⁵-la⁵⁵=dʑɛ³²⁴.　　　o³⁵,　　　　tɕʰu⁰①,
狗+打猎=NMLZ：猎人　两　CL：个　向内-来=EVID：转述　　PART：停顿　口误

an³³,　　　　tsʰo³³+sa⁵⁵=su³³　nə⁵⁵　wo⁵⁵　kʰa⁵⁵-la⁵⁵=nɛ⁵⁵.　tsʅ⁵⁵so³³i³³=nɛ³³,
PART：思考　狗+打猎=NMLZ　两　CL：个　向内-来=TOP　最开始=TOP

ɛ⁵⁵,　　　ɲi⁵⁵　　　wo⁵⁵　　so⁵⁵　kʰa⁵⁵-la⁵⁵=dʑi⁵⁵gə⁵⁵,　　　so⁵⁵　kʰə⁵⁵-tsʅ⁵⁵
PART：停顿　野生动物　CL：个　前面　向内-来=EVID：转述　　前面　向内-跑

la⁵⁵=nɛ⁵⁵.　　　　　"ɲi⁵⁵=ɛ⁵⁵!　　　　　ɲi⁵⁵=ɛ⁵⁵!
来=PART：停顿　　PART：野生动物=PART：停顿　　野生动物=PART：停顿

io³³=va³³　　　na⁵⁵-sa³⁵,　　　a⁵⁵=gə⁵⁵=ɛ³³?"　　"ɛ³⁵,　　　na⁵⁵=va³³
1sg.OTR=NAGT　向下-留下印记　ITRG=PROS=ITRG　PART：停顿　2sg=NAGT

sa⁵⁵　　　ma⁵⁵-②na⁵⁵-sa⁵⁵,　　a⁵⁵=gə⁵⁵=ɛ³³?"　　tʰi⁵⁵=a⁵⁵=dʑɛ³²⁴,
留下印记　NEG-向下-留下印记　ITRG=PROS=ITRG　DEM=PART：停顿=EVID：转述

"ɛ³⁵!　　　na⁵⁵=va³³　　sa⁵⁵　　ma⁵⁵-zʅ³³=i⁵⁵,　　ɛ³³,　　　io³³　　la⁵⁵
PART：停顿　2sg=NAGT　留下印记　NEG-COP=CSM　　PART：停顿　1sg.OTR　都

tsʰo³³=i⁵⁵kə⁵⁵=nɛ³³,　　　　　　ɲi⁵⁵-tɕʰi⁵⁵=i⁵⁵　　　tʰə⁵⁵-so⁵⁵=ga³³."
狗=AGT=PART：停顿　　　　　斜下-咬=CSM　　　向他人-死=PROS

tʰi⁵⁵=a⁵⁵=dʑi³⁵gə³⁵=dʑa³³nɛ³³,　　　"o⁵⁵!　　　ɲi⁵⁵-tɕʰi⁵⁵=a⁵⁵
DEM=PART：停顿=EVID：转述=EVID：转述　PART：停顿　斜下-咬=PFV

tʰə⁵⁵-so⁵⁵=ɛ³³,　　　　　　ɲi⁵⁵-tɕʰi⁵⁵=a⁵⁵　　tʰə⁵⁵-so⁵⁵=ɛ³³."
向他人-死=PART：肯定　　　斜下-咬=PFV　　向他人-死=PART：肯定

---

① 此处为发音人口误。

② 此处为发音人口误。

tʰi⁵⁵＝ɑ⁵⁵＝dʑi⁵⁵gə³⁵.

DEM： 这＝PART： 停顿＝EVID： 转述

　　下不来之后呢，有一天早上呢，（遇到）带着狗打猎的男人，哎，一个穿着白色的披毡，一个穿着黑色的披毡。哎，这样两个打猎的人走过来了。哦，俺，两个打猎的人进来了。最开始呢，哎，野兽在前面跑过来，冲过来了呢。"野兽! 野兽! 把我抱下来，可不可以啊?""哎，把你抱下来，是吧?"这样子说，"哎! 不是不把你抱下来，哎，（是）我都要被狗咬死了。"这样子说，"哦! 快要被咬死了，快要被咬死了。"这样子说。

　　　mo³⁵,　　tʂɑ⁵⁵ŋɑ⁵⁵＝nɛ³³: "tsʰo³³＝bɛ⁵⁵i³³,　　tsʰo³³＝bɛ⁵⁵i³³＝ɛ³³,　　　　　tʰɑɹ⁵⁵,

　　　CO: 又 后来＝TOP　　　狗＝PL＝PART: 停顿 狗＝PL＝PART: 停顿＝PART: 停顿　PART: 无奈

ɑ⁵⁵＝vɑ³³　　　　nɑ⁵⁵-sɑ³⁵,　ɑ⁵⁵＝gə⁵⁵＝ɛ³³?"＝dʑɑ³³nɛ³³.　　　"o⁵⁵,　　　　nɑ⁵⁵　　　sɑ⁵⁵

1sg.SLF＝NAGT 向下-抱 ITRG＝PROS＝ITRG＝EVID: 引述 PART: 停顿 2sg.NAGT留下印记

mɑ⁵⁵-ʐ̩⁵⁵＝i⁵⁵,　　　　io⁵⁵＝i³³　　　　　n̠i⁵⁵　　　　wo⁵⁵　　　lɑ⁵⁵　　　ŋə⁵⁵-ʂ̩⁵⁵dʑi⁵⁵＝gə⁵⁵."

NEG-COP＝CSM　　1sg.OTR＝GEN　　　野生动物　　CL: 个　都　　　向外-失踪＝PROS

tʰi⁵⁵＝ɑ⁵⁵＝dʑi³⁵gə³⁵＝dʑɑ⁵⁵nɛ⁵⁵,　　　　　"ŋə⁵⁵-ʂ̩⁵⁵dʑi⁵⁵, ŋə⁵⁵-ʂ̩⁵⁵dʑi⁵⁵, ŋə⁵⁵-ʂ̩⁵⁵dʑi⁵⁵."

DEM: 这＝PART: 停顿＝EVID: 转述＝EVID: 转述 向外-失踪　 向外-失踪　 向外-失踪

＝dʑɑ⁵⁵.　　　　tʰi⁵⁵＝ɑ⁵⁵＝dʑi³⁵gə³⁵.

＝EVID: 引述　DEM: 这＝PART: 停顿＝EVID: 转述

　　后来，又喊道:"狗儿啊，狗儿啊，哎呀，把我抱下来，好不好?"这样子说。"哦，不是不把你抱下来，（而是）我的猎物都要跑了。"这样子说，"跑了，跑了，跑了。"这样子说。

　　nɛ⁵⁵,　　　　　mo³⁵,　　　tʂɑ⁵⁵ŋɑ⁵⁵＝nɛ⁵⁵, li⁵⁵li⁵⁵ʐ̩³³　n̠ə⁵⁵　wo⁵⁵　　kʰɑ⁵⁵-lɑ³³＝dʑɛ³²⁴.

　　PART: 停顿 CO: 又　后来＝TOP　　男人　　两　CL: 个　向内-来＝EVID: 转述

li⁵⁵li⁵⁵ʐ̩³³,　　tsʰo⁵⁵+sɑ⁵⁵＝su³³　　　n̠ə⁵⁵　wo⁵⁵　kʰɑ³³-lɑ³³＝nɛ³³.　　　"ɑ⁵⁵mo⁵⁵i³³! n̠i⁵⁵

男人　　　狗+打猎＝NMLZ: 猎人 两　CL: 个向内-来＝PART: 停顿 PART: 祈求　2sg

＝dʑi⁵⁵ n̠ə⁵⁵ wo⁵⁵,　　m̩⁵⁵pʰɑ⁵⁵ n̠ə⁵⁵ wo⁵⁵＝ɛ³³,　　　　　n̠i⁵⁵＝dʑi⁵⁵ n̠ə⁵⁵ wo⁵⁵,　　io³³

＝DL　两　CL: 个 兄弟　　两　CL: 个＝PART: 停顿 2sg＝DL　　两　CL: 个 1sg.SLF

＝vɑ³³　　nɑ⁵⁵-sɑ³⁵,　ɑ⁵⁵＝gə⁵⁵＝ɛ³³?"　　　tʰi⁵⁵＝ɑ⁵⁵＝dʑɑ³³nɛ³³.　　　　　　　　"o⁵⁵,

＝NAGT 向下-抱 ITRG＝PROS＝ITRG DEM: 这＝PART: 停顿＝EVID: 转述 PART: 停顿

nɑ⁵⁵　　　　sɑ⁵⁵　　　mɑ⁵⁵-ʐ̩⁵⁵＝i⁵⁵,　　ioɹ⁵⁵　　tsʰo³³　　lɑ⁵⁵　　n̠i⁵⁵＝bɛ⁵⁵　　　　lɑ⁵⁵

2sg.NAGT 留下印记　NEG-COP＝CSM 1pl.OTR　狗　　和　　野生动物＝PL　都

ŋə⁵⁵-ʂ̩⁵⁵dʑi⁵⁵＝ɑ⁵⁵."＝dʑɑ⁵⁵.　　"ɑ⁵⁵mo⁵⁵, mɑ⁵⁵-xɑ⁵⁵＝to³⁵,　　　　　n̠i⁵⁵＝dʑi⁵⁵ n̠ə⁵⁵

向外-失踪＝PFV＝EVID: 转述 PART: 停顿 NEG-EXT: 没关系＝PART: 肯定 2sg＝DL　两

wo⁵⁵,　　　ɛ³³,　　　　　ma⁵⁵-xɑ⁵⁵,　　　　　ɛ³³,　　　tʰɑɹ⁵⁵,　　　nə⁵⁵=dzi⁵⁵

CL：个　PART：停顿　NEG-EXT：没关系　PART：停顿　PART：无奈　2sg=DL

su⁵⁵tsʰɛ⁵⁵　na⁵⁵　tsʰɑ⁵⁵　ŋɔ³³-kʰo⁵⁵　ɑ³³nɛ³³,　　io⁵⁵　sə⁵⁵　nə⁵⁵-to⁵⁵,①

披毡　　两　CL：件　向外-铺开　LINK：之后　1sg.OTR　ITRG：谁　向下-跳

ɑ⁵⁵=nɛ⁵⁵　　sə³³=tə³³=i⁵⁵　　　　　　tsʰɑ⁵⁵=kə⁵⁵　　nə⁵⁵-to⁵⁵=nɛ⁵⁵,

1sg.SLF=TOP　ITRG：谁=PART：肯定=GEN　CL：件=LOC：里　向下-跳=PART：停顿

sə³³=tə³³=i⁵⁵　　　　　　　zɛ⁵⁵　　ŋu⁵⁵=gə⁵⁵."　tʰi⁵⁵=ɑ⁵⁵=dʑɛ³²⁴,

ITRG：谁=PART：肯定=GEN　老婆　做=PROS　DEM=PART：停顿=EVID：转述

ȵɑ⁵⁵i⁵⁵mɑ³³=nɛ³³,　　tʰi⁵⁵=xɑ⁵⁵=nɛ⁵⁵.

嚷依玛=TOP　　　DEM=时候=PART：停顿

哎，又（过了一阵），后来呢，两个男人过来了。两个男人，打猎的过来了呢。"哎呦！你们俩，你们两位兄弟，你们俩把我抱下来，可以吗？"这样子说。"哦，不是不把你抱下来，（而是）我们的狗和猎物都要跑了。"这样说道。"哎呦，没关系的，你们俩，哎，没关系，哎，把两件披毡铺开呢，我跳到谁的披毡里，我就做谁的老婆。"嚷依玛这时候呢，这样子说。

tʂɑ⁵⁵ŋa⁵⁵=nɛ³³,　ɛ⁵⁵,　　　　ɑ⁵⁵-tʰə⁵⁵　　　ɛ³³,　　su⁵⁵za⁵⁵　də⁵⁵-ɹɛ⁵⁵　tsʰɑ⁵⁵

后来=TOP　PART：停顿　DIST-DEM：那　PART：停顿　披毡　ADJ-白色　CL：件

dzi³³　ŋə⁵⁵-kʰo⁵⁵=ɑ⁵⁵　dzi³³gə⁵⁵,　su⁵⁵za⁵⁵　da⁵⁵-nua⁵⁵　tsʰɑ⁵⁵　dzi³³　ŋə⁵⁵-kʰo⁵⁵=ɑ⁵⁵

也　向外-铺开=PFV　就　　披毡　ADJ-黑色　CL：件　也　向外-铺开=PFV

dzi⁵⁵gə⁵⁵.　li⁵⁵li⁵⁵zɿ³³　su⁵⁵za⁵⁵　də⁵⁵-ɹɛ⁵⁵　　la⁵⁵　su⁵⁵za⁵⁵　da⁵⁵-nua⁵⁵=nɛ⁵⁵　na⁵⁵　tsʰɑ⁵⁵

就　　男人　披毡　ADJ-白色　和　披毡　ADJ-黑色=TOP　两　CL：件

tʰɛi³³　ŋə⁵⁵-kʰo⁵⁵=ɑ⁵⁵nɛ³³,　　　tsɿ⁵⁵su⁵⁵i³³=nɛ³³,　　na⁵⁵-tʂɑ⁵⁵=nɛ³³,　　　su⁵⁵za⁵⁵

都　向外-铺开=LINK：之后　开始=PART：停顿　向下-掉=PART：停顿　披毡

də⁵⁵-ɹɛ⁵⁵　　tsʰɑ⁵⁵=kə⁵⁵　　na⁵⁵-tʂɑ⁵⁵=dʑɛ³²⁴.　　nɛ⁵⁵,　　　də⁵⁵-vu⁵⁵la⁵⁵=i⁵⁵,

ADJ-白色　CL：件=LOC：里　向下-掉=EVID：转述　PART：停顿　向上-滚=CSM

tʂɑ⁵⁵ŋa⁵⁵=nɛ³³,　su⁵⁵za⁵⁵　da⁵⁵-nua⁵⁵　tsʰɑ⁵⁵=kə⁵⁵　　ȵi⁵⁵-gu⁵⁵　ɑ⁵⁵nɛ³³,　　o⁵⁵,

后来=TOP　　披毡　ADJ-黑色　CL：件=LOC：里　斜下-到　LINK：之后　PART：停顿

nɛ⁵⁵,　　　tʂɑ⁵⁵ŋa⁵⁵=nɛ³³,　　su⁵⁵za⁵⁵　da⁵⁵-nua⁵⁵　ʒɿ³³　wo⁵⁵=ɛ³³,　　　　ɛ⁵⁵,

PART：停顿　后来=TOP　　披毡　ADJ-黑色　穿　CL：个=PART：停顿　PART：停顿

tʰɑɹ⁵⁵,　　　li⁵⁵li⁵⁵zɿ³³　ʂə³³　　na⁵⁵-pa⁵⁵=dʑɛ³²⁴.

PART：无奈　男人=LOC：旁　向下-嫁=EVID：转述

———————

① 此处为发音人口误。

后来呢，那哎，把白色披毡铺开来了，把黑色披毡铺开来了。男人把白色披毡和黑色披毡这两件都铺开了之后，一开始呢，掉到那白色披毡里。哎，后来呢，滚到了黑色披毡里面之后，哦，哎，后来呢，那个呢，哎呀，就嫁给了那个穿黑色披毡的男人。

na⁵⁵-pa⁵⁵=nɛ³³, su⁵⁵za⁵⁵ də⁵⁵-ɔɹ⁵⁵ ʒ̩⁵⁵ wo⁵⁵=nɛ⁵⁵, go⁵⁵də⁵⁵ndzə⁵⁵, ɛ⁵⁵,
向下-嫁=PART: 停顿 披毡 ADJ-白色 穿 CL: 个 =TOP 气愤 PART: 停顿

ɔɹ⁵⁵ɔɹ⁵⁵ kʰə⁵⁵-tsʅ⁵⁵=a³⁵ dzi³⁵ga³⁵. si³³ li⁵⁵li⁵⁵zi³³=va³³. (o⁵⁵! li⁵⁵①
陷阱 向内-放=PFV 就 只 男人=NAGT PART: 停顿 男人

tʰə⁵⁵-kə⁵⁵pa⁵⁵ ma⁵⁵-dua⁴⁵ sɛ⁵⁵=dza⁵⁵nɛ⁵⁵.) tsʰə⁵⁵mi⁵⁵ tə⁵⁵ bɛ⁵⁵ kʰə⁵⁵-so⁵⁵=a⁵⁵
DEM=LOC: 里=LOC NEG-去.PST 还 =EVID: 转述 厚粥 一 些 向内-煮熟=PFV

=dzɛ³²⁴. ɛ³³, nɛ⁵⁵, tʰə⁵⁵ su⁵⁵za⁵⁵ da⁵⁵-nua⁵⁵ ʒ̩⁵⁵, su⁵⁵za⁵⁵
=EVID: 转述 PART: 停顿 PART: 停顿 DEM: 这 披毡 ADJ-黑色 穿 披毡

da⁵⁵-nua⁵⁵ ʒ̩⁵⁵ wo³³=ʂə³³ pa⁵⁵=gə⁵⁵=dza³³nɛ³³. gu⁵⁵tʰa⁵⁵=nɛ³³
颜色-黑色 穿 CL: 个 =LOC: 旁边 嫁=PROS=EVID: 转述 Ch:管他=PART: 停顿

tsʰə⁵⁵mi⁵⁵ kʰə⁵⁵-tso⁵⁵=i³³ tʰə⁵⁵-ku⁵⁵ a⁵⁵nɛ⁵⁵, "ɛ³³, nga⁵⁵=n̠o⁵⁵ tsʰo³³
厚粥 向内-煮熟=CSM 向他人-喂 LINK: 之后 PART: 停顿 门=LOC: 外面 狗

ɔɹ³³=gə⁵⁵. nga⁵⁵=n̠o⁵⁵ nə⁵⁵=dzi⁵⁵ nə⁵⁵ wo⁵⁵ ŋə⁵⁵-i⁵⁵=a⁵⁵, zʅ³³
叫=PROG 门=LOC: 外面 2sg=DL 两 CL: 个 向外-去=PART: 停顿 去

=a³³." ɛ³³, nga⁵⁵n̠o⁵⁵ tsʰo³³ ɔɹ³³=ta⁵⁵=kə⁵⁵ kʰə⁵⁵
=PART: 停顿 PART: 停顿 门=LOC: 外面 狗 叫=LOC: 地方=LOC: 里 向内

-dzo⁵⁵lo⁵⁵=a⁵⁵, tʰɑɹ⁵⁵, a⁵⁵-tʰə⁵⁵ a⁵⁵nə⁵⁵ tə⁵⁵ wo⁵⁵ ʂʅ⁵⁵=a⁵⁵
-看=PFV PART: 无奈 DIST-DEM: 那 ITRG: 什么 一 CL: 个 Ch: 是=PART: 停顿

n̠i⁵⁵ kʰa⁵⁵-la⁵⁵ la⁵⁵ ma⁵⁵-ndo⁵⁵, n̠i⁵⁵ n̠i⁵⁵ tə⁵⁵ kʰə⁵⁵-②
野生动物 向内-来 都 NEG-看见 野生动物 野生动物 DEM 向内-

da⁵⁵-sa³³ sɛ⁵⁵ la⁵⁵ ma⁵⁵-ndo⁵⁵=dza³³nɛ³³.
向上-使唤 还 都 NEG-看见 =EVID: 转述

嫁给他之后呢，穿白色披毡的（男人）呢，心里面不高兴，哎，就陷害那个男人。（哦！还没有到这里。）③煮熟了一些厚粥。哎，后来呢，就要嫁到这个穿黑色披毡的人家，把厚粥煮熟了喂了他之后呢，"哎，门外有狗叫。你们两个去门外。"哎，就到门外狗叫的地方去看了看，

---

① 此处为发音人口误。

② 此处为发音人口误。

③ 此句为发音人意识到自己说错了，喃喃自语。与故事情节无关。

哎呀，那是个什么东西，也看不见，不知道是不是狗碰见什么野兽了。

li⁵⁵li⁵⁵zʅ³³ nə⁵⁵ wo⁵⁵=nɛ³³, nga⁵⁵=n̠o⁵⁵ ŋə⁵⁵-dua⁵⁵ a³³nɛ³³, zo³³=i³³kə³³
男人 两 CL：个 ＝TOP 门＝LOC：外 向外-去.PST LINK：之后 3sg.NPRT＝AGT

=nɛ³³, dzo⁵⁵kua⁵⁵ tsʰə⁵⁵mi⁵⁵=bɛ⁵⁵ na⁵⁵-npʰa⁵⁵=tsa³³ tə³³ bɛ³³ a³³nɛ³³, ɛ³³,
＝TOP 快速地 厚粥＝PL 向下-烫＝PFT 一 些 LINK：之后 PART：停顿

a⁵⁵-tʰə⁵⁵ su⁵⁵za⁵⁵ da⁵⁵-nua⁵⁵ tsʰa⁵⁵ ʐʅ⁵⁵=su⁵⁵=kə⁵⁵=nɛ⁵⁵ ʐʅ⁵⁵=su⁵⁵=ta⁵⁵
DIST-DEM 披毡 ADJ-黑色 CL：件 穿＝NMLZ＝AGT＝PART：停顿 穿＝NMLZ＝AGT

=kə⁵⁵=nɛ⁵⁵, dzo⁵⁵ nbi³³ tə⁵⁵ bɛ⁵⁵ na⁵⁵-kua⁵⁵=dzɛ³²⁴. su⁵⁵za⁵⁵ də⁵⁵-ʐɿ⁵⁵
=LOC：地方＝PART：停顿 水 Ch：冰 一 些 向下-装＝EVID：转述 披毡 ADJ-白色

=ta⁵⁵=kə⁵⁵ na⁵⁵-npʰa⁵⁵ a⁵⁵nɛ³³, la⁵⁵ tsʰɛ⁵⁵ ma⁵⁵-pʰa⁵⁵=nɛ⁵⁵.
＝LOC：地方＝LOC：里 向下-烫 LINK：之后 来 喝 NEG-AUX：能

"nə⁵⁵=dzi⁵⁵ sə⁵⁵ tə⁵⁵ so⁵⁵ tʰə⁵⁵-tɕu⁵⁵=nɛ⁵⁵, io³³=nɛ³³ tʰə⁵⁵
2sg=DL ITRG：谁 INDF 先 向他人-完＝PART：停顿 1sg.OTR＝TOP DEM：这

wo⁵⁵ zɛ⁵⁵ ŋu⁵⁵=gə⁵⁵=ɛ³³." tʰi⁵⁵=a⁵⁵=dʑa³³. xə⁵⁵nɛ⁵⁵,
CL：个 老婆 做＝PROS＝PART：停顿 DEM＝PART：停顿＝EVID：转述 PART：无奈

tʂa⁵⁵ŋa⁵⁵=nɛ³³ zo³³=kə³³ tʰə⁵⁵ su⁵⁵za⁵⁵ da⁵⁵-nua⁵⁵=ta⁵⁵=kə⁵⁵
后来＝TOP 3sg.NPRT＝AGT DEM：这 披毡 ADJ-黑色＝LOC：地方＝LOC：里

ɛ⁵⁵, dzo⁵⁵ na⁵⁵-kua⁵⁵ dzo⁵⁵ nbi⁵⁵ na⁵⁵-kua⁵⁵=nɛ⁵⁵. su⁵⁵za⁵⁵
PART：停顿 水 向下-装 水 Ch：冰 向下-装＝PART：停顿 披毡

da⁵⁵-nua⁵⁵ ʐʅ⁵⁵ wo⁵⁵ so⁵⁵ tʰə⁵⁵-tɕu⁵⁵=a⁵⁵=dʑɛ³²⁴. tʰi⁵⁵ xə⁵⁵=nɛ⁵⁵,
ADJ-黑色 穿 CL：个 先 向他人-完＝PFV＝EVID：转述 DEM：这 时候＝PART：停顿

tʂa⁵⁵① tʂa⁵⁵ŋa⁵⁵=nɛ³³, su⁵⁵za⁵⁵ da⁵⁵-nua⁵⁵ ʐʅ⁵⁵=ʂə⁵⁵ na⁵⁵-pa⁵⁵=nɛ³³,
后来 后来＝TOP 披毡 ADJ-黑色 穿＝LOC：地方 向下-嫁＝PART：停顿

su⁵⁵za⁵⁵② su⁵⁵za⁵⁵ da⁵⁵-nua⁵⁵ də⁵⁵-ʐʅ⁵⁵=tsa⁵⁵ wo⁵⁵=i⁵⁵ zɛ⁵⁵ tʰə⁵⁵-pu⁵⁵
披毡 披毡 ADJ-黑色 向上-穿＝PFT CL：个＝GEN 老婆 向他人-变

a³³nɛ³³, o⁵⁵, tsʰo³³ sa⁵⁵ dua³⁵=dzi³⁵gə³⁵.
LINK：之后 PART：停顿 狗 留下印记 去.PST＝EVID：转述

两个男人去了门外之后，她快速地把厚粥烧烫了，哎，她就把那个穿黑色披毡的男人那（粥）里面，装了一些凉水。穿白色披毡的（男人）那（粥）里面很烫之后，就不能喝。"你们

---

① 此处为发音人口误。

② 此处为发音人口误。

俩谁先喝完，我就给谁做老婆。"这样子说道。哎，后来呢，她就把水，把凉水装进穿黑色披毡的人那里了。穿黑色披毡的人先喝完了。这时候呢，后来呢，就嫁到穿黑色披毡的人那儿，成为了穿黑色披毡的人的老婆之后，哦，就领着狗出去打猎了。

tsʰo³³　sa⁵⁵　　　dua³⁵=nɛ⁵⁵,　　　nə⁵⁵　wo⁵⁵=nɛ⁵⁵,　　li⁵⁵li⁵⁵zʅ³³=nɛ⁵⁵, mo³⁵,
狗　　留下印记　去.PST=PART: 停顿　两　CL: 个=TOP　男人=TOP　　　CO: 又

tsʰo³³　sa⁵⁵　　dua³⁵=nɛ³³,　　　tʰə⁵⁵　　ɛ⁵⁵　　　ȵa⁵⁵i⁵⁵ma³³=nɛ³³,
狗　　留下印记　去.PST=PART: 停顿　DEM: 这　PART: 停顿　嬢依玛=TOP

ia⁵⁵　tsʰə⁵⁵tʂʰə⁵⁵=dʑigə⁵⁵.　nɛ³³,　　　ɛ³³,　　　li⁵⁵li⁵⁵zʅ³³　nə⁵⁵　wo⁵⁵=nɛ³³,
家里　煮饭=EVID: 转述　PART: 停顿　PART: 停顿　男人　　两　CL: 个=TOP

ȵo⁵⁵pʰɛ⁵⁵=ta⁵⁵　a⁵⁵-tʰə⁵⁵　　su⁵⁵za⁵⁵　da⁵⁵-nua⁵⁵　ʐʅ⁵⁵　wo⁵⁵=nɛ³³,　　su⁵⁵za⁵⁵　də⁵⁵
外面=LOC: 地方　DIST–DEM: 那　披毡　ADJ–黑色　穿　CL: 个=TOP　披毡　ADJ

-ɹ⁵⁵　ʐʅ⁵⁵　wo⁵⁵=kə⁵⁵=nɛ³³　　　ɹ⁵⁵~ɹ⁵⁵　　kʰə⁵⁵-tsʅ⁵⁵=ɛ³³.　　　ɛ⁵⁵,
-白色　穿　CL: 个=AGT=PART: 停顿　陷阱~RDUP　向内–放=PART: 停顿　PART: 停顿

tʰə⁵⁵-so⁵⁵=su⁵⁵=a⁵⁵.　　zɛ⁵⁵①　tʰə⁵⁵-so⁵⁵=su⁵⁵　　a³³nɛ³³,　　　o⁵⁵,
向他人–死=CAUS=PFV　　老婆　向他人–死=CAUS　　LINK: 之后　　PART: 停顿

sa⁵⁵pʰa⁵⁵　wo⁵⁵,　tsʰo³³　wo⁵⁵=nɛ⁵⁵,　　ɛ⁵⁵,　　　la⁵⁵=i⁵⁵,　　tʰə⁵⁵　ȵa⁵⁵i⁵⁵a³³
主人　　CL: 个　狗　　CL: 个=TOP　PART: 停顿　来=CSM　DEM　嬢依玛

=va³³　　tʰi⁵⁵=a⁵⁵=dʑɛ³²⁴.　　　　ɛ³³,　　　da⁵⁵-gua⁵⁵la⁵⁵　lɛ⁵⁵,
=NAGT　DEM=PART: 停顿=EVID: 转述　PART: 停顿　向上–转圈　　来.CSM

"sʅ⁵⁵ȵi⁵⁵　　sʅ⁵⁵ȵi⁵⁵　　sʅ⁵⁵ȵi⁵⁵"　　da⁵⁵-gua⁵⁵la⁵⁵la⁵⁵=i⁵⁵②,　　də⁵⁵-ɛ³³
嘶呢（狗叫声）嘶呢（狗叫声）嘶呢（狗叫声）向上–口误=PART: 停顿　向上–哎

də⁵⁵-tsʰi⁵⁵　　də⁵⁵tsʰə⁵⁵　　tʰaɹ⁵⁵　　a³³nɛ³³,　　"o⁵⁵,　　tʰə⁵⁵　　tsʰo³³
向上–磨蹭　向上–磨蹭　PART: 无奈　LINK: 之后　PART: 停顿　DEM: 这　狗

wo³³=nɛ³³　　ta⁵⁵ȵo⁵⁵　a⁵⁵nɛ⁵⁵　　tə⁵⁵　　si⁵⁵　xo⁵⁵sɛ⁵⁵=tə⁵⁵=i⁵⁵?　a⁵⁵ndʑi⁵⁵
CL: 个=TOP　今天　ITRG: 什么　PART: 停顿　只　叫=PART: 停顿=CSM　ITRG: 怎么

a⁵⁵da⁵⁵?"=dʑa³³nɛ³³.
ITRG: 自我反问=EVID: 转述

去打猎呢，两个男人又出去打猎了呢，这个嬢依玛就在家里煮饭。然后呢，两个男人呢，在外面那穿黑色披毡的呢，穿白色披毡的那个就给他设了圈套。哎，就弄死了他。弄

---

① 此处为发音人口误。

② 此处为发音人口误。

死了之后，哦，主人（死了），狗就来对嬢依玛这样子说。哎，就来回转圈，"嘶呢嘶呢嘶呢"地叫，不停地磨磨蹭蹭。"哦，今天这个狗一直在叫啥呢？怎么回事啊？"

o⁵⁵, ȵi⁵⁵① a⁵⁵-tʰə⁵⁵ su⁵⁵za⁵⁵ də⁵⁵-əɹ⁵⁵ də⁵⁵-ʐʅ⁵⁵=tsa⁵⁵ wo⁵⁵=nɛ³³,
PART：停顿 2sg.GEN DIST-DEM：那 披毡 ADJ-白色 向上-穿=PFT CL：个=TOP

ȵi⁵⁵ sʅ⁵⁵ tɕi⁵⁵ la⁵⁵=dʑa³³. su⁵⁵i³³ a⁵⁵-tʰə⁵⁵, ɛ⁵⁵, su⁵⁵za⁵⁵
野生动物 肉 拿 来=EVID：转述 别人 DIST-DEM：那 PART：停顿 披毡

da⁵⁵-nua⁵⁵ də⁵⁵-ʐʅ⁵⁵=tsa³³ wo⁵⁵=i³³ li⁵⁵li⁵⁵zʅ³³ wo⁵⁵=i³³. an³³, a⁵⁵
ADJ-黑色 向上-穿=PFT CL：个=AGT 男人 CL：个=AGT PART：停顿 DIST

-tʰə⁵⁵ ntsʰa⁵⁵ la⁵⁵ bɛ⁵⁵liɛ³³ tʰə⁵⁵ bɛ⁵⁵ tɕi⁵⁵ la⁵⁵=i⁵⁵ kʰə³³-nbu³³ a³³nɛ³³,
-DEM：那 肝 和 腰子 DEM 些 拿 来=CSM 向内-烧 LINK：之后

an⁵⁵, da⁵⁵-nba⁵⁵=dʑa⁵⁵. ma⁵⁵-zʅ⁵⁵=a⁵⁵? kʰə⁵⁵-nbu⁵⁵ a⁵⁵nɛ⁵⁵, "tʂu⁵⁻⁵"
PART：停顿 向上-响=EVID：转述 NEG-COP=ITRG 向内-烧 之后 拟声：吱唔

"io³³ sʅ³³ io³³ ŋa⁵⁵-tʰa⁵⁵-dzʅ⁵⁵!" tʰi⁵⁵=a⁵⁵=dʑa⁰.
1sg.OTR 肉 1sg.OTR 向外-PHTV-吃 DEM：这=PART：停顿=EVID：转述

"io³³ sʅ³³ io³³ ŋa⁵⁵-tʰa⁵⁵-dzʅ⁵⁵!" tʰi⁵⁵ xa⁵⁵=nɛ⁵⁵, ɛ⁵⁵ia⁵⁵,
1sg.OTR 肉 1sg.OTR 向外-PRHT-吃 DEM：这 时候=PART：停顿 PART：惊讶

a⁵⁵nɛ⁵⁵~a⁵⁵nɛ⁵⁵ fu⁵⁵ ŋu⁵⁵=a⁵⁵ ma⁵⁵-ndo⁵⁵=dʑa³³nɛ³³.
ITRG：什么~RDUP：所有的 话 做=PFV NEG-明白=EVID：转述

哦，那个穿白色披毡的人就拿回了猎物的肉。哎，（实际上）是那个穿黑色披毡的男人的。唵，那肝和腰子这些东西拿来烧了之后，唵，发出声响。不是吗？烧了之后，就发出了"吱唔"的响声，这样子说道："自己不要吃自己的肉！""自己不要吃自己的肉！"这时候呢，哎呀，不知道说的是什么东西。

o⁵⁵, tʂa⁵⁵ŋa⁵⁵=nɛ³³, tsʰo³³, də⁵⁵-② tsʰo³³ tʰaɹ⁵⁵ su⁵⁵
PART：停顿 后来=TOP 狗 向上- 狗 PART：无奈 领着

dua⁵⁵=nɛ³³, tsʰo³³ wo⁵⁵=pʰɛ⁵⁵ tə⁵⁵ dʑə⁵⁵ŋu⁵⁵ dua⁵⁵nɛ³³,
去.PST=PART：停顿 狗 CL：个=COMI：陪着 一 起 去.PST=PART：停顿

li⁵⁵li⁵⁵zʅ³³ wo⁵⁵ də⁵⁵-sʅ⁵⁵ na⁵⁵-kua⁵⁵=ʂə³³ tʰə⁵⁵-pʰsʅ⁵⁵=tsa⁵⁵=dʑa⁵⁵.
男人 CL：个 向上-杀死 向下-装=LOC：地方 向外-扔=PFT=EVID：转述

---

① 此处为发音人口误。

② 此处为发音人口误。

ntsʰu⁵⁵　la⁵⁵　ntsʰɑ⁵⁵=bɛ⁵⁵　si³³　ŋɑ⁵⁵-wɑ⁵⁵,　tɕi⁵⁵　la⁵⁵　kʰə⁵⁵-nbu⁵⁵　ŋə⁵⁵-dzɻ⁵⁵　ɑ³³nɛ³³,
肺　　　和　肝=PL　　只　向外-挖　　拿　来　向内-烧　　向外-吃　　LINK：之后

kʰə⁵⁵-nbu⁵⁵　tʰɑɻ⁵⁵=dʑɑ⁵⁵nɛ⁵⁵.　　　　o⁵⁵,　　　　tsɑ⁵⁵ŋɑ⁵⁵=nɛ³³,　　 n̩⁵⁵,
向内-烧　　PART：无奈=EVID：转述　PART：停顿　后来=TOP　　　PART：停顿

mo³³fɑ³³=nɛ³³,　　　　　　tʰi⁵⁵=ɑ⁵⁵=dzɛ³²⁴.　　　　　　sɻ⁵⁵psɻ⁵⁵　kɑ⁵⁵=nɛ⁵⁵,
Ch：没办法=PART：停顿　　DEM=PART：停顿=EVID：转述　舌头　　CL：条=TOP

n̩⁵⁵,　　　tsʰo³³　sɻ⁵⁵psɻ⁵⁵　kɑ⁵⁵　ŋə⁵⁵-tsʰu⁵⁵=i⁵⁵,　su⁵⁵　wo⁵⁵=i⁵⁵　　sɻ⁵⁵psɻ⁵⁵
PART：停顿　狗　舌头　　CL：条　向外-取出=CSM　人　CL：个=GEN　舌头

nɑ⁵⁵-ntsʰɑ⁵⁵.　ɛ³³,　　　sɻ⁵⁵n̩i⁵⁵　wo⁵⁵　dzi³³　tsʰo⁵⁵　tsʰo³³　n̩⁵⁵,①　tsʰo³³
向下-修理　　PART：停顿　心　　CL：个　也　狗　　狗　　口误　狗

vu³³　də⁵⁵-tsu⁵⁵=ɑ⁵⁵　　　si⁵⁵=nɛ⁵⁵,　　tsʰo³³　sɻ⁵⁵psɻ⁵⁵　kɑ⁵⁵　su⁵⁵　wo⁵⁵　sɻ⁵⁵psɻ⁵⁵
头　向上-打碎=PFV　才=PART：停顿　狗　舌头　　CL：条　人　CL：个　舌头

nɑ⁵⁵-ntsʰɑ⁵⁵.　ɛ³³,　　　tsʰo³³　sɻ³³n̩o³³　su⁵⁵　wo⁵⁵=i⁵⁵=tɑ⁵⁵　　　　dɑ⁵⁵-kuɑ⁵⁵,
向下-修理　　PART：停顿　狗　　心　　人　CL：个=GEN=LOC：地方　向上-装

tsʰo³³　n̩⁵⁵　　　　ntsʰɑ⁵⁵　wo⁵⁵　su⁵⁵　n̩⁵⁵　　　　ntsʰɑ⁵⁵　su⁵⁵　　wo⁵⁵=nɛ⁵⁵,
狗　　PART：停顿　肝　　　CL：个　人　　PART：停顿　肝　　人　　CL：个=TOP

də⁵⁵-ntɕʰu⁵⁵,　tsɑ⁵⁵dʑo⁵⁵　lɑ³³=nɛ³³.
向上-苏醒　　回　　　　来=PART：停顿

哦，后来呢，那只狗呢，狗领着去了，狗陪着一起去，去了那个杀死并埋掉（穿黑色披毡的人）的地方。只被挖了肺和肝，烧了吃了。哦，后来呢，嗯，没有办法了，这样子说。舌头呢，嗯，把狗的舌头取出来，做成了人的舌头。哎，把狗头打碎了，把狗舌头做成了人舌头。哎，把狗心装进人里面，把狗肝做成人肝，人就活过来了，回家了。

ɛ³³,　　　tsʰo³³　tʰi⁵⁵　xɑ⁵⁵　ɛ⁵⁵,　　xuɑ⁵⁵si⁵⁵si⁵⁵　xuɑ⁵⁵si⁵⁵si⁵⁵　tsʰɑ⁵⁵
PART：停顿　狗　DEM：这　时候　PART：停顿　索玛花树　　　索玛花树　　叶子

tʰə⁵⁵-tʂʰ̩⁵⁵,　tsʰo⁵⁵　sɻ⁵⁵psɻ⁵⁵　nɑ⁵⁵-ntʰsɑ⁵⁵=ɑ⁵⁵dzɛ³²⁴,　　　tsʰo³³　vɑ⁵⁵kə⁵⁵=nɛ³³.
向他人-摘　狗　　舌头　　向下-修理=PFV=EVID：转述　狗　　帮助=PART：停顿

mo³⁵,　ɑ⁵⁵-tʰə⁵⁵　　　xuɑ⁵⁵si⁵⁵si⁵⁵　kʰə⁵⁵-pu⁵⁵li⁵⁵li⁵⁵,　ɑ⁵⁵-tʰə⁵⁵　　　mi⁵⁵to⁵⁵　də⁵⁵-vi⁵⁵,
又　DIST-DEM：那　索玛花树　　向内-圆滚滚　DIST-DEM：那　花　　向上-开花

ɑ⁵⁵dzo⁵⁵,　　sɻ⁵⁵n̩i⁵⁵=pu⁵⁵li⁵⁵li⁵⁵　zɻ⁵⁵xɑ⁵⁵=tə⁵⁵,　　mɑ⁵⁵-zɻ⁵⁵=ɑ⁵⁵?　xuɑ⁵⁵si⁵⁵si⁵⁵
插入语：你看　心=NCL：球状体　像=PART：肯定　NEG-COP=ITRG　索玛花树

————————
① 此处为发音人口误。

də⁵⁵-vi⁵⁵   da⁵⁵-la⁵⁵=gə⁵⁵   xa³³=nɛ³³,   sʅ⁵⁵ɲi⁵⁵=pu⁵⁵li⁵⁵li⁵⁵   tʰə⁵⁵su⁵⁵=tə⁵⁵

向上-开花   向上-来=PROS   时候=PART:停顿   心=NCL:球状体   这样=PART:肯定

tʰə⁵⁵-tsʰʅ⁵⁵=i⁵⁵,   tsʰo⁵⁵   wo⁵⁵=ta⁵⁵   da³³-kua³³=dʑɛ³²⁴.   dʐa⁵⁵nɛ⁵⁵,

向他人-摘=CSM   狗   CL:个=LOC:地方   向上-装=EVID:转述   EVID:转述

tsʰo⁵⁵   wo⁵⁵   dʑi³³   də⁵⁵-ntsʰu⁵⁵=a⁵⁵   dʑi⁵⁵gə⁵⁵.   su⁵⁵   wo⁵⁵   dʑi³³   də⁵⁵-ntsʰu⁵⁵=a⁵⁵

狗   CL:个   也   向上-苏醒=PF   就   人   CL:个   也   向上-苏醒=PFV

dʑi⁵⁵gə⁵⁵.   nɛ⁵⁵,   tʰə⁵⁵=kə⁵⁵=ta⁵⁵   tə⁵⁵   dʑo⁵⁵ŋu⁵⁵=i⁵⁵   dʑo⁵⁵la⁵⁵=dʑɛ³²⁴.

就   PART:停顿   DEM=LOC:里=LOC:地方   一   起=CSM   回来=EVID:转述

     哎，这时候呢，就找了一片索玛花树的叶子，帮狗把舌头修好了。把索玛花树（的花）揉成一团，你看，那索玛花树的花开得圆圆的，就像心一样。不是吗？索玛花树开花的时候呢，把像心一样的（索玛花）这样的东西摘下来，装进狗身体里。狗也就活过来了。人也就活过来了。哎，这时候就一起回家了。

（黄阿果子讲述，2016年10月）

参考文献

黄布凡、仁增旺姆　1991　《吕苏语》，《藏缅语十五种》，戴庆夏、黄布凡、傅爱兰、仁增旺姆、刘菊黄著，北京：北京燕山出版社。

黄成龙　2013　藏缅语存在类动词的概念结构，《民族语文》第2期。

林幼菁、尹蔚彬、王志　2014　吕苏语的助动词，《民族语文》第2期。

刘辉强　2007　尔苏语概要[1983]，《尔苏藏族研究》，李绍明、刘俊波编，北京：民族出版社。

沈家煊　2009　我看汉语的词类，《语言科学》第6期。

宋伶俐　2006　尔苏语趋向动词前缀和体标记，《民族语文》第3期。

孙宏开　1982a　尔苏（多续）话简介，《语言研究》第2期。

孙宏开　1982b　尔苏沙巴图画文字，《民族语文》第6期。

孙宏开　1983　六江流域的民族语言及其系属分类，《民族学报》第3期。

孙宏开　1993　试论尔苏沙巴文字的性质，《中国民族古文字研究》第2辑。

孙宏开　2001　论藏缅语族中的羌语支语言，《语言暨语言学》第1期。

王德和　2010a　《尔苏藏族文化研究》，成都：四川大学出版社。

王德和　2010b　四川甘洛县新市坝镇尔苏藏族族外婚姻情况研究，《西南民族大学学报》（人文社科版）第2期。

王元鹿　1990　尔苏沙巴文字的特征及其在比较文字学上的认识价值，《华东师范大学学报》（哲学社会科学版）第6期。

叶　健　2014　从"藏彝走廊"到"藏羌彝走廊"——论古代羌人在历史发展中的地位，《玉溪师范学院学报》第5期。

余成林　2011　藏缅语"有/在"类存在动词研究，《民族语文》第3期。

张四红、余成林　2017　尔苏语的存在类和领有类动词及其类型学启示，《民族语文》

第3期。

张四红、王　轩　2017　越西尔苏语以动词为基式的重叠式研究，《中央民族大学学报》（哲学社会科学版）第2期。

张四红、孙宏开、王德和　2018　尔苏语形容词的词类独立性研究，《语言研究》第1期。

张　曦　2012　藏羌彝走廊的研究路径，《西北民族研究》第3期。

朱艳华　2012　载瓦语存在动词的类型学研究，《民族语文》第6期。

Aikhenvald, Alexandra Y. 1998　Palikur and the typology of classifiers, *Anthroplogical Linguistics*, Vol.40, No.3: 429-480.

Aikhenvald, Alexandra Y. 2000　*Classifiers: A Typology of Noun Categorization Devices*, Oxford: Oxford University Press.

Aikhenvald, Alexandra Y. 2006　Classifiers and noun classes, semantics, *Encyclopedia of Languages and Linguistics 2 ed. Vol.1*, ed. by Keith Brown, 463-470, Oxford: Elsevier.

Aikhenvald, Alexandra Y. 2015　*The Art of Grammar: A Practical Guide*, Oxford: Oxford University Press.

Bisang, Walter. 1999　Classifiers in East and Southeast Asian languages: Counting and beyond, *Numeral Types and Changes Worldwide*, ed. by Gvozdanovic Iadranka, 113-185, Berlin: Mouton de Gruyter.

Bradley, David. 1997　Tibeto-Burman languages and classification, *Tibeto-Burman Languages of the Himalayas*, ed. by David Bradley, 1-71, Pacific Linguistics A-86, Canberra: The Australian National University.

Bradley, David. 2001　Counting the family: Family group classifiers in Yi (Tibeto-Burman) languages, *Anthropological Linguisitics*, Vol.43, No.1: 1-17.

Chirkova, Katia. 2014　The Duoxu language and the Ersu-Lizu-Duoxu relationship, *Linguistics of the Tibeto-Burman Area*, Vol.37, No.1: 104-146.

Craig, Colette G. 1992　Classifiers in a functional perspective, *Layered Structure and Reference in a Functional Perspective*, ed. by Fortescue Michael, Peter Harder & Lars Kristoffersen, 277-301, Amsterdam & Philadelphia: John Benjamins.

Croft, William. 2001　*Radical Construction Grammar: Syntatic Theories in Typological Perspective*, Oxford: Oxford University Press.

Dixon R. M. W. 2007　Field linguistics: a minor manual, *STUF—Sprachtypologie und Universalienforschung*, Vol.60, No.1: 12-31.

Dixon, R. M. W. 2010a *Basic Linguistic Theory*, *Vol.1*, Oxford: Oxford University Press.

Dixon, R. M. W. 2010b *Basic Linguistic Theory*, *Vol.2*, Oxford: Oxford University Press.

Haiman, John. 1983 Iconic and economic motivation, *Language*, Vol.59, No.4: 781-819.

Hundius, Harald. and Kölver Ulrike. 1983 Syntax and semantics of numeral classifiers in Thai. *Studies in Language*, *Vol.7, No.2: 165-214.*

Lidz, Liberty. 2010 *A Descriptive Grammar of Yongning Na (Mosuo)*, PhD diss, Austin: The University of Texas at Austin.

Matisoff, James A. 2003 Lahu. *The Sino-Tibetan Languages*, ed. by Graham, Thurgood, & Randy LaPolla I, 208-211, Berkeley: University of California Press.

Moseley, Christopher. (eds.) 2010 *Atlas of the World's Languages in Danger*, *3rd ed*, Paris: UNESCO Publishing. Online version: http://www.unesco.org/culture/en/endangeredlanguages/atlas.

Payne, Thomas E. 1997 *Describing Morphosyntax: A Guide for Field Linguistics*, Cambridge: Cambridge University Press.

Yu Dominic. 2012 *Proto-Ersuic*, PhD diss, Berkeley: University of California at Berkeley.

Zhang, Sihong. 2014 The expression of knowledge in Ersu, *The Grammar of Knowledge: A Cross-linguistic Typology*, ed. by Alexandra Y. Aikhenvald & R. M. W. Dixon, 132-147, Oxford: Oxford University Press.

Zhang, Sihong. 2016 *A Reference Grammar of Ersu, A Tibeto-Burman Language of China*, Munich: Lincom Europa.

调查手记

　　和尔苏语的接触要追溯到2010年6月。当时，受澳大利亚詹姆斯·库克大学"国际研究学者奖学金"的全额资助，我得以有机会随澳大利亚两位国际知名的语言类型学家——人文与社会科学院"桂冠院士"、时任詹姆斯·库克大学"杰出教授"（distinguished professor）兼语言与文化研究中心主任Alexandra Aikhenvald教授，以及英国皇家科学院通信院士、澳大利亚人文与社会科学院院士、时任詹姆斯·库克大学"荣休教授"兼语言与文化研究中心副主任R. M. W. Dixon教授——攻读人类语言学博士学位。两位导师不仅著述等身，还特别平易近人，充分尊重学生的选择和意愿。本来我选择的研究方向不是藏缅语，但是，由于种种原因，我想转而从事中国境内语言的研究。当我志忑地和他们表达我的愿望时，没有想到他们立即表示同意。仅仅对我提出选择语言的一条标准：前期研究甚少且正在鲜活使用着的语言。

　　对照这一标准，我开始通过网络查找相关语言。由于当时才涉猎语言类型学的研究，对藏缅语更是知之甚少，后来才发现这一标准看似简单，却不是非常容易达到。中国境内的很多语言要么前期研究文献甚多，要么处于高度濒危状态乃至不再使用。这令我十分困惑，但幸运的是，通过了解中国境内语言研究的现状，我知道了孙宏开、戴庆厦两位前辈在这方面研究的高深造诣和国内外影响力。于是，我冒昧地给孙先生写了封邮件，咨询哪个语言适合研究。虽然孙先生非常繁忙，却很快给我回复。后来，虽未谋面，素昧平生，我却与孙先生经常通电话，了解相关情况。孙先生当时向我推荐了几种语言，其中就包括尔苏语，这是他在20世纪80年代初调查过并一直关注的众多语言之一。选择尔苏语的一个重要原因是，据孙先生说，当地生活条件比较艰苦；而我两位导师认为，越是相对封闭、越是条件艰苦的地方，其语言活力可能就越强，语言可能就保护得越好，也可能更容易发现类型学上前期研究未发现的语言现象。

　　确定将尔苏语作为博士学位论文选题后，我一边在两位导师的指导下学习语言调查方法和类型学理论，一边通过网络了解尔苏藏族文化以及尔苏语言的前期研究文献。我对这个民族的语言、文化、风俗、习惯等都充满了好奇。同时，我也通过网络，和西昌学院的王德和研究员——一位尔苏藏族本土成长起来的尔苏藏族文化学者——相识。他知道我要研究尔苏语，非常高兴并大力支持，积极帮我甄选调查点，寻找联络人。

2010年10月，在完成前期准备后，我如约飞到了西昌，与王德和先生和时任凉山彝族自治州地税局书记、在尔苏藏族中享有较高知名度的黄世部先生见面，商谈田野调查的细节。黄世部先生出生并成长于凉山彝族自治州越西县保安藏族乡梨花村先锋组（即拉吉沽，下文均用"拉吉沽"表述）；这也是经过各种权衡后，我和王德和先生、黄世部先生确定的调查点。其中最主要的原因是拉吉沽村位于高山，交通不便，也是保安藏族乡唯一一个所有村民都是尔苏藏族，完全没有其他民族居民居住的村落，相互之间日常交际的语言也基本是尔苏语。

虽然时隔十余年，黄世部先生领我前往调查点的情形却还历历在目。当时，交通条件比较差，我们从西昌坐车一路颠簸到越西县城，然后乘坐小三轮到加林岗下车，翻了一个多小时的山才到拉吉沽。黄世部先生身形比较胖，虽是秋季，晴朗凉爽，他却是满头大汗，气喘吁吁。而我，由于是第一次到大西南少数民族居住腹地，对一切都充满了好奇，而且黄世部先生一路都在向我介绍尔苏藏族的历史、文化、人文以及他小时候求学的经历，等等，倒是没有觉得有多累。到黄世部先生在拉吉沽的老家时，天已将黑，他的大哥已经准备好了晚饭。我倒也没有见外，和他家人，以及村里面闻讯来访的客人一起吃起来、喝起来。

我出生于安徽的一个小山村，小时候经历过缺衣少食的生活，在求学的同时还要帮助家人干各种各样的农活。正是由于有这段艰苦的成长经历，我才不会对艰苦的田野调查环境有任何畏惧。我曾想象，无论留守在山上的尔苏藏族村民有多艰苦，也不至于比我小时候的生活条件更艰苦。但是，真正来到了当地之后，我才发现，现实比想象的、比通过网络了解的，要严峻。通过网络，尔苏藏族给我的定格是穿着传统民族服装载歌载舞的形象。而现实并非如此。日常生活中，除了一些老人戴着黑色的头帕之外，他们在服装上和汉族无异，甚至大部分人穿得都比较破旧。当时，拉吉沽很多家庭几乎是家徒四壁，没有哪一个家庭有像样的桌椅板凳，相当一部分家庭甚至都没有碗柜，吃过的碗筷就在大堂屋找个角落随意地堆放在那儿……看到这些，我不禁有些畏难。也许是看出了我的畏难情绪，也许是出于实际的考量，黄世部先生以及来访的客人都奉劝我到越西县城居住，他们负责帮我找语言能力特别好的发音人。因为有些怕艰苦，也因为当地居民的劝说，我听从了他们的建议，决定回到越西县城住下，开展调查工作。

由于打算长住，为节省开支，热情的黄箭鸣先生，也就是黄世部先生的弟弟，在他越西县城的家里专门腾出一个房间供我住宿兼做工作室。黄世部先生和其他尔苏藏族同胞经过商量，决定帮我找两名经历丰富、他们认为语言能力特别强的发音人，来支持我的工作。于是，我开心地在县城开始了自己的工作。可实际上，这两名发音人虽然尔苏语说得非常地道，但是，他们提供长篇语料的能力非常欠缺，基本需要自己提前温习，第二天才能流利地说出一段故事或传说，而且经常出现卡壳的情况。更关键的是，随着时间的推移，尽管他们特别尽力，但一段时间后就再也无法提供语料。再问当地其他尔苏藏族，他们都说他们俩是公认的语言能力最好的发音人，如果他们不能完成我想做的事情，应该再没有其他合适的人选。有些人对此还特别笃定。为此，我非常郁闷，不知道何去何从……

由于两位导师是坚定的"沉浸式田野调查"的倡导者和实践者，他们已经对我进行过训练，要求我不要使用任何调查提纲、任何调查框架、任何调查词汇表和语法例句，而是要直接深入语言社区，与当地人同吃、同住，收集神话、故事、个人大段讲述等等，观察并努力参与语言的运用实践。因此，对于我当时的做法和面临的困境，我羞于也不敢和他们诉说并求得他们的谅解和帮助。

这个博士读还是不读？田野调查进行还是不进行？如果继续读，继续进行田野调查，那得如何继续？又如何进行？这是我当时一度非常苦恼却不得不认真思考的问题。

最后，我决定不管多苦多累多艰难，也要回到拉吉沽试一试。于是，两周后，我收拾好行李，提起自己的行李箱，叫了辆小三轮把我带到了加林岗，翻越崇山，我又回到了拉吉沽，在黄世部先生的妹妹——后来成为我的尔苏姐姐——黄阿果子的家里面住了下来。在拉吉沽的第一个月，我决定耐下心来，放空自己，除了和当地村民一起聊聊天，看他们喝喝酒、抽抽烟，默默地看他们用我完全不懂的尔苏语相互之间神侃之外，什么都不做。在这看似无所事事的一段时间内，我逐渐认识了越来越多的尔苏朋友：包括十年如一日帮我收集语料、陪我分析语料的王保森先生；以及在外人看来十分木讷，最后却成为我博士论文的主要发音人的王忠权先生——他也是黄阿果子女士的丈夫、我在拉吉沽的房东和尔苏哥哥，后来才发现他特别内秀，善于唱各种尔苏歌曲，讲各种尔苏故事和传说——而他所具备的这些语言能力，连同村的居民都十分惊讶；当然还包括黄志富、张保才、黄保康、黄阿枝、黄阿衣、王布哈、王阿衣等重要的发音人。一个多月以后，我和拉吉沽的村民们已经非常熟识，他们也知我的工作就是学习和研究他们的语言。因此，每当人群聚集，我参与进去之后，他们就自然地想到尔苏语言的问题，相互诱导对方说自己小的时候听长辈说的各种故事、传说、经历，甚至开始探讨语言的应用问题。更可喜的是，他们由一开始羞于提供语料，逐渐变成踊跃提供，甚至有时候还进行说尔苏语长篇语料的比赛——你提供一个，我也提供一个，互不相让。此外，在我和王保森先生一起分析语料的过程中，也有人在旁边默默地听，一旦有偏颇或失误的地方，他们就及时指出；遇到疑难问题，还会热烈讨论。而我，也为每天都能发现尔苏语的新现象、新问题而激动着、兴奋着……至此，我才真正体会到"沉浸式田野调查"的精髓和意义，才真正体会到什么叫"高手在民间"！这一次，我不再迷茫，不再犹豫，不再彷徨，而是沉浸于尔苏语的各种语言现象的分析、归纳和总结中。在山上的生活，充实而又富有趣味，以至于在拉吉沽居住了将近九个月却浑然不觉。

照片 1　张四红田野调查期间的卧室兼工作间　越西县保安藏族乡梨花村先锋组 /2010.12.15/ 张四红 摄

完成第一次"沉浸式田野调查"，我回到澳大利亚，在两位导师的指导下，分析疑难语料并撰写博士论文初稿。在论文初稿完成后，2012年，我带着论文草稿又直接回到拉吉沽住下。这次，再也不会想到住在县城了。我这次住了将近五个月，主要是核实论文的内容并补充新的语料。这一阶段，我很重要的一个工作，其实是根据我对尔苏语语法结构的了解，按照自己对语言规律的推理，说着并不标准的尔苏话，或博取他们善意的嘲笑，或赢得他们的惊讶，而我也因此对自己所调查的尔苏语有了更多的了解……

在拉吉沽调查的一年多里，其实，我收获的不仅仅是对尔苏语语言的了解，更重要的是还有对人生更多的感悟。譬如，对幸福的理解可以变得很简单，那可能是在冬天的早晨起床，发现水杯里的水没有结成冰；可能是对一个月去一次县城，在那儿住上一晚洗个舒服的热水澡的渴望；还可能是主人有事外出时，我能顺利地生火造饭……当然，也包括友谊——博士毕业，离开尔苏社区，回到工作岗位，和尔苏朋友联系渐渐减少，但是，一旦联系，还是那么亲切，那么历历在目。而他们依然一如既往地关心我、支持我，不求任何回报。在我写论文时，只要我有需要，他们依然通过微信群或其他通讯方式，给我输送语料，为我提供指导。

照片2 张四红在录王忠权先生讲述的长篇故事 越西县保安藏族乡梨花村先锋组 /2010.12.30/ 王保森 摄

其实，我对尔苏语进行的各种方式的调查、学习和研究，自2010年以来就一直没有停止过。而参加"语保工程"不仅是延续，还是促进。2015年末，我突然收到孙宏开先生的一封邮件，叫我尽快和他联系。我才知道，国家已经启动"中国语言资源保护工程"项目，孙先生问我是否愿意参与，我自然是十分高兴，积极报名参加——我和孙先生并无师承关系，也无个人私交，但是，在关键的时候，他总是不忘提携晚学后辈，其胸襟和其学识一样，总是让我高山仰止。由此，我正式成为"语保工程"的参与人之一。"语保工程"不仅让我学习到了国内学者研究中国境内语言的一些范式，也让我有机会向黄行先生、周庆生先生、丁石庆先生、李锦芳先生、周国炎先生、李大勤先生、胡素华女士、王锋先生、黄成龙先生、李云兵先生、王双成先生等很多知名学者和同侪学习、请教，这使我有机会将西方的语言研究方法和我国的研究方法有机融合，极大地提高了我的研究能力。

在2016年暑期7、8月间，实施"语保工程"的过程中，依然是黄世部先生给了我很大的支持和帮助，是他领着我和我的团队成员寻找符合"语保工程"要求的发音人。而我们很幸运，遇到了保安藏族乡平原村沟东组的王海牛子先生。王海牛子先生声音洪亮，反应敏捷，对尔苏语了解颇深。而更难能可贵的是，他有着超强的责任心和高度的自制力，为我和我的团队树立了良好的榜样，也保证了我们尔苏语调查项目的顺利实施。譬如当时，由于录音地点选在县城的宾馆，不时有一些噪音干扰，是王海牛子先生主动将音视频采录的时间放在深夜。于是，我们的工作时间变成了一个个通宵，这不仅确保了项目能在规定的时间内完成，还确保了音视频的质量。关键是，我们白天尚可休息，而他白天还有各种家事需要处理，并不能保证有效的睡眠。即便如此，他依然每天按约定的时间开始工作，以至于我和我的团队成员哪怕有一点点偷懒的想法都会感到十分羞愧……

调查、研究尔苏语近十年，王保森先生一直是在默默支持我的关键人物。凭着对尔苏语言文化的热爱，凭着对尔苏语言的理解，他十年如一日地解答我的各种疑惑、困惑，应对我不时需要他帮我收集语料的需求，没有任何报酬，却也没有任何怨言……在尔苏语研究方面，他，和其他尔苏朋友一样，其实是编剧、是导演；而我，不过是一个在舞台上的演员……

任何一个语言的知识和内容都浩瀚如大海，我所知、所展现的只不过是其中之一点一滴。尔苏语研究这部大戏才刚刚开始，真诚地希望有越来越多的人参与这部大戏的制作和演出之中，共同把尔苏语的研究推向更高层次。

张四红

写于 2021 年 7 月 25 日

改于 2024 年 11 月 12 日

后　记

　　本书是在2010—2014年期间本人撰写的博士学位论文以及2016年"语保工程"收集的语料基础上完成的。自2010年以来，本人一直致力于尔苏语形态句法的研究。其间一直通过微信、QQ等网络社交工具与当地尔苏藏族保持密切往来，探讨语言及语料相关问题。截至目前，先后在SSCI、CSSCI学术刊物上发表尔苏语相关研究论文4篇，另在各类学术会议上宣读论文数十篇。博士学位论文也于2016年由德国Lincom Europa出版社出版发行。

　　本书是"中国语言资源保护工程"的成果之一，得到了课题基金的全额资助。同时，本课题也要感谢教育部语信司、中国语言资源保护中心各位领导及专家的深切关怀和大力支持。感谢中国少数民族语言资源保护研究中心的丁石庆教授、朱德康博士等对我们团队语保工作的指导和帮助！感谢丛书总主编曹志耘教授、孙宏开研究员、黄行研究员、李大勤教授及各位编委老师的悉心指导！

　　本书构思于2016年，草就于2017年，成书于2024年，历时接近8年。其间经过主编李大勤教授、执行编委冉启斌教授和责任编辑郑佐之老师无数次逐字逐句的修改，才得以成形、付梓。在此，要特别感谢他们专业而又敬业的指导。尤其是商务印书馆年轻的责任编辑郑佐之老师，认真、细致、周全，在编辑过程中一直与我保持紧密的联系和沟通，就每一个字词、每一个标点、每一个符号向我小心求证，努力确保万无一失，以至于后期，我甚至感觉她对尔苏语的了解已经超过我。出版业的各种业态不断更新迭代，商务印书馆自1897年成立至今，一百多年来，不仅立于不败之地，还依然引领行业发展，我想，应该是与郑佐之老师这样的一群年轻人在传承百年出版社优良传统的同时，又注重推陈出新有着莫大的关联。在此，祝愿商务印书馆越办越好！

　　感谢我的博士生导师Alexandra Aikhenval和R. M. W. Dixon给我机会调查尔苏语，教导我分析尔苏语语料，引领我进入语言类型学研究的领域！

　　特别感谢孙宏开先生，十余年来，摈弃门户之见，以博大的胸襟和宽广的胸怀，容纳我这样一个从异国他乡求学返回的后学晚辈，一直关爱我的学业进步和成长，无条件地给予指导、指引、关心和支持，给予我机会，督促我奋进。2019年还赠予我包括尼泊尔在内的喜马拉雅山南麓各种藏缅语研究的各种文献共计231本！我无缘成为先生的门下弟子，先生却无意中做了我最好的老师！无数次想象着，待此拙作付梓之时，双手呈送给因病卧榻多年的先生。不料，先生却于2024年8月15日驾鹤仙去——当时，我正在西藏的高山大川中行走，进行语言学田野调查，没来得及送别先生，抚今思昔，实乃憾事！

在此，要感谢各位尔苏朋友十年如一日的支持和帮助，包括王德和、黄世部、黄箭鸣、王忠权、黄阿果子、黄志富、黄阿衣、王阿枝、黄保康、王布哈、王阿衣、王海龙、张保才、张木基等等，恕不能一一列出姓名。要特别感谢凉山彝族自治州越西县普雄镇中心卫生院（原德吉乡卫生院）的王阿木（王保森）先生一直以来陪我采集、分析尔苏语语料，在我有任何需要的时候，无怨无悔地默默为我提供力所能及的帮助和支持。

在调查尔苏语的过程中，团队成员的精诚合作使得整个工程和调查都进行得格外顺利。要向调查团队成员们表示感谢，他们是张雷平、黄炜、王非凡、汤家慧。而且，在后期调查其他语言的过程中，他们一直参与其中，并带来了新的团队成员，她们是金海蒂、李柔冰、李蓉蓉、杨梦雅、张莹莹等。在此，也要感谢我的硕士生王睿，在书稿后期的修改过程中，一直加班加点，尽心尽力，力求准确无误。我的团队令我自豪，每一个人都特别能吃苦，能克服困难，能为他人着想，使整个团队富有战斗力和凝聚力，亲如战友，亦如家人。

感谢原工作单位安徽中医药大学和现工作单位合肥工业大学对我科研工作的大力支持，使我有一个宽松的环境去调查、去研究、去著书立说。如果没有工作单位领导和同仁作为后盾，本书无法成稿。

我要由衷感谢我的家人们，是他们的包容、爱与支持，才使我获得了足够的信心和勇气，去用心读书、用心田野、用心研究。

为本书提供帮助的师长、朋友还有很多，恕不能详，敬请谅解。

本书的撰写和语料均源于本人自2010年开展尔苏语研究以来获得的各种资料。文内语料、图片、照片的使用均获得相关单位和个人的许可，无版权之争。

本书的写作一定存在种种遗憾与不足。种种错漏，概由作者自负文责，并期待同行专家予以指正。

张四红

2022年4月于合肥

改于2024年11月12日